탄허학 연구

조계학술총서 03
탄허학 연구 - 21세기 한국학의 새 지평

1판1쇄 2021년 11월 30일
1판4쇄 2023년 2월 23일

지은이 권기완(문광)
발행인 정지현
편집인 박주혜

대표 남배현
본부장 모지희
책임편집 박석동
디자인 동경작업실

펴낸곳 (주)조계종출판사
주소 서울시 종로구 삼봉로 81 두산위브파빌리온 1308호
전화 02-720-6107
전송 02-733-6708
등록 2007년 4월 27일 (제2007-000078호)
구입문의 불교전문서점 향전(www.jbbook.co.kr) 02-2031-2070~1

ISBN 979-11-5580-169-7 (94220)
979-11-5580-149-9 (세트)

조계종 출판사 지혜와 자비의 눈으로 세상을 바라봅니다.

탄허학 연구

21세기 한국학의 새 지평

呑虛學

문광 지음

조계 학술 총서 03

조계종 출판사

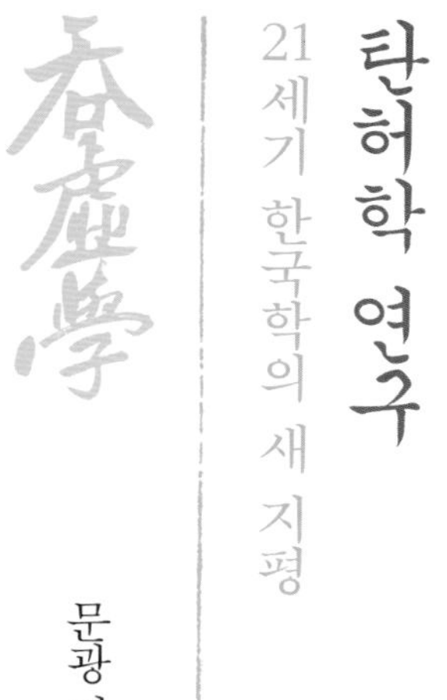

탄허택성呑虛宅成(1913~1983) 대종사大宗師

주장자를 들고 묵묵히 정좌하고 계신 스님의 모습. 스님께서는 평소 묻지 않았는데 먼저 법문을 하는 일이 없었다고 한다.

왼쪽부터 탄허 스님, 운허 스님, 청담 스님. 청담 스님이 총무원장으로 계실 때 일이다. 대강백스님들을 모셔놓고 말했다. "강원에서 교재의 현토를 통일해 달라는 요청이 들어왔는데 대책을 세워주십시오." 이때, 관응 스님이 말했다. "지금 탄허 스님이 모든 교재에 현토와 번역을 하고 있는데 그것으로 하면 되지, 더 좋은 것이 어디 있겠습니까!" 그랬더니 운허 스님이 "그 말이 옳습니다. 탄허 스님 현토로 하면 됩니다"라고 했다고 한다.

조계종 제3대, 4대 종정을 역임하신 고암 스님과 함께. 고암 스님은 탄허 스님보다 14살이나 연배였지만, 한암 스님이 이끌었던 상원사 오대산수련원에서 당시 중강이었던 탄허 스님의 강의를 들었던 인연으로 평생 스님을 인정하고 지지해 주셨다고 한다.

불국사를 찾아 월산 스님과 함께. 옆에는 동아일보 논설위원을 역임한 안재준 거사. 월산 스님과 탄허 스님의 교분은 실로 지극했다고 한다. 탄허 스님이 입적하자 제자가 월산 스님께 추모글을 하나 부탁하니 '사중득활死中得活'이라는 구절을 써서 직접 갖다 주셨다고 한다.

관응 스님과 함께 한 탄허 스님. 왼쪽에는 탄허 스님께 역학을 배워 역술로 유명했던 박초당 여사. 탄허 스님은 운허 스님, 관응 스님과 함께 당시에 '근현대 3대 강백'으로 칭해진다.

숭산 스님의 초청을 받아 서울 수유리 화계사에 방문하여 환담을 나누는 탄허 스님. 숭산 스님은 탄허 스님을 매우 따르고 존경했다. 베트남전에서 미국이 패전할 것을 예견했던 스님의 역학과 예지력에 놀란 숭산 스님은 앞으로 계룡산 시대가 온다는 스님의 말씀을 믿고 계룡산 국사봉 아래에 무상사無上寺를 세우고 국제선원을 개원하셨다.

1975년 제3회 인촌문화상을 탄허 스님과 함께 수상한 과학계의 원로 안동혁 교수. 탄허 스님은 《신화엄경합론新華嚴經合論》을 완역한 공로로 동아일보에서 주최한 이 상을 수상했다. 조선시대 간경도감에서 번역한 경전 전체보다 스님 혼자서 번역하신 경전의 숫자가 많았다. 스님은 "나는 불보살의 심부름으로 세상에 온 것 같다. 그렇지 않고서 어떻게 이 많은 불사를 했겠는가!"라는 말씀을 남기셨다.

1969년 5월 대전 자광사 창건 두 달 전에 계룡산 동학사에서 촬영한 사진. 맨 오른쪽은 대전 유성 학하리의 우암 송시열 선생의 집성사 터를 스님에게 양도하여 자광사를 창건하게 도와준 대전의 청은의원 병원장 서씨. 그리고 지팡이를 짚고 있는 인물은 중국에서 역학의 대가로 이름을 날리다가 귀국한 뒤 스님과 늘 역학을 논하며 세계의 미래를 담론했던 해운 이환호 거사. 스님의 처소에는 늘 기인, 도인, 수행자들이 곁에서 담론을 하고자 찾아왔고 스님은 일평생 바쁘다는 말씀을 하신 적 없이 모든 분들을 만나주셨다고 한다.

스님께서 칠판에 《통현론通玄論》과 《영가집永嘉集》의 구절을 판서하며 강의하시는 모습. 스님은 책의 원문을 모두 외워서 책을 보지 않고 강의하는 것으로 유명하였다. 스님의 강의를 들어보면 가끔 경전이나 논서의 구절과 다르게 외우고 계신 경우가 있다. 일부러 다른 문자로 바꿔 외우셨다고 하는데 자세히 살펴보면 과연 고쳐서 외우는 구절이 더욱 이치에 합당한 것이 많다. 원문과 다르게 외워서 더 좋아진 대표적인 예로 왕양명王陽明의 유명한 시 〈사구결四句訣〉이 있다.

1983년 6월 5일(음 4월 24일) 유시酉時, 탄허 스님께서 입적하시기 직전의 모습. 스님은 입적 6년 전에 이미 돌아가실 날을 미리 말씀하셨고 정확하게 이 시간에 입적하셨다. 이 날 월정사에는 50여 명의 출·재가 제자들이 모두 운집하여 스님의 마지막 순간을 지켜보았다. 왼쪽부터 평소 서울 진관사에서 스님을 극진하여 모시고 공양을 준비해 주었던 비구니 진관 스님, 스님의 사위로 평생 교림출판사를 운영하여 출판을 도맡아 온 서우담 선생, 떠나는 순간까지 형형한 눈빛을 보여주신 탄허 스님, 스님의 상좌로 항상 곁에서 스님을 시봉했던 희찬 스님, 마지막 순간에 "법연이 다 된 것 같습니다. 한마디 남겨 주십시오."라고 법을 청했던 수중 스님. 스님께서는 "일체 말이 없어(一切無言)!"라는 한마디를 남기고 유시가 되자 떠나셨다. 이 사진은 스님의 마지막 순간을 담은 모습으로 최초로 일반에 공개되는 것이다.

추천사

'탄허학'이라는 청천벽력 같은 타이틀

20세기의 대한민국에는 탄허라는 큰스님이 계셨습니다. 우리나라 불교계와 사상계 전체를 살펴보아도 탄허 스님처럼 종횡무진으로 학문의 세계를 펼친 분을 찾아보기는 어렵습니다.

불교학은 말할 것도 없고 동양의 유불선儒佛仙 삼교의 전 분야에 걸쳐 개론적으로 핵심을 짚어주면서 샅샅이 회통친 것은 전무후무한 일이었습니다. 스님은 미래학 방면에서도 혜안이 탁월하여 미래를 내다본 그의 안목은 사람들을 놀라게 하기에 충분했습니다.

이러한 스님의 법맥 가운데 각성, 통광, 무비를 일러 흔히 '탄허 3걸'이라 부르곤 합니다. 하지만 아쉽게도 저희 법제자들은 그분을 위한 선양사업을 지금껏 제대로 하지 못하고 있었습니다.

이대로 큰스님의 위대한 업적이 사장되는 것은 아닌가 하고 염려하고 있던 차제에 탄허 스님의 법제자 가운데에서 안목이 투철한 통광

스님의 학통에서 문광 스님이라는 걸출한 인물이 나타났습니다. 정밀하게 스님의 학술을 총정리하여 '탄허학'이라는 청천벽력과도 같은 타이틀로 책을 출간하게 되었으니 여간 기쁜 일이 아닐 수 없습니다.

문광 스님의 탁월한 연구로 인해 스승의 학문은 비로소 '탄허학'이라는 이름을 달고 당당하게 사용될 수 있게 되었습니다. 스님의 학문세계를 '탄허학'이라고 명명하는 것은 조금도 이상할 것이 없을 뿐만 아니라 오히려 심히 늦은 감이 있습니다. 그나마 다행스럽게도 '탄허학 연구'라는 반가운 표현을 써서 이렇게 활약해 주는 문광 스님의 모습을 보니 산승은 참으로 감개무량합니다.

스님의 다각적인 연구 성과들은 앞으로 본격적인 탄허학 연구를 위한 훌륭한 마중물 역할을 해줄 것으로 확신합니다. 이제부터 순차적으로 스님의 선양사업을 하겠다고 하니 참으로 기대가 크고 저 역시 가능한 모든 마음을 모아서 도우려고 합니다.

문광 스님은 탄허 스님처럼 전통적인 군자의 신언서판身言書判을 그대로 간직한 보기 드문 인물입니다. 우리 불교계에 스님과 같은 인재가 몇 명만 더 있더라도 한국불교의 미래는 아무런 걱정을 하지 않아도 될 것입니다. 앞으로 많은 연구와 빛나는 강의를 통해 시대를 선도할 도의적 인재들을 많이 양성해 달라는 부탁과 함께 이 벅찬 추천사를 마감하고자 합니다.

2021년 가을에

신라 화엄종찰 금정산 범어사 화엄전에서

여천무비如天無比

머리말

'탄허학'의 출발점에 서서

탄허 스님에 대한 연구를 '탄허학'이라고 이름하고 연구서를 출판하는 것은 이 책이 처음일 것이다. 2013년 탄허 스님 탄신 백주년과 입적 30주기를 맞아 발표한 논문에서 처음으로 '탄허학'이라는 표현을 썼는데 그것도 어언 8년 전의 일이다.

그동안 나는 탄허 스님에 대한 연구로 최초의 박사학위를 받았고, 그 공로를 인정받아 제1회 탄허학술상도 수상했다. 지금은 탄허 스님의 친필인 '화엄학연구소華嚴學研究所' 현판을 물려받아 지내고 있는 작은 방에 모셔두고 매일 쳐다보면서 어떻게 탄허학 연구를 본 궤도에 올릴 수 있을까에 대해 고심하고 있다.

돌이켜보면 20년 동안 탄허 스님에 대한 연구에 천착하면서 조금씩 스님을 닮아가고 있는 나 자신을 발견하게 된다. 이제는 스님과 유사하게 사유하고 있고, 스님과 비슷하게 말하고 있으며, 스님과 동일한 우환의식憂患意識을 공감하며 살고 있다. 공부를 하면 할수록 '탄허학'이 '21세기 인류의 공통 화두'가 될 것이라는 확신에 사로잡히게 된다. 짐작컨대 앞으로 세계인들은 BTS의 노래에 환호하고 드라마 〈오징어 게임〉에 열광하는 것 이상으로 동양학을 회통하고 동서문명을 융합하는 '탄허학'에 환호작약할 듯하다.

탄허 스님께서 주목하고 깊이 연구했던 김일부 선생의 《정역正易》에는 '반고오화원년임인盤古五化元年壬寅'이라는 구절이 나온다. 《정역》이 세상에 출현한 지 100년 만에 맞이한 첫 갑자년인 1984년은 스님께서 입적한 다음 해이다. 스님은 입적하던 해인 1983년 어느 날, "1984년 갑자년부터는 새로운 세상이 시작될 것"이라는 말씀을 유언처럼 남기셨다.

역학易學의 대가들은 한결같이 이 즈음부터 건도수乾度數가 곤도수坤度數로 바뀌었다고 말하고 있다. 음양陰陽이 뒤바뀌고, 갑을甲乙이 도치하며, 상하上下가 변화하는 민본군말民本君末의 시절이 도래했다는 뜻이다. 그 다음 갑자년인 2044년까지 지구는 거대한 변혁을 겪게 된다는 의미이기도 하다. 《정역》에서 말하는 온갖 지도地道의 변화 양상들은 1984년 갑자년부터 2044년 갑자년까지의 60년 동안 나타나기 시작한다는 뜻이다.

탄허 스님이 말씀하신 몇 가지의 미래 예견들은 아직 실현되지 않고 있기에 의아심을 가지는 분들이 있기는 하지만 그렇게 판단하기엔 아직 시기상조이다. 김일부 선생은 《정역》 맨 마지막에 지금의 만세력과 전혀 다른 달력을 제시하고 있다. 하지, 동지, 입하, 입동과 같은 여름과 겨울을 상징하는 절기의 명칭들은 사라지고 모두 '화和'와 '화化'가 들어있는 24절기 이름들로 가득 차 있다. 매년 1월도 인월寅月이 아니라 묘월卯月로 되어 있다. 이와 같은 변화가 오려면 지구에 어떠한 변화가 와야 하는지 짐작이나 할 수 있겠는가?

지금까지의 탄허 연구는 본격적인 의미에서의 탄허 연구라고는 볼 수 없다. 탄허 스님을 바로 보기 위해서는 현재 이 지구상에 펼쳐지는 모든 스마트 시대의 복잡다기한 양상들을 화엄학華嚴學과 정역학正易學의 소통, 동양학과 서양 과학의 회통 등을 포함하여 총체적으로 설명하는 데까지 나아가야 한다. 게다가 앞으로 펼쳐질 지구의 거대한 변혁들, 예를 들면 기상 이변과 기후 재앙, 지질과 지축의 변화까지도 역학적으로 해석해 낼 수 있을 만한 실력을 갖춘 연구자들이 많이 배출되어야 한다. 그리고 참선과 명상을 비롯한 불교의 정수와 유불선 삼교를 융합한 동양 정신을 바탕으로 새롭게 인류를 교육하고 인재를 양성해 낼 수 있는 교육시스템의 구축까지 확장되어야 한다.

2022년 임인년壬寅年은 《정역》에서 말하는 '반고오화원년임인盤古五化元年壬寅'과 깊은 관련이 있다. '반고盤古'와 '원년元年'이라는 단어가 보통 단어가 아님은 다들 짐작할 수 있을 것이다. 이런 언어를 130여 년 전에 이미 기록해 놓고 미래를 준비해 온 나라는 지구상에 한국뿐이다. 김일부와 탄허 스님 같은 선각先覺들이 아니었다면 인류 앞에 닥쳐올 대변혁의 양상들을 체계적으로 설명해 내지 못했을지 모른다.

이제 탄허학은 출발점에 서 있다. 선학과 화엄학을 비롯한 불교학 전반과 역학을 비롯한 유학, 노장사상과 도교, 기독교사상과 서양철학과의 비교철학, 비교종교학, 《정역》 연구를 비롯한 미래학의 영역까지 다양한 분과 학문들이 탄허학을 채우게 될 것이다. 스님의 회통정신은 이미 반 세기 전에 융·복합적인 현재의 트렌드를 선도한 바 있는 범지구적인 사유의 스펙트럼을 드러내 주고 있다.

이 책은 2013년 탄허 스님 탄신 백주년에서 최초로 탄허학을 주창했던 논문을 비롯하여 학위 논문을 쓰기 전의 연구 성과들과 학위 취득 이후에 지속적으로 연구한 내용들을 함께 모아서 수록한 것이다. 그리고 스님의 입적 직전의 사진을 비롯하여 당대의 여러 큰스님들과 함께한 사진들은 이번에 최초로 공개되는 희귀한 자료들로써 근현대 한국불교사 연구에 아주 중요한 사료가 될 것이다. 게다가 남아 있는 스님의 묵적 가운데 가장 오래된 것으로 출가 전 20세 때 쓴 〈간산필첩艮山筆牒〉의 탈초脫草와 역주譯註는 이번에 최초로 출간되는 것이다.

소중한 사진들을 제공해 주신 교림출판사의 서우담 선생님께 감사드리고, 2012년부터 2년 동안 과천의 국사편찬위원회의 초서사료연수과정에서 함께 공부하며 스터디를 했던 주영수, 위성배, 김연순, 박경옥, 정영희, 김효동 등의 동학들께도 감사의 말씀을 전한다. 특히 탄허 스님의 강맥을 전수해 주신 스승 제월통광霽月通光 스님과 인연을 맺어준 우견 스님에게도 깊은 감사를 전한다.

기꺼이 추천사를 써주고 격려해 주신 무비 큰스님, 동국대 불교학술원 HK연구단에서 한국불교에 대해서 연구할 수 있게 해준 동국대 이사장 성우 큰스님, 불교학술원장 자광 큰스님, 동국역경원장 혜거 큰스님, 불교문화연구원장 정덕 큰스님, 그리고 BTN 불교텔레비전에서 탄허사상을 강의할 수 있게 해주신 성우 큰스님께 삼배의 예를 올린다.

그리고 탄허 스님의 일화와 행적에 대해서 끊임없이 질문해도 언제나 흔쾌히 대답해 주시는 월정사 주지 정념 큰스님과 전창렬, 명호근, 김동건, 윤창화 선생님께도 감사의 마음을 전한다. 또한 조계학술총서로 출간하게 해주신 교육원장 진우 큰스님과 조계종 출판사의 남배현 대표, 모지희 본부장, 박석동 편집위원께도 감사의 말씀을 드린다.

탄허 스님의 훈기를 느끼기 위해 나는 매년 오대산 적멸보궁과 월정사, 상원사를 참배한다. 올해는 '오대五臺'라는 글자가 '오화五化'로 보이기 시작했다. 단지 허공꽃(空花)의 장난만은 아닐 듯한데….

오대산 꼭대기의 뿌리 없는 나무는
가을바람 아니어도 단풍이 붉었어라
五臺山頂無根樹 不受秋風丹楓紅

이咦!

신축년(2021) 늦가을에
낙산 아래 문을재文乙齋에서
문광文光 화남和南

차례

제2장 | 탄허택성과 동양사상

제3장 | 탄허선사의 선사상禪思想 연구

제4장 | 현대 한국 선사상禪思想의 두 지평

제5장 | 탄허택성의 경세학과 요익행

제6장 | 탄허의 관점에서 본 화엄학과 정역학의 만남

제7장 | 《화엄경》 〈입법계품〉의 미륵과 한국불교

일러두기

1. 이 책은 2021년도 대한불교조계종 교육아사리 연구비 지원에 의해 출간되었습니다.
2. 표지의 '呑虛學' 글씨는 탄허스님의 친필 글씨를 필자가 집자(集字)한 것임을 밝혀둔다.

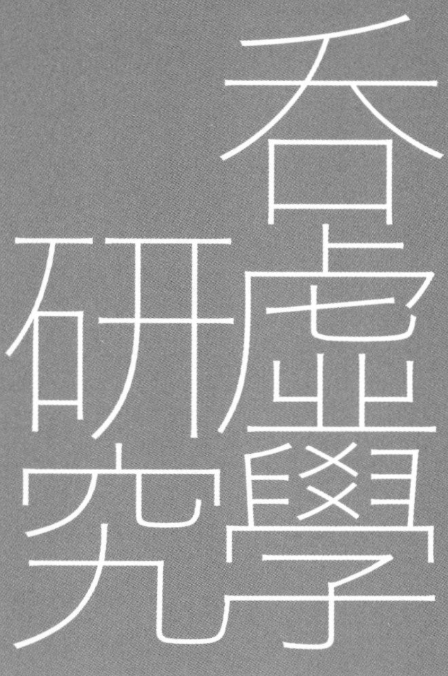

제1장 | 탄허학呑虛學의 골수骨髓와 종지宗旨

1. 탄허학의 21세기적 의미[01]

탄허택성呑虛宅成(1913~1983)대종사는 평소에 "나는 당대當代의 일은 하지 않는다. 명전천추名傳千秋하는 일만 하겠다"고 했다.[02] 과연 스님의 사자후대로 당신의 종신사업終身事業이 후대에 어떠한 영향을 끼치게 될지 귀추가 주목되는 가운데 대종사 사후 30년 한 세대가 흐른 금년 탄신 백주년을 맞아 스님의 사상과 학술에 관한 다방면에서의 활발한 재조명 행사가 진행 중에 있다.

필자가 10년 이상 스님의 사상을 꾸준히 사숙私淑해 온 바에 의하면, 스님의 사상을 남김없이 화반탁출和盤托出하기 위해서는 다방면에 걸친 매우 깊은 학술과 기나긴 시간 동안의 연구가 수반되어야 한다. 단지 올 한 해만의 학술대회나 제반 행사만으로는 스님의 진면목을 제대로 드러낼 수 없다. 탄허사상의 고준한 가치와 시의성時宜性에 대한 국가와 조계종단의 깊은 인식을 바탕으로 '탄허학呑虛學' 전문 연구자들의 방대한 양성이 필요하다.

---

01 '제1장 탄허학의 골수와 종지' 편의 글은 2013년 탄허선사 탄신 백주년이자 입적 30주기를 기념하여 탄허기념박물관에서 개최된 추모제에서 발표한 논문이다. '탄허학'이라는 용어를 공식적인 자리에서 처음 사용했다는 점에서 그 의의가 있다. 《문학·사학·철학》, 33집(한국불교사연구소, 2013. 6.)에 실렸다.

02 오대산 문도회, 탄허불교문화재단 공편, 《탄허 대종사 연보》, 교림, 2012, p. 686.

여기에서 '탄허학'이란 필자가 이 지면을 통해 처음 사용하는 말이다. 우리나라에는 원효학元曉學, 퇴계학退溪學, 율곡학栗谷學, 다산학茶山學 등과 같이 한 개인의 사상에 대한 연구 학문이 이미 존재해왔다. 이렇듯 한 개인을 학술 연구 대상으로 삼는 경우는 단순히 그 한 사람의 사상을 연구하는 것에만 그치지 않고 그가 살았던 동시대의 모든 사상과 정신, 그리고 사회상과 인간학 전반을 이해하고 통찰할 수 있게 된다. 다시 말해 그 시대의 전반적인 정서와 수준, 관심사와 생활모습을 총체적으로 고찰하여 그 시대 전체가 가지는 장점과 한계를 개관해 볼 수 있게 된다.

지난 20세기 백년 동안의 근현대 한국사韓國史를 놓고 보면 인간사유가 빚어낸 모든 총체적 양상들이 충돌하고 접합했던 이 한반도라는 공간에서 수없이 많은 사상가와 인물들이 명멸해갔다. 격변하는 근현대라는 시·공간 속에서 동서東西와 고금古今이 교직交織되고 온갖 사상思想과 주의主義가 난무한 가운데 일제강점기와 6·25전쟁, 4·19와 5·16, 산업화와 민주화의 급변하는 역사의 소용돌이를 감내하고 마침내 맞이해낸 것이 한국인의 21세기이다. 전통과 현대, 동양과 서양의 모든 역사적 경험과 모험이 이 한반도에서 펼쳐졌으며 그러한 역사의 도전과 시련을 극복하고 마침내 지구촌에 되먹여준 사태가 바로 오늘날의 한류韓流라는 것이다.

이 '한류'라는 말에는 지난 세기를 오롯이 살아낸 한국인 전체의 한恨과 인욕바라밀의 정진精進이 숨어 있다. 금발의 외국인이 한국어 노랫말을 그대로 따라 부르고, 지구 반대편에서 한국 드라마를 시청하며, 점점 더 많은 외국인들이 한국을 찾아 관광을 오고 있다. 한국 젊은이들은 자신의 분야에서 세계 1등이 목표라고 거리낌 없이 말하고, 자신감과 에너지가 넘치며 백두대간 곳곳에는 생기와 활력이 충만하다.

하지만 이러한 표면적 한류 시대가 지나고 좀더 깊이 한국이라는 나라가 세계사의 주역으로 올라설 때, 어떤 외국인이 '한국 정신'은 과연 무엇이며, 한국의 불사의不思議한 성장과 굴하지 않는 생명력의 근저根底에는 어떠한 사상이 있냐고 물어온다면 어떻게 답할 것인가? 이러한 날이 멀지 않았다는 것을 예견할 때, 우리는 과연 한국의 정신이 무엇이라고 명쾌하게 답변할 수 있겠는가?

필자는 한류의 뿌리가 되는 한국인의 사상과 정신을 연구하는 한국학의 학인學人으로서 그 해답을 '탄허사상'에서 찾고자 한다.

한국인의 정신을 고려시대까지의 불교 역사 전체를 버려둔 채 조선 유교 오백년에서만 찾을 수 있겠는가? 그렇다고 한국인의 사상을 수승하다는 이유 하나만으로 불교의 선사상禪思想이나 화엄사상華嚴思想 하나로만 일축할 수 있겠는가?

아마도 한국 정신을 대표할 수 있는 인물이라면 반만년 유구한 역사를 담보하면서, 한국 정신의 총화總和를 함유할 수 있는 인물이어야 할 것이다. 20세기 한국 사상의 정수精髓를 20세기 한국의 실존 인물에서 상징적으로 찾아본다고 할 때, 필자는 그 하나의 해답으로서 탄허 스님을 꼽는 데 주저하지 않는다.

지금 현대는 융합融合과 회통會通, 협업協業과 소통疏通의 시대이다.

20세기 한국 사상사에서 한 개인을 놓고 볼 때 사통팔달四通八達·종횡무진縱橫無盡하여 광대실비廣大悉備하게 종합적 학술을 전개하여 '학學'이라는 칭호를 부여할 만한 대표적 인물로 탄허 스님을 제외하고 과연 누구를 거론할 수 있겠는가?

유불선儒佛仙 삼교의 동양 정통 사상을 하나로 일이관지一以貫之하고, 거기에 기독교와 서양 사상까지 겸하여 융합회통融合會通하면서도, 인간의 영원한 과제인 심성心性 수행을 선교겸수禪敎兼修로 온전히 수행한 뒤 제시하였고, 인재 양성과 역경·교육 사업의 보살행까지 총망라한 20세기 한국학韓國學의 '학종學宗'[03]은 단연 탄허 스님이었다.

게다가 한국의 미래상에 대해서 《주역周易》과 《정역正易》의 방대한 역학적易學的 근거 위에서 한국인의 밝은 미래에 대해 희망의 비전을 미리 제시함으로써 유사 이래 제반의 민족 사상과 불국토설佛國土說에 점정點睛의 한 획을 그어준 희유의 미래 학자가 바로 탄허 스님이었다.

한국학의 전형을 담보하고 있는 대도인을 지척에 두고도 불교 학계를 비롯한 한국의 인문학·철학·종교학계에서의 탄허사상 연구는 그동안 너무나 지지부진했다.

퇴계가 손자에게 보낸 편지에 "기각첨도수棄却甛桃樹하고 순산적초리巡山摘醋梨로다"라는 말이 있다. 우리 집 다디단 복숭아나무는 버려두고 온 산을 돌아다니며 떫고 시큼한 똘배를 따고 다닌다는 뜻이다.

---

03 여기서 한국학의 '학종學宗'이라는 표현은 고운 최치원 선생을 '동방학종東方學宗'이라고 칭했던 것에 유비하여, 모든 학술을 방통旁通하여 일관一貫한 것에 빗대어 표현한 것이다.

한국학의 위대한 선학先學이자 불교학의 위대한 선각先覺인 탄허 스님은 내버려두고, 외국에서 수입된 학문을 바탕으로 한국학을 구성하고 미국·유럽과 일본·티베트·동남아를 주유周遊하며 불교학을 배우러 다니는 것이 현재 우리의 실정이다. 그것이 나쁘다는 말이 아니다. 우리의 근거리에, 불과 얼마 전에 위대한 선지식이 바로 곁에서 호흡하면서 방대한 학술을 전개해두었는데도 방외로 치지도외置之度外해 두었던 것을 탄식하는 것이다.

《맹자》의 맨 마지막 장에는, 이와 관련된 아주 의미심장한 맹자의 한마디 한탄이 실려 있다. 요堯·순舜·우禹·탕湯·문文·무武·주공周公·공자孔子에 이르기까지 중국의 성인은 5백 년에 한 번씩 출세하였고 반드시 그 사이에 직접 보고서 안 견이지지見而知之가 있었고 들어서 안 문이지지聞而知之가 있었는데, 공자에서 맹자까지는 백여 년이 흘렀건만 "아무것도 없으니, 앞으로도 아무것도 없겠구나(然而無有乎爾 則亦無有乎爾)"[04]라는 한탄이 바로 그것이다.

지금 탄허 스님이 입적한 지 한 세대가 흘렀다. 지금 우리 곁에는 탄허 스님에게 직접 지도받고 배운 법제자들과 출·재가의 많은 견이지지자見而知之者들이 생존해 있다. 이들이 생존해 있을 때 반드시 탄허학呑虛學이 하루속히 출범해야 한다. 그래야만 필자와 같이 스님에게 직접 배우지 못한 문이지지聞而知之의 후학들이 올바른 탄허사상을 후대에 정확하게 전해 남길 수 있게 될 것이다. 지금 지체하면 문이지

04 성백효 역주,《孟子集註》, 전통문화연구회, 1992, pp. 445~446.

지자聞而知之者들만의 억측과 상상으로 행여 탄허 스님의 종지宗旨가 왜곡되거나 잘못 전해질 수도 있다. 아니 한 걸음 더 나아가서 어쩌면 맹자의 '아무것도 남아있지 않다(無有乎爾)'는 자조 섞인 푸념을 하는 후세인이 나올 지도 모른다.

이것이 바로 금년 탄허 스님 탄신 백주년을 탄허학 연구 원년으로 삼아서 앞으로 탄허사상을 전문적으로 연구하고 공부하는 많은 수행자들이 나와야 하는 이유이다.

2. 탄허학의 체體

최근 들어 탄허 스님에 대해 세간에서 화제가 되는 것은 스님의 사상과 학문에 관한 것이라기보다는 북극물이 녹고 지진이나 해일과 같은 기후 변화와 지구 대변혁이 일어나는 것 등과 관련된 미래 예지에 대한 부분들이다. 2012년에 출간된 《탄허록》[05] 같은 서적이 대표적이다. 물론 이 역시 탄허사상을 구성하는 주요한 성분이라는 점은 틀림이

05 탄허, 《탄허록》, 한겨레출판, 2012.

없다. 그러나 엄밀하게 판단해 보건대, 탄허사상의 핵심이 되는 본체가 아닌 체體를 바탕으로 이를 활용한 대용大用의 범주라는 점은 자명한 사실이다. 이처럼 스님의 사상을 핵심(體)과 그것의 현실적 활용(用)이라는 측면으로 구분하여 설명하는 것은 스님의 사상적 층차와 본말本末을 전도하지 않을 수 있는 중요한 방편이 되므로, 필자는 탄허학의 체體와 용用의 구분을 설정하고자 한다.

송대宋代 성리학의 원류인 정이천程伊川(1033~1107)의 〈역전서易傳序〉에는 "체와 용이 한 근원이며, 드러나고 은미한 것에 간극이 없다"는 "체용일원體用一源 현미무간顯微無間"[06]이라는 일구가 있다. 이는 주자朱子(1130~1200)에게 금과옥조와 같이 전승되어 이기론理氣論의 핵질을 구성하고 있다. 하지만 사실 이 체용론體用論은 이보다 앞서 중국 화엄종 4조인 청량징관淸凉澄觀(738~839) 국사의 《화엄경소》에서 비롯된 것이다. 체용體用의 활용은 본래 탄허 스님의 중심 사상 가운데 하나인 화엄 사상에 그 본거를 두고 있으므로 탄허학을 체용의 대대待對로 설정하는 데에 이견이 없을 것으로 본다.

우리가 스님의 사상을 본격적으로 연구하기 위해서는 무엇보다도 그 핵심이 되는 골수骨髓와 종지宗旨부터 우선 확고하게 정초定礎시켜야 한다. 그렇게 해야만 스님의 정체성에 대해서 학승學僧이니 강백講伯이니 학자學者니 선승禪僧이니 하면서 혼동하지 않을 것이다. 체體적인 면에서의 정체성과 용用적인 측면에서의 정체성으로 구분해서 본

06 대산 김석진 역해, 《周易傳義大全譯解》 상권, 대유학당, 2011, pp. 7~8.

다면, 스님의 다양한 층위를 가늠할 수 있을 뿐만 아니라 무엇이 한층 더 본질적이고 핵심적인 사상이었는지에 대해서 명확히 판가름할 수 있다.

필자는 단도직입적으로 탄허학의 골수와 종지를 이루는 체로 임제삼구臨濟三句의 제일구第一句로의 향상일로向上一路와 경허鏡虛-한암漢巖선사로부터 이어지는 회교귀선會敎歸禪의 선풍禪風을 꼽고자 한다. 즉 스님의 골수는 선사禪師이다. 스님은 해결되지 않던 의문들을 해결하기 위해 선문禪門에 출가했고, 출가하자마자 상원사上院寺 선원에서 묵언 참선 수행 정진으로 승려 생활을 시작했다. 경經을 보아도 선원에서 보았고, 경을 배워도 강백에게 배운 것이 아니라 스승인 한암 선사에게 배웠다. 그 때문에 이력 과정을 공부하는 데 있어서 종지宗旨를 간파하는 것에 최고의 역점을 두었다. 이는 역경譯經의 역점이 종지로 직입直入할 수 있도록 한다는 번역의 대원칙을 낳게 한 근거가 되었다.

아울러 필자는 탄허 스님에 한해서 교학 사상인 화엄 사상과 유불선 삼교 회통 사상을 용이 아닌 체로 보았다. 선禪과 교敎가 본래 둘이 아니며 유불선 삼교가 본래 하나라는 무애無碍와 회통의 사상은 스님의 골수를 형성한다. 스님은 경전을 단순히 용에 불과한 것으로 여기지도 않았고, 유교와 도교를 불교보다 저열한 것으로 여기며 간과하지도 않았다. 이 모두를 중요하게 여기며 아우르고자 했기에 탄허학의 체는 무애 회통의 사상으로 볼 수 있다. 무애의 원리는 당연히 화엄의 사사무애事事無碍 사상에서 나온 것이다.

일반적으로는 선禪이 체體요, 교敎가 용用이며, 불교가 체요, 유교·도교가 용이 될 것이다. 이는 옳은 말이다. 하지만 탄허 스님에 있어서는 선교합일禪敎合一이 체요, 삼교회통三敎會通도 체이다. 그 체 가운데에서 다시 층차가 있으니, 선은 체중체體中體요, 교는 체중용體中用이며, 불교는 체중체요, 유교·도교는 체중용이 된다. 선과 화엄은 그 근본이 하나이며, 삼교성인의 본심本心 역시 그 근본이 하나이므로 원융무이圓融無二를 탄허학呑虛學의 체體로 본다.

그러므로 순수한 용用 자리는 교敎에 대한 역경과 강설, 그리고 삼교사상의 번역과 교육이다. 물론 용지체用之體는 불교 경전의 역경과 강설이며, 용지용用之用은 유교·도교 경전의 번역과 특강이다. 스님의 이러한 장엄한 대용大用의 광활함에서 역학 사상에 기반한 미래 예지와 민족적 불교 사상이 펼쳐졌던 것이다.

1) 무애無碍와 회통會通

◆— 화엄의 사사무애事事無碍 사상

2012년에 탄허 스님의 귀중한 동영상 법문이 하나 새로이 발굴되었다. 1982년 9월 15일부터 16일까지 양일간 미국 프로비던스Providence선 센터에서 홍법원 10주년 기념으로 세계평화고승대법회가 열렸는데, 미국의 숭산 스님이 한국의 탄허 스님을 초빙하여 법문을 청했던 것이다. 그때 양일간의 법문은 비디오로 촬영되었는데, 이는 당시로서는 드문 일이었다. 이 영상을 아르헨티나에 살고 있는 교민이 보관하고 있다가 도서출판 교림의 서우담 선생에게 기증하여 그 편집본이 마침내 세상에 빛을 보게 되었다.

법회 일시를 살펴보면 스님께서 입적하기 불과 9개월 전이라는 점을 알 수 있다. 스님은 1983년 6월 5일에 입적하셨다. 미국에서 한국을 대표하는 고승으로 초빙되어 법석에서 설파한 사자후였다는 사실을 감안할 때 스님의 골수를 그대로 담고 있다고 보기에 충분하다. 게다가 스님은 평소에 법상에 올라서 법을 설하는 것을 '미친 사람들이나 법상에 오르기 좋아한다'고 했던 경허 스님의 일화를 들어 말과 생각이 끊어진 자리에서는 한마디도 할 말이 없다는 것을 강조했다.[07] 이러한 점을 상기해볼 때 청법의 법좌에서 양일간 총 18분(동영상 분량) 정도의 짧은 설법은 스님의 골수와 종지를 담고 있다고 해도 과언이 아니다.

탄허 스님의 대중 특강으로 지금까지 인구에 회자될 만큼 유명했던 것은 2회에 걸친 오대산 특강이었다. 그중 하나는 스님이 1977년 겨울 오대산 월정사에서《화엄경》출간을 기념하여 열린 화엄 특강 법회였고, 또 하나는 1982년 11월부터 입적하던 해인 1983년 1월 말일까지 열렸던 동양 삼교 사상과 화엄을 포함한 불교 경전 특강이었다. 스님의 마지막 특강이었던 뒤의 설법은 약 두 달 이상 열린 것으로 탄

07 탄허 강론,《탄허대종사 법음집 CD 18》, 교림, 2002. 〈한암대종사 105주기 생신재 상단 법문〉 참조.

허사상의 전모가 드러난 것이다. 이 특강의 핵심 중의 핵심이 미국 홍법원에서의 1982년 동영상 법문에 고스란히 담겨져 있다. 스님은 이 법석에서 자신의 화엄 사상을 아주 간략하게 요약하고 있다. 그 내용은 다음과 같다.

> 제일 큰 병통을 말 많은 것으로 봅니다. 어저께도 한 20분 동안 쓸데없는 소리를 지껄였습니다. 그런데 또 오늘 쓸데없는 소리를 좀 해 달라고 숭산 스님이 그랬습니다. 사실 말이 있는 것보다는 없는 것이 낫고 말이 있어 가지고 없는 것보다는 애초에 없는 것이 더 나을 것입니다. 부처님께서 49년 동안 횡야설 수야설 법문을 해놓으셨는데 거기에서 가장 깊은 학설이 무어냐 하면은 사사무애도리事事無碍道理라는 것입니다. 즉 화엄학의 사사무애 도리.[08]

스님은 부처님 49년 설법 전체 가운데 가장 깊은 학설로 거두절미하고 화엄학의 사사무애 도리를 거론했다. 이것이 탄허 교판敎判의 전모이다. 탄허 교판의 핵심은 바로 화엄의 사사무애 사상을 최고의 교학으로 보는 것이다. 이에 대해서 스님이 일찍이 누누이 언급한 바 있다.

화엄의 도리는 그리 쉽게 알 수 있는 것이 아니었으므로 불가불 부

---

08 여기에서 인용하고 있는 미국 홍법원 10주년 기념 세계평화 고승대법회 초청법문(1982년 9월 15일~16일)은 탄허닷컴(http://www.tanheo.com)에 게재되어 있는 것을 필자가 직접 녹취했다는 사실을 밝혀 둔다.

처님은 49년 동안 설법을 하셨던 것이다. 결국 돌이켜보면《화엄경》 설법 이외의 49년 설법은 화엄의 도리를 알리기 위하여 설해진 방편이라고 보아야 한다. 아함부阿含部나 방등부方等部 경전은 유치원이나 중학교 과정 정도가 될 것이고 화엄은 대학원 정도라고나 할까. 그러니 인류를 구할 사람이라면 최고의 학문, 최고의 사상을 가지고 말하는 것이 당연하지 않은가. 부처님은 명백히 화엄의 도리를 가지고, 당신께서 설하시고자 하신 법문의 핵심을 삼으셨다고 볼 수 있다.

거듭 말하지만 그 밖의 다른 법문은 화엄에 이르게 하기 위한 과정으로 차제설법次第說法을 하신 것이다. 다시 비유로 말하면《화엄경》은 큰 바다에서 노는 것이고, 기타의 법문은 강물에서 노는 것과 같다. 아무리 팔만대장경을 다 보았다 하더라도《화엄경》도리를 모르면 모두가 단편에 불과하다. 큰 도리를 보고 나면 무엇이든 그 속에 있는 것을 알게 된다.[09]

우리가 이사무애법계理事無碍法界까지는 이해할 수 있고 인식할 수가 있지만, 사사무애事事無碍라는 것은 보통 사람으로서는 도저히 인식할 수 없는 것이다. 예를 들면 태산泰山을 자기 콧구멍 속으로 집어넣는다고 할 경우 콧구멍이 넓어지는 것도 아니고 그렇다고 태산이 축소되는 것도 아닌데도 태산이 콧구멍 속으로 들어가는 것

09 탄허문도회,《방산굴 법어》, 민족사, 2013, pp. 79~80.

과 같은 것이다. 태산이 콧구멍 속으로 들락날락하면서도 하나도 거리낌이 없는 것이 사사무애법계이다. 그러므로 일반인들은 사사무애도리를 이해하기 어려운 것이다. 그것은 오직 우주 만유가 일진법계화一眞法界化된 사람이 아니면 그렇게 되지를 못한다.[10]

스님은 화엄의 사사무애법계事事無碍法界 도리는 매우 이해하기 어려운 것으로 못 박고 있다. 그래서 미국 법문에서도 부처님 49년 설법 가운데 가장 깊은 법문이 바로 화엄의 사사무애도리라고 설파한 것이다. 그러나 스님은 미국에서 일반인들이 도무지 이해하기 어렵고 일진법계화된 사람이 아니면 알기 어렵다고 했던 그 사사무애 도리를 의상 조사 〈법성게〉의 '일중일체다중일一中一切多中一'과 '일즉일체다즉일一卽一切多卽一' 두 가지에 대한 명쾌한 해석을 통해 명징하게 요약하고 있다.

일중일체다중일一中一切多中一, 일즉일체다즉일一卽一切多卽一이라는 것이 하나 가운데 일체, 하나가 곧 일체라는 것이 비슷할 것 같지마는 극히 좀 다릅니다. 물론 사사무애 도리를 표현하는 방법으로서는 같습니다마는 내용이 좀 틀린 것은 뭐냐 하면 '일중일체一中一切'라 하면 하나가 그 개체가 살아있으면서 전체를 싸고 있다는 것입니다. '다중일多中一'이라는 것은 전체 많은 것이 자기 개체를 다 가

10 위의 책, 〈화엄경의 사사무애 법계관〉, p. 73.

지고 있으면서 그 하나를 싸고 있다는 것입니다. 예를 들면 이 방안에 전등을 백 개, 천 개를 켜놓는다고 합시다. 백 개, 천 개를 켜 둔다면 그 광명이 하나하나가 전부 이 방 안에 꽉 차 있습니다. 그러나 그 한 등의 광명이 백천 등의 광명에 장애가 안 되면서 서로 포함되어 있고 또 백천 등의 광명이 자기 개체를 살리고 있으면서 그 한 등의 광명을 장애하지 않는 것이 바로 '일중일체다중일' 소식입니다. 하나 가운데 일체요, 일체 가운데 하나라는 것입니다.

'일즉일체다즉일一卽一切多卽一'이라. 하나가 곧 일체요 일체가 곧 하나라는 말은, 예를 들면 우리가 육지의 물 한 방울을 바다에다 던진다고 합시다. 육지의 물 한 방울을 바다에다 던지면 육지의 물 한 방울 개체가 없어짐과 동시에 바다 전체의 맛이 되고 맙니다. 그러니까 바다의 전체 맛이 육지의 물 한 방울 맛이고 육지의 물 한 방울 맛이 전체의 바다 맛이라는 말입니다.

그럼 아까 '일중일체다중일' 한 등잔이 천백 등잔의 광명을 장애하지 않고 서로서로 함용含容해 있다는 것은 개체가 살아서 낱낱이 개체의 광명이 우주에 꽉 찬다는 것을 의미하는 것이고, '일즉일체다즉일'이라는 것은 개체가 죽어버리는 것입니다. 이 개체가 저쪽에 가면 자기 개체가 없어지면서 저쪽 것과 자기 것이 한 덩어리가 되는 것을 의미합니다. 그렇게 사사무애 도리를 표현한 것이에요. 화엄학의.[11]

11 미국 홍법원 10주년 기념 세계평화 고승대법회 초청법문(1982년 9월 15일~16일).

이처럼 사사무애법계 도리는 하나의 전등 불빛이 다른 전등 불빛을 만날 때처럼 두 개체가 살아서 서로 서로 장애가 되지 않고 포용하는 '일중일체다중일'의 함용의含容義와 육지의 물이 바다의 물을 만날 때처럼 두 개체가 서로 만날 때 한 개체가 완전히 죽어서 다른 개체와 하나가 되는 '일즉일체다즉일'의 상즉의相卽義로 정리했다. 앞의 내용에서 '태산이 콧구멍으로 들어간다'거나 '수미산이 겨자씨 속에 들어간다'는 법문은 모두 사사무애 도리인데 '일중일체다중일'의 함용의를 통해서 이를 온전히 이해할 수 있다.

여기서 탄허 스님의 화엄 사상, 특히 사사무애 사상이 빛을 발한다. 21세기는 온통 화엄의 사사무애 도리로 가득 차 있다. 태산이 콧구멍으로 들어가는 것뿐만이 아니라 캐나다에서 피겨figure 경기를 하는 김연아 선수가 손바닥 크기의 스마트폰 속에서 일중일체의 함용의의 진리대로 살아서 사사무애의 진리를 현현하고 있다. 컴퓨터를 비롯한 정보 통신의 모든 문명의 이기는 화엄을 현실 문명화한 것들이다.

요사이 서양은 온통 화엄을 공부하고 연구하기에 바쁘다. 역대 최고의 흥행을 기록한 〈아바타〉라는 3D 영화는 바로 화엄의 법계 연기를 영화한 것이다. 세상이 아무리 바뀌어도 진리는 변하지 않으니 화엄을 공부해야 일상 생활 속에서 진리를 구가할 수 있다고 탄허 스님은 다음과 같이 강조한 바 있다.

> 나는 《화엄경》을 우리 민족의 교전教典으로 삼았으면 한다. 각급 교육 기관에서 정도에 따라 경전을 분류하여 배우면 어려울 것이 없다

고 본다. 화엄에 의하여 민족이 자각하고 정화된 정신으로 각성 운동을 전개한다면 모든 성취는 자연히 그 안에 있을 것으로 생각한다. 나는 우리의 지혜로운 청년들에게 이 법(화엄)을 가르치고 싶다. 그래서 진리에 의한 평화, 번영의 국토를 이 땅 위에 실현하고 싶다.[12]

인간의 우주관은 시대에 따라 변하기도 하지만, 우주 본체의 진리는 변하지 않는다. 오늘날 우주 시대에 인간들은 가치의 기준을 찾지 못하고 있다. 이처럼 자아를 잃은 현대인에게 있어서 화엄 사상은 하나의 실마리를 찾아주는 열쇠가 될 것이다. 그러면 화엄 사상은 현대 우주 시대에 어떠한 방향을 제시할 수 있는가? 부처님은 이 우주가 끝없이 넓은 공간이라고 일찍이 설파하셨다. 무한대의 우주 속에 티끌이 존재하며 그 티끌 속에도 역시 우주가 존재한다. 또 영겁의 시간 속에 한순간이 존재하며 역시 순간 속에서도 영겁이 존재한다. 이러한 사상은 현대의 우주 시대 서막을 장식한 아인슈타인의 상대성이론에서 입증되었다. … 우리는 화엄 사상을 어려운 것으로만 생각해 멀리할 것이 아니다. 일상생활 속에 진리의 길이 있고 해탈과 열반의 길이 있다. 진리는 가까운 데 있다.[13]

화엄 사상은 7세기 원효와 의상이 공부하던 지나간 시대의 옛 학

12 탄허문도회, 〈화엄경의 세계〉, 앞의 책, p. 87.

13 탄허문도회, 〈화엄 사상과 현대인〉, 위의 책, pp. 88~89.

문이 아니다. 바로 지금 우리 눈앞에서 현현하는 영원불멸의 진리다. 화엄학은 구학문이니 새로운 불교학을 연구해야 한다는 이들은 탄허학의 핵심인 화엄 사상, 특히 사사무애 사상으로 다시금 원시반본原始返本해보아야 한다. 기나긴 세월 동안 유사 이래 최고의 불사 가운데 하나로 손꼽히는 스님의《화엄경》역경 대작불사의 속내는 더욱 발전해나가는 문명의 성장 속에서 하나하나 차례로 밝혀지리라 본다.

◆— 유불선儒佛仙 삼교三教 회통 사상

필자는 탄허 스님의 삼교회통 사상을 스님의 법호를 빌어 '탄呑적 가풍'이라고 명명한 적이 있다.[14] 삼교 회통의 근본 원리는 바로 앞에서 살핀 화엄의 사사무애 사상이다. 탄허 스님이 바다와도 같은 화엄의 무애 사상을 바탕으로 유교와 도교 역시 방대하게 포용하고 통섭했다는 것을 강조하기 위해 '탄적 가풍'이란 표현을 사용하여 화엄적으로 명명해 본 것이다. 스님은 유교·불교·도교에 대해서 불교 우위적 입장을 견지하기 위해서 특별히 '불도유佛道儒'와 같은 표현을 사용한 적이 없다. 상식적으로 통용되는 표현을 그대로 사용하여 '유불선儒佛仙'이라고 했을 뿐이다. 일반적으로 '유불도儒佛道'라는 표현을 즐겨 사용

14 연세대학교 중어중문학과 석사 학위 논문(2011. 12.)인《韓·中 禪師들의 儒家 中和說 談論 比較 硏究-憨山·智旭禪師와 性徹·呑虛禪師를 중심으로》의 제4장 '한국 선사의 중화 담론'의 제2절 '탄허택성의 '탄呑'적 관점'을 말한다.

하지만 스님이 '유불선'이라는 표현을 고집했던 데는 '도道'라는 말이 유불선 삼교에서 서로들 끌어다 쓰고 있고 삼교가 표현하는 동일한 본체를 나타내기 때문에 도교만의 전매특허 술어로 사용하기 어렵다고 판단했기 때문이다.[15] 1982년 미국 홍법원 법문에서도 법문 시작과 함께 유불선 삼교회통 사상을 피력했다.

> 우리가 우주 삼라만상을 돌이켜보면 이 차별은 어떻게 정리할 수도 없고 셀 수도 없지만 허공 자리에 앉아서 보면 이 우주 삼라만상이 한 덩어리가 되고 맙니다. 육지에 앉아서 보면 백천 중류의 흘러가는 이 물이 수가 없이 한정이 없지만 바다에 앉아서 보면 한 덩어리가 되고 맙니다. 팔만대장경 교리로 보면 그 학설이 한정이 없지만 원교圓教, 즉 화엄학華嚴學에 앉아서 보면 한 덩어리가 되고 맙니다. 그렇기 때문에 한 덩어리가 되는 그 자리를 동양사상에 있어서 유불선 삼교의 표현이 불교는 '만법귀일萬法歸一이라' 우주 만법은 하나로 돌아간다, 유교는 '정일집중精一執中이라' 정미롭고 한결같이 해서 중도를 잡는다, 도교는 '득일만사필得一萬事畢이라' 하나를 얻으면 만사는 다 끝난다, 이렇게 말을 했습니다.
>
> 그렇기 때문에 학술적으로 보면 수천만 권의 학설이 벌어져 있지만 그 내용을 간추려보면 심성心性, 마음 심心 자 성품 성性 자 두 자리 가지고 이야기한 것에 불과합니다. 그래서 불교에서는 '명심견성明

---

15 탄허, 《피안으로 이끄는 사자후》, 교림, 2000, p. 143.

心見性' 마음을 밝혀서 성을 본다, 마음이라면 총체적 명사이고, 성이라고 하면 마음의 본체를 말하는 것입니다. 유교에서는 '존심양성存心養性' 마음을 두어서 성을 기른다. 도교에서는 '수심연성修心練性' 마음을 닦아서 성을 단련한다. '심성' 두 글자를 이야기한 것은 유불선이 같지만 단, 유교에서는 존양存養, 둘 존存 자 기를 양養 자, 도교에서는 수련修練, 닦을 수修 자 단련할 련練 자, 불교에서는 명견明見, 밝을 명明 자 볼 견見 자, 그러면 존양과 수련과 명견이라는 그 술어에서 벌써 유불선의 심천深淺은 드러나는 것입니다.
그렇기 때문에 옛사람이 총체적으로 비판하며 평을 하기를, '유식근儒植根하고', 즉 유교는 나무뿌리를 심는 것이라면, '도배근道培根하고', 도교는 나무뿌리를 북돋는 것이며, '석발근釋拔根이라', 불교는 나무뿌리를 뽑아버리는 것이다. 그러면 순서가 나무뿌리를 심은 뒤에 북돋는 것입니다. 만일 뿌리를 뽑아버린다 하면 심는 것과 북돋는 것이 끊어져버리는 것입니다.[16]

이를 도표 하나로 간략히 표현해 보자면 다음과 같다.

16 앞의 미국 법문, 1982년 9월 15~16일.

【도표 1-1】 탄허 스님의 삼교 회통 사상

삼교 회통	유교	도교	불교
성性 자리	존심양성 存心養性	수심연성 修心練性	명심견성 明心見性
	유식근 儒植根	도배근 道培根	석발근 釋拔根
	정일집중 精一執中	득일만사필 得一萬事畢	만법귀일 萬法歸一

스님이 유불선 삼교의 회통 사상을 선양하기 위해 번역·출간한 책으로는 정재靜齋 유학사劉學士의 〈삼교평심론三教平心論〉과 모자牟子의 〈이혹론理惑論〉과 함허득통涵虛得通 스님의 〈현정론顯正論〉을 묶은《발심삼론發心三論》이 있다.[17]

스님은 늘 '천하에 두 도가 없고 성인에게는 두 마음이 없다'는 뜻의 '천하무이도天下無二道 성인무양심聖人無兩心'이라는 문구를 휘호하길 즐겨했다. 이 구절은《순자荀子》 해폐解蔽 편에 처음으로 등장하며 송대의 소자유蘇子由와 명태조 주원장朱元璋과 이탁오李卓吾 등을 거쳐 조선조의 함허득통 스님의 〈현정론〉으로 이어졌다가 탄허 스님에 와서 본격적으로 천양된 일구一句이다. 삼교동도론三教同道論을 주창하는 사상가들에게는 대표적 표어와도 같이 쓰인 구절로 삼교성인三教聖人의 근본심이 불이不二함을 강조한 말이다.[18]

---

17 김탄허 역,《발심삼론(發心三論)》, 교림, 2001

18 "천하무이도天下無二道 성인무양심聖人無兩心"에 관해서는 문광, 앞의 학위 논문, pp. 151~164을 참조.

스님은 유불선 삼교가 합일될 수 있는 근본이 '심성心性'의 '수련修練'으로 '귀일歸一'하기 때문이라고 역설했다. 특히 '성性 자리' 하나로 유불선 삼교가 관통貫通된다고 보았다.

심心이라고 하면, 성性과 정情을 합한 명사입니다. '성'이라는 것은 나의 한 생각이 일어나기 전, 즉 우주가 미분되기 전을 말합니다. 우리의 한 생각이 일어나기 전이나 몸이 나기 전이나 우주가 생기기 전이나 똑같은 것입니다. 마음의 본체를 '성'이라고 할 때 중생이나 부처님이나 성인이나 범부나 똑같다는 말은, '성' 자리를 가지고 하는 말이지 그냥 덮어놓고 똑같다고 하는 것은 아닙니다.

'성'이 마음의 본체라면 '정'은 같은 마음에서 일어나는 작용입니다. 마음에서 일어나는 작용으로 말하자면 한이 없지만 철학적으로 그것을 구별한다면 희로애락애오욕喜怒哀樂愛惡慾의 칠정七情이 됩니다. 그러나 '성'은 칠정이 일어나기 전 진면목眞面目이며, 본래 언어·문자로 표현할 수 없는 것이지만, 굳이 말한다면, 강령綱領의 큰 것으로 불교에서는 사덕四德이라고 합니다. 부처님 마음 자리에 갖춘 사덕, 즉 진상眞常·진락眞樂·진아眞我·진정眞淨, 유교에서는 그것을 인의예지仁義禮智라고 하는데 범부와 소승은 이 사덕을 거꾸로 봅니다.[19]

스님이 자신의 저작들 가운데에서 '성性 자리'라는 말로 통섭되는

19 탄허, 《부처님이 계신다면》, 교림, 2001, pp. 229~230.

동일한 표현이라고 했던 말들을 모아 보면 아래와 같다.[20]

【도표 1-2】 성性 자리를 통한 탄허의 삼교 회통 사상

성性 자리=중中=미발未發=불성佛性=각覺=마음의 본체=천하의 근본(大本)=우주의 핵심체=우주 미분전=우주 생기기 전=몸이 나기 전=시·공간이 끊어진 자리=한 생각 일어나기 전=정情이 일어나기 전 진면목眞面=언어·문자로 표현할 수 없는 것=49년 설법하고도 한마디도 설한 바 없는 자리=모든 생각이 끊어진 자리=선악 시비의 분별이 붙을 수 없는 자리=모양이 끊어진 것=시·공이 끊어진 허령불매虛靈不昧한 자리=당체가 본래 없는 것=성인이나 범부나 똑같은 것=불교의 사덕四德(常樂我淨)=유교의 인의예지仁義禮智=대학의 지선至善=통체일태극統體一太極=노자의 천하모天下母= 선종禪宗의 최초일구자最初一句子=최청정법계最清淨法界=원상圓相=우주창조주=기독교 하나님=성부聖父

탄허학의 체體가 '회통會通'에 있다는 것은 이상과 같이 유불선 삼교를 각기 다르게 보는 여느 시선과 달리 인간의 동일한 근본 심성 자리를 회통하여 통찰함에 그의 사상적 입각처가 위치하고 있다는 의미이다. 하지만 스님은 삼교간의 심천深淺이 없는 것은 아니라는 언설 또한 빼놓지 않았다. 고운 최치원 선생이 쌍계사 〈진감국사비문〉에서 밝힌 '공자는 그 단서를 발했고 석가는 그 극치를 다했다'는 '공발기단

20 '성性 자리'와 관련된 스님의 언설을 모아 정리한 것은 문광 저, 앞의 학위 논문, pp. 132~151을 참조.

석궁기치孔發其端 釋窮其致'라는 언명을 극찬한 대목[21]은 스님이 불교에 방점을 두고 있었다는 점을 보여 준다.

2) 향상向上과 귀일歸一

◆— 제일구第一句로의 향상일로向上一路

1982년 미국 홍법원 법문에는 매우 중요한 내용이 등장한다. 이는 탄허사상의 핵심을 구성할 뿐만 아니라 스님의 정체성에 대한 연구에 있어서 획기적인 단서라 할 수 있다.

> 만일 선문禪門에 이것(화엄의 사사무애 도리)을 비유하면 임제臨濟 3구 법문에서 제3구에 불과하다는 것입니다. … 아까 사사무애 도리가 그렇게 49년 설법의 대단한 법문이지만 임제 3구에 비할 것 같으면 제3구에 불과합니다. 제3구는 '자구自救도 불요不了라'고 하는 거예요. 제3구에서 만일 깨닫는다 하면 제 몸뚱이 구원도 마치지 못합니다. 제 몸뚱이 구원도 못하는 놈이 어떻게 중생을 제도하겠느냐 이것입니다. … 여러분 생각해 보십시오. 그것은 팔만대장경 교리를 아무리 횡야설 수야설 해봤자 거기에 붙지 못하는 소식이올시

21 탄허 강론, 《탄허대종사 동양사상, 유·불·선·화엄 특강 교재》, 교림, 2002, p. 18.

다. 그것을 임제의 제1구 법문이라고 그러는 거예요. 그러면 임제의 제1구 법문은 본래 물을 수도 없고 답할 수도 없는 본래 문답이 끊어졌다는 경계올시다. 그러므로 이 본래 문답이 끊어진 제1구 소식에서 깨닫는다면 '감여불조위사堪與佛祖爲師라' 인간 천상의 선생은 물론이려니와 부처님과 조사의 선생이 될 수 있다는 것입니다.[22]

인간의 언어 문자로 구성된 것 가운데 가장 수승한 도리이자 팔만대장경의 가장 심오한 이치인 화엄의 사사무애 도리도 임제 3구 법문으로 보면 자신도 구제하지 못하는 제3구 법문에 불과하다는 스님의 이 사자후는 자못 의미심장하다. 자칫 스님을 화엄 사상에 치중한 강백이나 학승 운운하면서 스님의 정체성을 한정하는 것이 얼마나 크나큰 망발을 범할 수 있는지 명확하게 확인하게 되는 대목이다. 스님의 골수는 이와 같이 임제 3구 법문 가운데 제일구第一句로의 향상일로向上一路에 그 요체가 있다. 스님이 붓을 들고 일필휘지할 때 매우 자주 애용했던 '향상일로向上一路'라는 구절의 용처는 바로 불어佛語인 교학의 최고봉인 화엄의 사사무애 도리를 철저히 이해한 바탕 위에서 불심佛心인 선학의 최고봉인 임제의 제1구 도리를 철저히 깨닫는 데에 있다는 것을 명심해야 한다. 스님의 1982년 미국 홍법원 법문의 마지막 내용을 주목해보자.

---

22 앞의 미국 법문, 1982년 9월 15~16일.

고인의 말과 같이 '영위계구寧爲鷄口언정 무위우후無爲牛後라" 차라리 닭의 주둥이가 될지언정 소의 궁둥이는 되지 말아라. 닭의 주둥이는 조그마하지만 앞에 있는 것이고, 소의 궁둥이는 커다란 것이지마는 뒤에 있는 것입니다. 그러니까 작아도 닭의 주둥이가 되지 커다란 소의 궁둥이가 되지 말라는 말이 있습니다. 그와 같이 오늘 이 대회에 모인 여러분은 앞으로 세계평화를 목표하고서 모였는데 그렇게 커다란 소의 궁둥이가 되지 말고 작아도 닭의 주둥이가 되기를 바라겠습니다. 다시 말하면 임제의 제3구, 제2구 소식은 저 태평양 한바다로 집어넣어버리고 제1구 소식, 본래 문답이 끊어진 제1구 소식을 우리가 천득薦得해서 부처님의 은혜를 갚아야 합니다. 그러면 부처님이 이 세상에 나오셔서 49년 동안 횡야설 수야설해놓은 것이 유치원 학생을 위해서 그런 것이지 사실 본래 임제의 제1구 소식을 우리한테 전해 주자는 것이 부처님의 근본 사상이올시다. 5분이 초과해서 대단히 죄송합니다.[23]

세계평화를 발원하는 미국 고승초청대법회의 결론은 이상에서 보았듯 바로 제1구를 천득하자는 것이었다. 제3구 법문인 화엄의 사사무애 도리에 집착하는 것은 소의 궁둥이가 되는 것이요, 본래 문답이 끊어진 임제의 제1구 법문을 천득하는 것은 닭의 주둥이가 되는 것으로 비유하여 부처님이 49년 동안 횡야설 수야설 해놓은 모든 설법인

---

23 위의 미국 법문, 1982년 9월 15~16일.

제2구나 제3구는 태평양 바다에 던져버리고 언어 문자와 시간 공간이 완전히 끊어진 제1구 도리를 증득하자는 것이 바로 탄허사상의 골수이자 종지였던 것이다. 이것이 바로 부처님의 근본 사상임을 분명히 밝혔으므로 탄허 스님의 정체성은 '선사禪師'임이 명백해진다.

◆— 회교귀선會敎歸禪의 경허-한암 선풍의 완성

경허성우鏡虛惺牛(1846~1912)선사와 한암중원漢巖重遠(1876~1951)선사는 공히 선禪과 교敎에 두루 밝았다. 경허선사는 화두 참선 이전에 이미 동학사의 대강백으로 명성이 자자했으며, 한암선사 역시 평생 선교禪敎를 겸수兼修한 종장宗匠이었다. 탄허 스님의 법통은 이를 고스란히 물려받은 것이었다. 출가 직후 바로 묵언 참선으로 수행을 시작했으며 글 보려고 출가한 것이 아니라는 의지를 꺾고 결국《화엄경》의 현토와 번역 및 강원 교재 편찬의 대장정에 돌입하게 된 것 역시 스승인 한암선사의 간곡한 부촉과 독려에 의한 것이었지 스님의 자의가 아니었다. 한암선사는 경봉선사에게 보낸 편지에서 이미 제자 탄허를 자신보다 낫다고 표현하고 있다. 단지 교학 방면에서 뛰어나다고 해서 이러한 표현을 사용했을 리 만무하다. 스승의 마음에 흡족할 만큼 수행 정진력과 선지禪旨가 경지에 도달해 있음을 방증하는 실례라 할 수 있다.

스님은 일평생 저녁 8~9시 무렵에서 새벽 12~1시 무렵까지 잠깐 수면을 취하고 나면 반드시 몇 시간 참선을 한 뒤 하루 일과를 시작했다고 전한다. 선사로서의 생활을 종신토록 엄밀하게 이어나간 것이다. 스스로 "저술著述보다는 사색思索, 사색보다는 좌망坐忘을 노력해 온 탓에 다언多言과 번문煩文이 사자士子와 도가道家의 병病과 해害가 됨을 경계하고 성인의 문장에 대한 술이부작述而不作의 태도를 엄숙히 견지하며 잡화雜話의 책자를 남겨놓지 않으려" 부단히 노력했다.[24]

경전을 번역할 때에는 하루 10시간 이상을 거침없이 지속했는데 항시 일행삼매一行三昧의 방식으로 선정에 든 것처럼 유지했다고 전해진다. 스님의 이러한 수행력과 정진력, 삼매력과 철두철미한 실천력은 수행자가 반드시 본받아서 오늘날 되살려야 하는 이정표이다.

스님이 임종시에 남긴 말후구末後句인 "일체 말이 없어(一切無言)"야말로 스님의 선사로서의 가풍과 풍골風骨을 집대성한 일구로 보기에 손색이 없다. 스님은 일평생 번역과 집필에 매진하였으며 20대 초반에 이미 사장지학詞章之學에도 타의 추종을 불허할 정도의 고취高趣를 보였다. 그럼에도 불구하고 임종게나 열반송을 남기지 않은 것은 바로 말과 생각이 끊어진 제1구 소식을 본지풍광本地風光으로 삼는 경허-한암의 선풍도골禪風道骨을 전법傳法했기 때문이리라. 이를 증명이라도 하듯 후학들이 결집한 스님의 법어집인 《방산굴법어》에는 '탄허대선사법어집呑虛大禪師法語集'이라 분명히 명시해 둠으로써 대선사로서의 정체성(identity)을 강조하고 있다.

한국 불교사의 주된 경향 가운데 하나가 선교겸수禪敎兼修와 회교

24 탄허, 《부처님이 계신다면》, 교림, 2001, p. 1.

귀선會教歸禪이라고 할 수 있다면 스님이야말로 이러한 경향의 대표적인 전형이라 할 만하다. 어느 하나 소홀함이 없이 교의 방면으로도 대강사, 대강백으로 칭해지고 있으며 선의 방면 역시 대선사, 대도인으로 칭해지고 있기 때문이다.

스님과 함께 수행했거나 시봉했던 제자들의 증언을 모은 탄신 백주년 기념 증언집인《방산굴의 무영수》[25]에서 많은 스님들과 재가 제자들은 스님을 선교를 겸통하였지만 선사로서의 종지를 바탕에 두었던 격외格外의 도인道人으로 회상하고 있다.

스님이 입버릇처럼 설한 "유교 경전을 보다가 노장을 보면 유교 경전이 유치하고, 노장을 보다가 불교 경전을 보면 노장이 유치하고, 불교 경전을 보다가 선禪의 조사 어록을 보면 불교 경전이 유치하다"라는 말이나 "유교의 사서四書를 마치고 불교에서 사교四教를 마치고 나서도 공부하겠다는 생각이 없거나 참선하러 가지 않으면 죽일 놈"[26]이라 한 말은 모두 회교귀선의 스님 사상을 뒷받침해 주는 언명들이다. 다시금 탄허 스님과 같은 대종사가 출현할 수 있을지 의문이라는 많은 이들의 회고는 스님의 사상과 정신, 학술과 대업을 탄허학으로 계승하고 연구해야 할 당위와 필요를 고무하고 있다.

---

25 월정사·김광식,《방산굴의 무영수》, 상·하, 민족사, 2013.

26 위의 책(하), p. 396.

3. 탄허학의 용用

1) 교육 사업과 역경 불사

◆— 인재 양성의 일승 보살행

탄허 스님은 "공자가 정치를 그만두고 교육 사업에 뛰어들었기 때문에 오늘날 공자가 있게 된 것"이라 하였다. 스님은 공부하지 않는 사람은 좋아하지 않았으며 주지 노릇하지 말라고 하였는데 그 이유는 바로 공부할 수 없기 때문이라 하였다.[27]

김광식은 스님의 교육 사업을 '교육 결사'에까지 자리매김하고 있으며,[28] 김호성은 '홀로 결사'의 성격을 갖는 장기적인 인재 양성이었다고 하였다.[29] 《화엄경》의 번역도 사실은 오대산 수도원의 학인을 가르치기 위한 교재를 마련할 목적으로 했던 것이며, 스님은 비구·비구니·우바새·우바이를 가리지 않고 개방적으로 교육했다. 남녀노소와 승속을

---

27 위의 책, pp. 394~395.

28 김광식, 〈오대산 수도원과 김탄허〉, 《새불교 운동의 전개》, 도피안사, 2002, pp. 395~397.

29 김광식, 〈탄허 스님의 교육이념과 그 정신〉, 《탄허대종사 탄신 100주년 불교학술대회-탄허대종사의 인재 양성과 교육 이념의 시대 정신》, 한국불교학회, 2013, p. 75.

구분하지 않는 이와 같은 확고한 교육 신념을 가진 스님을 근현대 한국 불교사에서 찾아보기란 매우 힘든 일이다. 이와 같은 이례적인 상황을 한마디로 사람을 가르치는 데 구분이 없었던 공자의 '유교무류有教無類'와도 같은 교육 방침으로 풀어볼 수 있다. 불교와 동양사상의 가치관을 방대하게 가르쳐서 한국 불교, 나아가 국가의 인재로 양성해야 한다는 스님의 일관된 교육 철학이 있었기 때문에 가르침에 부류를 따로 두는 법이 없었던 것이다.

스님은 법상에 오르는 것은 싫어했으나 칠판에 쓰면서 강의하는 것은 평생 마다하지 않았다. 박람강기博覽强記의 천재적인 기억력과 함께 엄청난 정진을 통해 유교, 노장, 불경까지 죄다 외울 수 있었으며 책 없이 강의했다. 사람을 가르치는 데 전혀 싫증을 내지 않은 '회인불권誨人不倦'의 정신으로 하루 종일 번역 작업을 하면서도 틈틈이 시간을 내어 매일 다방면에 걸쳐서 각종 경전들을 강의했다고 전해진다. 탄허 스님의 교육의 특징은 '종지宗旨가 없는 학문은 죽은 학문'이라는 것이다.

> 세속 학문에서 안다는 것은 어느 한쪽을 알면 다른 한쪽은 모르는 것이다. 이것은 대상이 있기 때문이다. 그러나 불교 학문은 대상이 없다. 대상과 자기가 하나가 되는 것이다. 대상이 없기 때문에 모든 것을 다 아는 것이다. 이것이 불교의 학문과 세속 학문의 차이이다. 수행자로서 종지가 없는 학문을 배우는 것은 삼가야 할 일

이다.[30]

이는 탄허학의 체를 형성하는 종지가 탄허학의 용인 인재 양성과 교육 불사에 있어서도 여실하게 이어지고 있는 증좌이다.

◆— 한국적 역경譯經

청담靑潭(1902~1971) 스님에 의해 한국 불교사에서 이차돈 순교 이래 최대 불사라는 평을 들었던 《현토역해懸吐譯解 신화엄경합론新華嚴經合論》 47권의 역경 불사는 전무후무한 대작 불사였다.

15년 세월의 각고 끝에 원고지 10만여 장 분량으로 끝낸 이 화엄 불사는 《화엄경》 80권, 이통현李通玄 장자長者의 《논論》 40권, 청량국사의 《소초》 150권, 《현담》 8권, 《화엄요해》 7권, 보조국사의 〈원돈성불론〉 1권 등을 통합하여 토를 달고 번역, 탈고한 화엄학의 집대성으로 혼자 힘으로 이루어 냈다는 것이 도무지 믿기 어려운 한국 문화사에 길이 빛날 금자탑이라 할 만하다. 그러나 본인은 '하루저녁 푹 잠을 자고난 기분'으로 《화엄경》을 원고삼매原稿三昧 속에서 써내려갔다고 한다.[31] 이뿐만 아니라 사교四敎와 사집四集 등 모든 강원의 교재를 손

30 탄허문도회, 앞의 책, 〈학문의 종지〉, p. 125.

31 탄허, 《피안으로 이끄는 사자후》, 교림, 2000, pp. 251~271, 참조.

수 현토하고 번역했다.

탄허 스님 역경譯經의 특징은 현토懸吐를 철저히 했던 것과 아울러 직역直譯 중심의 번역이다.

청담 스님이 종정을 하다가 다시 총무원장을 할 때 관응·운허·춘성·고암·탄허 스님 등 20~30여 명의 큰스님들을 조계사로 모이게 했다. 청담 스님은 이들에게 제안하기를 《능엄경楞嚴經》의 토가 통도사, 범어사, 해인사 별로 중구난방으로 다르니 이것을 통일시키자고 제안했다. 그러자 관응 스님이 "탄허 스님이 만든 토가 제일 정확하고, 교재로도 쓰이고 있으니 따로 손질할 것 없이 탄허 스님의 것으로 하면 된다"고 했던 일화가 있다.[32]

스님이 현토의 중요성을 역설한 것은 유불선 삼교에 대해 특강할 당시 《천부경天符經》의 현토와 풀이에 관해 언급한 것을 주목할 필요가 있다. 스님은 《천부경》을 석사하기가 매우 어려운데 30~40년 동안 평생 《천부경》을 연구한 노인에게 가서 현토를 배워왔다고 하며 토 떼는 법이라도 알아두라고 하면서 외워서 새기고 해석하였다.[33] 현토 하나만 완벽하게 되어 있으면 그 누구든 한문의 기본을 아는 이는 곧바로 풀이할 수 있기 때문에 한문 교육에 있어 현토는 매우 중요하다고 본 것이다. 그러므로 스님은 모든 번역서에 반드시 현토를 병기하여 후학들로 하여금 명확하게 경문經文을 새길 수 있도록 해두었다.

---

32 월정사·김광식, 앞의 책, p. 269.

33 탄허 강론, 《탄허대종사 법음집 CD 11》, 교림, 2002.

필자는 출가 이전 태동고전연구소(지곡서당)의 청명靑溟 임창순任昌淳(1914~1999) 선생의 영향으로 현토를 통해서 한문을 해석하던 습관을 버리고 현토를 하지 않게 되었다. 중문학도이니 중국어 발음으로 읽을 수도 있었고, 현토하지 않고 한문을 읽는 것이 원어에 가깝다고 판단했기 때문이다. 그러나 탄허 스님의 역경을 접하고 난 뒤 다시금 현토를 하고 있다. 중국어 특유의 성조가 없이 장단으로만 한자의 음률을 발음하는 한국어의 특징상 현토를 통해 음악성을 배가하고 현토의 원칙과 법칙을 숙지하면 한문 문리가 나기 쉽고 외우기 편한 장점이 있다.[34] 또한 백문의 한문만 보는 것보다는 현토가 되어 있으면 끊어 읽기가 보다 쉬워지며 직역과 해석에 용이한 점이 많다.

탄허 스님 역경의 또 하나의 특징은 직역을 원칙으로 한다는 점이다. 처음 스님의 번역본을 보았을 때는 조금 난감한 느낌이 들기도 했다. 한자어를 우리말로 완전히 풀지 않고 한자어 그대로 두었기 때문에 다시금 해석해야 하는 부담감이 있는 것이 사실이다. 하지만 의역意譯을 하여 완전히 우리말로 풀이하면 훗날 시대적 한계에 부딪히는 단점이 발생한다. 언어는 매우 빨리 변하며 한 세대만 지나도 한자에 대한 우리말 풀이는 격세지감을 가질 수 있을 만큼 어색해지기 때문에 다시 새롭게 의역해야 하는 치명적 단점이 있다.[35]

수원 용주사에 역경을 위한 역장이 서고 역경위원을 양성할 무렵

34 이 내용은 금강선원 혜거 스님과의 대화를 통해서 알게 된 내용이다.

35 이 역시 혜거 스님의 증언을 통해 탄허 스님의 직역 방침의 본뜻을 확인한 것이다.

탄허 스님 역시 증의위원으로 그곳에서 번역도 하고 강의도 했다. 그때에 국어학자 최현배 선생도 함께 작업을 했는데 '생사윤회'를 '죽살이 바퀴돌이'와 같은 방식으로 완전히 풀어서 번역했다. '외솔'이라는 호가 대변하듯이 한글의 전용과 한자어의 완전한 우리말 번역을 주장하는 최현배 선생의 주장에 운허 스님 등도 동의했다. 현재 통용되고 있는 운허 스님의 《화엄경》에는 '생사生死'가 '죽살이'로 번역되어 있고 세주世主가 '세상 맡은 이'로 번역되어 있다.[36] 하지만 탄허 스님은 이와 같은 번역은 오히려 중생들의 눈과 귀를 어둡게 하는 것이라고 하면서 반대했었다. 스님은 고유명사나 개념은 그대로 두면서 번역을 하되, 그것이 어려우면 가급적 괄호 안에다가 설명을 하는 식으로 번역을 하자고 주장했다. 결국 직역을 주장하는 탄허 스님과 의역을 주장하는 운허 스님의 이견으로 인해 스님이 용주사를 나오게 되었지만 당신은 직역을 하는 도매상이지 의역을 하는 소매상은 하지 않는다고 뜻을 굽히지 않았고 모든 번역에서 한결같이 직역을 원칙으로 했다.[37] 직역을 위주로 하면 긴 생명력이 있다. 그리고 이것은 한문의 원문에 현토를 하고 그 옆에 직역의 번역을 병기함으로써 한문의 실력도 향상시킬 수 있고 변화하는 언어의 사회적 유동성에도 오랫동안 지속될 수 있는 표본이 되는 번역으로 남을 수 있다. 의역은 그때그때 필요에 따라 창의를 발휘해서 각자의 몫으로 남긴다는 것이 스님의 취지였다.

---

36 이운허 역, 《대방광불화엄경 1》, 동국역경원, 2011.

37 월정사·김광식, 앞의 책, pp. 268~269.

이것이 바로 필자가 스님의 역경을 '한국적 역경譯經'이라 표현했던 이유이다. 한국인이 한문을 보는 것과 중국인이 한문을 보는 것은 다르다. 주어-술어의 어순이 다르니 현토가 붙을 때 단락을 가르며 문장을 이어서 매끄럽게 읽을 수 있고 직역 위주로 번역을 해 둠으로써 거의 변하지 않는 한자와 달리 많이 변화하는 한국어의 변천에도 그 생명력을 유지할 수 있다. 스님이 "나는 당대의 일은 하지 않는다"라고 했던 언명을 다시금 떠올리게 되는 대목이다. 먼 훗날을 생각한 스님의 속 깊은 고민을 엿볼 수 있다.

주석본注釋本 채택에 있어서도 스님 역경의 특징이 드러난다. 스님은 "경을 보다가 의심이 나면 번역을 보고 번역을 보아도 모르게 되면 해解를 보고 해를 보아도 풀리지 않으면 소疏를 보아서 경의 대의大義가 드러나면 해와 소와 역문譯文을 다 접어두고 원경原經만을 숙독하는 것이 연구인의 자세"라고 했다.[38] 스님은 대표적 역경 대작인《현토역해 신화엄경합론》의 서序에서 다음과 같이 경 보는 법에 대해 소언(일러두기)을 남겨두었다.

심불반조心不返照하면 간경무익看經無益이라는 고인의 훈고도 있거니와, 과연 언어 문자 밖의 종지宗旨는 언려言慮를 돈망頓忘한 자득自得의 경지가 아니고는 추측하지 못하는 것이다. 이 경經을 보는 방법은 경을 읽은 후에 논論을 보고 논을 읽은 후에 다시 경을 읽

38 탄허 역해,《능엄경》, 화엄학연구소, 1981, 서문.

어 재삼 반복하면 흉중에 반드시 통철洞徹의 낙樂이 있으려니와, 만일 경론經論을 숙독하지 않고 먼저 소疏·초鈔를 심역尋繹한다면 대경大經의 종지宗旨를 파악하기 어려울 뿐만 아니라 도리어 현애懸崖의 상想과 망양望洋의 탄歎을 면치 못할 것이다.[39]

탄허 스님은 화엄종사인 청량국사의 소초疏鈔보다 이통현(635~730) 장자의 논論을 훨씬 중시했다. 통현론의 직절종지直截宗旨를 정正으로 삼고 청량소초의 자구해석字句解釋은 조助로 해서 엮었던 것[40]은, 바로 원경原經을 중시하고 종지를 중심으로 본의本意의 골절 맥락을 파악하여 일심一心을 반조返照하는 것을 간경看經의 본질로 보았기 때문이다.

한암 스님이 '화엄론은 참선하는 사람이 아니면 볼 근기가 못 되니 강당에서는 행세할 수가 없다. 그러니 현토하여 출판했으면 좋겠다'[41]는 부촉이 종자가 되었던 것만 보더라도 애시당초 경전 번역 출간에 있어서 한암-탄허 사이에 묵묵히 계합한 바는 바로 사람들로 하여금 단박에 경안經眼을 갖추도록 안목을 향상시키고자 함이었다.

따라서 다른 경전의 주석본 채택에 있어서도 탄허 스님은 자구 해석보다는 대의 중심의 저본을 채택한 사실이 확인되고 있다.

《대승기신론》의 경우 전통 강원에서 사용하던 현수법장의 현수소賢首疏를 완전히 배제하고 간결한 원효대사의 원효소元曉疏로 바꾸었

39 김탄허, 《신화엄경합론 제1》, 화엄학연구소, 1975, p. 8.

40 김탄허, 위의 책, p. 7. 소언(일러두기) 참조.

41 탄허문도회, 앞의 책, 〈화엄경의 세계〉, p. 77.

으며,《원각경》의 경우에도 규봉종밀의 대소초大疏鈔 대신에 더욱 간결한 함허득통의 함허해涵虛解를 선택했다. 그런데 여기에서 반드시 짚고 넘어가야 할 것은 원효소나 함허해가 대의와 종지를 잘 드러내고 간결하면서도 소략하다는 이유 하나만으로 주석본으로 채택되었다고는 볼 수 없다는 점이다. 탄허 스님은 기왕이면 중국의 주석본에 전적으로 의존하기보다는 우리나라 고승들의 주석본 가운데 수승한 것이 있다면 한국 강원에서는 과감히 우리 주석본을 저본으로 삼아 공부하는 것이 좋다고 판단했던 것으로 보인다.

이렇게 확신하는 이유는 스님의《노자 도덕경》의 주석에 대한 채택 방식 때문이다. 스님은《노자 도덕경》을 역해하면서 주로 초횡焦竑의《노자익老子翼》[42]속에 등장하는 주석가들의 주석 가운데 취사하여 번역하고 스님의 짧은 논평을 부가했다. 예를 들면 소자유蘇子由, 이식재李息齋, 여길보呂吉甫, 엄군평嚴君平 등의 주석들이 바로 그것이다. 그런데 스님은 초횡의 주석에 등장하는 이러한 중국 주석가들의 주석보다 조선시대의 서계西溪 박세당朴世堂(1629~1703)의 주석인《신주新注도덕경道德經》의 주석 내용을 맨머리에 올려놓고 있다.[43] 그만큼 우리나라 주석가의 주석을 중시하고 가급적이면 우리의 주석을 많이 소개하고자 노력하였다. 이처럼 주석 채택 방식에 있어서 이미 '한국적 역경'의 색채가 농후하며 민족 의식이 발휘되고 있는 것이다.

42 焦竑,《漢文 大系 9 老子翼·莊子翼》, 富山房, 1984.

43 김탄허 역주,《노자 도덕경》, 교림, 2011.

스님은 인도와 동남아 등 불교 성지순례를 마치고 돌아온 후 인터뷰에서 "한국 불교는 세계의 중심이며 한국이 세계 불교의 종주국이 되어야 한다"고 역설했다. 그 이유는 불교의 진수眞髓인 교리敎理와 선사상禪思想을 그 어느 나라보다 모두 앞서 갖추고 있으며, 특히 불교 대장경의 보유로도 으뜸인 곳이 바로 한국뿐이라는 점을 강조했다.

인도에는 범어로 된 대장경이 나란다 대학의 화재로 한국이 보유한 팔만대장경의 만분의 일밖에 남아 있지 않으며, 티베트대장경 역시 한문 장경의 백분의 일밖에 안 되므로 세계에서 우리가 보유한 한문 장경이 최상의 불교 원전原典이 되어버렸다고 말했다. 게다가 한문 장경을 제대로 볼 수 있는 사람도 한국뿐인데 그 이유는 중국은 공산화 과정에서 이야기할 필요도 없는 처지가 되었고 일본은 서구적 사고방식으로 동양사상을 연구하는 폐단이 있어 한문원전을 보는데 미흡한 점이 많으니 동양식 사고방식을 갖고 온전히 한문원전을 풀이하는 전통이 이어지고 있는 곳은 한국뿐이라고 역설했다. 불교의 종주국인 인도에서 장손長孫이 끊겼으니 지손支孫이 대신 가업을 이끌어야 하는데 대를 이을 곳은 한국뿐이니 우리나라가 세계 불교의 새로운 종주국이 되어야 한다고 말했다.[44]

이상과 같은 내용을 통해서 볼 때 스님이 한문으로 된 경전을 한글로 번역하여 후세에 남길 때에는 이미 이와 같은 깊이 있는 사색과 고심을 통해 역경의 방식을 설정했다는 점을 알 수 있다. 전 세계에서 가

44 탄허, 《부처님이 계신다면》, 교림, 2001, pp. 188~190.

장 온전한 팔만대장경을 보유한 뒷날의 불교 종주국으로서 한문으로 이루어진 대장경을 소중하게 간직하면서도 현대인들이 어려운 한문 경전을 한국어로 읽을 수 있도록 번역해 내기 위해서 한문 경전을 그대로 현토를 통해서 먼저 제시하고 시대에 구애받지 않는 직역을 선택했으며 우리 주석본이 있다면 과감히 채택하여 우리 국민이 우리 사상가들의 사유를 맛볼 수 있도록 배려했던 것이다. 한문으로 된 대장경을 한문을 완전히 배제한 순수 한글대장경으로 변모시키는 것에 스님은 반대했다. 한국 불교의 힘은 세계에서 유래를 찾아보기 힘든 고려대장경을 보유한 데 있으니, 한문대장경을 잘 계승하면서도 시대가 아무리 흘러도 쉽게 읽을 수 있도록 현토와 직역, 해설과 강설을 덧붙이는 역경 불사를 거행했던 것이다. 이것이 필자가 파악한 탄허 스님의 '한국적 역경'의 진면목이다. 종지를 곧바로 드러낼 수 있으면서도 가급적 한국 주석가의 주석을 선택하고자 하였던 민족적 자긍심의 발로가 스님의 역경 속에 고스란히 남아 후대에 길이 전해질 것으로 보인다.

◆— 서문에 담은 골수 법문과 대중 강설의 사자후

탄허 스님은 엄격하게 술이부작述而不作의 태도를 견지했으므로 성인의 경전을 현토·역해하는 것을 제외하고는 개인적 저술을 남기지 않으려 노력했다. 하지만 동양의 정통 선비가 자신의 살림살이 전모를 공개하지 않을 수 없는 것이 바로 서문序文이다. 개인적 문장이 아닌 번역본을 출판하게 될 때에도 반드시 서문은 갖추어져야 하는 것이기에 일반적으로 학문이 뛰어난 선학先學이나 스승에게 서문을 부탁하는 경우도 많다. 그러나 탄허 스님은 모든 번역서에 직접 서문을 남겼다. 그 누구에게도 서문을 부탁하지 않았다. 자신감이었고 자존감이었다. 초서 서예로 손수 써서 책 서두에 활자본과 함께 실어 당신의 소작所作인 것을 명명백백하게 밝혀두었다. 즉 이 서문이야말로 바로 탄허사상을 단도직입적으로 드러낸 골수 법문이라고 천명한 것이다. 과연 그 서문의 내용들을 보면 하나의 경전에 대한 스님의 탁견卓見과 진수眞髓의 정미로움이 혼연히 녹아 있음을 발견하게 된다. 따라서 스님의 교학教學, 경학관經學觀을 살펴보고자 한다면 모든 경전의 서문들을 분석하면 되리라 확신한다.

제자 혜거는 《금강경》《원각경》《능엄경》《기신론》 사교에 대한 탄허 스님의 서문을 비롯하여 역대 제자들의 서문만을 한데 모아 분석 정리해 둔 바 있다. 또한 탄허 스님의 활달한 문장이 수많은 비명과 비문에 드러남을 간파하고 '탄허선사의 문학 세계'로 별도로 정리해놓고 있는데, 이는 탄허 스님의 심중을 깊이 헤아린 것이라고 본다.[45] 앞으로 탄허학이 본 궤도에 오르게 된다면 서문序文과 비문碑文을 면밀히 연구·분석함으로써 탄허사상의 총체적인 면모와 독창성을 세상에 드러낼 수 있으리라 본다.

45 혜거, 《탄허대종사 경학관 1-譯經 序文 중심으로》, 금강선원, 2009.

또 한 가지 스님의 진면목이 드러나는 것으로는 대중 강설이 있다. 특강이나 대법회의 형식으로 열린 대중 설법에서 스님은 책에서의 엄밀함과는 달리 종횡무진 사자후를 펼친다. 녹음된 강설 내용이 상당히 많은데도 불구하고 아직도 제대로 녹취되어 책으로 출판되지 못하고 있다. 성철 스님의《백일법문》이 녹음된 상당 설법 내용을 받아 적어 출판되어 스님의 핵심 사상인 중도사상中道思想을 대표하는 저술이 된 것을 상기할 때, 녹취되지 못한 탄허 스님의 강설과 설법이 하루속히 활자화되어 출간되기를 고대한다. 동국대 교수 해주 스님이 1977년의 화엄 특강 일부를 녹취하여 책으로 낸《탄허 강설집-현토역해 신화엄경합론 권 1》[46]이 거의 유일한 강설집인데 이 또한 후학들에게 큰 도움이 되고 있으니 보다 많은 강설집이 상재되어 스님의 사상이 세상에 빛을 발하게 되기를 발원한다.

2) 간산사상艮山思想과 민족 불교

◆— 탄허의 역학 사상에 나타난 우환憂患 의식

탄허 스님은 책이 없어《주역》을 공부하지 못하다가 처가에서 소를 팔아《주역》을 사주어 공부하게 되었다고 한다. 한번은 스님이 밤이

46 탄허장학회,《탄허 강설집-신화엄경합론 권 1》, 불광출판사, 2003.

늦어도 집에 돌아오지 않아 장모님이 글방을 방문해보니 스님께서 흡사 미친 듯 춤을 추며 큰소리로 《주역》을 읽고 있었다 한다. 18세 때의 일로 스님은 당시 《주역》을 손에 들고 오백 독을 하였다고 전한다.[47] 그렇게 《주역》을 통달했던 스님은 《주역》의 대의에 관해 다음과 같이 피력한 바 있다.

> 우주 만유가 어디서 나왔느냐? 육십사괘다. 육십사괘는 어디서 나왔느냐? 팔괘다. 팔괘는 사상, 사상은 음양, 음양은 태극, 태극은 나온 곳이 없다. 태극, 나온 곳이 없다는 것을 소위 부처라고 한다.[48]

> 태극은 일어난 데가 없어요. 일어난 자리가 없는 그 자리는 천당과 지옥도 없습니다. 그것을 해탈이라 그러는 거요. 그 자리로 소급시키면 성인은 그 자리에 사는 겁니다. 그것이 역학易學입니다. 중생들로 하여금 근본 자리로 소급을 하여 도통하게 하는 것, 그것이 주역의 대의입니다.[49]

스님은 《화엄경》을 불교의 최고봉으로, 《주역》을 유교의 최고봉으로 보았다.[50] "태극이 나온 자리를 알면 그걸 도통한 자"라고 했으며

---

47 오대산 문도회, 탄허불교문화재단 편, 《탄허대종사 연보》, 교림, 2012, p. 33.

48 탄허, 《탄허록》, 한겨레출판, 2012, p. 241.

49 탄허, 《피안으로 이끄는 사자후》, 교림, 2000, p. 172.

50 위의 책, p. 180.

"태극을 아는 것을 각覺"[51]이라 했다. 탄허학에 있어서 《주역》은 매우 중요한 대용大用의 지점을 점유하고 있다. 유교와 불교의 둘로 나눠지는 것이 아니라 태극太極과 각覺이 일리一理로 회통되고 있다. 둘이 합해져서 하나가 되는 것이 아니라 본래 하나인 것으로 파악되고 있다. 불교의 체와 역학의 용이 일원무간一源無間의 관계에 있다.

유교에는 주렴계의 〈태극도설〉이 있어서 유교의 제1구를 형성하고 있다. 주자의 《근사록近思錄》과 퇴계의 《성학십도聖學十圖》에서 수위首位를 차지할 만큼 주렴계의 〈태극도설〉은 유교의 본체이다. 이 주렴계의 〈태극도설〉을 탄허 스님은 중국 선종오가禪宗五家 가운데 조동종의 오위도五位圖와 비교하여 '선역회통禪易會通'의 새로운 길을 계발해 주었다.

〈주자태극도周子太極圖 조동오위도曹洞五位圖 비교比較〉에서 스님은 다음과 같이 소회를 밝히고 있다.

> 이 태극도太極圖와 오위도五位圖를 좌우左右로 놓고 허심虛心으로 비교해 보면 유석이교儒釋二敎가 언설을 대待할 게 없이 심목心目 사이에 소소昭昭하여 통철洞徹의 묘妙가 수지무지手之舞之하며 족지도지足之蹈之함을 불각不覺하리니 십삼권十三卷 원경原經을 십백번十百番 독파讀罷하는 것보다 사과반思過半이 될 것이다. 이것은 내가 사십년 전 입산入山 후後에 이 글을 얻어 보고 감명感銘이 깊었었던 것이

---

51 위의 책, p. 108.

기에 이제 선해禪解 주역周易을 역주譯注하여 간행刊行함에 있어서 부록附錄으로 하여 동도자同道者에게 제공提供하는 바이다.[52]

《주역》이라는 책은 본래 희羲·문文·주周·공孔의 사성四聖을 거쳐 체계가 완비된 것이다. 즉 복희·문왕·주공·공자 이 네 성인이 여민동환與民同患[53]의 심심深心을 통해 구현해 낸 유교 경전의 최고봉인 것이다. 《주역》〈계사전繫辭傳〉에는 작역자作易者(문왕)가 우환憂患 의식이 있었다고 한다.[54] 즉 유리羑里에서 환란을 당했을 때 문왕이 《주역》의 괘사卦辭를 지었는데 이때 세상을 근심하고 백성의 안위를 걱정하는 성인의 마음이 주역 괘사에 고스란히 담겨 있다는 것이다.

중국의 근대 철학자 모종삼牟宗三은 《중국 철학의 특질》에서 중국 철학 전체의 특질로 이 우환 의식을 꼽고 있다. 내성외왕內聖外王의 도는 바로 세상의 우환을 타개해 나갈 군자의 우환 의식에서 비롯되는 것이다.

탄허 스님의 역학 사상은 64괘에서 태극으로 소급해 들어가는 선禪적인 심성 수련의 '역학易學'과 태극에서 64괘로 확장되어 가는 현실적 전개에 대한 대처라는 '역리易理'에 대한 양면 통찰이 있다. 스님은 《주역선해》 서문에서 '역학은 64괘에서 태극으로 환귀還歸하는 것을 말하고 '역리'는 태극에서 64괘로 연緣을 따라 일체 사법事法을 성취

52 김탄허 역해, 《주역선해 3》, 교림, 1996, p. 424.

53 위의 책, p. 41. 여기서 '여민동환與民同患'이라는 표현은 지욱선사의 표현이다.

54 《주역》〈계사전〉 7장, "作易者 其有憂患乎", 위의 책, p. 41.

하는 것을 말한다고 하였다.[55] 태극이 곧 각覺이라는 말은 전자의 것이며, 정치·사회·문화적 전개 양상은 후자의 것이다.

스님이 역리의 체계적이고 조직적인 학술적 연구를 통해 미래에 대해 길을 제시하고 방향을 설정해주며, 가닥을 잡아주고 대안을 미리 설정해 주는 것은 모두 역易이 함유하고 있는 성현의 우환 의식과 군자학君子學의 발로인 것이다. 이 우환 의식은 불교 교학적으로 보자면 일승보살도一乘菩薩道에 상응하고 화엄으로 보자면 보현행원普賢行願에 해당한다. 중생에 대한 광도廣渡·하화下化·요익饒益에 대한 끝없는 원력에 다름 아니다.

◆— 중국역中國易에서 한국역韓國易으로 축의 전환

스님은 민족 주체적인 입장에서 불교를 제외하고 최고의 철학을 꼽으라면 단연코 역학易學이라고 하였다. 그 근거로 스님은《천부경》을 제시하였다.

우리 역사에서 국조 단군은 '여요병립與堯竝立'으로 요임금과 동시대라고 하였다.《천부경》은 단군의 사상이므로 그렇게 본다면 문왕의《주역》보다 몇백 년을 앞선다는 결론이 나온다. 그러므로 "역학을 '우

55 김탄허 역해,《주역선해 1》, 교림, 1996, p. 27. 필자가 여기에서 사용하는 '탄허 스님의 역학 사상'이라 함은 이 '역학易學'과 '역리易理'를 통틀어 말하고 있다는 것을 밝혀 둔다.

리 단군의 것'이라고 해도 무방하며 최초의《주역》을 한국의 것으로 보아도 좋다"는 것이 스님의 생각이었다.[56] 그래서 '우리 주역'이라는 말을 써야 옳다고 단정적으로 말한 것이 여러 번이다. 실제 스님은 당신의 지갑 속에 늘 토가 달린《천부경》원고 한 장을 써넣어 가지고 다녔다.[57] 본래 우리나라 역학이던《천부경》에서 중국 문왕의 역易인《주역》이 나왔다가 다시금 복희역, 문왕역에 이어 일부역一夫易이 제3의 역易으로 한국 땅에서 나온 것은 예사로운 일이 아니라는 것이다.

스님은《정역正易》이 책으로 출판될 때 두 번에 걸쳐 서문을 써준 적이 있다. 박상화의《정역과 한국》의 서문에서 스님은 김일부金一夫(1826~1898) 선생과《정역》에 대해서 다음과 같이 말했다.

> 《정역正易》은 연산連山에서 탄생한 김일부金一夫 선생의 저술著述한 바다. 일부一夫가 일찍이 수무족도手舞足蹈를 금禁치 못하여 주야晝夜로 가무歌舞와 궁리窮理에 정진精進하던 중 기묘년己卯年(1879년, 선생 54세)부터 그 팔괘도八卦圖가 수년간數年間을 허공중虛空中에 나타났다는 것이다. 일부一夫는 이것이《주역周易 설괘전說卦傳》에 '신야자묘만물이위언자야神也者妙萬物而爲言者也'라는 대문大文의 말한 것과 부합符合됨을 확인하고 정역正易 팔괘도八卦圖를 획畫한 선생은 계속 추연推衍과 연마硏磨를 쉬지 않아 드디어 정역正易을 내게

56 탄허,《탄허록》, 한겨레출판, 2012, pp. 241~242.

57 '탄허 유품 지갑과 메모' 국립중앙박물관,《한국의 큰스님 글씨 : 월정사의 한암과 탄허》, 통천문화사, 2013, p. 94.

된 것이다.

복희伏羲 팔괘八卦는 천도天道를 말한 것이라면, 문왕文王 팔괘八卦는 인도人道를 밝힌 것이며, 정역正易 팔괘八卦는 지도地道를 보인 것이다. 지도地道의 변역變易에 미리 모든 것이 변하지 않음이 없으므로 선후천先後天 팔괘八卦와 정역正易 팔괘八卦는 수미首尾의 도치倒置가 근본적으로 다른 것이다. 이렇게 보면 우주宇宙가 한 장중掌中에 있다 해도 과언이 아니지만 다만 그 문자가 간삽艱澁해 난해처難解處가 많아서 전문가專門家로도 쉽게 다루기는 어렵다. 그러므로 이 책이 세상에서 빛을 보지 못하게 된 것이 아닌가 한다. 이번 박상화朴相和 선생은 그의 평소 정력을 다하여 연구한 결과 드디어 《정역과 한국》이라는 책자가 나오게 되었다. 상세하게 풀어서 누구라도 다 알아볼 수 있게 하였다. 출간出刊의 즈음에 임臨하여 나에게 일언一言의 병언弁言을 청하거늘, 나는 정역학正易學에 전공專攻의 지식이 없는 사람으로 어떻게 서문序文을 쓰느냐고 거절하였다. 그럼에도 불구하고 누차屢次 청촉請囑이 있어서 이 서문을 쓰게 되었다. 마치 우수마발牛溲馬勃을 주옥珠玉에 섞은 듯이 참괴慙愧를 금치 못하는 바이다. 그러나 이 책자가 나감으로 해서 여러 사람들이 정역正易의 원리原理에 입각한 불원不遠의 장래將來를 명철明徹히 투시透視하여 구출救出을 받게 된다면 세계 일류의 공헌貢獻에 그 공이 크지 않다 할 수 없을 것이다.(1978년)[58]

58 박상화,《正易과 韓國》, 공화출판사, 1981, p. 3.

누차 서문을 써 줄 것을 부탁 받았다는 것으로 보아 이미 정역학正易學을 전문적으로 연구하는 이들로부터 스님이 정역학에 달통했다고 소문이 났었다는 사실을 짐작할 수 있다. 여기에서 스님은 김일부 선생에 대한 향심向心이 대단함을 알 수 있고, 역학의 원리에 입각하여 정역 팔괘가 어설픈 여느 도참설의 영역과 확실히 다르다는 점을 당신이 직접 검증했다는 것을 알 수 있다. 유불선 삼교 특강에서도 스님은 반드시 정역학을 강의했는데 김일부 선생에 대해 '아주 뜨겁게 아신 분'이며 "《정역》은 아주 위대한 작품"이라며 찬탄을 아끼지 않았다.[59]

위의 서문에서도 볼 수 있듯이《정역》을 알게 되면 우주가 한 장중에 있다 해도 과언이 아니며 정역의 원리에 입각해 보면 세계 인류를 구출하는 데 크나큰 공헌을 할 수 있다고 보았다. 이 무렵에 써진 또 다른《정역》 서문에서는 핵심만 압축해 두었다.

〈정역正易 간행刊行 서序〉

복희는 선천의 선천이요, 문왕은 선천의 후천이요,《정역正易》은 후천의 선천이다. 일부一夫의 말에 의하면, "물이 남쪽에 밀려왔다가(水潮南天) 물이 북쪽으로 밀려 나간다(水汐北地)"고 하며, 증산甑山은 "물이 불에서 나왔기 때문에 상극의 이치가 없다(水生於火故天下無相克之理)"고 하니, 이 즈음에 도를 얻기가 쉽고 그 사이에 말을 붙이기 어렵다. 아! 만일 어떤 사람이 이 이치를 안다면 선천 후천의 변

59 탄허 강론,《탄허대종사 법음집 CD 11》, 교림, 2002.

역을 알 수 있을 것이다. 정사년(1977) 4월 4일 탄허 산인散人.[60]

탄허 스님은 김일부 선생의 《정역》을 단순히 도참설圖讖說로 보지 않고 있다. 도참사상이라 함은 미래의 길흉에 대한 예언을 믿는 것을 말한다. 탄허 스님은 김일부 선생의 《정역》이 향후 100년간 벌어질 일에 대한 예언의 성격을 가진다고 하였지만, 그것을 단순한 도참설로 보아 그 예언을 믿은 것이 아니었다. 스님은 김일부의 《정역》을 새로운 시대의 역리易理로 보았으며 《정역》에 대해서 자신의 역리 해석을 부연하여 전개해나갔던 것이다. 마치 문왕 팔괘에 대해서 정자程子와 주자朱子가 《역전易傳》과 《본의本義》를 통해 역학을 전개해 나가고 있는 것처럼 말이다. 문왕 팔괘와 정주程朱의 전의傳義에 대해 도참설이라 말하는 이는 없다. 유교의 엄연한 경經과 전傳일 따름이다.

김일부 선생의 《정역》은 전체가 4,769자로 이루어져 있다. 탄허 스님이 《주역선해》의 부록인 〈정역 팔괘 해설〉에서 인용하여 언급하고 있는 《정역》의 원문은 고작 79자에 불과하다. 그러나 해설에서 언급하고 있는 내용은 79자에 대한 해설만으로 구성되어 있지 않다. 정역 팔괘와 《정역》의 상경上經과 하경下經인 〈십오일언十五一言〉과 〈십일일언十一一言〉 전체에 대한 체계적인 역학적 분석을 마친 해설을 부가하고 있는 것이다. 1982년 70세 5월에 《현토역해 주역선해》를 간행하면서 〈정역 팔괘 해설〉을 부록으로 남겼는데 이는 71세에 입적하기 직

60 오대산 문도회, 탄허불교문화재단 공저, 앞의 책, pp. 237~238.

전에 마지막으로 간행한 책으로 필생의 역작으로 남겨놓은 것이다.[61]

탄허 스님은 중국역中國易인 문왕 팔괘의 시대가 가고 한국역韓國易인 정역 팔괘의 시대가 새롭게 도래할 것으로 보았다. '천지경위天地傾危 이천팔백년二千八百年'[62]만에 지축이 바로 서고 난 뒤의 상황에 대한 역학과 천문력이 한국 땅에만 모두 이미 준비되어 있다는 것은 중국 역학이 한국 역학으로 축이 전환됨을 의미한다는 것이다.

김일부의 《정역》을 공부해서 알기 위해서는 《주역》은 물론 소강절의 《황극경세서》와 같은 상수역象數易에도 통달해야 한다. 스님은 《주역선해》에서 소강절을 '소자邵子'라고 존중하며 단순한 술術의 경계에 머문 사람으로 보지 않았다.[63] 《주역》《황극경세서》 등과 같은 제반 역학서들을 깊이 연구하고 이를 바탕으로 《정역》에 대한 역학적 검증을 마친 이후 스님은 당신의 《주역선해》 끝에 〈정역 팔괘 해설〉을 남겨 한국 땅이 세계 문명의 중심이 될 것임을 지기知幾하고 전망했던 것이다.

여기에서 필자가 '예언豫言'이란 표현을 쓰지 않고 '지기知幾'라는 역학적 표현을 쓴 것은 탄허 스님이 역학에 대한 깊은 탁마와 연구를 통해 다가오지 않은 움직임에 대한 기미와 조짐을 신묘하게 통달했다는

---

61 《노자 도덕경》은 스님 입적 후에 출간된 것이다.

62 김일부 선생이 쓴 《정역》의 서문인 〈대역서大易序〉에는 천지가 기울어진 지 2,800년이 지났다는 것을 명시하고 정역 원리에 의거하여 천지가 다시 바로 설 것을 말하고 있다. 권영원, 《정역 입문과 천문력》, 동서남북, 2010, p. 204.

63 탄허 스님의 소강절에 대한 평가는 '투철한 경지를 깨치고 근원을 각파한 군자'이지 일개 술객術客이 아니라고 본 것이다. 그 이유는 소강절이 지은 다음 시로 증명된다고 하였다. "身生天地後 心在天地先 天地自我出 其餘何足言(이 몸뚱이는 천지가 생긴 뒤에 나왔고, 이 마음 자리는 천지가 생기기 전부터 있었다. 하늘과 땅도 나로부터 나왔거든 천지 사이에 있는 만물이야, 어찌 말할 게 있느냐?)" 탄허, 《피안으로 이끄는 사자후》, pp. 65~66.

것을 강조하는 데 그 뜻이 있다.[64]

'지기'는 《주역》 〈계사전〉에 나오는 용어로 "지기기신호知幾其神乎(기미를 아는 것이 신묘함이로다)", "군자견기이작君子見機而作(군자는 기미를 보고 작한다)"과 같은 표현으로 등장한다.

다음의 《주역》 〈계사전〉 제10장의 구절을 통해서 탄허 스님의 예지가 '지기'였다는 것을 충분히 유추해 볼 수 있다.

> 역易은 성인이 심오한 이치를 극진히 탐구하고 기미(幾)를 연구한 것이다. 오직 깊이 하였던 까닭에 천하의 뜻을 통할 수 있는 것이다. 오직 기미를 연구했기 때문에 천하의 일을 성취할 수 있는 것이다(夫易聖人之所以極深而硏幾也 惟深也 故能通天下之志 惟幾也 故能成天下之務).[65]

◆— 탄허 미래학의 특질과 상징

탄허 스님의 미래학未來學과 민족 사상을 총괄하여 필자는 '간산사상艮山思想'[66]이라고 명명하고자 한다. 그것은 스님이 출가하기 이전의 자字가 '간산艮山'이었고, 스님이 출가한 오대산이 《삼국유사》에 '간방艮方'

64 탄허 스님은 '예언'이란 표현을 절대 쓰지 않았으며, 일반적인 의미의 '예언'과 자신의 '예지'를 분명히 구분 지어 언급했다. 향후 '탄허 스님의 예언' 운운하는 일은 없어야 할 것으로 본다.

65 김탄허 역해, 《주역선해 2》, 교림, 1996, p. 579.

66 필자가 탄허 스님의 민족적 역학과 미래학을 '간산사상'이라 명명하고 논의를 전개한 것은 이 글이 최초였다.

으로 나와 있으며,[67] 스님이 마지막으로 인재를 양성하고자 했던 자광사慈光寺가 위치한 계룡산이 '간산艮山'이기 때문이다. 또한 스님의 역학 사상의 핵심이었던《정역》도 간방과 간도수艮度數를 중심으로 지축이 바로 서고 역사의 종시終始가 이루어진다고 보기 때문이다.

'중악中嶽'으로 불린 계룡산은 '간산'이라고도 불렸다. 계룡산 갑사甲寺[68]의 삼성각 주련에는 다음과 같은 시가 걸려있다.

닭이 용으로 변하니 천하의 으뜸일세
삼성각이 장엄하여 시방 세계 옹호하고
간산(艮山=계룡산=한국)에 운이 돌아와 신령스런 서기가 내림에
만년토록 밝은 덕성 그 향기를 널리 풍기리라
鷄化爲龍甲天下 三閣莊嚴護十方
艮山回運降靈祥 萬年明德薦馨香

스님은 자신이 '간산'이라는 의식을 확고히 가지고 있었다. 필자가 최근에 확보한 〈간산필첩艮山筆牒〉[69]의 발문에서는 '간산산인艮山散

---

67 대산오만진신臺山五萬眞身조에 "그대의 본국 간방艮方 명주 지경에 오대산이 있고 일만 문수보살이 항상 그곳에 머물러 있으니 그대는 가서 뵙도록 하시오(汝本國艮方溟洲界有五臺山 一萬文殊常住在彼 汝往見之)"라고 되어 있다. 한국정신문화연구원,《역주 삼국유사 Ⅲ》, 이회문화사, 2003, p. 273.

68 계룡산 갑사에는 다음과 같은 주련도 붙어 있다. "甲生三角法門開 艮佛蓮花君子臺 大夢人天誰大覺 水晶峰塔見如來(으뜸(갑사)에서 나온 삼각이 법문을 여니, 미륵불(艮佛=한국의 부처)의 연꽃은 군자의 누대로다. 큰 꿈속의 인간, 천상 누가 큰 깨달음 얻을쏜가? 수정봉 보탑에서 여래를 보게 되리라)."

69 〈간산필첩艮山筆牒〉은 약 13미터 가량 되는 긴 두루마리 권이다. 20세 때의 필적이니 지금 남아

人'이라고 분명히 밝히고 있다. 〈간산필첩〉은 탄허 스님이 20세 때인 1933년의 친필 자료이다.

탄허 스님이 한국의 미래를 역학의 원리에 입각하여 '간방(艮方)'의 미래로 전망한 것들을 모아 보면 아래와 같다.

> 地球가 成熟됨에 따라 後天 時代는 結實 時代로 變하는데 이 結實을 맡은 方位가 艮方이며 艮方은 地理的인 八卦 分野로 보면 바로 우리 韓國이다.
>
> 艮은 方位로는 東北間이며 樹木으로는 結實이며 人類로는 少男이며 性質로는 道德 즉 그치는 것이다. 東北은 晝夜의 交替 또는 冬春의 交替도 된다. 그러므로 밤이 다하고 낮이 오는 中間이며 겨울이 다가고 봄이 오는 中間이다. 그러므로 艮은 方位로도 始終을 가지고 있는 것이다.
>
> 結實은 뿌리의 結果니 뿌리가 始라면 열매는 終이다. 일단 結實이 되고 나면 뿌리의 命令을 듣지 않는 것이 結實이다. …
>
> 우리가 이 道德 分野에서 살고 있기 때문에 우리 先祖들이 數千年 동안 남을 侵害해 본 적이 없고 오직 壓迫을 忍耐하고 살아 왔던 것이다. 그러나 積善之家에 必有餘慶하고 積惡之家에 必有餘殃이란 말과 같이 우리 先祖가 積善해 온 餘蔭으로 우리 韓國은 畢

있는 스님의 친필로는 가장 최초의 것이다.

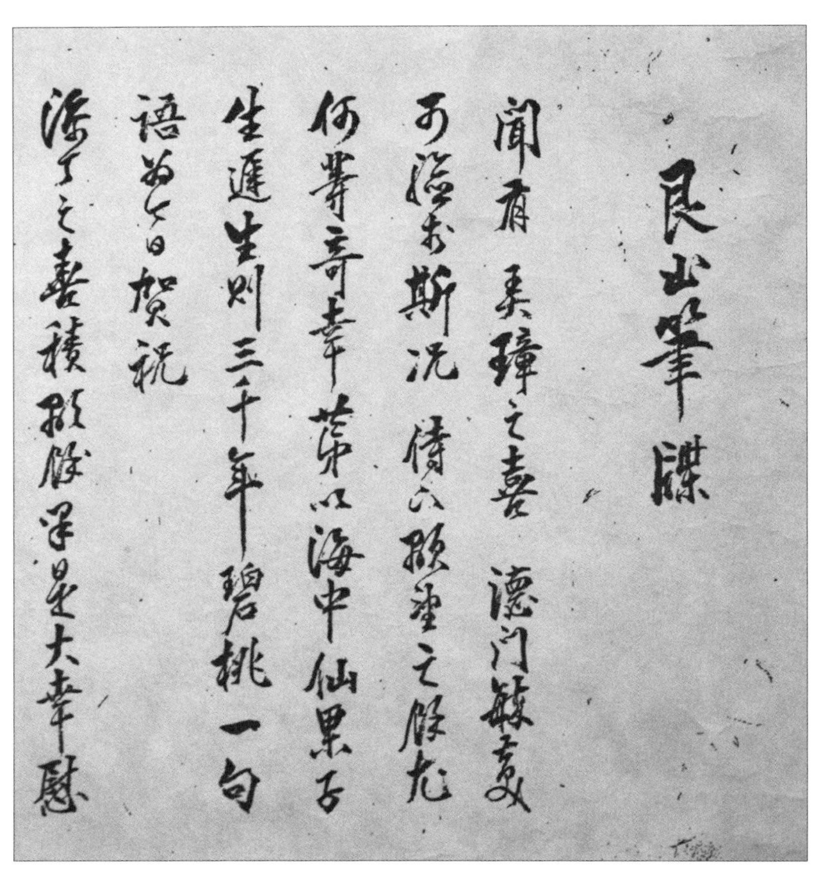
艮山筆牒
聞有 天璋之喜 德門懿慶
可謂於斯爲 倍又顒望之餘尤
何等奇幸 茲以海中仙果子
生進生則三千年碧桃一句
語爲今日賀祝

【도표 1-3】〈간산필첩艮山筆牒〉 1

竟 福을 받게 될 것이다. 于先 이 宇宙의 變化가 이렇게 오는 것을 學術的으로 展開한 이가 韓國人 外에 있지 않으며 이 世界가 滅亡이니 심판이니 하는 무서운 火湯 속에서 人類를 救出해 낼 수 있는 方案을 가지고 있는 이도 韓國人 外에 또 다시 없는 것이다. 그러고 보면 韓國은 世界的인 神都 다시 말하면 精神 首都의 根據地라 하여도 過言이 아닐 것이다. 始萬物 終萬物이 艮에서 일어난다면 世界的인 人類를 救出할 精神文化가 어찌 韓國에서 始하고 終하지 않으랴.[70]

주역을 지리학상으로 전개해 보면 우리나라는 간방艮方에 해당되는데 지금 역의 진행 원리로 보면 이 간방의 위체에 간도수艮度數(주역에서 인간과 자연과 문명의 추수 정신을 말함)가 비치고 있다.[71]

인류 역사의 시종이 지구의 주축主軸 부분에 위치한 우리 땅에서 이루어지게 될 것이다. 여기에서 인류 역사의 종결이라고 한 것은 그 안에 새로운 인류 역사의 시작을 포함하고 있는 것이다.
이러한 현상을 보더라도 이미 1백 년 전부터 하나의 결실 시대가 시작되었으며, 역학의 원리는 오래전부터 이것을 증명해 주고 있다. 결국 시종을 함께 포함한 간방의 소남인 우리나라에 이미 간도수가

70 김탄허 역주, 《주역선해 3》, 교림, 1996, pp. 432~435.

71 탄허, 《탄허록》, p. 44.

와 있기 때문에 전 세계의 문제가 우리나라를 중심으로 시작되고 끝을 맺게 될 것이다.[72]

파멸의 시기에 우리나라는 가장 적은 피해를 입을 것이다. 그 이유는 한반도가 지구의 주축主軸 부분에 위치하기 때문이다. 정역 이론에 따르면 우리나라는 지구 중심에 있고 '간태艮兌'가 축軸이 된다고 한다. 일제시대 일본의 유키사와(行澤) 박사는 계룡산이 지구의 축이라고 밝힌 적이 있다.[73]

앞으로 계룡산이 지구의 축이 될 것이라는 일본학자의 언설은 의미심장한데 탄허 스님이 대전 유성 학하리에 자광사를 창건한 것은 스님의 모든 사상이 집결된 심혈을 기울인 선택이었던 것으로 보인다. 즉 스님의 간산사상의 중심처가 바로 자광사였던 것이다. 스님이 노년에 쓴 문장에는 거의 '추성봉하樞星峰下'를 명기하고 있다. 자광사가 있었던 학하리에는 평지에 돌출되어 있는 '추성봉'이란 공간이 있다.[74] 추성봉은 《정역》에서도 매우 중시하는 것으로 북두칠성의 머리 부분에 있는 첫 번째 별인 '천추天樞'를 다르게 부르는 말이다. 하늘의 중심 주축이라고 볼 수 있는데 일반적으로 북극성을 찾을 때 북두칠성의 첫

72 위의 책, p. 45.

73 위의 책, p. 54.

74 학하리의 특이한 지형은 '추성봉'이라는 이름으로 외국에까지 널리 알려져 중국인을 비롯한 많은 외국인들이 직접 와서 보려고 다녀갔다고 한다. 이 자리는 동아일보사가 별장으로 구입하여 꾸며 두었는데 아직 그 흔적을 찾아볼 수 있다.

번째 별인 천추와 두 번째 별인 천선天璇을 잇는 선의 5배를 올라가면 북극성이 있다.[75] 추성봉의 또 다른 뜻은 북극성 자체를 추성봉이라고 부르기도 한다. 탄허 스님이 언급한 추성봉은 북극성 자체를 의미하는 것으로 보이며, 계룡산이 온 세상의 중심인 북극성과 같다는 의미를 담은 것으로 추측할 수 있다. 따라서 추성봉은 자미원국의 핵심 주축이 되며 정역학에 입각해 볼 때 지구가 바로 설 때의 간태축艮兌軸의 중앙에 포국하게 되는 지점이기도 하다. 매우 심오한 상징을 담고 있는 것이 바로 '추성봉'이며 자광사를 계룡산에 창건한 스님의 깊은 마음도 이를 통해 헤아려 볼 수 있다.

탄허 스님의 역학 사상을 제대로 알기 위해서는 앞으로 《정역》에 대해서 본격적으로 연구해야 한다. 스님이 강의 때마다 《정역》을 거론했는데도 불구하고 여전히 우리 학계에서는 아직 《정역》에 대한 연구가 부진하다. 30년 전에 입적한 스님의 견해에서 진척을 보인 불교계의 정역학 연구 성과가 존재하지 않는다는 것은 참으로 아쉬운 부분이다.[76]

《정역》에는 '십일귀체시十一歸體詩'[77]라는 것이 있는데 놀랍게도 여기에는 '용화세월龍華歲月'이라는 표현이 등장한다. 그뿐만 아니라 '십일

75 권영원, 《정역 입문과 천문력》, 동서남북, 2010, p. 218.

76 그동안 나왔던 정역 연구서적들은 대체로 다음과 같다. 충남대 철학과를 중심으로 정역 연구의 명맥이 유지되어 있다. 이정호, 《正易研究》, 국제대학 인문사회과학연구소, 1976. 이정호, 《正易과 一夫》, 아세아문화사, 1987. 박상화, 《正易과 韓國》, 공화출판사, 1981. 권영원, 《正易句解》, 경인문화사, 1983. 김정현 저, 노영균 역, 《正易註義》, 아람, 2004.

77 "火入金鄕金入火 金入火鄕火入金 火金金火原天道 誰遣龍華歲月今" 권영원, 위의 책, p. 513과 p. 531을 참조할 것.

음十一吟'에는 '유리세계琉璃世界'라는 표현도 등장한다. 이 용어들이 불교의 미래불인 미륵불과 약사불과 관계되어 있다는 것은 주지의 사실이지만 이러한 불교에서 말하는 미래의 불국토 사상이 역학적 원리와 천문학적 상수학의 차원에서 이미 130년 전에 계룡산에서 수도한 한 도인인 김일부에 의해 완성되어 있었다는 것은 이 백두대간이 매우 특별한 장소라는 것을 방증하는 것이다.

정역학에는 지구 변혁이 마무리된 뒤의 상황에 대한 설명이 자세하게 역학과 천문학을 통해서 전개되어 있다. 탄허 스님은 이미 《정역》에 대해서 당신의 역학적 학술에 비추어 점검과 검증을 마친 뒤에 세상에 정역학을 공표했던 것이다. 단순히 이러한 미래적 형태를 바라고 있으며 그러한 예언을 믿으며 따라갔던 것이 아니라, 이러한 한국적 역학의 성립과 전개에 대해 적극적이고 능동적으로 탐구한 것이었다. 나아가 이를 현실 문제에 적용하고 국가의 미래에 비전과 새로운 학술적 기반을 제시해주고자 노력했다는 사실을 다시 한번 되새겨야 한다.

이렇듯 탄허 스님의 사상은 단시간에 몇몇 소수자들의 연구로 그 전모가 밝혀질 수 없는 광활함이 있다. 서언에서도 밝혔듯이 이제 우리는 더 늦기 전에 '탄허학'을 시작해야 한다.

4. 한국학의 새로운 지평으로서의 탄허학

맹자의 절창 가운데 '관어해자난위수觀於海者難爲水 유어성인지문자난위언遊於聖人之門者難爲言'이라는 말이 있다. 바다를 본 사람에게는 웬만한 물은 물 같아 보이지 않고 성인의 문하에서 노닐어본 사람에게는 웬만한 말은 말 같지 않다는 말이다. 탄허 스님의 저술을 읽고 공부하다보면 다른 저작들이 시시해 보인다. 아마도 탄허 스님의 강의를 직접 들어본 사람들에게는 다른 강의들이 시시해 보였을지도 모른다.

우리 한국의 20세기에는 허공을 모두 삼킨 '탄허呑虛'라는 희유한 대도인이 있었다. 대강백, 대학승, 대선사, 대종사, 교육가, 사상가, 철학자, 대도인 등 그 어떤 하나의 수식어를 붙여도 부족한 인물이 바로 탄허 스님이다. 아무리 깊이 파고 들어가도 더 깊은 경지가 자리 잡고 있고, 아무리 넓게 보아도 더 넓은 경계가 펼쳐져 있으며, 곧 잡힐 듯 하다가도 금세 사라지고, 버거워서 포기하려 하면 다시 돌아와서 보게 되는 그런 인물이 바로 탄허 스님이다.

한국인 가운데 한국을 모르는 이가 없지만 한국인 가운데 한국을 제대로 아는 이도 없다. 이제는 임제선사의 "물외구勿外求하라"는 일갈一喝처럼 더 이상 밖에서 찾을 것이 아니라 우리 자신에게서 찾을 때가 되었다고 본다. 이제는 탄허를 연구할 때가 되었다.

21세기에는 유사 이래 찾아보기 힘든 위대한 대한민국의 시대가 한 번 도래할 것이다. 사람들 가운데에는 이런 언설에 대해 국수주의니 잘못된 민족주의니 하면서 비판을 하는 이도 있을 줄 안다. 그런데 어찌할 것인가? 시절인연이 도래하고 있는 것을 말이다. 천지는 시간의 흐름에 따라 그 기운이 돌고 돈다.

지금은 조그만 나라인 몽고마저도 대제국을 건설한 적이 있었고, 지금은 조그마한 반도국인 이탈리아도 대로마제국을 자랑하던 때가 있었다. 영국은 해가 지지 않는 나라였던 적이 있었고, 러시아는 소련이라는 거대 국가였던 적이 있었다. 이웃 나라 일본마저도 러시아, 중국, 한국을 모두 삼키고 태평양을 향해 미국의 하와이까지 진출하고자 했던 때가 있었다. 지금은 미국과 중국이 세계를 양분하고 있는 실정이다. 이처럼 세상의 기운은 돌고 돈다.

과연 이 백두대간의 대한민국이 영원히 이렇게 작은 소국의 운명으로만 지속되리라 보는가? 역학의 대가들, 숙명통宿命通의 도인들은 21세기에 한국의 정신문명이 전 세계로 퍼져 나가고 간방艮方인 우리 대한민국이 세계의 정신 수도가 될 것이라고 내다보았다. 그것이 중요한 것이 아니라 그러한 시절인연이 도래했을 때 한국인의 정신이 순수하고 곧으며, 의롭고 지혜로워서 모든 법계의 중생들을 이롭게 하는 데 그 도래한 기운을 사용하고 발휘해야 하지 않겠는가?

한국이 이 지구촌에 한 목소리를 내게 될 때가 온다면 탄허 스님이 우리에게 가르쳐 준 찬란한 가르침인 화엄의 사사무애로, 유불선의 심성 수련으로, 참선과 교학의 겸수로 지구인 전체의 고통과 마음의 병을 치유해주어야만 하겠다.

이제는 탄허학呑虛學을 시작해야 할 때가 되었다. 탄허대종사 탄신 백주년을 맞아 스님 추모 대제의 뜻 깊은 이 법연의 자리에서 감히 발원하며 제안하는 바이니, 21세기 한국학을 선도할 '탄허학'을 하루속히 출범시키자!

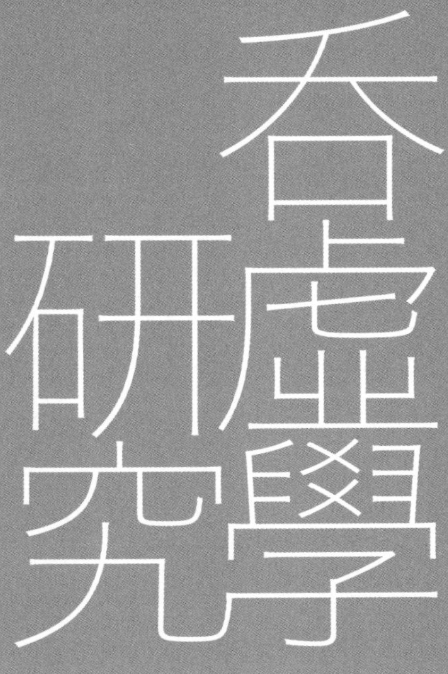

제2장 | 탄허택성呑虛宅成과 동양사상東洋思想

1. 탄허의 동양학 종요宗要[01]

화장찰해의 큰 옥돌이요

방산의 밝은 달이어라

복희씨 고개 끄덕이고

노자는 자리 피하노라

華藏巨壁 方山朗月

羲皇點頭 老君避席[02]

탄허택성呑虛宅成선사가 1983년 6월에 입적한 후 영결식에서 낭독

---

01 2016년 5월 봉은사에서 한국불교학회의 주최로 열린 춘계학술대회(주제: 한국불교 전통의 계승과 한암 선문)에서 발표한 이 장의 제목은 주최측에서 요청해온 그대로인 '탄허택성과 동양철학'이었다. 하지만 탄허는 평소 '동양학' 혹은 '동양사상'이라 해야 하며, '동양철학'이라 하면 안 된다고 역설했다. 그럼에도 고민 끝에 필자가 제목을 '동양철학'이라 하여 발표했던 것은 이를 계기로 '철학'과 '사상'이라는 술어에 대해 인문학계 전반이 다시 한번 재검토해보자는 의도가 있었기 때문이다. 탄허는 1978년 오대산 월정사에서 열린 '유儒·불佛·선仙·화엄華嚴 동양사상 특강'에서 '철학'이라는 술어에 대해 설명했다. 근대 일본인들이 '필로소피(필로스+소피아)', 즉 '지혜에 대한 사랑(愛知)'에 대한 역어로 '철학哲學'이라는 술어를 사용하였지만, 서양철학에서 애지愛知의 '지知'는 시공이 끊어지고 분별이 끊어진 '진지眞知'가 아니라 망상 분별이 붙어있는 '망지妄知'이므로 "동양학 혹은 동양사상을 동양철학이라 하면 못 쓴다"고 못 박았다. "동양은 유불선 전체가 생각이 붙어있는 것을 아는 것으로 인정치 않는다"라고 특강 초반에 적시한 바 있다.(탄허 강설, 《동양 사상 특강》(CD 18장, 교재 1권, 교림, 2002)의 'CD 1' 참조.) 이 장의 글은 《한국불교학》, 78집(한국불교학회, 2016. 6.)에 수록되었다.

02 월정사·탄허문도회 편, 《방산굴 법어》, 오대산 월정사, 2013, p. 603.

되었던 성철性徹 종정의 조사弔詞 가운데 첫 구절이다. 이 일구는 유불선儒佛仙[03] 삼교三教에 통달한 최고의 대가로 탄허의 정체성을 자리매김하기에 충분하다.

"불교에서 탄허보다 더 나은 사람이 있을 수도 있고, 유교에서 탄허보다 더 나은 선비가 있을 수도 있으며, 도교에서 탄허보다 더 나은 이가 있을 수도 있지만 유불선을 회통해서 총체적으로 결론을 내릴 수 있는 사람은 오직 탄허만이 유일할 것"이라는 후인의 평[04]은 적확한 것으로 보인다. 탄허가 일생 동안 역경과 교육에서 보여준 향상일로向上一路의 삶은 '동양학의 종요宗要'와 '동양 철학의 제요提要'를 몸소 제시해준 과정이었다. 이는 그가 평소 강조했던 '종지가 없는 학문은 죽은 학문'[05]이라던 학술의 골수를 그대로 발현한 것이다.

이 장에서 탄허가 출가 이전에 수학했던 유학儒學과 출가 이후에 증득한 선禪과 교教를 통해 유불儒佛 사이에서 자득한 도교를 불교와 회통시켜 동양사상을 총체적으로 융섭한 대강大綱을 개관해 보고자 한다. 특히 《주역》의 종지宗旨에 대한 스님의 재해석을 육성 강의 녹음 파일들을 녹취하여 활용·분석하고, 《노자》《장자》의 주석들을 선별한

---

03 탄허는 항상 '유불선儒佛仙'이라는 표현을 사용했다. 삼교 가운데 불교를 가장 우위에 두고 있으면서도 '불도유佛道儒'나 '불유도佛儒道'와 같은 표현을 쓰지 않고 전통적으로 쓰던 방식을 그대로 이어서 유교와 도교에 관해서 존경을 표시했다. 또한 도교道教를 '도道'가 아닌 '선仙'으로 사용했던 데에도 분명한 이유가 있었으니 '도道'라는 말은 어떤 전매 특허 술어가 아니고 유불선 삼교에서 서로 끌어다 쓸 수 있는 표현이라고 1982년 대담에서 분명히 밝히고 있다. 김탄허, 《피안으로 이끄는 사자후》, 교림, 1997, p. 143 참조.

04 월정사·김광식 편, 《방산굴의 무영수》 하권, 오대산 월정사, 2012, p. 101. 박금규의 평.

05 앞의 책, 《방산굴 법어》, p. 124.

현황을 밝히며, 탄허 자신만의 독창적인 주해注解가 갖는 특징을 살펴봄으로써 그의 삼교 회통 사상을 심도 있게 고찰해 보고자 한다.

2. 유교의 《주역》과 삼교 회통

1) 《주역》의 종지宗旨 재해석

마침 오대산에서
서울 안암동 대원암에 와 있는
탄허 스님 소문을 듣고
나는 함석헌 옹과 함께
저녁 대원암에 스며들었다.
누가 따를세라
고려대학교 강연에라도 가는 척하다가
슬쩍 따돌려 스며들었다.

그러나 주역 이야기뿐 주역 계사전 이야기뿐

저녁 밥상 겸상으로 먹고 나서
그냥 섬돌 신발 신었다.

함석헌 옹의 말씀
불교계에 이렇게 사람이 없다니
이렇게 싸울 사람이 없다니
나도 한마디
그러기에 산중에 달력 없지요.[06]

이 글은 시인 고은이 쓴 《만인보萬人譜 10》의 〈대원암 탄허〉라는 시로 당시 탄허가 1974년 서울 개운사 대원암에서 《화엄경》 출판 준비에 박차를 가하며 고려대에서 동양학 강의를 하고 있을 무렵,[07] 함석헌과 함께 소문을 듣고 찾아왔던 일화를 바탕으로 쓴 것이다. 당시 고은은 송광사 효봉선사를 은사로 출가하여 '일초一超'라는 법명을 받고 10년간 수행하다가 환속하여 시인이자 사회운동가로 활발하게 활동하였는데 탄허의 명성을 듣고 달려와 고려대학교에서 강의를 들은 적이 있

---

06 고은, 〈대원암 탄허〉, 《萬人譜 10》, 창작과 비평사, 1996, pp. 93~94.

07 탄허 스님은 1969년 월정사 방산굴을 떠나서 강릉 포교당을 거쳐 1970년에 부산 삼덕사, 1971년에 서울 숭인동 청룡사, 1972년 이문동 보문난야, 1973년 석파정을 거쳐 1974년에 대원암으로 화엄경의 원고뭉치를 싸서 다니면서 교정과 조판 등 출판 준비에 박차를 가하고 있었다. 당시 이동식 박사의 주선으로 고려대학교에서 장자 특강을 비롯한 동양학 강의를 하고 있었는데 당시 스님을 시봉했던 윤창화는 《화엄경》 출판 작업도 그렇고, 스님이 거기 계시니 기자, 언론인들이 많이 찾아와 대원암이 북적북적했는데 특히 진보 인사들이 많이 왔다고 회고했다. 앞의 책, 《방산굴의 무영수》 하권, p. 387.

었다. 그러나 《주역》 〈계사전〉 이야기만 하는 것에 실망하여 불교계에 싸울 사람이 없음을 아쉬워했다. 그리하여 바뀐 시대를 파악하지 못하고 묵은 과거 이야기만 한다는 의미로 산중에는 달력 없다고 기롱譏弄하며 시를 마무리했다.

하지만 이는 탄허의 내심內心과는 전혀 상통하지 않은 것으로 역학易學에 입각한 탄허적 맥락은 완전 다르다. 탄허의 반론이 될 만한 것을 동양학 특강에서 추출해서 요약해보면 다음과 같다.

1978년 오대산 월정사에서 개최한 '유불선 화엄 동양사상 특강'의 내용이다.

서양의 물질문명은 다윈 진화론의 약육강식으로 인해 거침없이 발전해 왔다. 진화론 사상은 세상에 많은 발전을 가져왔으며 이를 제창한 영국은 해가 지지 않는 나라가 되었다. 하지만 얼마 안 있어 마르크스의 사회주의 이론이 나오면서 다윈의 진화론은 쇠퇴하게 되었다. 오늘날 서양에서는 마르크스의 사회주의 이론을 때려잡을 사상이 없다. 지금 우리의 서울대학교 같은 곳에서도 마르크스 이론 자체를 가르치지 못하도록 한다. 마르크스 사상을 능가할 사상이 없기 때문에 학생들이 전부 좌경화할 가능성이 있어서 아예 책을 읽지도 못하게 하는 실정인 것이다. 그러나 마르크스의 사회주의 사상을 능가하는 것이 바로 동양의 역학적易學的 정치사상이라는 것을 아는 이가 없다. 자유 진영의 자본주의는 사회의 극도의 불균형의 모순을 드러내었고 마르크스의 사회주의는 개인의 자유를 박탈하는 단점을 안고 있다. 이 양대 모순성을 완전히 해소시키는 것이 바로 동양의 역학적인 정치사상인데 무식한 사람들이 《주역》을 몰라서 동양사상의 가치를 모르고 있는 것이다.[08]

탄허는 동양의 역학적 정치사상에 대한 신뢰와 확신이 대단했다. 그는 늘 역학에 입각하여 서방은 음방陰方이므로 물질문명이 우세하고 동방은 양방陽方이므로 정신문명이 우세하다고 하였다. 물질을 신봉하는 사회 사상으로는 자유와 평등이라는 양대 과제를 함께 해결하지 못한다고 보았다. 물질과 정신이 음양陰陽의 체용體用 관계를 갖고 함께 태극太極을 이룰 때 세상은 비로소 상생相生하는 세계가 될 것이며 동양의 정신을 중심으로 이 세상이 다시 개혁될 때 이상 사회는 비로소 실현될 것이라 강조했다. 탄허는 진보 지식인들이 몰입했던 서양에서 수입된 사회 사상의 한계를 꿰뚫어 보았기에 《주역》〈계사전〉을 강조한 것으로 미루어 짐작할 수 있다.[09] 즉 마르크스주의의 대안은 동양의 역학易學 사상이라는 것이다.

탄허는 《주역》의 종지를 〈계사전〉의 몇 구절로 간명하게 요약한다.

〈계사상전繫辭上傳〉 제10장

---

08 앞의 《특강 CD 5》(1978년 오대산 월정사에서 열린 '儒·佛·仙·華嚴 東洋思想 特講')의 내용을 필자가 처음으로 녹취하여 재구성하였다. 아래의 《특강 CD》는 모두 동일한 형식이라는 점을 밝혀둔다.

09 탄허는 《주역》〈계사전〉은 《주역》 14권의 핵심이므로 역학을 공부하기 위해서 맨 먼저 읽으라고 권장했다. 위의 《특강 CD 5》 참조.

역易은 무사야無思也하며 무위야無爲也하야 적연부동寂然不動일새 감이수통천하지고感而遂通天下之故하나니 비천하지지정非天下之至精이면 기숙능여어차其孰能與於此리오.

(역易은 생각이 없으며 작위함이 없어서 적연寂然히 동動치 않을새 감感하매 드디어 천하의 연고를 통하나니 천하의 지극한 신神이 아니면 그 누가 능히 이에 참여하리오.)[10]

〈계사하전繫辭下傳〉 제5장

자왈子曰, 천하天下 하사하려何思何慮리오. 천하天下 동귀이수도同歸而殊途요, 일치이백려一致而百慮니, 천하하사하려天下何思何慮리오.

(공자가 이르시되, 천하가 어찌 생각하고 어찌 생각하리오. 천하가 돌아감이 같으되 길이 다르며 지치가 하나로되 생각이 백이니 천하가 어찌 생각하고 어찌 생각하리오.)[11]

탄허는 '적연부동寂然不動'과 '감이수통感而遂通'이 《주역》의 종지라고 말한다. 근본이 하나이기 때문에 본래 생각이 완전히 끊어져서 본래 일어날 것이 없다(何思何慮)는 말이다. 한 생각도 일어나지 않은 '적연부동'의 경지는 어떠한 알음알이도 붙을 수 없는 근본 자리이며, 그 근본을 바탕으로 한 생각이 일어나면 '감이수통'하여 길이 천 갈래 만

---

10 우익지욱 저, 김탄허 역, 《周易禪解 2》, 교림, 2010, p. 578. 현토는 스님의 것을 그대로 인용하였고, 번역은 필자가 직역을 조금 변경하였다.

11 위의 책, 《周易禪解 3》, p. 21.

갈래로 갈라져서(殊途) 우주 만유가 펼쳐져 온갖 만사가 되었다가도(百慮) 다시 근본으로 돌아가고(同歸) 하나로 귀결된다(一致)는 것이 바로 '일음일양一陰一陽의 도道'라는 것이다. '동귀이수도同歸而殊途'와 '일치이백려一致而百慮'는 스님이 《주역선해周易禪解》와 《도덕경道德經 선주選注》의 서문에서도 사용했듯이 삼교를 회통하는 술어로 평상시에 매우 애용하였던 용어이다. 다음은 《주역》의 종지에 대한 탄허의 설명이다.

> 불교를 내어 놓고는 역학이 동양철학의 근본입니다. 워낙 넓어요. 주역은 도道를 밝힌 겁니다. 도란 무엇이냐, 도란 것은 태극을 뜻하는데, 태극은 우주가 생기기 전의 면목을 말합니다. … 성인이 가르친 역학은 뭐냐? 그것은 소급시키는 겁니다. 근본 자리로.
> 우주 만유가 육십사괘에서 일어났다, 육십사괘는 팔괘, 팔괘는 사상, 사상은 음양, 음양은 태극, 태극은 어디에서 일어났는가? 태극은 일어난 데가 없어요. 일어난 자리가 없는 그 자리는 천당과 지옥도 없습니다. 그것을 해탈이라 그러는 거요. 그 자리로 소급시키면, 성인은 그 자리에 사는 겁니다. 그것이 역학입니다. 아무쪼록 중생들로 하여금 근본 자리로 소급하여 도통하게 하는 것, 그것이 주역의 대의입니다.[12]

《주역선해》의 서문에서는 이 내용을 '역리易理'와 '역학易學'이란 용

12 앞의 《특강 CD 5》의 내용을 요약하여 녹취함.

어로 구분하여 사용한다.

역리易理로써 말하면 일一로부터 이二를 생生하며 이二로부터 사四를 생生하며 사四로부터 팔八을 생生하며 팔八로부터 육십사六十四를 생生하여 이에 만유萬有의 부동不同함에 지至하나니 소위 진여眞如가 자성自性을 지키지 않아서 연緣을 따라 일체 만법(一切事法)을 성취한다는 것이라. … 역학易學으로써 논論한즉 육십사六十四가 다만 삼십이三十二요 삼십이三十二가 다만 십육十六이요 십육十六이 다만 팔八이요 팔八이 다만 사四요 사四가 다만 이二요 이二가 다만 일一이며 내지 일一은 본래 남이 없나니 소위 이 법계法界로 환귀還歸치 않음이 없다는 것이라.[13]

이 우주 만유는 근본 자리인 태극에서 벌어져서 음양의 양의兩儀, 사상四象, 팔괘八卦, 육십사괘六十四卦가 생성되는 방식으로 펼쳐지는데 이 생생지도生生之道를 '역리易理'라 부르고, 이 펼쳐진 세계가 다시 육십사괘, 팔괘, 사상, 음양, 태극으로 수렴되는 것을 '역학易學'이라 한다는 것이다. 탄허가 보는《주역》은 점치는 책이나 동양의 철학서 정도에 머물지 않고 만유를 하나로 소급시키는 원리를 성인이 제시한 것으로 만 가지 생각을 하나의 생각으로 집중시키고 다시 생각이 끊어진 근본 자리로 반본返本하는 수도修道의 교본에 해당하는 것이다.

13 앞의 책,《주역선해 1》, p. 27.

탄허는 성인이 이 세상에 나와서 말씀하신 내용은 생멸문과 환멸문 두 길뿐이라고 하였다. '생멸문'은 일체 중생이 일 초 일 분도 생각이 멈추지 않아 일체 만법이 벌어지는 것이고 이로 인해 나는 것이 있고 죽는 것이 있게 된 것이며, '환멸문'은 본래 생각이 나온 바가 없는 다 끊어진 적멸의 자리로 돌이키는 것이라 하였다. 한 생각을 내고보면 우주 만유가 있으나 한 생각이 끊어지면 일체가 공空한 부처의 자리가 된다고 했다. 이 한 생각을 일으키고 한 생각을 끊고 하는 것을 자유자재로 한 이들을 성인이라 하고 그러한 수행의 방법을 알려준 이가 바로 공자, 노자, 석가, 예수와 같은 인류의 스승이라는 것이다.[14] 이는 탄허가 《기신론》의 진여문과 생멸문으로 일심을 설명하는 방식을 그대로 가져온 것으로 볼 수 있다. 한 생각이 끊어진 자리, 우주가 생기기 전의 진면목을 역학에서는 '태극太極'이라 하며,[15] 이 태극과 같은 것이지만 '태극'이라는 말도 붙일 수 없는 자리를 '무극無極'이라 표현하는데, 탄허는 '무극'을 '무지극無之極'으로 설명했다. 즉 무無의 극치로 다함이 없는 진리를 의미한다고 보았다.[16] 따라서 태극이 나온 자리를 알면 도통道通한 자라고 하며 태극을 아는 것을 '각覺'이라 한다고 역설했다.[17] 무극과 태극을 불교 교학의 진여문이자 환멸문, 그리고 선

14 이상의 생멸문과 환멸문에 관한 내용은 위의 《특강 CD 18》의 〈한암 대종사 105주기 생신재 상단 법문〉에서 녹취한 것임.

15 앞의 《사자후》, p. 21.

16 위의 책, p. 141.

17 위의 책, p. 108.

禪의 성기론性起論인 '성性 자리'로 회통하여 설명하고 있음을 알 수 있다. 《주역선해》의 서문에서 탄허는 모든 성현聖賢의 학學은 '심성心性' 두 글자뿐임을 적시하고 있다.

고인이 이르되 "성현聖賢의 학學은 심성心性일 따름이라" 하니 만일 심성의 외外에 따로 얻은 바가 있다면 비록 탱천撑天의 제작製作과 관고冠古의 학문學問과 개세盖世의 문장文章이 있을지라도 다 이단異端 방문傍門 외도外道의 돌아감이 됨을 면免치 못하여 가히 정로正路 정문正門 정도正道라 말하지 못하는 것이니라.[18]

또한 유교의 최고 경전인 《주역》에 대한 서문의 결론에서는 유불儒佛의 심요心要가 동일하게 말이 끊어진 언어도단, 심행처멸의 경지이며 이는 바로 '일一'을 통하는 것이라 역설했다.

유석儒釋의 심요心要로 말하면 묵묵默默히 계합契合함에 있는 것이니 묵묵默默히 계합契合하면 다한지라. 소위 일一을 통通하매 만사萬事가 필畢한다는 것이니라.[19]

18 앞의 《주역선해 1》, p. 28.

19 위의 책, p. 30.

2) 역학易學의 확장과 선역禪易 회통

앞에서 살펴본 바와 같이 탄허는《주역》의 종지를 '우주 만유를 하나인 태극으로 소급시키는 것'으로 보았다. 탄허는 이 '태극'을 유교에서 말하는 미발未發의 '중中', 불교에서 말하는 '각覺'과 '해탈解脫', 선禪의 '원상圓相'과 '제일구第一句', 도교에서 말하는 '도道'와 '천하모天下母', 기독교에서 말하는 '성부聖父'와 '하나님'과 동일한 '일一'의 '성性 자리'로 회통시켰다.[20] 이 우주가 생기기 전의 본래면목은 스승 한암이 출가 전 최대의 의문으로 삼았던 바로 그 '반고씨 이전 소식'이자 탄허 자신이 출가 이전 찾아 헤매던 '문자 밖의 소식'[21]이다.

출가 전 결혼하여 충남 보령에서 스승 이극종李克宗으로부터 유가儒家 오경五經을 다시 배우면서 깊이 역학에 심취하였지만《주역》의 종지를 명징하게 뽑아낸 것은 출가 이후의 일이다.

탄허가 삼교성인三教聖人의 학문의 종지를 터득하게 된 계기는 스승 한암의 지도로 상원사 선원에서 묵언하며 참선 정진하여 한 소식하고 나서부터였다. 당시 참선을 통해 칠통漆桶을 타파하여 선지禪旨를 맛본 뒤 20대 약관의 나이로 접한 〈조동오위군신도서曹洞五位君臣圖序〉와 〈단하자순선사오위서丹霞子淳禪師五位序〉[22]에서 '선역회통禪易會通'의 새

20 '성性 자리'와 관련한 내용은 권기완(문광), 〈韓·中 禪師들의 儒家 中和說에 대한 담론 비교 연구 : 憨山·智旭 선사와 性徹·呑虛선사를 중심으로〉, 연세대학교 석사 학위 논문, 2012, pp. 144~151. 참조.

21 앞의《기록으로 본 탄허대종사》, p. 33.

22 이에 대한 현대적 연구로는 최귀묵 역저,《김시습 조동오위요해 역주 연구》(소명출판, 2006)를

로운 길을 모색했던 한 단면이 잘 드러난다. 이에 대한 탄허의 설명을 간단히 요약해 보자.

선문禪門에는 조동종曹洞宗이 문자가 가장 어려운데 당唐나라 인종仁宗 황제가 조동종 후예인 도륭선사道隆禪師에게 조동오위曹洞五位에 관해서 해석해달라고 하니, 불교 것만 가지고 와서 풀이하면 어려우니까 황제가 잘 알고 있는 유교 주렴계의 〈태극도설〉의 태극오위도와 비교해서 바쳤단 말이야.
선문禪門의 가장 깊은 자리를 유교의 무극無極 자리와 비교해 놨기 때문에 유교儒教와 선문禪門 두 집안 것이 다 훤히 드러나게 됐거든.

또 단하자순丹霞子淳선사는 〈태극도설〉 전체를 16글자로 풀이해버렸으니 이것이 아주 잘된 겁니다. 《주역》 14권을 주렴계가 〈태극도설〉 하나로 요약했는데 〈태극도설〉 한 장 반 읽어봐야 단하선사 16 글자만큼 종지가 드러나지 않아.
문장이 "흑백미분黑白未分 난위피차難爲彼此 황현지후玄黃之後 방위자타方位自他"라는 것인데, 음양 동정이 밤낮 움직여봐도 무극을 여의지 않고 있다는 뜻이지. 음은 양에서 뿌리가 되고 오늘밤은 낮에

참조. 여기에서 최귀묵은 탄허의 《주역선해》 증판본인 1994년 판본을 참조하는 바람에 각주에 번역해 둔 김시습의 주해가 1977년에 탄허가 이미 강의하고 1979년에 출판하면서 함께 번역했던 것임을 간과하고 있다. 민영규가 처음 1979년에 관련 논문을 발표하고 《설잠 조동오위요해 미정고 교록》을 1989년에 발표한 것과 대조해 보면 탄허의 원문 현토와 번역이 민영규의 교록보다 훨씬 이전의 일이므로 이와 관련 사항들은 수정되야 할 것으로 본다.

서 뿌리가 되었으니 낮 열두 시면 이미 밤인 겁니다.

훤한데 어떻게 밤인가? 밤기운은 이미 왔다는 겁니다. 조사들이 아니면 이렇게 못 풀어. 내가 중된 뒤에 이것을 보고 얼마나 심취했는지 몰라.[23]

【도표 2-1】 주자태극도와 조동오위도의 비교[24]

흑백미분 黑白未分	**현황지후** 玄黃之後	**방위** 方位	**자** 自	**타**他 [단하 선사]
태극 太極	음정 陰靜		곤도성녀 坤道成女	만물화생 萬物化生
		水 金 土 火 木		
	양동 陽動		건도성남 乾道成男	
겸중도 兼中到	**정중편** 正中偏	**편중정** 偏中正	**정중래** 正中來	**겸중지**兼中至 [조동오위]
내생부동 內生不動	내소탄생 內紹誕生	외판조생 外判朝生	서은말생 棲隱末生	신용화생 神用化生

탄허는 〈주자태극도周子太極圖-조동오위도曹洞五位圖 비교〉에서 다음과 같이 소회를 적고 있다.

---

23 앞의 《특강 CD 5》에서 요약 녹취.

24 앞의 《탄허대종사 연보》, p. 535.

이 태극도太極圖와 오위도五位圖를 좌우左右로 놓고 허심虛心으로 비교해 보면 유석이교儒釋二敎가 언설을 대待할 게 없이 심목心目사이에 소소昭昭하여 통철洞徹의 묘妙가 수지무지手之舞之하며 족지도지足之蹈之함을 불각不覺하리니, 십삼경十三經 원경原經을 십백 번十百番 독파讀罷하는 것보다 사과반思過半이 될 것이다. 이것은 내가 사십년 전 입산入山 후後에 이 글을 얻어 보고 감명感銘이 깊었었던 것이기에 이제《선해주역禪解周易》을 역주譯注하여 간행刊行함에 있어서 부록附錄으로 하여 동도자同道者에게 제공提供하는 바이다.[25]

여기에서 단하선사 16자에서 말한 '흑백미분黑白未分'은 천지미분天地未分의 태극太極의 체體요, '현황지후玄黃之後'는 태극에서 음양이 나눠진 동정動靜의 원리를 말하는 것으로 음은 양에서 근본하고 양은 음에서 근본한다는 것을 말한다. '자自'는 주관을 말함이니 '통체일태극統體一太極'이요 '타他'는 객관을 말함이니 물물物物이 '각구일태극各具一太極'이 된다.[26] 이 '통체일태극'의 원리를 통해 탄허는 서양 철학의 대표라 할 만한 칸트 철학의 '순수이성'마저도 비판하고 있다. 그 내용의 대강은 이러하다.

서양철학의 칸트의 순수이성이라는 것은 소크라테스 같은 이들보

25 앞의 책,《주역선해 3》, p. 424.

26 위의 책, p. 423.

다는 훨씬 철학이 깊어진 것이다. 그가 말한 순수이성이라는 것은 만유의 인식의 모체를 말하는 것인데 이는 마치 우리 불교의 '불성佛性'과 같다고 볼 수 있고 역학易學의 모든 만유가 물물物物이 각구일태극各具一太極인 것과 유사하다고 보면 된다. 그런데 칸트에게는 그 순수이성을 다시 근본으로 환원할 수 있는 것이 있어야 하는데 그것에 대한 아무런 정답을 제시하지 못하고 있다. 즉 전체 우주 만유가 각각의 한 태극을 가지고 세계에 벌어졌지만 전체가 다시 통체일태극統體一太極과 같이 환원되는 것이 없다는 것이다. 화엄의 사사무애법계事事無碍法界 도리처럼 전체가 순수이성화하여 일진법계一眞法界가 되는 것이 없기 때문에 "칸트는 죽었다"고 하는 것이다. 전체가 하나의 일진법계가 되고 통체일태극이 되는 점을 칸트 철학은 해결하지 못했다는 말이다. 이것이 내가 서양철학보다 동양사상이 훨씬 깊고도 근본 진리를 잘 설하고 있다고 하는 이유이다.[27]

게다가 탄허는 역학의 '음양陰陽'을 가지고 선종 수행의 핵심인 성적등지惺寂等持와 정혜쌍수定慧雙修를 유비해 설명함으로써 아래와 같이 선역회통禪易會通의 진면목을 보여주기도 했다.

27 이와 관련된 내용은 김탄허, 《부처님이 계신다면》(교림, 1988)의 pp. 52~57과 앞의 《무영수》 하권의 최창규와의 대담(p. 30), 그리고 앞의 《특강 CD 4》의 탄허의 《장자》 〈제물론〉 해석 강의 부분을 참조.

'일음일양지위도一陰一陽之謂道'니 한번 음하고 한번 양한 것을 도라고 하는 것이니 불교 팔만대장경을 똘똘 뭉쳐서 볼 것 같으면 이것 밝힌 것 아니요? 우리 마음 생긴 것이 적지寂知, 공적영지空寂靈知다. 자체를 살펴보면 공적空寂해서 하나도 없어요, 그러면서도 신령神靈히 아는 것이 마음의 본용本用은 지혜란 말이요, 자성의 본용으로 아는 것 없이 아는 것을 말합니다. 불교에서는 영지靈知라고 하고 유교에서는 양지良知라고 합니다. 마음의 본체本體는 적寂하고 마음의 본용本用은 지知란 말이요.

…

이 마음 본체가 공적空寂한 것에 대해서 처음 공부하러 들어가면 술어가 성적등지惺寂等持라고 합니다. 성성惺惺과 적적寂寂을 평등하게 가진다. 팔만대장경 교리가 전부 그렇게 되어 있는 겁니다. 그러니까 선가禪家에서 화두 잡는 법은 성성적적을 평등하게 가지려 하지 않아도 화두를 들면 저절로 성성적적이 평등하게 가져져버리지 그냥. 방법이 그렇게 되어 있는 겁니다. 성성하면서 적적하고 적적하면서 성성하고. 그런데 깨끗한 정신을 유지하는 성성이 좋지마는 성성에 치우치다 보면 망상이 붙는다. 고요한 적적이 좋지만 적적에 치우치다 보면 흐리멍텅 졸음이 온다. 그래서 성성한 가운데 적적하고 적적한 가운데 성성하는 성성적적을 평등하게 가져라. 이렇게 됩니다. 공부하는 법이. 그러면 성적惺寂이 커지면 지관止觀이라 그래요. 적지寂知를 처음 닦는 것을 성적惺寂이라 하고 성적惺寂이 커지면 지관止觀이 되는데 적寂이 커져서 지止가 되고 성惺이 커져서 관

觀이 됩니다. 지관止觀이 커지면 정혜定慧라 그래요 술어를. 지止가 커져서 정定이 되고, 관觀이 커져서 혜慧가 되죠. 정혜定慧가 커지면 보리菩提 열반涅槃이라 그러지 않아요. 그래서 그건 보리과菩提果, 열반과涅槃果라 그래요. 과덕果德이란 뜻입니다. 이것뿐이지 뭐 있어요? 우리 마음 표시한 것이. 부처님이 49년 동안 설법한 것도 밤낮 이것이거든.[28]

'음양陰陽'[29]의 깊이 있는 사상을 모르고 폄하하던 이에게는 음양의 동정動靜을 통해 불교의 적지寂知와 정혜定慧, 지관止觀과 체용體用을 일깨워주기도 하였다. 다음이 그러한 일화이다.

내가 해방하던 해에 관응 스님이 포교사할 때 군대에 양청우 스님하고 친하니까 놀러가자 해서 갔었는데, 스님들 네 명이 앉아 있는데 장자 대가인 관응당이 자꾸 장자 강의를 하라고 그래. 잘난 척 한번 해보라 그래. 그래서 장자를 가지고 이런저런 얘기를 하다가 "불교 팔만대장경이 음양에서 벗어나는 것이 뭐 있어" 그랬지. 그랬더니 양청우 스님이 펄펄 뛰어. 음양은 몇 푼어치 안 되는 것인데 큰 망발이라 그러는 거야. 그때 공양종을 딱 쳐서 밥 때가 되서 밥을 먹게 됐는데 "청우 스님!" 하고 내가 점잖게 불렀지. "무엇이 이렇

28 위의《특강 CD 10》에서 요약 녹취.

29 程顥·程頤 撰, 潘富恩 導讀, 〈入關語錄〉,《二程遺書》卷 15, 上海古籍出版社, 2000, p. 208에는 "음양이 바로 도이다(陰陽者是道也)."라 하여 성리학에서는 음양 자체를 도로 설명하고 있다.

게 돌아다봐! 소리를 벽력과 같이 질렀어. 송장이 돌아보지는 않을 텐데 무엇이 이렇게 돌아보지? 이 자리는 석가, 달마가 와도 한마디 할 수가 없어. 이것이 음陰 소식이여. 한마디 할 수도 없지만 돌아다보는 작용을 하는 놈이 있으니 그것이 바로 양陽 소식이여." 그랬더니 옆에서 다들 "옳소 옳소" 하고 긍정을 하더구만. 그러니까 음양이란 것도 마음에다 붙여서 생각할 줄은 모르고 남녀 이성 정도로만 생각한단 말이야.[30]

탄허는 출가 이전 역학易學에 잠심했다. 장모가 사준 《주역》을 밤새 읽느라 삼매에 들어 처자를 돌아보지 않았다고 전한다.[31] 출가하여 스승 한암의 가풍대로 선교禪敎를 겸수하고, 다시 《주역》의 종지를 재음미하며 유불선 삼교의 동양학을 자유자재로 회통했다.

'회통會通'이란 용어도 본래 《주역》 〈계사전〉의 용어이듯[32] 유불儒佛의 길은 달라도 귀결처가 같다는 수도동귀殊途同歸의 깊이와 넓이를 역학을 통해 실증해냈다. 동양 역학의 정치사상으로 마르크스주의를 비판하기도 하고 통체일태극의 원리로 칸트를 비판하기도 하여 동양사상의 우수성을 증명코자 했다. 아울러 선지禪旨와 융회시키기도 하고 수도의 길잡이로 삼기도 하여 《주역》을 수행의 지침서로 자리매김하고자 했다. 스님은 평소 인간이 만들어낸 최고의 언어는 화엄의 사

30 앞의 《특강 CD 10》에서 요약 녹취.

31 앞의 《연보》, p. 33. 당시 《주역》을 손에 들고 5백 독을 했다고 한다.

32 앞의 《주역선해 2》의 p. 595. 〈계사전상 12장〉, "聖人有以見天下之動 而觀其會通"

사무애라고 했는데 이 사사무애의 도리를 동양사상의 회통에 중심적으로 활용하여 시종일관 출입이 자재自在하고 살활殺活을 종탈縱奪했다. 이상 살펴본 바와 같이 그동안 묻혀 있었던 탄허의 육성 특강을 녹취하여 문자화함으로써 《주역》의 종지가 더욱 명확히 드러나게 되었고 역학이 불교의 선과 융섭하고 도교의 음양이나 포일抱一과도 융회하고 있음을 확인하게 된다.

3. 도교의 《노자》《장자》와 삼교 원융

《현토역해懸吐譯解 도덕경道德經 선주選注》는 탄허 최후의 역경 불사였다. 스님이 입적하기 일주일 전까지 교정을 직접 보았고 사후에야 책이 간행되었다. 그런 연유로 책이 나올 때 충분한 시간을 갖고 편집의 완결성을 갖추지 못했을 가능성이 있다. 게다가 《남화진경역해南華眞經譯解》는 탄허의 육필 원고 1,341매가 입적 20년 만에 발굴되는 우연에 힘입어 탄허의 친필 서문과 최종 교정을 거치지 않고 간행될 수밖에 없었다. 여기에서 필자는 탄허의 노장사상을 세부적으로 거론하기에 앞서 많은 주석들 가운데 탄허가 주석을 선택하고 선별적으로 번역했던 정황을 고찰하는 것이 향후 연구에 매우 중요하다고 판단했으므로 주석의 채택 현황에 집중하였다. 이것만으로도 탄허 특유의 노장사상과 삼교원융三教圓融의 실체가 상당히 밝혀질 수 있으리라 본다.

1) 《노자》 선주選注의 중점

탄허는 《도덕경 선주》의 서문에서 주석과 관련하여 다음과 같이 밝혔다.

> 이제 역해譯解한 선주選註는 그 고인의 주소註疏의 정精하고 또 미微한 것을 채척採拓하여 강의본講義本으로써 정正을 삼고 제가諸家의 해의解義로써 조助를 삼은 것이니, 거의 도덕道德의 요묘要妙가 다시 여온餘蘊이 없어서 인人이 모두 가히 성명性命의 정正에 회복回復할지로다. … 간경看經하는 법法은 먼저 경문經文을 읽고 또 강의講義를 보며 후後에 제주諸註를 열람閱覽해서 경의상經義上 일문일구一文一句에 주도奏刀하지 않음이 없은 연후에 그 강의講義와 다못 제주諸注를 방하放下하고, 다시 경문經文을 보아서 숙독완미熟讀翫味하면 나는 알건대 그 환연渙然히 빙氷이 녹듯하고 이연怡然히 이理가 순順해서 천하에 길이 다르되 동귀同歸하고 여慮가 백百이로되 지치至致는 일一이라.[33]

33 김탄허 역해, 《道德經 選注 1》, 교림, 1982, pp. 39~40.

여기에서 탄허는《도덕경》에 대한 고인의 다양한 주소註疏 가운데 정미로운 것을 골라 '강의본講義本을 정正을 삼고 '제가諸家의 해의解義'로 조助를 삼는다고 했고, 읽는 방법에 있어서도 경문經文-강의講義-제주諸註의 순서로 숙독하면 얼음이 녹듯 이치가 순해질 것이라 하고 있다. 여기에서 문제가 되는 것은 바로 '강의본' 혹은 '강의'라 했던 것의 실체인데 연구자와 독자들의 상당수가 이 '강의'를 탄허 자신의 강의 내지 주석으로 오해하는 경우가 있었다.

탄허는 번역한 경전의 서문에서 항상 정으로 삼은 주석과 조로 삼은 주석을 밝히고 그 이유를 설명하여 일관적인 체계 아래서 역경을 진행했다. 그 사례들을 서문들에서 모아 보면 다음과 같다.

《현토역해懸吐譯解 신화엄경합론新華嚴經合論》: "통현通玄의 사십권론四十卷論을 정正으로 하고 청량淸凉의 백오십권소초百五十卷疏鈔를 조助로" 한다.

《현토역해懸吐譯解 치문緇門》: "백암화상栢庵和尙의 주석을 주主로" 한다.

《현토역해懸吐譯解 금강경金剛經》: 오가해五家解에다 "함허화상涵虛和尙의 설의說誼로 주각注脚을" 한다.

《현토역해懸吐譯解 능엄경楞嚴經》: "정맥소正脈疏는 역문譯文만으로 두고 계환해戒環解는 현토懸吐 외에 역문을 붙이지 않"는다.

《현토역해懸吐譯解 기신론起信論》: "원효소元曉疏를 정正으로 하고 진계주眞界注를 조助로 하되 독자들의 편의상便宜上 진계주眞界注는 역문譯文만을 붙여" 둔다.

《현토역해懸吐譯解 원각경圓覺經》: "함허해涵虛解를 정正으로 하고 통윤근석通潤近釋을 조助로" 한다.

《현토역해懸吐譯解 주역선해周易禪解》: "선해본禪解本으로써 정正을 삼고 정주程朱의 전의傳義를 방인傍引"한다.[34]

위에서 보듯이 탄허는 경전의 주석마다 정과 조가 되는 주석과 주석가의 이름을 거의 밝히고 있다. 하지만《도덕경 선주》에서만은 애매하게 그저 '강의본'이라고만 했다. 수많은 역대《노자》주석본들이 즐비한 상황에서 '강의본'을 곧장 떠올릴 수 있는 이는 드물 것이다. 이 '강의본'은 청대淸代 강희康熙년간에 삼교를 회통한 도사道士인 송상성宋常星[35]의《태상도덕경강의太上道德經講義》를 지칭하는 것이다.[36] 이 책은 강희 26년(1687)에 강희황제의 칙령에 의해 편찬된 것임을 〈어제도덕경강의서御製道德經講義序〉를 통해 확인할 수 있다. 송상성은 정통

34 각 서문은 문광 편,《탄허사상 특강》(교림, 2021)을 참조.

35 송상성宋常星은 호가 용연자龍淵子이며, 산서山西 사람이다. 순치 6년(1649)에 갑과 3등으로 선발되어 국사관총재國史館總裁와 도찰원도어사都察院都禦史 겸 경연강관經筵講官, 시독학사侍讀學士를 역임했다. 강희 18년(1669)에 벼슬을 그만두고 고향으로 낙향한 뒤 오로지 청정무위의 도를 닦아 20여 년이 경과한 뒤 내공이 원만해져서《도덕경道德經 강의講義》를 저술했다. 그의 아들(송가렴宋家廉)이 바쳐서 황제가 보게 되었다. 강희제康熙帝는 이 책을 극도로 추중하여 "그 언어가 통철하여 숨은 뜻이 환하게 융해되어 보는 이가 마치 중천에 뜬 해와 달을 보는 듯하고 깨닫는 이가 마치 창해에서 보배 구슬을 탐하는 것과 같으니 특명을 내려 목판에 인쇄하여 널리 유통되고 전해지도록 하라. 종실의 황손과 문무 신공들은 모두 읽게 하라"고 하였다. 송상성은 또 도교 경전인《고상옥황본행집경高上玉皇本行集經》을 주석하였고《황경강의皇經講義》를 저술하였다. 송상성에 관한 내용은 다음 사이트를 참조하여 중국어를 번역한 것임을 밝혀둔다. http://zhidao.baidu.com/question/495663464.html

36 嚴靈峰 編,《無求備齋 老子集成 初編》, 藝文印書館, 民國 54년, 참조.

유학을 마치고 과거에 합격하여 관직을 두루 거친 관리였다. 벼슬을 그만둔 뒤 20여 년간 도교 수련을 쌓고 그 내공을 바탕으로 《도덕경 강의》를 저술했다는 것으로 보아 그가 이미 유儒·도道 양가에 정통했다는 것을 알 수 있다. 또한 청대 학술이 전반적으로 그러하듯이 그 역시 불교에도 능해 그의 책은 유불선 삼교 원융을 중심으로 하는 탄허의 《도덕경》 주석의 정본이 될 수 있었다.

다음으로 '제가諸家의 해의解義' 혹은 '제주諸註'라고 했던 것을 살펴보면, 서계 박세당의 《신주新注 도덕경道德經》[37]과 소자유蘇子由의 《노자신해老子新解》, 초횡焦竑의 《노자익老子翼》[38]을 중심으로 하여 제가의 주석들을 취사 선택하여 역해한 것임을 알 수 있다. 여기에서 '제주'에 해당하는 주석가는 총 31가家이다. 《노자》 81장 가운데 주석이 많이 채록된 인물 순서대로 횟수와 함께 나열해 보면 다음과 같다.

소자유蘇子由(蘇轍)가 77회, 여길보呂吉甫(呂惠卿)가 69회, 박서계朴西溪(朴世堂)가 61회, 이식재李息齋가 51회, 임희일林希逸이 21회, 초횡焦竑이 15회, 왕원택王元澤이 12회, 오유청吳幼淸(吳澄)·이굉보李宏甫가 각 11회, 육희성陸希聲이 8회, 왕순보王純甫·정구程俱·한비자韓非子가 각 5회, 육농사陸農師·동사정董思靖·설군채薛君采·왕개보王介甫(王安石)·섭몽득葉夢得이 각 2회, 이영李榮·두도견杜道堅·장뢰張耒·조지견趙志堅·장안章安·황무재黃茂材·엄군평嚴君平·구마라집鳩摩羅什·유개劉槪·유중

37 현대의 번역본으로 다음 책이 있다. 박세당 저, 김학목 역, 《박세당의 노자》, 예문서원, 1999.

38 《漢文大系 9 : 老子翼·莊子翼》, 富山房, 昭和 59년.

평劉仲平·이약李約·진벽허陳碧虛·왕보사王輔嗣(王弼)가 각 1회씩 인용되었다. 부록에 제시된 주석가들의 '인명사전'에는 총 24가의 주석가가 나열되어 있으나 이 가운데 하상공河上公, 조법사肇法師(僧肇), 사마온공司馬溫公(司馬光)의 주석은 실제로는 실려 있지 않으며, 앞의 31가 가운데 인명사전에 언급이 없는 경우도 있다.[39] 주석을 선택할 때 이미 자신의 뜻과 상통하는 것들을 위주로 선택했기 때문에 귀무론貴無論적 입장에 있는 왕필王弼의 주석은 단 한 차례 언급되는 정도에 그쳤다. 《도덕경 선주》라는 이름이 상징하듯이 《노자》 역해의 중점은 주석을 선별選別하는 데 방점이 있었던 것으로 보인다. 탄허는 역대의 주석에서 삼교가 원융한 주석들을 중심으로 엮고 난 뒤 《현토역해 장자 남화경》에서와 같은 긴 강술이 아닌 찰기적札記的 형태의 짧은 언급으로 자신의 주석을 간략하게 대변하는 형태를 취했다.

예를 들어 제1장 정구程俱의 주에 대해서 "차주此注는 삼교성인의 학설이 모두 표월지標月指에 불과함을 말한 것이다"라거나 소자유의 주에 대해서 "차주는 즉용卽用의 체體는 체가 용用을 여의지 않고 즉체卽體의 용用은 용이 체體를 여의지 않음을 말한 것이다"라고 한 것이 바로 간명한 방식으로 종지를 드러낸 것이다. 제2장의 여길보 주에 대해 "차주는 깊이 노자의 종지를 얻은 것이다"라고 한 것이나 오유청의 주에 대해 "차주는 깊이 언외言外의 종지를 처파覰破하여 일경一經의 총주總注로도 볼 수 있다"라고 한 것 등은 주석에 대한 탄허의 간략

39 앞의 책, 《道德經 選注 1》, pp. 489~502.

하고도 명쾌한 평가가 엿보이는 대목이다. 제4장의 박서계 주에 대해 "차주는 문법 소개와 자구 해석이 간이명백簡易明白하여 일목요연하게 된 것이다"라고 한 것은 문장·자구에 대한 평가를 보여준다. 즉 '선주選注'에 걸맞게 '찰기札記'의 방식으로 평을 하고 있다.

여기에서 특별히 주목해야 할 것은 탄허가 우리 조선의 서계 박세당의 《신주 도덕경》을 매우 중시하여 주석의 맨머리에 올려 소개하고 있다는 점이다. 81장 가운데 61장[40]의 많은 양의 주석을 채택하고 있는데 박서계의 주석보다 많이 인용된 것으로는 소자유와 여길보 2인의 것뿐이다.[41] 이는 탄허가 《기신론·원효소》나 《금강경·함허설의》, 《원각경·함허해》와 같이 한국의 좋은 주석이 있다면 적극적으로 활용했던 것과 맥을 같이 한다. 이는 자신의 역서譯書를 교육 교재로 활용하여 국가에 큰 인물이 될 인재를 양성하겠다고 한 역경결사譯經結社의 목표와도 연관이 있어 보인다. 탄허의 역경 가운데 일본인의 주석이 단 한 차례도 발견되지 않는 것을 보면 엄밀한 주석과 선별 과정에서도 탄허의 민족정신이 깊이 배어있는 것을 발견할 수 있다. 이러한 점에서 탄허의 저술과 번역 작업은 "민족적 역경결사"[42]의 의미로도 자리매김

---

40 채록 안 한 것은 3, 6, 12, 13, 14, 18, 19, 20, 21, 28, 32, 34, 36, 39, 48, 54, 55, 56, 68, 81의 20장이다.

41 《장자 남화경》의 역해에서도 탄허 스님은 박서계의 《남화경주해산보南華經注解刪補》에서 많은 주석을 채록하고 있다. 성현영成玄英(260회)과 곽상郭象(78회)의 주석 다음으로 많은 53회의 인용 횟수를 기록하고 있으며 박서계의 주석을 결론을 맺는데 주로 활용하며 "서계공西溪公이 이르되"라 하여 존경을 표현했다.

42 김호성이 탄허의 역경譯經을 '결사結社'라 정의한 이래 김광식, 윤창화 등은 탄허의 역경 사업과 인재 양성을 '역경결사'와 '교육결사'라 명명하고 있는데 이는 매우 타당한 견해로 필자 역시 동의한다. 김호성, 〈탄허의 결사 운동에 대한 새로운 조명〉, 《한암 사상》(3집, 월정사, 2009), pp.

할 수 있으리라 본다.

2)《장자》역해譯解의 특징: 적극적 주해注解

탄허는 유독《장자》에 애착이 많아서 20대 시절부터 오대산 상원사에서 주석들을 구해가며 한암선사 재세 당시부터 원고를 작성했다고 하는데, 많은《장자》주석들 가운데 100가의 주석은 구해 봐야 되는데 겨우 몇 십가의 것밖에 구해 보지 못해서 책 출판을 미루고 있었다 한다.[43] 아이러니한 것은 가장 일찍 준비하던 원고가 가장 늦게 세상에 출간된 점이다. 여기에서는 엄격한 학술적·문헌학적 고증을 바탕으로 탄허의《남화진경역해》[44] 주석들을 분석함으로써 탄허의 장자관莊子觀을 고찰하는 토대를 마련하고자 한다.

탄허는 선영宣穎[45]이 청대淸代 강희 60년(1721)경에 쓴《남화경해南華

142~143. 김광식,《기록으로 본 탄허 대종사》(탄허불교문화재단, 2010), pp. 236~237. 윤창화,〈탄허의 경전 번역의 의의와 강원 교육에 끼친 영향〉,《미래를 향한 100년, 탄허》(조계종출판사, 2013), pp. 173~175. 참조.

43 교림출판사 서우담 선생과의 대담에서 증언으로 들은 바이다.

44 《현토역해 장자 남화경》이란 이름으로 출간되었지만 발견된 원고에는 '南華眞經 譯解'라 되어 있다.

45 선영宣穎은 자字가 무공茂公으로《남화경해南華經解》의 자서自敍에서 구곡句曲 사람이라고 하였으나 그의 활동 기록은 드물게 보인다. 전혁화錢奕華는 2000년 대만에서 출판된《선영남화경해지연구宣穎南華經解之研究》에서《구용현지句容縣志》와《속찬구용현지續纂句容縣志》를 조사하여 선영의 생평과 가세, 저술에 대해 고증해 냈다. 이에 따르면 선영은 강소성江蘇省 구용현句容縣 숭덕향崇德鄉 사람으로 명말 청초에 태어나서 순치順治 12년(1655)에 등용되었다. 명문가의 후예로서 효행으로 이름이 났지만 벼슬길은 순탄치 않아 고향에 은일했고 70代가 넘어서《남화경해》를 비로소 완성했다고 한다. 錢奕華,《宣穎南華經解之研究》, 萬卷樓, 2000, 참조.

經解》 33권 본[46]을 소의所依 주해註解로 했으며, 내 7편의 편두篇頭의 개설적인 설명인 현판懸判과 대의大義는 선영의 것을 그대로 번역했다. 이는 탄허 자신의 《장자》를 보는 안목과 상호 유사한 삼교원융三教圓融의 원칙에 부합하고 《장자》 일서一書의 종지를 비교적 잘 드러낼 뿐만 아니라 심도 있는 내용과 문단의 분석이 여느 책에 비해 보다 더 치밀했기 때문으로 보인다.[47] 불학佛學에도 깊은 조예가 있었던 선영은 자서自敍에서 "후세에 이르러 구류九流를 분류하는 과정에서 장자를 도가에 넣어 이단으로 지목했지만, 나는 《장자》라는 책은 《중용》과 서로 안팎으로 하나라고 생각한다"[48]라고 하여 '유도일치儒道一致' 내지 '이유위종以儒爲宗'의 관점을 제시하고 있다. 탄허는 선영 주註 외에도 고금의 《장자》 주석을 종횡무진 활용하는데 세부주석들을 면밀히 분석해 보면 총 32가의 주석이 망라되어 있음을 알 수 있다. 선영의 주석과 탄허 자신의 주석을 계산하면 총 34가의 주석을 담고 있는 셈이다. 많이 채록된 인물 순서대로 횟수와 함께 나열해 보면 다음과 같다.

성현영成玄英 260회, 곽상郭象 78회, 조선의 박서계朴西溪 53회, 임희일林希逸 30회, 임서중林西仲(林雲銘) 17회, 유월兪樾 13회, 최선崔譔·저백수褚伯秀 각 7회, 초횡焦竑 5회, 여길보呂吉甫·가세보家世父·감산덕청憨山德淸·나면도羅勉道가 각 4회, 사마표司馬彪·곽경번郭慶藩·육수지陸

46 宣穎, 《莊子 南華經解》, 廣文書局, 1978.

47 박완식 편, 《장자를 만나다: 남화경해南華經解 선영주宣穎註》, 박문사, 2014, p. 4.

48 위의 책, p. 18. 젊은 시절 탄허의 수제자였던 박완식은 스승의 《장자》 주해본의 중심이었던 선영의 《남화경해》를 직역과 의역으로 이중 번역하여 독자들의 이해를 도왔다.

樹芝·왕선겸王先謙 각 3회, 왕인지王引之·왕염손王念孫·진수창陳壽昌 각 2회, 소여蘇輿·유수계劉須溪(劉辰翁)·장사유張四維·마서륜馬敍倫·육서성陸西星·손월봉孫月峰·심씨沈氏·진상도陳詳道·당순지唐順之·진심陳深·육덕명陸德明·이정李楨 각 1회씩 인용되고 있다.

이를 세부적으로 인용 빈도가 높은 주석들부터 살펴보면,[49] 진晉 곽상郭象(252~312)의 《장자주莊子注》, 당唐 성현영成玄英(608~?)의 《장자주소莊子注疏》, 남송南宋 임희일林希逸(1193~1279)의 《장자구의莊子口義》,[50] 청淸 임서중林西仲(林雲銘)의 《장자인莊子因》,[51] 조선 박서계朴西溪의 《남화진경주해산보南華眞經注解刪補》[52] 등이 대표적이다.

박서계의 주석과 함께 결론 부분에서 총론으로 맺을 때엔 남송 저백수褚伯秀(1265~1274)의 《남화진경의해찬미南華眞經義海纂微》를 많이 활용했다. 저백수의 총론은 명대 초횡焦竑(1540~1620)의 《장자익莊子翼》에 '관견총론管見總論'이란 이름으로도 실려 있다. 초횡의 주석 또한 탄허본에 5회 인용되고 있는데 제가의 주석본을 구하지 못한 경우에는 《장자익》에 수록된 주석들을 매우 유용하게 활용했을 것으로 추정된

49 諸家의 주석에 대한 書名과 구체적인 사항은 嚴靈峰 編, 《無求備齋 莊子集成 初編》(藝文印書館, 1972)을 참조하였다.

50 '林希逸이 이르되', '林注엔', '林이 이르되'의 방식으로 인용하고 있다.

51 '林西仲이 이르되'의 방식으로 인용하고 있는데 林希逸의 주석과 구분하기 위해서 林雲銘의 주석은 반드시 '林西仲이 이르되'로 인용했다.

52 박서계의 《남화경주해산보》가 처음으로 번역된 것은 전현미가 역주한 《박세당의 장자, 남화경주해산보 내편》(예문서원, 2012)이다. 이런 상황을 보면 박서계의 연구가로서도 탄허는 선구적인 인물이라 할 수 있다. 1970년대 당시 박서계의 노장학에 대한 논문은 김경탁 교수의 논문을 비롯하여 불과 몇 편밖에 없었던 것을 상기해 본다면 시대를 앞서가는 탄허의 안목을 확인할 수 있다.

다.[53] 탄허는《장자》를 주석하면서 저서는 현존하지 않고 단지 육덕명陸德明의《경전석문經典釋文》에만 그 일문佚文이 남아있는 가장 이른 시대의 주석인 동진東晋 최선崔譔의 것 역시 7회 언급하고 있어서 그 정밀함이 돋보인다.[54]

이 밖에 송대의 주석으로는 여길보呂吉甫(1032~1111)의《장자해의莊子解義》, 유진옹劉辰翁(1232~1297)의《장자남화진경莊子南華眞經》, 진상도陳詳道의《장자주莊子注》등이 주석에 활용되었다. 명대의 주석으로는 나면도羅勉道의《남화진경순본南華眞經循本》, 장사유張四維(1526~1585)의《장자구의보주莊子口義補注》, 육서성陸西星(1520~1605)의《남화진경부묵南華眞經副墨》등이 활용되었다. 청대의 주석으로는 왕염손王念孫(1744~1832)의《장자잡지莊子雜志》와 그의 아들 왕인지王引之(1766~1834)의 고증학적 문헌분석, 왕선겸王先謙(1842~1917)의《장자집해莊子集解》, 육수지陸樹芝의《장자설莊子雪》과 진수창陳壽昌의《장자정의莊子正義》등이 두루 활용되었다. 청대의《장자》에 관한 주소注疏와 훈고訓詁의 집대성작으로 손꼽히는 곽경번郭慶藩(1844~1896)의《장자집석莊子集釋》을 통해 청대 고증학의 성취를 거의 활용할 수 있었고 제가의 주석들을 모두 점검했던 것으로 보인다.

특히 왕염손과 왕인지 부자를 추종하고 고경정사詁經精舍에서 30

---

53 서진西晉 시기의 사학가요, 문학가인 사마표司馬彪(?~306)의《장자주莊子注》역시 3회 언급되고 있다. 이 주석들은 초횡의《장자익》과 박서계의《남화진경주해산보》에 산견되는 바 산중에서 책을 구해보기 힘들었을 경우 초횡과 박서계의 주석본으로 살펴보았을 것이다.

54 난해한 글자들을 교정할 때엔 '최본崔本'이라 하여 이를 잘 활용했다.

여 년간 후학을 양성하여 손이양孫詒讓(1848~1908)과 장태염章太炎(1868~1936)과 같은 제자들과 손자 유평백兪平伯을 양성한 청말 고증학의 대표적인 박학대사樸學大師 유월兪樾(1821~1907)의 《장자평의莊子平議》를 적극 활용하고 있는 점은 매우 의미심장하다.[55] 이와 함께 근대 학자인 소여蘇輿(1874~1914)의 주석 인용 및 《장자의증莊子義證》(1930), 그리고 《장자찰기莊子札記》(1919), 《노자교힐老子校詰》 등을 저술한 것으로 유명한 현대 학자인 마서륜馬敍倫(1885~1970)의 주석까지 활용하고 있는 점은 특기할 만한 사항으로 탄허의 《장자》 주석본의 수집과 열람에 대한 열정을 확인할 수 있다.

1970년대 국내 동양학계의 학문적 수준을 고려해볼 때, 학술계가 아닌 산중을 기반으로 했던 탄허의 장자 주석에 나타난 학술적인 엄밀함과 정확한 주석을 위한 철저한 문헌 고증의 면모는 이채를 띤다. 탄허는 《장자》 내 7편을 마치 〈반야심경〉 일독하듯이 평생 암송했고 수많은 강의를 통해 종지를 통달하고 어떤 구절에도 막힘없이 자신만만했음에도 불구하고 끝까지 호학好學과 불권不倦의 정신을 견지했다.

당시 시자였던 현해玄海는 탄허가 감산덕청憨山德淸의 《장자내편주莊子內篇注》를 보고 싶어했으나 끝내 책을 구하지 못했다고 했으며,[56] 상좌 혜거는 청대 육수지陸樹芝의 《장자설莊子雪》을 구하기 위해 스님

55 청대 고증학의 박학대사 유월兪樾의 《장자평의莊子平議》의 다양한 활용은 탄허가 청대 학술의 성과를 매우 적극적으로 수용했음을 반증하는 것으로 탄허 학술의 깊이와 경지를 확인할 수 있는 대목이다. 유월의 주석 인용은 앞의 《현토역해 장자 남화경》의 p. 179, 216, 222, 247, 299, 328, 341, 351, 428, 432, 442에서 참조.

56 앞의 《현토역해 장자 남화경》, p. 19.

과 함께 몇 번이고 서점과 헌책방을 동행했으나 구하지 못했고《서계전서西溪全書》만을 구해다 드렸다고 증언했다. 탄허의 역해본에 감산덕청의 주석이 4군데, 육수지의 주석이 3군데 보이는 것은 다른 주석본에서 이를 재인용하여 언급한 것으로 추측할 수 있다. 제자인 통광과 송찬우가 공통적으로 감산덕청의《장자내편주》를 역해한 것[57]은 간절하게 구했음에도 끝내 책을 구하지 못하고 아쉬움을 달래야 했던 스승을 추념하는 의미도 있었으리라 사료된다.

제주諸註의 인용에 있어서 탄허는 곽상郭象과 성현영成玄英과 같은 전통적인 도가와 현학玄學의 주석은 물론이려니와 남송과 명대의 유도불이儒道不二와 삼교동원론三教同源論·삼교조화론三教調和論에 기반한 회통론적 주석을 넘나들었다. 그리고 청대의 도교 수련과 불학에 능통한 도사와 승려의 주석, 청대 학술에서 근현대에 이르기까지의 문헌학적·고증학적 주석들을 총망라하여 참고하고 적극적으로 역해에 활용한 개방성을 보여준다.

이 밖에도 탄허는 유불선 삼교를 왕래하면서 자신만의 독창적인 주석을 적극적으로 전개해 나간다. 기존의 역경 작업 가운데 가장 활발발하게 자신의 주석을 개진하고 역동적으로 전개해 나간 경우가 아닌가 생각된다. 탄허는 총 146회에 걸쳐 유불선 삼교에 무애하게 넘나들며 무불통지無不通知로 삼교를 원융하는 면모를 보여주는데 그 세

57 감산대사 주해, 송찬우 역,《장자선해莊子禪解》(세계사, 1991)와 감산덕청 저, 제월 통광 현토 국역,《장자 감산주》(통광불교연구원, 2015)가 바로 그것이다.

부 사항은 아래의 표와 같다.

【도표 2-2】 탄허의 삼교원융적 《장자》 주해注解 현황[58]

	불교	유교	도교
소요유	화엄경1, 화엄론1, 금강경1, 내전2, 열반경1	주역1, 중용1, 맹자1	노자1, 열자3, 신선전1, 장자1, 현중기1
제물론	선가8, 영가선사2, 내전3, 화엄경7, 조주선사1	논어1, 맹자3, 대학1, 중용4, 시경1, 주역4, 춘추1, 태현경1, 소강절2, 정이천1	노자6, 장자2, 귀곡자1, 소서1, 공손룡1, 열자1
양생주	선가1, 운문선사1, 열반경1	춘추좌전1	
인간세	선가1, 내전2, 능엄경1, 법화경1	논어1, 주역1, 예기2, 주자1, 한시외전1	
덕충부	육조혜능1, 내전2, 조주선사1	맹자1, 중용1, 주역1, 예기1, 정명도1	노자1
대종사	화엄경2, 화엄론1, 선가7, 내전4, 원각경1, 영가선사2	논어1, 맹자3, 대학1, 주역1, 예기2, 가례1, 소강절1, 정이천1	회남자3, 노자3
응제왕	기신론1, 선가4, 혜충국사1, 내전1	맹자1, 주역3, 사략1	노자2, 열자5
합 계	선가21, 내전14, 화엄경10, 화엄론2, 열반경2, 능엄경1, 원각경1, 금강경1, 기신론1, 법화경1, 영가선사4, 조주선사2, 육조혜능1, 운문선능1, 혜충국능1	주역11, 맹자9, 중용6, 예기5, 논어3, 대학2, 춘추2, 시경1, 태현경1, 한시외전1, 가례1, 사략1, 소강절3, 정이천2, 정명도1, 주자1	노자13, 열자9, 장자3, 회남자3, 신선전1, 현중기1, 귀곡자1, 공손룡1, 소서1
	→ 63회 : 선가禪家 30, 교가敎家 33	→ 50회	→ 33회

58 여기에서는 탄허의 노장 해석을 불교의 선법 위주로 한 것을 중심으로 삼교 회통을 설명했다. 따라서 유교와의 회통이 보이지 않아 삼교 회통이라 하기 어렵지 않은가 의문을 가질 수 있다. 이번 연구에서는 노장을 해석하는데, 유교의 주석으로 회통한 내용들은 지면상 거론하지는 않았지만 위 도표의 유교 관련 인용 내용을 보면 탄허가 노장과 유교를 적극적으로 회통하고 있음을 확인할 수 있다.

위의 도표에서 보듯 탄허가 활용한 주석에 이미 자신의 사상적 경향이 그대로 반영되고 있음을 알 수 있다. 총 146회의 주석 가운데 63회가 불교적 주석이며 그 가운데 선禪과 교教가 균형을 이루고 있다. 《화엄경》과 《통현론》이 총 12회로 교학教學의 중심을 이루고 있으며, 선가禪家(21회)와 선사禪師(9회) 관련 주석이 주종을 이룬다. 《주역》과 소강절邵康節 관련 주석이 총 14회로 역학易學이 유교의 주석들을 주도하며, 13회의 《노자》 주석으로 《장자》를 상호발명하고 있다. 유불선 삼교가 정립되어 있고 선교가 융회하고 있으며 포함삼교包含三教와 통관삼교統貫三教가 실현된 주해라고 할 수 있다.

4. 탄허와 한국불교의 정체성

탄허는 일승화엄一乘華嚴의 '사사무애事事無碍'의 원리와 선禪의 성기론적性起論的 '성性 자리'를 중심으로 유교와 도교를 종횡무진 회통했다. 《주역》의 종지를 역설할 때나 《노자》《장자》를 주석하고 강설할 때도 항상 "천하에 두 도가 없고 성인은 두 마음이 없다(天下無二道 聖人無兩

心)"[59]는 경구에 철저했다. 탄허는 서양 물질문명의 본능은 동양 정신문명의 본성에 의해 치유될 것이며, 서양철학의 망지妄知는 동양사상의 진지眞知에 의해 개안開眼될 것이라고 예견했다. 탄허가 일찍이 역설한 유불선의 회통은 현대 세계의 융합과 통섭의 시대를 앞서 예지한 것이다.

지금까지 탄허가 유교의 대표 경전으로 《주역》을, 도교의 대표 경전으로 《노자》《장자》를, 불교의 대표 경전으로 《화엄경》을 들고 있음을 확인했다. 스승 한암의 사상을 계승하여 계정혜戒定慧 삼학겸수三學兼修와 화엄華嚴과 선禪을 융회한 선교일치禪教一致의 정신을 동양학 전반에까지 확장시켜 평생 삼교의 경전을 현토·역해하여 인재 양성을 위한 강의교재로 만들고 사상을 요약·정리했다. 이는 그간 학계 일부에서 한국불교의 정체성을 '통불교' 내지 '종합 불교'라 지칭하면서도 실제적인 불교사에서 그 구체적인 인물면에서 검증하기가 희소했던 사례를 보완해줄 좋은 증거가 될 수 있다.[60]

또한 동양학에 대한 체계적인 이해를 위해 평생 저술한 20종 80권의 방대한 역서 가운데 일본인의 주석과 해설은 전혀 인용하지 않으면서 한국인의 주석은 적극 활용했던 점에서 탄허의 한국불교에 대한 무한한 자긍심과 민족정신을 간파할 수 있다. 미래에 한국이 동양

---

59 탄허가 평소에 가장 역설했던 구절이다. 김탄허 역, 《發心三論》, 교림, 2001, p. 141, 참조.

60 김광식은 탄허선사 탄신 100주년, 입적 30주기를 기하여 기획한 구술 증언 자료집 《방산굴의 무영수》 하권, '후기'에서 탄허의 사례를 통해 한국 불교의 정체성을 재음미할 수 있다고 역설했다.(p. 414.)

학의 종주국이자 정신문명의 중심국이 될 것임을 천명하고 이를 증좌하기 위해 보여준 결사와도 같은 일생 저술의 과정에서 그를 '인방仁方의 현묘玄妙요, 오동吾東의 태극太極'이라 한 〈비명碑銘〉[61]의 구절이 결코 진부한 상찬만은 아니었다는 것을 확인할 수 있다.

여기에서는 그동안 피상적으로만 드러났던 탄허의 삼교회통 사상을 동양학의 삼현三玄이라 불리는 《주역》《노자》《장자》의 주석과 주해를 세부적으로 분석하고 그 구체적 성과들을 소개하고 서술하는 것에 주력하였다.

회통의 대가였던 탄허는 현대판 원효라고 할 수 있다. 동양사상의 회통에서 한 걸음 더 나아가 동서문명의 회통까지 깊이 심입했던 것은 융복합이 일반화된 현대사회에서 볼 때 매우 선각자적 면모를 보여준다고 할 수 있다. 우리 후학들은 앞으로 현대판 회통사상인 탄허학을 바탕으로 보다 깊고 넓은 안목을 길러 나가야 할 것이다.

---

61 오대산 문도회·탄허불교문화재단·교림 편, 《탄허대종사 연보》, 교림, 2012, p. 641, 최창규 찬, 〈해동국海東國 탄허대종사呑虛大宗師 비명碑銘〉 참조.

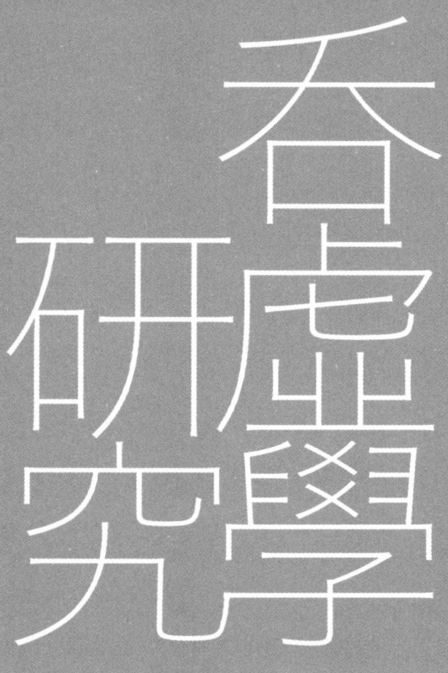

제3장 | 탄허선사呑虛禪師의 선사상禪思想 연구

1. 탄허의 역경관譯經觀과 수행관修行觀[01]

탄허택성呑虛宅成에 대한 연구는 탄생 100주년이자 열반 30주년이었던 지난 2013년을 전후하여 학계에 다양하게 소개되면서 주목받기 시작했다. 역경 불사와 교육 불사, 화엄 사상과 유불선 삼교 회통 사상, 인재 양성과 미래 인식 등 탄허의 생애와 사상에 대한 연구는 점차 확대되는 추세이다.[02]

반면에 선사禪師로서의 면모와 선사상禪思想에 대한 전면적이며 세부적인 연구는 다른 분야에 비해 매우 미흡한 실정이다. 2003년 열반 20주년을 기념하여 성본, 무관 두 스님에 의해 발표된 논문[03] 외에는 탄허의 선사상에 대한 전문적인 학술 연구는 전무하다시피하다.

탄허문도회가 간행한 스님의 법어집 《방산굴 법어》[04]에는 '탄허대선

---

01 제3장의 내용은 《불교학보》 제76집(동국대학교 불교문화연구원, 2016. 9.)에 수록되었다.

02 한국불교학회에서는 2012년과 2013년 춘계학술대회에서 '오대산 화엄의 특징과 탄허의 원융사상'이라는 주제와 '탄허대종사의 인재 양성과 교육 이념의 시대 정신'이라는 주제로 탄허대종사 탄신 100주년 학술대회를 성대하게 개최했다. 자현(염중섭), 고영섭, 윤창화, 임상희, 김광식, 김성철, 윤선태, 이원석 등에 의해 발표된 12편의 논문은 《되돌아본 100년, 탄허》와 《미래를 향한 100년, 탄허》 두 권의 책으로 조계종출판사에서 출간되었다. 또한 한국불교사연구소에서는 같은 해 계간지 《문학·사학·철학-탄허택성 특집호》(제33호)를 통해 자현(염중섭), 고영섭, 최재목, 문광(권기완), 이동국의 논문을 실어 2013년 한 해에만 총 18편의 탄허 관련 논문이 발표되었다.

03 정성본의 〈탄허선사의 선사상 고찰〉과 무관의 〈탄허의 선사상〉 두 편의 논문이 그것이다. 탄허불교문화재단 편, 《탄허선사의 선교관》, 오대산 월정사, 2004, 참조.

04 월정사·탄허문도회 편, 《방산굴 법어》, 오대산 월정사, 2013.

사 법어집'이란 부제가 병기되어 있다. 단순히 선종禪宗을 표방하는 조계종의 상징성 때문에 문도들이 '대선사大禪師'라는 칭호를 그저 의미 없이 사용했을 리는 만무하다. 도반·제자를 포함한 스님 35인과 재가 반연·제자 30인의 증언을 토대로 엮은 《방산굴의 무영수》[05]를 보면, 탄허의 정체성을 묻는 질문에 대해 선지禪旨에 밝고 고준한 안목을 갖추었으며, 평생 참선으로 하루를 시작했던 철저한 선사로 기억하는 이들이 대다수이다. 학승이나 석학만큼이나 선사로서의 면모로 깊은 인상을 간직한 주위 도반·제자들이 많았다는 점은 그의 선사상을 연구하는 동력이 된다.

이 장에서는 역경譯經과 교학敎學, 교육敎育과 강학講學의 빛에 가려 그동안 제대로 대두되지 못했던 선승으로서의 탄허의 면모와 선사상의 특징을 밝히는 것을 목적으로 한다. 이를 위해 현존하는 저술들과 함께 문서화되지 않은 강연 녹음파일 자료들을 녹취하여 스님의 역경관譯經觀과 수행관修行觀을 추출해 냄으로써 탄허 선사상의 심연을 고찰해 볼 것이다.

05 월정사·김광식 편, 《방산굴의 무영수》 상·하, 오대산 월정사, 2012.

2. 선사로서의 정체성과 선관禪觀

탄허는 입적 당시 제자 대규수중 수좌가 "법연이 다 된 것 같으니 한 말씀 남겨 달라"고 요청했다. 탄허는 "일체무언一切無言이다"라는 짧은 말을 남기고 사바세계 인연을 마무리했다.[06] 고승이라면 으레 남길 법한 열반송涅槃頌이나 임종게臨終偈 하나 없었다. 20세 당시 오대산으로 보낸 첫 서신에 대해 한암선사漢巖禪師는 '산중山中의 보장寶藏'으로 간직하겠다며 찬탄했을 만큼 그는 활달한 문장력의 소유자였다.[07] 이를 감안하면 말후일구末後一句에 담긴 선지는 탄허의 선사禪師로서의 정체성을 보여주는 한 단면이라 하겠다.

> 경허 스님 말씀에 법상에 올라앉기 좋아하는 놈이 미친 사람의 한 사람이라 그랬어. 그런데 이 근년에 만공 스님 제자 박고봉 스님 같은 이가 자기 일생에 법상에 한 번도 올라앉지를 않았습니다. 그것은 그이가 법을 존중하는 의미에서. 이 법상에 올라앉는 것은 사실 금물이거든. 그냥 서서 강의를 한다든지 앉아서 좌담한다든지 이

06 오대산 문도회·탄허불교문화재단·교림 편, 《탄허대종사 연보》, 교림, 2012, p. 631.

07 월정사·성보박물관, 《한암·탄허선사 서간문》 2권, 역주 해설 편, 민족사, 2014, p. 119.

런 것은 자기 마음대로 얼마든지 할 수가 있는 것이지마는 법상에 올라가서 지껄여라 하면 사실 말을 할 것이 없는 것입니다.[08]

어느 해 하안거 결제 상당법어 녹음파일의 일부이다. 하루 종일 강의는 할 수 있지만 법상에서 법을 설하라고 하면 단 한마디도 할 것이 없다고 했다. 이는 '법'이란 한마디도 설할 바가 없는 것이므로 법상에 올라앉는 것 자체가 금물이라는 선禪의 대원칙을 보인 것이다. 조사祖師들의 양구良久나 유마維摩의 두구杜口에서 볼 수 있는 언어도단言語道斷과 이언절려離言絶慮라는 선의 핵심을 강조한 법문이다.《방산굴 법어》에 실려 있는 탄허의 상당법어 10편을 보면 구차한 언설과 부가 설명은 삼가고 최상승 법문을 설파한 뒤 즉시 하좌下座한 정황을 알 수 있다. 그의 시적示寂은 진여 본체는 한 생각이 일어나기 전 소식으로 아는 것이 끊어져 말이 붙지 못하는 자리라는 선의 골수를 몸소 열반상으로 보여준 것으로 정리할 수 있다.

다언多言은 사자士子의 병이 되고 번문煩文은 도가道家의 해가 된다. 도道를 밝힌 말이라도 다언과 번문은 병이 되고 해가 되거든 하물며 도를 밝히지 못한 산설散屑의 잡화雜話야 말할 것이 있으랴. 나는 본래 근성이 노둔해서 문장지학에 힘쓸 여가가 없을 뿐 아니라 유시幼時로부터 유교 전통적인 도학가道學家에 투신하여 익혀 왔기

08 김탄허 강설,《동양사상 특강 CD 18》, 교림, 2002 녹취.

때문에 매양 고인의 난서부화亂書付火라는 훈계를 잠시도 잊지 않고 저술著述보다는 사색思索, 사색보다는 좌망坐忘을 노력해 왔다. 그리하여 단편적인 문자도 남겨 놓은 것이 없었던 것이다.[09]

제자들이 스님의 좌담과 대담을 묶어 책으로 출간하기를 간청하여 어렵사리 받은 서문의 일부이다. '저술보다는 사색, 사색보다는 좌망을 노력해 왔고 문장지학에 힘쓰지 않아 단편적인 글은 남겨놓지 않았다'는 언설은 탄허의 정체성을 논할 때 반드시 언급되어야 할 구절이다. 총 80권의 역저를 저술하여 조선시대 간경도감의 역경 불사보다 더 많은 번역을 홀로 성취했다는 평을 받는 탄허가 저술보다는 사색, 사색보다는 좌망[10]을 노력해왔다는 언급은 시사하는 바가 크다. 그는 17년 만의 노고 끝에 현토·역해하여 간행한《신화엄경합론新華嚴經合論》서문에서 '심불반조心不反照하면 간경무익看經無益이라는 고인의 훈화訓話도 있거니와, 과연 언어·문자 밖의 종지는 언려言慮를 돈망頓忘한 자득의 경지가 아니고는 추측하지 못하는 것'[11]이라 일갈하고 있다.

그는 실제 성현의 경전을 '술이부작述而不作'의 정신으로 번역하는

09 김탄허,《부처님이 계신다면》, 교림, 1988, p. 1, 서문 참조.

10 '좌망'은《장자·대종사》에 나오는 술어로 마음이 쉬지 못하는 '좌치坐馳'의 반대 술어이다. 혹자는 좌망을 두고 선가禪家에서 말하는 깊은 삼매나 선정의 세계보다는 낮은 단계로 치부하는 경향이 있으나 탄허는 그렇게 평가하지 않았다. 그는 좌망을 '기심機心이 몰록 쉬어 물아物我가 모두 공空한 고로 좌망이 된 것'이라 하였고 '선가에 좌선坐禪을 많이 주장하고《유마경》에 불필좌不必坐라 한 말씀도 역시 이를 의미한 것이니《장자》입언立言의 지旨가 원대遠大하다'고 주석하여 좌망에 대해 높이 평가한 바 있다. 김탄허 역,《장자 남화경》, 교림, 2004, pp. 414~415.

11 김탄허 역해,《신화엄경합론新華嚴經合論 1》, 교림, 2011, p. 8.

것 이외의 저술은 번문煩文이라 하여 하나도 남기지 않고 있다. 번역 외의 시간에는 참선에 매진했고, 묻지 않은 것에 대해서는 먼저 입을 열지 않았다. 새벽에 일어나서 몇 시간 동안의 참선을 마친 뒤에야 비로소 하루 일과를 시작했다. 평생 지속된 이러한 수선修禪의 일상[12]은 그가 철저한 선사이자 경허–한암–탄허로 이어진 선맥의 충실한 계승자였다는 것을 잘 보여준다.

탄허가 직접 밝힌 선의 정의·목적·분류 등을 통해 그의 선관禪觀을 좀 더 살펴보자. 그는 '선의 정의'에 대해 '생각하여 닦는다(思惟修)' 또는 '고요히 생각한다(靜慮)'의 기본적인 뜻 외에 '육단심肉團心, 연려심緣慮心, 집기심集起心과 같은 분별 망상이 아닌 부처님 마음 자리인 견실심堅實心을 보는 공부'라고 했다. 그러므로 오히려 '생각한다'라기보다는 '생각이 끊어지는 것'으로 정의할 수 있다.[13] 팔만대장경 교리는 우리가 배워서 알고 생각해서 얻을 수 있지만 부처님 마음 자리인 선禪은 생각이 끊어져야만 거기에 합하는 것이며, 깨달았다는 것은 말이 끊어지고 아는 것이 끊어진 것을 깨달았다는 것이지 말과 생각이 끊어지지 않았다면 아직 꼬리가 덜 떨어진 것[14]이라 했다.

'선의 목적'에 대해서는 '근본 자성을 요달하여 마음의 생사, 즉 망념을 끊어버리는 것'이라 했다. 즉 '외형적인 생사 해탈이 아니라 마음

---

12 김탄허, 앞의 책,《부처님이 계신다면》, p. 218.

13 월정사·탄허문도회 편, 앞의 책, pp. 90~91.

14 김탄허, 앞의 책《부처님이 계신다면》, pp. 27~28.

속의 생멸을 없애는 것이 첫째의 목적[15]이며, 생명 없는 본성을 크게 희롱하는 것이 근본 목적이 된다[16]'고 했다.

'선의 분류'에 대해 묻는 질문에는 규봉종밀圭峰宗密(780~841)의 방식 그대로 외도선, 범부선, 소승선, 대승선, 여래선, 최상승선으로 나누어 설명했다.[17]

또한 선을 '만법의 근본'이요 '불교의 핵심'으로 강조하면서 부처님의 49년 설법인 팔만대장경의 교법도 필경 이 선의 경지를 깨우쳐 주려는 데 그 근본이 있다고 역설했다.[18] 아래는 1977년 오대산 월정사에서 《신화엄경합론》 완간을 기념하여 2개월 동안 개최한 제1회 화엄법회에서 선을 강조한 내용을 녹취하여 정리한 것이다.

> 팔만대장경이 전부가 참선하라는 소리인데 경 보면 참선 안 된다고 하는 이유가 뭡니까? 생각이 모두 착각이 되어 있다, 이겁니다. 경 보면 참선 못한다고 말하는 사람, 경 보면서 참선 안 하는 사람, 이유가 뭐냐 이거예요. 경에 참선하지 말라는 소리가 어디에 있습니까? 매번 참선하라는 소리밖에 없는데. 근본이 참선하는 노정기 아닙니까? 경이라는 것이. 참선하는 길을 얘기한 거 아니에요? … 마음 닦으라는 소리 이외에 아무것도 없습니다. 글자만 잘 보자는 게

15 월정사·탄허문도회 편, 앞의 책, p. 91.

16 김탄허, 앞의 책 《부처님이 계신다면》, p. 74.

17 김탄허, 《피안으로 이끄는 사자후》, 교림, 1997, p. 28.

18 김탄허, 앞의 책 《부처님이 계신다면》, p. 72.

아니에요. 이 경이라는 것이.[19]

팔만대장경의 모든 교학은 전부 참선하라는 가르침밖에 없다는 것이 강연의 요지이다. 이처럼 탄허는 경전을 해석하고 번역하거나 제자를 양성할 때에도 누차 선을 불교의 근본이자 핵심으로 강조하는 관점을 평생토록 철저히 지켰다. 이러한 그의 '선禪 중심'적 경향은 역경관과 수행관에도 구체적으로 적용되어 경전을 번역하는 원칙이나 저본을 선택하는 기준, 그리고 선과 교의 관계 설정에도 중추적으로 발현되어 그의 선사상 특징을 구성하게 된다. 아래에서 그 세부 사항을 살펴보고자 한다.

3. 선체교용禪體敎用의 역경 불사

1) 종지宗旨 중시와 선禪 중심의 역경 원칙

19 김탄허 강설, 《화엄경 강의 제2집: 화엄경 회석 테이프 10》(신흥사, 1978)에서 녹취했다. 위 인용문은 스님이 1975년 10월부터 삼보법회에서 《신화엄경합론》 23권 가운데 1권을 신도 대상으로 강의한 것이다. 이를 녹취하여 출판한 책이 《탄허 강설집》이다. 하지만 책에는 위의 인용문이 빠져 있는데 책의 p. 231에 삽입되어야 할 내용으로 원본 테이프에서 빠진 부분을 필자가 녹취한 것이다. 탄허장학회 편, 《탄허강설집》, 불광출판부, 2003, p. 231.

탄허는 유교의 전 과정을 마치고 노장학을 공부하다 '문자 밖의 소식'에 막혀 스승을 찾다가 한암과의 3년 서신 왕래 끝에 구도의 열정 하나로 입산했다. 출가 직후 3년간은 일체 경전과 문자를 보지 않고 묵언하며 오직 참선 정진에 몰입했다. 3년간의 선 수행이 무르익어갈 무렵 스승 한암이 탄허에게 경전을 볼 것을 권했을 때도 스님은 "에이, 이력 안 볼랍니다. 글 보려고 여기 온 것이 아닙니다"[20]라고 말하면서 완강히 거부했다.

스승 한암이 제자 탄허에게 경전을 볼 것을 권유했던 것은 마치 중국 위앙종潙仰宗을 창시한 위산영우潙山靈祐(771~853) 스님이 다른 수좌들에게는 경을 보지 못하게 하면서도 제자 앙산혜적仰山慧寂(807~883) 스님에게만은 경 보기를 권했던 것과 유사한 상황이다. 앙산은 경을 보아도 보는 바 없이 보지만 다른 수좌들은 소가죽도 뚫는다고 했던 위산의 말에서 보듯이 위산은 제자의 수준에 따라 다른 공부 방식을 권했다. 앙산을 알아본 위산처럼 한암은 탄허가 이력을 보아도 집착하지 않고 선지禪旨를 중심에 두고 문자를 볼 인재라는 것을 알았다.

스승의 지속된 권유로 탄허는 박한영 스님 아래에서 경을 배우기로 결정하고 강원으로 떠날 채비를 하였다. 그런데 그때 마침 오대산에 건봉사·월정사·유점사 강원도 삼본산 연합수련소가 설립되어 갑자기 탄허는 그곳에 합류하게 되고 24세의 나이로 중강中講의 지위에서

20 김탄허 강설, 《동양사상 특강 CD 18장》(교림, 2002)의 CD 3의 내용을 녹취.

경전공부와 강의를 병행하게 된다. 그리하여 결국 그는 강원에서 전통 강백에게 경전을 배우지 않고 상원사 선원에서 선사에게 배우게 되었으며 결제 들어온 대중들을 상대로 석사釋辭하면서 7년 만에 이력 과정을 마친다. 묵언 참선과 7년 이력 과정을 출가 10년 만에 마쳤는데 강원에는 발을 들여놓은 적 없이 경전을 선원에서 읽어 마쳤다.

당시 탄허는《전등록》과《선문염송》도 완독했으며 '참선하는 사람이 아니면 볼 근기가 못 된다'는《화엄경》도 읽었다. 이통현의《화엄론》을 11개월 만에 대중들과 함께 독파했다. 이는 탄허가 한암의 선풍을 고스란히 이어받아 선을 중심에 두고 경을 보는 선교일치禪敎一致와 선교겸수禪敎兼修의 선교관을 갖추는 데 지대한 영향을 주었다.

탄허의 역경 불사는《육조단경六祖壇經》과《보조법어普照法語》같은 선어록의 번역에서 그 대장정이 시작됐다. 49세인 1959년에 나온《육조단경》은 탄허의 역경서 가운데 최초의 것으로 탄허 번역 이전에는 한 번도 국내에서 완역된 적이 없었다.[21] 태백산 영은사에서 쓴 서문에 보면, '한 물건(一物)과 말과 생각도 붙지 못하는 말후일구末後一句는 마땅히 일생을 통하여 마음을 다하여야 될 문제'라 하여 선사로서의 면모를 보여준다.[22]

1963년에 탄허는《보조법어》역해본을 출간하였다. 한암이 1908년에 낱낱이 흩어져 있던 보조국사의 글을 모으고 현토·편집하여 1937

---

21 윤창화,〈탄허 스님의 불전역경과 그 의의〉,《탄허선사의 선교관》, 오대산 월정사, 2004, p. 355.

22 김탄허 역,《육조단경六祖壇經》, 교림, 2001.

년에 책으로 출간한 바가 있는데, 이로써 보조국사의 글이 세상에 빛을 보게 되었다. '《보조법어》의 비조鼻祖'라 불리던 이 판본을 탄허가 번역·주해하여 역해본으로 출간한 것이다.[23] 탄허가 《육조단경》과 《보조법어》를 생애 처음으로 번역한 것은 한국 불교의 정체성이 선불교에 있다는 것을 명확히 하고 한국 선의 사상적 근원을 확고히 정립하려던 것을 짐작할 수 있다.

그 후 탄허는 종지와 대의를 중시하며 경전이 내포한 근본 뜻을 곧바로 파악해 들어가기 위해 철저히 선승의 안목으로 저본底本들을 선택한다. 즉 경전을 교학적인 관점에서 보려고 한 것이 아니라 철저히 선의 관점에서 보려고 했다.[24] 이와 관련하여 선과 화엄의 관계에 대한 탄허의 가르침들을 살펴보자.

> 화엄을 가까이 하는 방법이 있다. 그것은 선禪에 깃들어야 한다. 선에 대한 취미가 있는 사람은 반드시 화엄을 잘 이해하게 된다. 나는 그래서 《화엄경》이나 그 밖에 경을 공부하는 사람에게는 반드시 취미로라도 참선을 하라고 권하며, 또 반대로 선을 하는 사람에겐 반드시 취미로라도 화엄을 보라고 권한다. 일체법이 화엄에서 풀려가기 때문이다.
>
> …

23 탄허는 《보조법어》 서문에서 '《육조단경》과 《보조법어》는 조계종도의 필수적 교전敎典'이라는 사실을 명시했다. 김탄허 역, 《보조법어普照法語》, 교림, 2002, p. 3.

24 윤창화, 앞의 논문, p. 385.

화엄경 사구게四句偈에서 "일체는 마음이 짓는다"고 하였다. 그러할진대 무엇에 걸림이 있겠는가. 천하 어떠한 상황 속에서도 걸림이 없는 것이다. 이 한 도리로써 바로 금강불괴신金剛不壞身을 성취하는 도리를 갖추어 나가려면 불가불 선에 의한 힘이 배양되어야 한다. 참선이 바로 화엄의 수행이다.[25]

탄허는 화엄을 가까이 하려면 선에 깃들어야 하고 참선을 하면 그것이 바로 화엄의 수행이라 했다. 또 경을 공부하는 이는 참선을 해야 하며 화엄을 이해하기 위해서는 선에 의한 힘을 배양해야 한다고도 했다. 화엄을 교학의 범주에 국한시키지 않고 항상 선과의 관계 속에서 길항하는 상호 융섭의 관계로 설명하고 있다. 이러한 '선禪 중심주의'는 그의 역경 과정에서 저본을 선택할 때 중요한 판단 기준과 '역경 원칙'으로 일관되게 작용했다.

한암의 부촉으로 송대 이래의 선사들이 애독한 이통현의 《화엄론》의 현토에서부터 본격화된 《화엄경》 번역[26]은 탄허의 철저한 '선 중심'의 역경 원칙을 보여주는 대표적인 사례이다. 탄허는 화엄 교학의 대표 주자인 청량국사의 《화엄경소초》를 중심으로 번역하지 않고 이통현의 《화엄론》을 중심으로 번역하였는데, 이는 현수법장賢首法藏-청량징관淸凉澄觀-규봉종밀圭峰宗密로 이어지는 전통 화엄 교학의 계통이

25 월정사·탄허문도회 편, 앞의 책, p. 86~87.

26 한암이 탄허에게 《통현론》을 현토·번역하도록 부촉한 세부 내용은 앞의 책, pp. 77~78을 참조.

아니라 통현 장자(화엄론)-보조국사(화엄론절요)-한암선사(화엄론 현토 부촉)로 이어지는 선종계열의 화엄관이 녹아 있는 '선 중심'의 역경 불사라는 것을 알 수 있다.[27]

탄허는《신화엄경합론》서문에서 밝힌 바와 같이《통현론》을 정正으로 하고《청량소》는 조助로 하며, 종지는《통현론》으로 하고 자구의 해석은《청량소》로 하며,[28]《통현론》은 원문과 함께 현토·완역한 것에 반하여《청량소》는 선별하여 쌍행雙行의 할주割註로 삽입하는 정도에 그쳤다. 이러한《통현론》과《청량소》에 대한 포폄褒貶과 호오好惡의 평가가 있는 것은 '선의 종지가 분명한가'의 여부를 놓고 깊이 고심하였기 때문이다.

> 청량국사는 세 가지 부차復次(순서)를 세워서 설명했다. 제일 부차에서는 중생과 중생이 스스로 다 갖추어 있다 하는 것이고, 제이 부차에서는 다른 사람의 과덕이 나에게 있다는 것이고, 제삼 부차에서는 당래에 내가 성불할 과덕이 지금 나에게 있다. 이렇게 세 가지 부차, 즉 단계를 밝힌 바 있다. 이것은 물론 훌륭한 말이다. 그러나 가만히 살펴보면 이것은 모두 연기緣起를 벗어나지 못하고 있다. 본체적 규명이 못 되는 것이다. 그런데 통현의《화엄론》의 대의는 무엇이었던가? … 부처란 바로 중생들의 마음속의 부처이다(청량소의 삼

27 윤창화, 앞의 논문, pp. 363~364을 참조.

28 김탄허 역해, 앞의 책, pp. 3~7의 〈신화엄경합론역해서新華嚴經合論譯解序〉와 〈신화엄역해新華嚴譯解에 대한 소언(일러두기)〉 참조.

부차같은 어름한 말이 없는 것이다). … "모든 부처님의 근원을 알고자 한다면 나의 무명, 즉 우글우글하는 번뇌 망상이 본래 부처라는 것을 깨달아야 한다." 이것이 통현 장자의 《화엄론》 40권의 대의이다. 앞서 말한 《청량소》의 세 가지 부차(3단계 논법)와 비교해보면 《청량소》의 삼부차는 종지가 없는 것은 아니지만 역시 연기를 면하지 못한다. 본체론이 못 된다. 그래서 역대 조사들이 《통현론》을 중시해 온 것이다. … 정말 아무리 읽어봐도 권태가 나지 않는 글은 《화엄론》이다. 재미가 있고 한 장만 읽어도 《화엄경》을 떡 주무르듯 다룰 수 있다. 그러나 《청량소》는 몇 장을 넘겨도 《화엄경》이 어디에 가 붙어 있는지 알 수가 없다. 《화엄론》을 다들 정독하기를 권한다.[29]

위에서 본 바와 같이 탄허는 《청량소》에 대해 '어름한'이란 표현까지 스스럼없이 사용하며 신랄하게 비판하고 있다. 《통현론》은 불교의 근본인 '본체론'을 곧바로 드러낸 것임에 반해 《청량소》는 고작 '연기론'에 그치는 수준에 불과하다는 언급은 탄허의 《화엄경》 번역을 위한 저본 선택의 기준이 명백하게 선의 핵심인 '종지' 중심이었다는 것을 증명해준다. 이러한 '선 중심의 역경 원칙'은 그의 모든 역경 불사의 일관된 원칙이었다.

사교四教의 경우, 《금강경》은 함허涵虛의 설의說誼로 주각註脚을 하고, 《능엄경》은 정맥소正脈疏의 역문譯文과 계환해戒環解의 현토를 병

29 월정사·탄허문도회 편, 앞의 책, pp. 82~85. 〈화엄경의 세계〉의 '청량소와 통현론' 참조.

행하며, 《기신론》은 원효소元曉疏를 정正으로 하고 진계주眞界注를 조助로 하여 전통 강원에서 사용했던 《현수소賢首疏》는 사용치 않고, 《원각경》은 함허해涵虛解를 정으로 하고 통윤근석通潤近釋을 조로 하여 전통 강원에서 사용했던 규봉종밀의 《원각경대소초圓覺經大疏鈔》는 교리 중심의 번쇄함으로 인해 선택하지 않았다.[30]

이처럼 경전을 번역·주해할 때에 반드시 종지와 대의의 핵심을 곧장 드러낼 수 있고, 번쇄하고 난삽한 자구에 얽매이지 않는 간명한 저본을 선택한 것은 그가 '선지'를 중심으로 한 역경 원칙을 일관되게 관철시킨 결과이다. 앞서 언급했듯이 탄허는 강원에서 문장 해석 위주로 이력을 공부한 것이 아니라 선원에서 선지와 대의 중심으로 이력을 마친 독특한 경력을 가지고 있다. 그의 '선 중심'적 역경관은 이러한 경력을 바탕으로 형성된 것이기에 오랜 전통을 지닌 《기신론현수소》나 《원각경대소초》를 강원 교재용 번역본에서 과감하게 배제할 수 있었다.

2) 사교입선捨敎入禪에서 선체교용禪體敎用으로

탄허는 '불립문자不立文字'나 '사교입선捨敎入禪'이란 용어는 거의 사용한 적이 없다.[31] 경허의 경우 동학사의 유명한 강사였다가 역병이 도는

30 문광, 〈탄허택성과 동양사상〉, 《한국불교학》 78, 한국불교학회, 2016, p. 232.

31 윤창화, 앞의 논문, p. 346.

현장에서 죽음에 대한 공포를 체험한 뒤 재발심하여 강원을 폐문하고 생사 해탈을 위한 참선 수행에 돌입하여 일대사인연을 해결했다. 경허가 교학을 버리고 화두선에 몰입한 사교입선의 여정을 몸소 보여준 삶이었다면, 제자 한암의 경우에는 선교일치와 선교겸수의 사상을 온몸으로 실천한 인생이었다. 탄허 스님은 스승 한암의 선교관의 영향을 받아 선교융회禪教融會[32]와 선교회통禪教會通의 사상을 견지했다. 교教를 버리고 선禪으로 들어간다는 '사교입선'은 한 번도 주장한 적이 없으며, 선과 화엄을 융회·관통한 보조국사와 한암선사의 사상을 계승·발전시키면서 선교禪教 양 방면에 모두 일가를 이루었다.

> 한말 근대 우리나라 선을 부흥시킨 경허·한암 두 선사의 정통 법맥을 계승한 탄허선사께서 '사교입선'의 편협한 사상을 배격하고 선과 화엄을 동시에 제창하였던 점도 바로 '선교일치 사상'에서 비롯되었습니다. 즉 교학의 사상적 토대가 없는 선은 자칫 공허한 방향으로 흘러가 일생을 허송세월하게 되는 폐단을 막기 위하여 선과 화엄을 동시에 주장하였던 것입니다. 탄허 스님께서는 … 전통 강원의 교재를 교학의 입장에서가 아니라 선의 입장에서 번역하셨는데, 이 역시 한국 선불교의 사상적 정체성을 확립하고자 하는 원대한 생각에서였습니다.[33]

32 혜거 스님은 한암의 선교관을 '선교융회'라는 용어로 설명했다. 혜거, 〈삼학겸수와 선교융회의 한암 사상〉, 《정토학연구》 8, 한국정토학회, 2005.

33 탄허불교문화재단 편, 앞의 책, p. 5, 현해 스님의 〈간행사〉 참조.

한국 불교가 선종禪宗인 조계종을 표방한다 해서 언어·문자로 구성된 팔만장경의 교학을 무시하는 의미로 '불립문자'를 언급하는 것에 대해 탄허는 강하게 비판했다.

불립문자란 문자가 쓸데없다는 말이 아니다. 문자를 주장하지 않는다는 말이지 문자가 필요 없다는 말이 아니다. … 문자가 쓸데없다고 하면 불경의 비방이 되느니라. 불교 비방이나 문자 비방은 내생에 무식한 과보를 받는 것이다. 인과법에도 분명히 문자 비방은 무식한 과보를 받는다고 했느니라. 가히 삼가지 않을 수 있겠느냐?[34]

게다가 선원에서 경전을 무시하고 오로지 참선만을 강조하며 불립문자 운운하는 것에 대해 무식을 조장하고 불교의 발전을 저해하는 오류라며 항상 걱정했다. 그가 일생 경전을 번역하고 교재를 만들었던 것도 선과 교에 두루 능통한 인재를 양성하고자 함이었다. 선원에 정진하러 가는 후학이 있으면 늘 선교를 병행하라는 법문을 잊지 않고 고구정녕하게 당부했다.

탄허 스님은 선방에서 불립문자라고 하는 것에 대하여 강한 비판을 했어요. 문자도 모르면서, 무식한 사람들이 구들장에 앉아만 있어서는 도를 만날 수 없다고 그랬어요. 공부도 하고, 참선도 해야

34 김탄허, 앞의 책《피안으로 이끄는 사자후》, pp. 17~18.

한다는 말씀이었어요. … 경전에 너무 매달려도 안 되고, 불립문자를 지나치게 강조해도 안 된다고 하셨지요.[35]

탄허의 선교관과 역경관에 대해서 필자는 '선체교용禪體敎用'이라는 용어를 새롭게 제안해 본다.[36] 선교양종禪敎兩宗을 융합·소통하고 융회·관통하는 사상에 대해서는 이미 '선교일치禪敎一致', '선교겸수禪敎兼修', '선교융회禪敎融會', '선교일원禪敎一元' 등의 다양한 용어들이 존재하고 있다. 이러한 기존 용어를 사용해도 별다른 무리가 없는 것도 사실이지만, 탄허의 복잡다단한 사상적 편력을 좀 더 정밀하게 서술하기 위해서는 보다 다층적이고 복합적인 실상에 걸맞은 술어가 절실하다고 판단된다. '선체교용'이란 용어를 선교융회, 선교 회통 등의 기존 용어가 있음에도 불구하고 새롭게 사용해보려는 필자의 의도는 선교의 본래일물本來一物적인 측면을 더욱 강조했던 탄허의 가풍 때문이다. 즉 융회나 회통은 선과 교의 선험적 구분이 선재한 연후에 선과 교를 다시 봉합하려는 어감을 갖고 있다. 하지만 탄허는 본래 근본이 하나

35 월정사·김광식 편, 앞의 책(하), pp. 408~409.

36 20세기 초반 중국에서 일어난 사상·문화와 관련된 대규모의 중서지쟁中西之爭은 '체용體用'이라는 술어를 활용한 문화논전文化論戰이었다. 장지동張之洞이 《권학편勸學篇》에서 '중학위체中學爲體 서학위용西學爲用'을 내세우면서 본격화되기 시작한 '중체서용中體西用'과 이택후李澤厚의 서체중용西體中用, 그리고 웅십력熊十力의 '체용불이體用不二'가 그 대표격이다. 여기에서 필자는 체용론體用論의 풍부한 철학적·사상적 범주를 활용하여 불교의 선교관에 대비시켜 '선체교용禪體敎用'이란 새로운 술어를 만들어 본 것이다. 불교의 핵심이라 할 수 있는 선禪과 교敎의 관계를 '체용'이라는 보다 넓은 스펙트럼을 활용하여 담론한다면 탄허의 복합적인 선교관을 서술하는 데 좀 더 유익할 것으로 판단했다. 중국의 문화열 논전과 관련된 세부내용은 다음의 두 책을 참조 바람. 鄭家棟, 한국철학사상연구회 역, 《현대 신유학》, 예문서원, 1993. 李澤厚, 임춘성 역, 《중국 근대 사상사론》, 한길사, 2005.

라는 점을 극히 강조했다. 이러한 탄허의 선교관 핵심을 보다 강조하고자 함이다.

탄허는 얼핏 보기에 경전 번역에 주력한 교학의 대가이자 대강백으로 인식되기 쉽다. 하지만 그는 단순한 번역가나 대강백이 아니다. 그 어떤 강백보다도 많은 양의 경전 번역에 투신했음에도 불구하고 선사로서의 정체성을 끝까지 고수하며 모든 역경을 선적인 관점으로 요약하고 결론지었다. 게다가 선과 교를 함께 강조하기는 했지만 주선종교主禪從教식의 선의 일방적인 우위만 주장하는 담판한擔板漢 같은 선사도 아니었다. 그는 후학들로 하여금 난해한 불교 교리의 장막들을 헤치고 나아갈 수 있도록 역대 주석 가운데 최고 선본을 선택하여 주해하였고 이러한 교학을 바탕으로 불교의 본령인 선禪으로 심입深入하도록 견인했다.

탄허는 선禪에 이르는 노정기로 교教를 자리매김했으며 한 걸음 더 나아가 유교·도교·기독교의 학문까지도 불교의 교학과 선지로 두루 원융·회통시켰다. 이런 측면들을 고려하면, 그의 선교禪教에 대한 관점은 '일치一致'나 '겸수兼修', '융회融會'나 '일원一元'과 같은 용어로는 탄허사상의 중층적인 구조를 설명하기엔 뭔가 부족함을 느끼게 된다. 40년 가까운 세월을 경전 번역에 착수하여 교학의 연찬에 몰입한 선사는 찾아보기 힘들며, 선교를 겸한 종장宗匠이라 하더라도 선·교와 유·불·선 삼교의 경전을 죄다 암송하는 강백 역시 만나보기 또한 쉽지 않다. 선교가 '일치'나 '일원'이라고 하기에는 겉으로는 교학에 더욱 치중한 것 같으며, '겸수'와 '융회'라고 하기에는 선의 종지에 투철하여 지독하게 활구活句만을 강조했다.

이런 연유로 필자는 '선체교용禪體敎用'이란 조어를 사용하여 본래 불교적인 용어인 '체용體用'의 일원一源과 무간無間의 특성을 활용하면서도 선의 본체적인 면의 강조와 교의 현실적 적용과 방편의 광활함을 나누어 강조해본 것이다. 즉, 체와 용의 불이不二와 불일不一의 두 측면을 모두 활용하여 선과 교의 불이不異와 부동不同의 관계를 효율적으로 설정하고자 했던 탄허의 다층적 살림살이를 보다 적절하게 표현해 보고자 시도해본 것이다.

탄허의 방대한 역경 불사와 교육 불사는 '교용敎用'이라는 불학佛學의 발전과 인재 양성이라는 현실적 요청, 그리고 대중들의 다양한 수요에 대한 응답임과 동시에 골수에 간직된 '선체禪體'에 대한 탄허의 뿌리 깊은 인식을 반영한다. '선체교용'은 교가 선으로 이르게 하는 단순한 뗏목이라는 의미에서의 '사교입선捨敎入禪'이나 '주선종교主禪從敎'도 아니며, 선이 교를 무시하거나 폄하하는 오류로 자칫 미끄러지기 쉬운 '불립문자不立文字'나 '독존선종獨尊禪宗'도 아니었던 탄허의 역경관과 선교관을 대별할 수 있는 용어라고 생각한다. 아울러 '선체교용'은 탄허에게 영향을 준 보조나 한암의 경우를 비롯한 한국 불교 전반의 한 특성으로도 확장하여 향후 한국 불교사 기술에도 활용할 수 있다고 본다.

4. 일미원융一味圓融과 향상선向上禪

1) 간화看話와 관법觀法의 무우열론無優劣論

탄허는 '참선의 방법'에 대해서 부처님 당시에는 모두 근기가 수승하여 선의 방법론이 조직화되지 않았었고 그럴 필요도 없었다고 한다. 하지만 부처님 당시로부터 천여 년이 지나자 사람들 근기가 약해져서 여러 가지 분별심과 나쁜 지견을 일으키므로 깨달아 들어가는 법에도 많은 방법이 더해졌다고 설명한다.[37]

그는 부처님 당시 근기가 수승할 때의 대표적인 참선법으로 관법觀法을 꼽았다. 관법의 종류로는 교리적으로 들어가는 세 가지 관법인 《원각경》에서 제시한 정관靜觀·환관幻觀·적관寂觀의 삼관三觀과 천태대사가 제시한 공空·가假·중中의 삼관三觀, 그리고 《능엄경》의 25원통圓通과 묵조선법을 제시했다.

반면에 부처님과 시대적 간극이 벌어진 후 사람들 근기가 약해졌을 때 새롭게 고안된 대표적인 참선법이 바로 대혜선사의 간화선看話禪이라는 것이다. 탄허는 이 간화선법을 지금까지의 참선법 가운데 가

37 김탄허, 앞의 책 《부처님이 계신다면》, pp. 74~75.

장 체계화·조직화된 참선법으로 평가했다. 이 화두 참선법은 온갖 분별과 지견이 끊긴 알맹이 법인 화두를 참구하여 자성을 깨치는 공부법이며, '화두'란 말과 생각이 끊어진 것으로 팔만대장경을 다 보아도 해결되지 않는 알 수 없는 '본문의 말'이라는 것이다. 관법으로 수행해 오고 있다가 부처님 시대와의 거리가 멀어짐에 따라 사람들 근기가 약해져서 나쁜 지견과 분별심이 많아졌기 때문에 그것을 없애려고 이런 말과 생각의 길이 끊어진 화두를 드러내어 악지악각惡知惡覺을 깨뜨리게 된 것이라는 것이 그의 설명이다.[38] 대혜선사는 가장 착실한 참선법으로 화두를 보는 간화선법을 제시했는데 이 참선법은 생사를 깨뜨리고 곧바로 대도를 성취하는 길이므로 반드시 본분종사本分宗師를 만나 배워야 한다고 했다. 유사 이래 가장 강력한 참선법인 간화선을 창안한 이후로 상근기에게는 화두를 참구하는 간화선법을 권하고 중근기에게는 관법을 제시하게 되었다는 것이 탄허의 설명이다.

먼저 관법을 대표하여《원각경》삼관에 대한 그의 설명을 들어보자.

> 정관靜觀이란 한 생각 일어나는 데서 고요히 관하기를 "이 한 생각이 어디서 일어났는가?" 하는 것이다. 일어나는 자리가 없는 것을 보면 고요해지는 것이니 고요한 것이 극치에 이르면 마침내 밝아진다.
> 환관幻觀이란 밖의 경계를 보는 공부인데 보고 듣는 그 모두를 헛것이라고 관하는 것이다. 우리는 꿈은 사실이 아니라는 것을 알고

---

38 위의 책, pp. 75~76.

있기 때문에 꿈에 집착하지 않는다. 우주 만상이 환幻임을 보게 되면 집착에서 떠나게 되고 자성이 밝아온다. 거기서 온갖 착한 일을 행하는 것이다.

적관寂觀이란 정관과 환관이 한 덩어리가 된 것이다. 안으로 일어나는 것도 없고 밖으로 모든 물상物象이 다 빈 것이다. 여기서 적연부동한 경지를 얻게 되어 마침내 깨닫는다. 주관과 객관이 한 덩어리가 되어 닦는 방법이다.[39]

탄허는 한 강연에서 《원각경》의 삼관을 설명하다가 관법과 간화선의 우열 문제에 대해 논한 적이 있다. 선법 자체에 우열이 있는 것이 아니라 사람의 근기와 취향의 문제일 뿐이라고 역설하며 무조건적인 '간화선 지상주의'에 대해 강렬히 비판했다. 아래 내용은 '간추린 법문' 테이프에서 녹취한 것으로, '간추린 법문'은 그의 역대 법문들을 녹음한 파일 가운데 중요한 의미를 담고 있으면서도 문서화되지 않았던 내용들을 선별하여 편집한 녹음 자료이다.

정관靜觀은 주로 주관적인 면에서 닦는 거야. 한 생각 일어나는 것이 일어나는 것이 없는 줄로 관해버리는 것이 정관 닦는 방법이야. 이게 참선하는 법이란 말이야. 화두 보기 전에는 모두 다 이렇게 관법으로 닦았지, 어디 마삼근, 간시궐, 구자무불성 논한 게 어디 있

39 위의 책, p. 75.

어, 경에? 그러니 덮어놓고 화두 안 보고 다른 것 닦는 것을 사도邪道라고 해서는 말 안 되는 거야. 단, 들어가는 사람의 근기에 있어서 이것이 좋으냐 저것이 좋으냐 할 뿐이지. 그렇다고 해서 관법으로 들어가는 사람이 얕으냐, 절대 그렇지만도 않아. 화두 드는 사람만이 깊다 꼭 이렇지는 않아. 대체로 화두를 들고 하는 것하고 화두를 안 들고 하는 것하고 비교해 봤을 때 힘이 화두 드는 것이 더 월등히 낫단 말이야. … 또 교리로 들어가는 것이 대개 얕다고 그러지만 교리로 들어가는 것도 선방에서 화두 드는 사람들보다 더 투철히 들어가는 이도 얼마든지 많단 말이야. 사람에 따라 다른 것이지.[40]

탄허는 관법에 비해 간화선이 힘이 월등히 낫다고 설명하고 있다. 하지만 간화선을 수련하지 않는다고 하여 무턱대고 사도邪道라고 해서는 안 되며, 간화선이 생기기 전에는 모두 관법으로 닦았다는 사실 또한 잊어서는 안 된다고 했다. 관건은 오직 사람의 근기에 따른 구별이 있을 뿐이지 관법과 간화선의 심천深淺이 따로 있는 것은 아님을 분명히 하고 있다. 이어서 화두가 아닌 방법으로 도통한 스님들의 예를 들어 이를 증명하고 있다.

40 김탄허 강설, 《탄허 스님 간추린 법문》(교림, 1983, 15개 테이프)의 테이프 15에서 녹취. 이 '간추린 법문'은 교림출판사 서우담 선생의 노력의 산물로 스님의 1978년과 1982년의 강연 내용을 녹음한 테이프 총 300여 개 가운데 중요한 내용들만 선별하여 15개의 테이프로 요약하여 만든 비매품이다. 서우담 선생은 필자의 연구를 위해 이 자료들을 선뜻 제공해주었다. 이 지면을 통해 다시 한번 감사의 말씀을 전하며 이 '간추린 법문' 가운데 학술적으로 중요한 사항들은 지속적으로 발굴·녹취하여 학계에 발표하고자 한다.

우선 영가 스님 같은 경우 육조 스님도 쩔쩔 맸잖아. 얼마나 혜慧가 빠른지 말이야. 선방 문턱에 가보지도 않은 양반이. 순전히 천태종 교리를 가지고 공부한 사람이 말이야. 규봉 스님 같은 이도 원각다라니로 득력을 했는데 그이도 얼마나 깊이 들어갔나? 함허 스님도 경 보다가 득력했는데 그이도 얼마나 깊이 들어갔나? 그러니까 사람에 따라서 다른 거야, 방법이. 꼭 화두 참선만 해야 도통한다 그러는 놈 만나면 때려버려야 된다고. 경 보고 닦은 사람이 도통한 이가 얼마나 많은데. 그러니까 참선만 해야 도통하고 참선 안 하고 다른 것 하면 마구니다, 그렇게 생각해서는 안 돼. 자기의 비위에 맞는 대로 하는 것이 좋아 뭐든지. 물론 참선이 근본이지 근본. 하지만 선방에 우두커니 앉아서 벽을 보고서 입을 삐죽이 하고 앉아 있는 것만이 꼭 도통하는 길이라고 착각할 필요는 없다, 이 소리야.

근래에 유명한 수월 스님 같은 이는 낫 놓고 기역자도 모를 정도로 글자 한 자도 모르지만 천수주력千手呪力으로 들어갔거든. 마음을 잊었지 않은가? 가나오나 천수주력해서 마음이 열려서 경지가 상당했단 말이야. 여기 상원사 계시는데 경허 스님이 오시니까 밭을 매고 있거든. 경허 스님이 "여보게 수월!" 하니까 "아이고, 스님 오십니까?" 하고 코가 땅에 닿도록 절을 하거든. "자네 근일 소 먹이는 일(牧牛事)이 어떠한고?" 하니 "예, 서산에 해가 다 저물어 갑니다." "그려? 허허 자네가 나보다 공부가 낫네 그려." 경허 스님이 그렇게 칭찬을 하셨어. 수월 스님은 순전히 천수주력으로 깊은 경지에 들어간 양반이거든. 그러니까 뭐로 하든지 어느 정도 성실히 하는가

에 달려 있는 거야.[41]

여기에서 탄허는 교리나 경전, 그리고 주력呪力으로 간화선 못지않게 깊은 경지에 들어갔던 영가현각, 규봉종밀, 함허득통, 수월음관 등의 한국과 중국 고승들의 예를 제시하며 화두 참선만이 도통하는 법은 아니라고 설파하고 있다. 화두 참선을 하지 않고 다른 수행을 하면 마구니라고 하는 사람을 만나게 되면 때려버려야 된다고까지 하면서 '간화선 제일주의'를 심히 질타하고 있다. 참선이 근본이긴 하지만 근기와 적성에 맞지 않는데도 계속 집착하며 도통하는 유일한 길로 착각할 필요는 없다고 일갈했다. 탄허의 이러한 선사상은 현대 한국의 고족高足 선사禪師들 가운데 '간화선 독존'을 주장하지 않은 매우 드문 경우에 해당한다. 그의 이러한 융통성과 포용성은 화엄학에 정통한 대가로서 '일미원융一味圓融'의 진면목을 발휘한 것이며 열린 참선법으로 대중을 제접하고 제자를 양성했음을 짐작케 하는 대목이다.

탄허는 평소에 굉지선사宏智禪師의 〈묵조명默照銘〉을 강의하면서 묵조선을 가르치기도 했다고 한다. 대혜선사의 간화선측이 묵조선을 '사선邪禪'이라고 신랄하게 비판한 것은 주지의 사실이다. 하지만 스님은 간화선을 최고의 선법으로 인정하면서도 묵조선을 배척하지 않았다. 탄허의 무애한 회통 가풍을 실감케 된다.

---

41 위의 테이프 15에서 녹취.

화두를 보는 간화선 밖에 화두를 보지 않고 참선하는 묵조선默照禪도 있다. 교리적으로 들어가는 관법은 묵조선과 일맥상통한다. 참선은 반드시 화두를 보는 간화선이라야만 한다고 고집할 것은 없다고 본다. 교법에 의한 관법으로도 깊은 도리를 깨칠 수 있으며 묵조선법으로 깨친 조사가 실로 많다. 그것은 중생 근기가 각각 다르기 때문이다.

…

참선하는 데 화두를 가져 참구하는 방법과 화두가 없이 공부하는 법이 있어 이를 간화선 및 묵조선이라 일러온 것은 앞서 말했다. 그런데 어느 쪽이 더 우월한 방법이냐고 물을 때가 있지만, 우열은 없는 것이다. 근기 따라 문의 차이가 있을 뿐이다.

중국의 육조 스님 법을 이은 5종 가운데 4종이 간화선이고 조동종만이 묵조선이다. 간화선측에서는 묵조선이 열은 공부라고 말하지만 그런 것이 아니다. 조동종에서도 많은 조사가 나왔고, 그 교세도 일본에서 보면 당당하다. 방법을 가지고 힐난할 것이 아니다. 몸 바쳐서 착실하게 참구하는 것이 요긴한 것이다. 그렇게 할 때 필경 이르는 문이 깨달음의 문이다.[42]

탄허는 묵조선은 관법과 일맥상통한다고 했고, 간화선과 묵조선에는 '우열이 없다'고 설파했다. 앞서 《원각경》의 삼관과 천태학의 삼관,

---

42 김탄허, 앞의 책, 《부처님이 계신다면》, pp. 75~77.

그리고 《능엄경》의 25원통 역시 근기의 차이에 따라 개인에 맞는 다른 수행법을 선택할 사항이지 관법이라 하여 열등한 것이 아니며 간화선과 비교하여 우열이 없음을 명백히 했다.

필자는 이러한 탄허의 수행관을 통칭하여 '간화看話·관법觀法 무우열론無優劣論'이라고 명명하고자 한다. 현재 한국 불교계는 간화선과 관법 수행을 놓고 논란이 많다. 탄허의 이 간화선과 관법이 우열이 없다는 사상을 근거로 다시금 수행법과 관련된 학계와 교계의 연구와 열띤 토론이 재개되길 기대한다. 물론 탄허가 언급한 관법은 남방의 비파사나毘婆奢那(vipassanā) 수행과는 좀 경향이 다른 북방의 대승 관법인 것은 틀림없다. 하지만 현재 탄허가 재세한다면 그는 필히 바다와 같이 넓은 회통과 포용의 '탄呑'적 가풍을 여지없이 발휘할 것이다. 경허-한암의 선맥을 이은 조사 탄허가 관법을 배제하지 않았다는 사실 자체만으로도 큰 의의가 있다. 탄허의 이 '간화·관법 무우열론'이 현재 유행하는 남방의 비파사나 관법과 스님이 언급한 대승 경전의 관법 사이의 상호 연관성과 간화선 수행과의 병행·병립 가능 문제 등을 학계가 다시 내실 있게 연구할 수 있는 계기로 작용했으면 한다. 한국 불교는 탄허의 '열린 수행관'을 교훈 삼아 지금 이 시대를 사는 현대인에게 적합한 새로운 선 수행의 안내서를 탄생시켜야 할 절실한 요구에 직면해 있다.

2)《서장書狀》 사기私記와 향상일로向上一路

탄허는 간화선과 관법 간에 우열이 없고 단지 근기의 차이만 있을 뿐이라고 말했지만, 상근기는 간화선을 중근기는 관법을 닦는다고 하며 상근기의 제자에게는 간화선을 적극 권장하기도 했다. 묘현妙玄 선자禪子에게 보낸 답서에서는 화두는 관조와 깨달음이 모두 그 가운데 있다고 말하며 화두에 대한 확신을 심어주기도 했다.

> 도道로 들어가는 문이 여러 갈래이지만 총체적으로 말하면 색色·성聲·행行 3문三門이다. 일체색一切色으로 들어가는 것은 문수문文殊門이요, 일체성一切聲으로 들어가는 것은 관음문觀音門이요, 일체행一切行으로 들어가는 것은 보현문普賢門이라 한다. 그러므로 많은 말이 필요 없다. 한 생각 일으키기를 무서워하지 말고 오직 깨달음이 더딤을 염려하며 생각이 일어나면 곧 깨달아야 한다. "깨달으면 없다"는 옛사람의 가르침이 바로 일용 생활에 공부하는 법이다. 깨닫는다는 것은 생각이 일어나고 생각이 사라지는 실체가 없다는 것을 말함이 아니겠는가? 이는 관조觀照하는 선법禪法이지만 화두는 관조와 깨달음(覺破)이 모두 그 가운데 있다(自在其中). 그래서 오묘하다는 것이 아닐까?[43]

---

43 월정사·탄허문도회 편, 앞의 책, pp. 189~190.

탄허가 특히 간화선에 대해 각별한 관심을 갖고 있었던 증거는 대혜의《서장書狀》에 대한 현토·번역에서만 유일하게 '사기私記'를 부기하여 자신의 독창적인 선禪의 안목을 만천하에 공개한 점을 들 수 있다.《대혜보각선사서병입사기大慧普覺禪師書幷入私記》가 바로 그것으로 자신이 새로이 독창적으로 종지를 밝히고 아울러 이 언외의 종지야말로 스스로 체득해야 한다고 서문에서 쓰고 있다.

> 이 사기私記는 수백 년 내 소위 전문 강당에서 보아오는 사기를 준하여 사적史的인 고찰과 출처의 증빙과 인물의 소개에 다소 엄습한 바가 있다. 그러나 종지宗旨적인 면에 있어서는 전문 강당에서 보는 사기를 별로 취한 것이 없다고 해도 과언이 아닐 것이다.
>
> …
>
> 이 선문禪門의 종지는 언어·문자에 있는 것이 아니지마는 학구적인 견지에 있어서 첫째 문사文辭에 막히고 능히 그 대의를 통할 수 없는 고로 언어·문자로 알 수 있는 난해처만을 간략히 소개한 것이니, 말하려야 할 수 없고 붓 내리려야 내릴 수 없는 언외言外의 종지宗旨는 자가의 체득을 기다릴 뿐인 것이다.[44]

또한《서장》의 서문에서 다음과 같은 언급을 남겼다.

44 김탄허 역해,《서장書狀·선요禪要》, 교림, 2012, p. 5.

화엄의 십현十玄, 육상六相 도리가 가장 원묘圓妙하지마는 또한 사구死句라 하는 것은 이로理路와 의로義路에 견문見聞 해행解行 등 사의思議가 붙을 수 있는 까닭이어니와 마삼근, 간시궐, 정전백수자 등 천칠백 공안을 활구活句라 함은 이해와 논의가 붙을 수 없기 때문이다. 활구 아래에 알게 되면 불조의 스승이 될 수 있고 사구 아래에 알게 되면 제 몸 구원도 넉넉지 못하다는 말씀도 이것을 의미한 것이다.[45]

18년간 《신화엄경합론》을 완역한 화엄학의 대가로서 화엄의 가장 오묘한 도리들도 결국 사구死句에 불과하며, 화두야말로 활구活句이니 활구 아래 깨달아 불조의 스승이 되라는 가르침을 남기고 있다. 1982년 미국 숭산선사 초청으로 참가한 '미국 홍법원 10주년 기념 세계평화 고승대법회 법문'에서도 탄허는 다음과 같이 임제 3구 법문을 남기고 있다.

부처님께서 49년 동안 횡야설 수야설 법문을 해놓으셨는데 거기에서 가장 깊은 학설이 무어냐 하면은 화엄학의 사사무애事事無碍 도리라는 것입니다. … 사사무애 도리가 그렇게 49년 설법의 대단한 법문이지만 임제 3구에 비할 것 같으면 제3구에 불과하다. … 팔만대장경 교리를 아무리 횡야설 수야설 해봤자 붙지 못하는 소식을

45 위의 책, p. 1.

임제의 제1구 법문이라고 그러는 거예요. 그러면 임제의 제1구 법문은 본래 물을 수도 없고 답할 수도 없는 본래 문답이 끊어졌다는 경계올시다. 그러므로 이 본래 문답이 끊어진 제1구 소식에서 깨닫는다 할 것 같으면 인간 천상의 선생은 물론이려니와 부처님과 조사의 선생이 될 수 있다는 것입니다. … 다시 말하면 임제의 제3구, 제2구 소식은 저 태평양 한바다로 집어넣어버리고 제1구 소식, 본래 문답이 끊어진 제1구 소식을 우리가 천득薦得해서 부처님의 은혜를 갚으면 부처님이 이 세상에 나오셔서 49년 동안 횡야설 수야설 해 놓은 것이 … 사실 본래 임제의 제1구 소식을 우리한테 전해주자는 것이 부처님의 근본 사상이올시다.[46]

탄허는 일평생 공을 들인 바 있는 화엄학 최고 경지인 사사무애 도리를 임제 3구 법문 가운데 제3구 법문에 불과하다고 말한다. 말과 생각이 끊어지고 문답이 끊어진 제1구 소식을 천득해서 불조의 은혜를 갚으라는 것이 미국 법회에서의 요지이다. 이러한 골수법문이야말로 탄허의 대선사로서의 진면목을 드러내는 대목이며 일진법계화一眞法界化된 노고추老古錐의 저력이다. 탄허의 휘호揮毫 작품 가운데 가장 자주 등장하는 문구 중 하나가 '향상일로向上一路'[47]이다. '제1구第一句

46 문광, 《탄허사상 특강》, 교림, 2021, pp. 183~187.

47 고영섭은 한암의 선풍을 '일발一鉢 선풍'으로 탄허의 선풍을 '향상일로 선풍'이라 부른 바 있다. 자세한 내용은 고영섭, 〈한암과 탄허의 불교관 : 해탈관과 생사관의 동처와 부동처〉, 《종교교육학연구》 26, 한국종교교육학회, 2008, pp. 60~63 참조.

의 활구活句의 한 길로 향상向上하라'는 의미이다. 수평으로 넓게는 화엄의 바다와 같이 광대무변하게 포용하다가도, 수직으로 높게는 제일구인 구경각의 세계로 향상向上하라는 것이 탄허의 화엄과 선의 원통圓通이다. 이러한 탄허의 선사상을 '향상선向上禪'이라고도 할 수 있다.

5. 탄허선呑虛禪의 열린 지평과 구경처究竟處

탄허는 일반적으로 대강백이자 대석학으로 불교의 주요한 경전들을 번역한 학승으로 알려져 있다. 여기에서는 그간 등한시되었던 그의 선관禪觀과 선사상禪思想을 역경관과 수행관의 두 측면을 중심으로 고찰함으로써 선사로서의 정체성을 살펴보고자 하였다.

탄허의 역경 원칙은 선지를 중시하여 종지와 대의가 명확히 드러나게 하는 것이었고, 선교관禪教觀은 사교입선捨教入禪이 아닌 선체교용禪體教用의 특성을 띠는 것으로 판단되었다. 그의 수행관은 근현대 한국의 선사들과는 달리 《원각경》이나 《능엄경》의 대승 경전과 천태학과 묵조선의 관법까지 방대하게 수용하는 포용성을 보였다. 심지어 간화선과 이러한 관법들 사이에 우열이 없다는 '간화·관법 무우열론'을 주장하여 그의 일관된 무애·원융 사상을 보여주었다.

'간화선 지상주의'에서 벗어난 탄허의 열린 수행관은 현대사회에 필요한 참선법의 새로운 정립을 위해 간화선과 비파사나 수행 사이에 편견 없는 토론과 연구를 견인하기에 충분할 만큼 의의가 있다고 본다.

탄허는 대혜의 《서장》에 직접 사기私記를 달아 상근기로 하여금 간절히 화두를 참구하여 활구 아래 깨달아 임제 제1구를 증득하고 불조의 혜명을 이을 것을 강조했다. 화엄의 사사무애 도리마저도 제3구요 사구死句에 불과하고 문답이 끊어지고 언어·문자가 끊어진 언외의 종지는 자가의 체득으로만 가능한 것이니 끊임없이 향상일로向上一路할 것을 경책했다. 이를 필자는 '향상선向上禪'이라는 용어로 정리하여 탄허선呑虛禪의 구경처究竟處로 보고자 하였다.

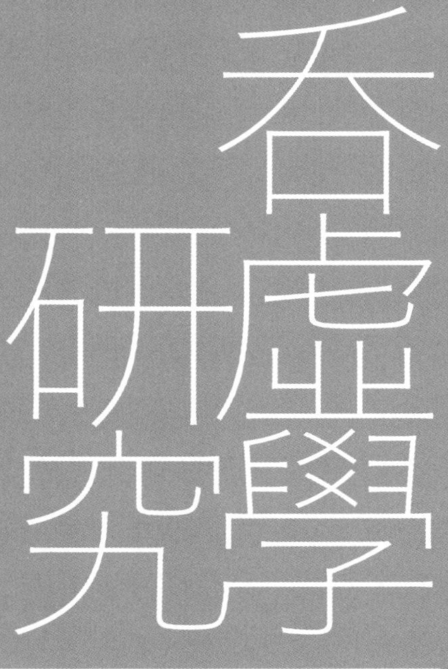

제4장 | 현대 한국 선사상禪思想의 두 지평

1. 성철과 탄허라는 코드[01]

퇴옹성철退翁性徹(1912~1993)과 탄허택성呑虛宅成(1913~1983)은 현대 한국 불교를 대표하는 고승으로 여러 측면에서 상호 비교가 되는 용호상박龍虎相搏의 선지식이다. 두 선사는 세납이 한 살 차이로 일제시대와 6·25전쟁, 종단 재건과 불교 정화의 시대를 오롯이 함께 했고, 산 전체가 그대로 가람이며 온통 수행의 열기로 가득한 가야산 해인총림海印叢林과 오대산 문수성지文殊聖地의 방장과 조실로 평생 사부대중을 지도했으며, 현대 한국 철학의 주요 논쟁 가운데 하나인 돈점 논쟁의 대척점에 위치한 중심 인물이기도 하다.[02]

즉 성철이 돈오점수頓悟漸修를 강력히 비판하고 돈오돈수頓悟頓修를 종문宗門의 정통으로 내세우며 '선禪 중심'의 사상을 전개한 것에 반해, 탄허는 스승 한암이 보조선普照禪을 계승한 것을 그대로 이어받아 돈오돈수를 비판하고 돈오점수를 역설하며 선교겸수와 회통 사상

01 제4장은《동아시아불교문화》27집(동아시아불교문화학회, 2016. 9.)에 실렸던 글이다.

02 가야산 해인사에 주석한 성철선사가 돈오돈수를 종문의 정통으로 내세우며 보조국사를 비판하자 보조국사를 배출한 조계산 송광사에서는 보조의 돈오점수 사상을 천양·계승하는 각종 학술대회를 보조사상연구원을 중심으로 개최하는 등 논쟁에 참여했다. 그리하여 돈오돈수의 해인사 문중과 돈오점수의 송광사 문중이 대립각을 세우는 양상이었지만, 사실 보조의 돈오점수 사상은 오대산의 한암선사와 그를 이은 탄허선사로도 하나의 맥이 내려오고 있음을 간과해서는 안 된다. 탄허의 선사상을 논하면서 이에 대해 상술할 것이다.

을 전개했다. 성철이 완전한 깨달음인 구경각의 문제에 몰입하여 대무심大無心과 오매일여悟昧一如를 강조하며 수행론에 집중했다면, 탄허는 선사상을 근본에 두면서도 교학을 통섭하며 폭넓은 방편으로 모든 사상과 종교를 회통하여 불교를 새롭게 해석하고 교육과 역경 불사에 헌신했다.

성철은 태고보우太古普愚(1301~1382)를 조계종의 법통法統으로 주장한 반면 탄허는 보조지눌普照知訥(1158~1270)을 조계종 종조宗祖로 인정했으며, 성철이 종단 정화 당시 직접 나서지 않고 동구불출하며 수행 결사에 전념한 반면, 탄허는 승속을 오가며 종단불사에 참여하고 화엄학과 동양사상을 강의하며 인재를 양성했다. 이처럼 두 종장宗匠은 각기 서로 다른 모습으로 20세기 한국 불교를 대표하며 새로운 지평을 제시해주면서도 유구하게 흘러온 한국 불교의 전통을 나누어 고스란히 간직한 측면이 있다.

이 논문에서는 현대 한국의 많은 선지식 가운데 특히 '성철'과 '탄허'라는 코드에 주목하여 현대 한국의 선사상禪思想을 복기復棋해 보고자 한다. 그 이유는 선사상의 측면에서 두 선사는 매우 대조적이면서도 독창적인 사상을 전개해 놓았고, 이들이 보여준 한국선韓國禪의 서로 다른 지평은 과거와 현재를 아우를 수 있는 한국 불교의 주요 전통이자 미래에도 지속적으로 영향력과 의미를 가질 것으로 판단되기 때문이다. 탄허의 정체성에 대해 흔히들 역경승, 대강백 내지 사상가의 측면만을 부각하는 경향이 있었으나 이는 탄허의 선사상에 대한 그동안의 부족한 연구 성과에 기인한 것이다.[03] 특히 필자는 그간 드러나지 않았던 탄허의 강의 내용들을 입수하여 녹취와 문자화를 통해 그의 선사상을 조명함으로써 한국선학韓國禪學의 새로운 활로 모색에 일조하고자 한다.

여기에서는 운문선사의 일자관一字關의 방식으로 두 스님의 명호名號를 활용하여 그 사상적 경향을 성철은 '철徹'적 가풍으로, 탄허는 '탄呑'적 가풍으로 특징지어 논해보고자 한다.[04] 아울러 성철의 '중도사상中道思想'과 탄허의 '회통사상會通思想'을 절충한 '중도적 회통'의 방법으로 한국 불교의 주요한 쟁점이 되어 온 돈점론과 종조론, 그리고 수행론에 대해 접점의 형성과 담론의 소통을 위한 견해를 제시해보고자 한다.

---

03 성철의 선사상에 대한 연구는 그간 많은 논문이 발표된 반면에 탄허의 선사상에 관한 연구는 드문 형편이다. 정성본, 〈탄허선사의 선사상 고찰〉, 《탄허선사의 선교관》, 오대산 월정사, 2004. 무관, 〈탄허의 선사상〉, 《탄허선사의 선교관》, 오대산 월정사, 2004.

04 필자는 이미 유교《중용中庸》에서 말하는 '미발未發'의 '중中'에 대한 성철과 탄허의 상이한 관점을 '철徹적 가풍'과 '탄呑적 가풍'으로 유별하여 논한 바 있다. 하지만 이는 유교를 보는 관점에 국한된 것이었다. 여기에서는 두 선사의 선사상 전반을 아우르는 관점과 두 선사의 가풍 전체를 관통하는 코드로 확장하여 논의를 전개하는 것이어서 그 활용이 다르다고 하겠다. '중中'의 논의에 관해서는 문광, 《한국과 중국 선사들의 유교 중화 담론》(불광출판사, 2020)을 참조.

2. 성철 선사상禪思想의 철徹적 가풍

성철은 《본지풍광本地風光》과 《선문정로禪門正路》 두 권의 책으로 부처님께 밥값 했다고 자평했다.[05] 《본지풍광》은 간화선의 핵심인 1,700 공안 중에서 가장 난해한 화두들에 대해 자신의 견처를 공개한 것이며,[06] 《선문정로》는 십지·등각도 망상 경계이며 오로지 구경각인 묘각만이 확철대오라는 것을 밝힘으로써 돈오점수가 아닌 돈오돈수만이 선문禪門의 정안正眼임을 강조한 것이다.[07] 이 두 권의 책은 성철의 철두철미徹頭徹尾하고 철상철하徹上徹下한 선승으로서의 진면목을 보여준 것으로 그의 가풍이 '자성自性을 철견徹見한다'[08]는 '성철性徹'이라는 법명과도 완전히 일치하여 '철徹'이라는 한 글자에 그의 선사상 전모가 드러남을 잘 확인시켜준다. 그는 돈점頓漸의 수증론에 있어서 냉혹할 만큼 철저한 돈수론자頓修論者였고[09] 공안에 대해서도 단 하나의

05 퇴옹성철, 《백일법문》 하권, 장경각, 2001, p. 372.

06 퇴옹성철, 《본지풍광 · 설화: 무엇이 너의 본래 면목이냐》 1·2권, 장경각, 2007.

07 퇴옹성철, 《선문정로禪門正路》, 장경각, 1997.

08 위의 책, pp. 1~4, 서언 참조.

09 서명원은 "성철은 이렇게 견성의 궁극적인 체험에 극단적이자 무조건적으로 초점을 맞추는 성품이 있다"고 했다. 이러한 평가는 다른 표현으로 '철徹'적 가풍이라 불러도 좋을 것으로 판단된다. 서명원, 〈성철 스님 이해를 위한 고찰〉, 《불교학 연구》 17, 불교학 연구회, 2007, p. 45.

공안에만 막혀도 돈오견성이라 할 수 없다는 철저한 본분납자로서의 면모를 보여주었다.

1) 돈오돈수와 태고 법통설

성철은 "정지정견正知正見은 오직 불교 하나뿐이며 구경각을 성취하여 무심無心을 완전히 증득한 부처님 경계 이외에는 전부 다 삿된 사지사견邪知邪見"[10]이라 못 박았다. 또 "십지·등각도 봉사요 중생이자 망상 경계로 무심과는 거리가 멀다"[11]고 하여 화엄학에서 말하는 삼현십성三賢十聖마저도 깨달음과는 아무 관계가 없음을 엄격하게 선언하였다. 성철은 이를 유식학적 이론 체계를 이용하여 다음과 같이 설명한다.

> 저 미물인 곤충에서부터 시작해서 사람을 비롯하여 십지등각十地等覺까지 모두가 중생입니다. 참다운 무심은 오직 제8 아뢰야 근본무명까지 완전히 끊은 구경각, 즉 묘각만이 참다운 무심입니다. 이것을 부처라고 합니다. 그러면 망상 속에서 사는 것을 중생이라고 하니 망상이 어떤 것인지 좀 알아야 되겠습니다. 보통 팔만사천 번뇌 망상이라고 하는데, 이것을 구분하면 크게 두 가지로 나눌 수

---

10 퇴옹성철, 《영원한 자유》, 장경각, 1988, pp. 77~78.

11 퇴옹성철, 《영원한 자유의 길》, 장경각, 1997, p. 78.

있습니다. 첫째는 의식意識입니다. 생각이 왔다 갔다, 일어났다 없어졌다 하는 것이 의식입니다. 둘째는 무의식無意識입니다. 무의식이란 의식을 떠난 아주 미세한 망상입니다. 그래서 불교에서는 의식을 제6식이라 하고 무의식을 제8식(아뢰야식)이라고 하는데, 이 무의식은 참으로 알기가 어렵습니다. 8지 보살도 자기가 망상 속에 있는 것을 모르고, 아라한도 망상 속에 있는 것을 모르며, 오직 성불한 분이라야만 근본 미세 망상을 알 수 있습니다. 앞에서 이야기했듯이 곤충 미물에서 시작해서 십지·등각까지 전체가 망상 속에서 사는데, 7지 보살까지는 의식 속에서 살고 8지 이상 10지 등각까지는 무의식 속에서 삽니다. 의식 세계든 무의식 세계든 전부 유념有念인 동시에 모든 것이 망상입니다. 그러므로 제8 아뢰야 망상까지 완전히 끊어버리면 그때가 구경각이며, 묘각이며, 무심입니다.[12]

성철 스님은 제8 아뢰야식의 미세 망상을 완전히 끊지 못한 십지와 등각도 아직 돈오의 경지가 아니라는 근거를 중국 명말明末의 감산덕청憨山德淸(1546~1623)의 《팔식규구통설八識規矩通說》에서 가져온다.

고덕古德과 제조諸祖가 차제此第 8식八識을 타파하지 않고서는 초불월조超佛越祖의 현담玄談을 하지 않았거늘, 금인들은 생멸심도 미망

12 위의 책, pp. 70~71. 돈오돈수의 견성 체계를 유식학적 이론 체계로 설명한 것에 대한 상세한 고찰은 다음 논문을 참조. 도대현, 〈퇴옹성철의 견성관과 유식 사상〉, 《한국불교학》 49, 한국불교학회, 2007.

未忘하여 심지心地에 잡염雜染의 번뇌 종자를 섬호纖毫도 정결케 하지 못하고서 문득 오도悟道라고 사칭하니 어찌 미득未得을 득得이라 하고 미증未證을 증證이라 함이 아니리오.[13]

성철은 감산선사에 대해서 "제8 미세유주微細流注를 영리永離하여 여래의 극과인 대원경지大圓鏡智를 증득하여야 오도며 견성이라고 분명히 선설宣說하는 것은 참으로 조계직전曹溪直傳을 상승한 희유의 지식知識"[14]이라고 극찬했다. 또 성철은 제8 아뢰야식의 미세 망념을 완전히 제거하지 못하면 "8지 보살 이상임에도 공안의 낙처落處는 망연부지茫然不知"[15]하므로 구경정각을 성취한 돈오돈수의 경지에서만이 천칠백 공안에 대해 완전히 확연명백하다고 설파했다. 하물며 화엄학을 바탕으로 한 돈오점수에서의 돈오라는 것은 구경의 돈오가 아닌 지해知解를 체험한 후, 주住·행行·향向·지地·등각等覺의 과정을 점수漸修하는 것이기에 여기에서 말하는 돈오는 구경각의 증오證悟가 아니라 단지 해오解悟에 불과하다는 것이 성철의 주장이다. 즉 돈오돈수에서의 돈오와 돈오점수에서의 돈오는 개념 자체가 완전히 상이하므로 돈오점수에서의 돈오는 구경의 깨침을 목적으로 하는 선종의 돈오가 아니라는 비판이다.

성철이 선종을 표방하는 조계종의 적통을 보조국사로 보지 않고

13 퇴옹성철, 앞의 책《선문정로》, pp. 138~139.

14 위의 책, p. 139.

15 위의 책, pp. 125~126.

태고국사로 보고자 하는 데에는 보조국사에 대한 다음과 같은 불만이 있었기 때문이었다.

돈오점수를 내용으로 하는 해오解悟인 원돈신해圓頓信解가 선문禪門의 최대 금기인 지해知解임을 명지明知하였으면 이를 완전히 포기함이 당연한 귀결이다. 그러므로 선문정전禪門正傳의 본분종사들은 추호의 지해도 이를 불조의 혜명을 단절하는 사지악해邪知惡解라 하여 철저히 배격할 뿐 일언반구도 지해를 권장하지 않았다. 그러나 보조는 규봉의 해오사상解悟思想을 지해라고 비판하면서도 〈절요節要〉〈원돈성불론圓頓成佛論〉 등에서 해오사상을 연연하여 버리지 못하고 항상 이를 고취하였다. 그러니 보조는 만년에 원돈신해가 선문이 아님은 분명히 하였으나, 시종 원돈 사상을 고수하였으니 보조는 선문의 표적인 직지단전直旨單傳의 본분종사가 아니요, 그 사상의 주체主體는 화엄선華嚴禪이다. 선문禪門은 증지證智임을 주장한 〈결의론〉의 결미에서 교종의 원돈신해인 참의문參意門을 선양하였으니 보조의 내교외선內敎外禪의 사상이 여기에서도 역력하다.[16]

보조국사가 선종은 돈오돈수라는 것을 분명히 했기 때문에 이 점에서는 성철과 그 견해가 일치한다. 그러나 보조 개인은 교종의 원돈신해를 수용한 화엄선華嚴禪을 주체로 삼았기 때문에 그의 정체는 밖

16 위의 책, p. 214.

으로는 선을 내세웠지만 속으로는 교를 주체로 삼은 '내교외선內教外禪'이었으므로 선종을 표방한 현대 한국의 조계종은 보조국사를 적통으로 삼을 수 없고 태고국사를 법통으로 삼아야 한다는 것이 성철의 주장이다. 성철은 태고의 경우 이십 년간을 각고刻苦 참구參究하여 37세에 오매일여悟昧一如가 되고 38세에 대오하여 중국의 석옥선사石屋禪師를 참알하여 인가를 받고 임제선을 계승했다고 했다.[17]

성철이 조계종의 적통으로 태고법통설[18]을 주장하는 근거는 바로 여기에 있다. 태고야말로 숙면일여熟眠一如의 경지를 지나 제8 아뢰야식의 미세 망념을 완전히 제거하고 확철대오한 돈오돈수의 경지를 선지식과의 거량을 통해 인증印證 받은 정통 선종의 법맥이라는 것이다. 그렇다면 성철의 법통론 핵심은 오직 그 선사의 사상이 돈오점수를 긍정·수용하는가, 아니면 돈오돈수를 증득·주장하는가에 집중되어 있음을 알 수 있다. 이후에 돈점논쟁이 일어나자 박성배는 "보조의 돈오점수는 넓은 의미의 수행 이론인 데 반해 성철의 돈오돈수는 특수한 수도 이론"이라고 지적하며 상호 절충을 시도한 바 있다.[19] 이는 어

---

17 위의 책, p. 117.

18 세부 내용은 퇴옹성철,《한국 불교의 법맥》(장경각, 1990)을 참조.

19 박성배는 돈오돈수설에는 돈오만 있지 닦음이 불충분해 보이므로 돈오점수설에서 닦음을 절충하여 돈오돈수설과 돈오점수설의 회통을 시도한 '돈오돈수 점수설'이라는 대안을 제시하기도 하였다. 하지만 김호성은 이에 대해서 돈오점수의 돈오를 '해오解悟'로 보고 이를 무조건 '지해知解'로 단정하는 돈오돈수의 전제를 받아들일 수 없으며 돈오돈수설의 불충분한 닦음을 돈오점수로 보완하고자 하는 것은 오히려 무용한 수고로 보인다는 비판을 제시했다. 이 논쟁과 관련해서는 강건기·김호성 편저의《깨달음, 돈오점수인가 돈오돈수인가》(민족사, 1994)의 다음 두 논문을 참조. 박성배, 〈성철 스님의 돈오점수설 비판에 대하여〉, pp. 238~277.; 김호성, 〈돈오돈수적 점수설의 문제점〉, pp. 278~298. 두 교수는 김호성의 논문 〈돈오점수의 새로운 해석-돈오를 중심으로〉에 대해 박성배가 〈보조국사는 증오를 부정했던가-김호성 교수의 이른바 '돈오의 새로운 해석'

쩌면 돈오돈수설과 돈오점수설이 각각 하고자 하는 말의 낙처와 이론의 중점이 서로 다른 범주나 목적을 가지고 있을 수도 있다는 생각을 갖게 하는 대목이다. 이러한 남겨진 모든 논쟁점들에도 불구하고 성철의 수증론과 법통론에는 조금의 양보도 없고 일고의 재고도 없는 특징이 있다. 이것이 바로 필자가 지적한 성철 선사상의 '철徹'적 가풍이자 그의 학설의 특징이다. 중간 과정에서 그 어떤 논리적 문제[20]가 있다 하더라도 '깨침은 완전무결한 증오證悟의 돈수頓修여야 하며 조계종의 법통은 이를 선양하는 조사祖師여야 한다'는 원칙은 양보할 수 없는 준칙이자 그의 불변의 메시지였다. 불교의 본령은 이론의 습득과 이해가 아니라 완전한 깨달음의 증득 문제이므로 깨달음의 기준을 명확히 한다는 것은 수행자로 하여금 크나큰 경책이 됨과 함께 나태에 대한 반성과 자자自恣의 확고한 계기를 제공해 준다. 이것이 성철선性徹禪이 현대 한국 선사상을 새롭게 구성하는 중요한 한 지점이 될 수 있었던 원인이다.

2) 간화독존론看話獨尊論과 숙면일여

돈오돈수의 경지를 증득했는지를 확인하는 방법으로 성철은 간화선

에 대하여-〉를 써서 한 차례 더 논쟁을 벌였다. 위의 책, 참조.

20 성철의 보조 비판에 대한 문제점들을 지적한 논문으로는 이병욱, 〈성철의 보조지눌 사상 비판의 정당성 검토〉(《보조 사상》 38, 보조사상연구원, 2012)를 참조.

인증의 가풍을 들고 있다. 구경각의 열반묘심을 증득했는지 확인하는 가장 정확한 잣대는 바로 천칠백 공안뿐이며 이를 통해 무심의 증입을 확인해볼 수 있는 최고의 선풍禪風이 바로 간화선이라 자긍하는 것이다. 역대의 활안活眼 조사들이 중중무진으로 베풀어놓은 공안들에 조금도 막힘이 없이 조사관祖師關의 전 과정을 투과透過하는 간화선풍이야말로 진정한 돈오를 가늠할 수 있는 저울이자 눈금이라는 것이다. 《선문정로》 '서언'에서 "견성 방법은 불조 공안을 참구함이 가장 첩경이다"[21]라고 했던 것은 바로 이를 두고 하는 말이다. 따라서 이를 성철의 '간화독존론看話獨尊論'이라 명명할 수 있다.

화두를 들고 동정일여動靜一如, 몽중일여夢中一如를 거쳐 숙면일여의 화두삼매에 푹 빠져 있다가 송장처럼 죽은 듯한 상황에서 보는 찰나 듣는 찰나 화두가 박살이 나면서 깨치는 대사각활大死却活의 대오를 실증해야 구경의 견성見性이 된다는 것이 바로 화두독존의 '철徹'적 가풍이다. 성철은 "상두관上頭關을 뚫고 나오는 대사각활의 확철대오를 지나가야 구경의 견성으로 보지, 그렇지 못하고 오매일여의 삼매락을 누린다 해도 선문에서는 이것을 '제8 마계魔界'라 여긴다"[22]고 했다. 이와 관련한 그의 설명을 들어보자.

화엄칠지보살華嚴七地菩薩의 성위聖位가 고원난도高遠難到한 것 같지

---

21 퇴옹성철, 앞의 책 《선문정로》, pp. 1~4 참조.

22 퇴옹성철, 앞의 책 《백일법문》 상권, p. 237.

마는 누구든지 몽중夢中에 일여一如하면 칠지위七地位이다. 그러나 숙면일여熟眠一如인 멸진정滅盡定의 자재위自在位는 아니어서 여기에 아직 일대중관一大重關이 있으니 노력하여 기필코 투과하여야 한다.[23]

선문의 정안종사치고 이 오매일여의 현관을 투과하지 않고 견성이라고 한 바는 없으며, 팔지八地 이상인 숙면일여 이후에서 개오하였으니 구경각이 아닐 수 없다. 그러니 객진번뇌가 여전무수如前無殊하여 추중망식麁重妄識도 미탈未脫한 해오解悟는 견성이 아니며 돈오가 아니므로 이를 절대로 용인하지 않는 것이다.[24]

즉, 화두를 들어 의단疑團이 형성되어 진의심眞疑心이 발동하면 행주좌와 어묵동정 모든 순간에 화두가 지속되는 동정일여動靜一如가 된다. 여기서 가일층 삼매에 들면 자나 깨나 화두가 지속되는 오매일여寤寐一如가 되는데 오매일여에는 꿈속에서도 화두가 일여하게 지속되는 몽중일여夢中一如와 잠이 완전히 푹 들어있는 가운데도 화두가 일여하게 지속되는 숙면일여熟眠一如가 있다. 성철은 반드시 숙면일여의 깊은 경지가 되어야 제8 아뢰야식의 미세 망념을 제거하게 되는 것이며 이미 숙면일여가 되면 화엄에서 말하는 8지 보살 이상이라고 하였다. 이처럼 성철은 숙면일여를 중시하여 이 숙면일여야말로 '진정한 무

23 퇴옹성철, 앞의 책《선문정로》, p. 113.

24 위의 책, p. 119.

심無心'[25]이자 돈오돈수론의 핵심이요 간화선의 목적지로 보았다. 그가 보기에 태고국사는 90일 삼매의 깊은 오매일여의 경지를 투과하고 견성오도한 것이 분명한 반면 보조국사에게는 숙면일여에 대한 명확한 언급이 보이지 않았던 것이다. 스님은 오직 간화선법을 통해 화두를 들고 깊은 선정에 들어 숙면일여에 드는 것을 납자의 본분이자 깨달음의 척도로 삼았다. 선문禪門의 정로正路에 대한 철저한 고민을 통해 성철 스님은 당대 간화선 수행 납자들의 깨달음에 대한 엄밀하고도 준엄한 기준을 제시한 것이었다.

3) 돈점 논쟁과 돈수설을 주창한 선사들

성철은 1967년 해인총림 방장으로 취임하면서 설한 백일법문에서 이미 보조의 돈오점수와 선교일치를 비판한 적이 있었고, 1976년 출간한《한국 불교의 법맥》에서 보조의 조계종 종조로서의 정통성을 부인한 적이 있었다. 뒤이어 1981년《선문정로》를 출간하면서 본격적으로 진행된 보조선 비판은 교계와 학계에 엄청난 충격을 주었다. 송광사 측에서는 1987년 '보조사상연구원'을 설립하여 1990년 송광사에서

25 신규탁은 이와 같은 성철의 무심 사상을 '무심의 형이상학'이라 표현했다.《대승기신론》의 '진여문'을 강조하고 '생멸문'의 아뢰야식을 제거해야 할 대상으로 이해한 것으로 보인다고 하였다. 신규탁, 〈성철선사의 불교관에 나타난 개혁적 요소 고찰〉,《한국불교학》 49, 한국불교학회, 2007, pp. 323~326.

국제학술대회를 개최하기에 이르렀고, 1991년 해인사 측에서는 '백련불교문화재단'에 연구기관을 설립하여 본격적으로 성철 선사상을 선양하기 시작했다.

이 무렵 교계와 학계의 많은 학자들이 소위 '돈점 논쟁'에 참여하여 쟁점들에 대한 열띤 토론을 벌였다.[26] 1990년의 학술대회의 논문을 모은 《보조사상》 제4집의 머리말에서 법정法頂(1932~2010)은 "닦음을 어떻게 일시에 마칠 수 있단 말인가"라고 하며 "종파주의나 분파주의에 집착하여 배타적, 독선적 아집에 빠지지 말자"[27]고 했다. 성철의 《선문정로》에 대해 "선문禪門의 앞날을 염려하여 연꽃을 들어 올림에 대하여 지극한 정례頂禮를 드린다"고 했던 목정배의 논문[28]에 대해 심재룡은 그의 주장을 15개로 정리하고는 "성철의 주장 역시 한국 불교의 역사성을 무시한 종교적 독단"[29]이라고 강도 높게 비판했다. 이 밖의 주요한 논쟁으로는 박성배와 김호성 간의 논쟁[30]이 있었으며, 이후로도 돈점 논쟁과 관련된 연구와 저술들은 지속적으로 쏟아져 나왔다. 이와 함께 돈점 논쟁이 남긴 과제들에 대한 학자들의 검토[31]와 돈점 논

26 돈점 논쟁 전개에 대한 요약은 이덕진, 〈돈점 논쟁이 남긴 숙제〉(《보조 사상》 20, 보조사상연구원, 2003)를 참조.

27 법정, 〈책 머리에〉, 《보조 사상》 4, 보조사상연구원, 1990, pp. 1~2.

28 목정배, 〈선문정로의 근본 사상〉, 위의 책, p. 493.

29 심재룡, 〈"선문정로의 근본 사상"에 대한 논평〉, 위의 책, pp. 497~498.

30 앞의 각주 19의 내용을 참조.

31 김호성, 〈돈점 논쟁의 반성과 과제〉, 《깨달음, 돈오점수인가 돈오돈수인가》, 민족사, 1994. 이효걸, 〈돈점 논쟁의 새로운 전개를 위하여〉, 《논쟁으로 보는 한국 철학》, 예문서원, 2009. 이덕진, 앞의 논문. 김방룡, 〈지눌과 성철의 법맥 및 돈점 논쟁 이후 남겨진 과제〉, 《동아시아불교문화》 16, 동아시아불교문화학회, 2013, 등이 있다.

쟁의 중요한 쟁점에 대한 새로운 시각을 제시한 박태원의 논문[32]도 있다. 그중에서도 "선원 수좌 내부에서 무차대회 형식으로 일어났어야 할 사안이 학자들의 논쟁으로 전이된 측면이 있다"고 했던 김방룡의 지적[33]은 본 논문의 전개와 연관해 매우 의미 심장한 측면이 있어 소개할까 한다.

> 성철의 문제 제기는 한국선의 정체성에 대하여 분명한 입장을 천명한 것으로서 한국 선종사에 있어서도 기념비적인 사건이라 할 수 있다. 그런데 엄밀한 입장에서 보면 현재 한국 조계종의 정체성과 관련된 문제이며, 그 주체는 선원 수좌라 할 수 있다. 따라서 순리적으로 생각해 보면 이에 대하여 당시 선원 수좌들 내부에서 목숨을 건 논쟁이 있어야 했다. 특히 깨달은 혹은 깨달았다고 주장하는 선승들 사이에서 자신의 체험을 바탕으로 한 치열한 법거량이 전개되어야 했다. 그러나 공개적으로 그러한 논쟁은 일어나지 않았다. 설사 내부적으로 그러한 논쟁이 있었다 하더라도 대사회적인 주목을 받지는 못했다.[34]

학계에서 성철의 돈오돈수의 주장에 대한 비판과 논쟁이 치열했었

---

32 박태원, 〈돈점 논쟁의 독법 구성〉, 《철학논총》 69, 새한철학회, 2012. 박태원, 〈돈점 논쟁의 쟁점과 과제-해오 문제를 중심으로-〉, 《불교학연구》 32, 불교학연구회, 2012.

33 김방룡, 앞의 논문, p. 53.

34 위의 논문, pp. 50~51.

던 것만큼이나 승가에서의 파장도 이만저만한 것이 아니었다. 선방 수좌들 사이의 논쟁은 말할 것도 없고 문중과 산중 전체에 폭풍이 몰아치는 것 같은 회오리가 일었다. 하지만 견성 성불을 지상 목표로 정진하고 있는 출가 수행자들에게 성철의 정로正路 제시는 지속적인 논쟁과 유희적인 담론을 견인하기보다는 즉각적으로 자신의 수행에 대한 점검과 반조로 이어졌으며 특별히 돈오점수를 신봉하는 수좌 외의 대부분의 선객들은 돈오돈수를 수행의 지침과 척도로 삼고자 했고 용맹정진으로 오매일여의 경지를 위해 여일하게 정진해 나갔다. 그만큼 실참 수행자들에게 미치는 성철의 영향력은 큰 것이었다.

성철의 동갑내기 도반이었던 향곡혜림香谷蕙林(1912~1978)과 제5대 종정을 역임한 서옹상순西翁尙純(1912~2003) 역시 그의 든든한 지음자知音者로 돈오돈수론자들이었다. 《임제록》을 직접 연의演義했던 서옹은 《임제록》을 해제하면서 〈돈오돈수〉에 대해 대서특필하여 다음과 같이 말하고 있다.

> 임제 스님이 돈오점수를 부정하고 돈오돈수를 주장한 것은 육조혜능, 마조, 백장, 황벽 또는 육조의 선禪을 정통으로 계승한 역대 조사와 다를 바가 없다. 생사의 자기는 수修할 것이 있지만 생사가 없는 진실한 자기는 닦을 것이 없다. 만일 수修할 것이 있다면 이것은 생사의 자기 연장선상에서 있을 수 있는 일이지 진실한 자기 입장이라고는 말할 수 없는 것이다. 그러기에 임제 스님은 수修하는 입장은 장엄문 불사문이지 불법은 아니라 하고 이것은 업을 조작하

는 것을 면하지 못하여 생사를 탈각할 수 없다고 역설하였다. 만일 도를 닦는다면 이것은 도를 행하는 것이라고 할 수 없다. 그러므로 정통적 조사선을 체험함에는 돈오돈수의 입장이라야 된다고 하지 않으면 안 된다.[35]

향곡은 교학적 이론에 대한 언급이 일체 없어서 '돈오돈수'나 '숙면일여'와 같은 용어 자체도 사용하는 일이 거의 없었다. 오직 공안으로 대중을 점검하였으며 단 하나의 공안에도 막힘이 없는 확철대오의 안목이 생길 때까지 오로지 화두 삼매에 들도록 지도하여 '북전강北田岡 남향곡南香谷'이라 일컬어졌다. 향곡은 봉암사 결사 당시 향상일구向上一句의 화두를 들어 21일 동안 억수같이 비가 오는 것도 느끼지 못하는 화두 삼매 속에서 대사각활大死却活하여 확철대오했다. 이런 돈수의 철증徹證을 거친 뒤에는 1,700공안을 한 가닥에 꿰어 막힘이 없었다고 한다.[36]

성철과 향곡이 봉암사에서 결사할 때 20대 막내의 나이로 용맹정진했던 두 수좌가 바로 훗날 조계종의 제10대 종정을 역임한 혜암성관慧菴性觀(1920~2001)과 제11·12대 종정을 역임한 도림법전道林法傳(1925~2014)이었다. 혜암은 행자 때부터 입적 때까지 55년 동안 눕지 않는 장좌불와의 용맹정진을 했고, 법전도 스승 성철로부터 "앉아 있

35 서옹, 《임제록 연의》, 아침단청, 2012, p. 38.

36 향곡선사문도회 편, 《향곡선사 법어》, 성보문화재연구원, 1998, 참조.

는 것은 법전이 제일"이라는 평을 들은 절구통 수좌로 평생 정진으로만 일관했다. 혜암은 37세 때 오대산 영감사 토굴에서 4개월 동안 한 순간도 잠들지 않고 정진하여 수마睡魔를 완전히 정복하고 오도송을 읊었다. 이후 스승 인곡麟谷에게 인가받아 용성龍城으로부터 내려오는 정통 법맥을 이었음에도 입적 때까지 장좌불와 수행을 이어갔는데 성철의 돈오돈수를 철저히 믿고 긍정했으며 상당법어 당시 늘 돈오돈수를 선양했다.[37] 법전은 스승 성철로부터 깨달음을 인가받는 파참재罷參齋를 해주겠다는 것 자체를 거부하고 "그런 거 하지 않겠다"고 했을 만큼 철저한 돈오돈수론자였다.[38]

향곡의 법제자이면서 현 조계종 종정인 진제법원眞際法遠은 처음 견성했을 당시 모든 공안에 환하였으나 법거량 후 마조의 '일면불월면불日面佛月面佛' 공안에 막혀 5년 동안 다시 이 화두와 씨름한 끝에 확철대오하여 스승으로부터 돈오돈수를 인가받았다. 진제는 선원의 소참 법문에서 돈오돈수에 대해 다음과 같이 설파했다.

> 돈오돈수는 오종 가풍의 법칙입니다. 중국에서 육조 스님 이후로 오종 가풍이 형성되었는데, 모두 돈오돈수의 가풍을 제창하였지, 몰록 깨닫고 점차로 닦는다는 돈오점수의 가풍을 유포한 대선지식의 종장은 없습니다. 그러니 우리가 옛 도인들의 바른 길을 자신

---

37 혜암문도회 편, 《혜암대종사 법어집》 2, 해인사 원당암, 2007, p. 281.

38 이와 관련된 상세한 일화들은, 법전 저, 《누구 없는가》, 김영사, 2009, p. 129.

의 살림살이 근본으로 받아들여 참구해야 합니다. 돈오돈수의 바른 수행법으로 일념 삼매가 되어 홀연히 대오견성이 되면 팔만사천 번뇌가 바로 팔만사천 지혜로 돌아와버립니다. 그렇기 때문에 다시 제거할 것도 없고 점수漸修할 것도 없는 법입니다. 깨달음의 삼매를 가나오나 시간이 흐르나 항상 수용하는 것이 돈오돈수의 살림살이입니다. 돈오점수는 몰록 깨달아 또 습기를 제한다는 말입니다. 차제가 있어서 견성에 이르는 법이 없습니다. 역사를 보더라도 밝은 명안종사는 돈오돈수를 제창했지 돈오점수를 제창한 이들은 아무도 없습니다.[39]

성철의 돈오점수 비판에 대한 학계의 논쟁과 학자들의 비판과는 달리 조계종을 대표하는 선승으로 깨달음을 얻어 일척안一隻眼을 갖춘 선사들은 대부분 성철이 주장하는 돈오돈수에 절대 공감을 표했다. 서옹·향곡·혜암·법전·진제 등의 선사들은 구경각을 위해서는 돈오점수가 아닌 돈오돈수를 최상의 목표로 정진해야 한다고 입을 모았다.

일반 대중들을 상대로 한 것이 아닌 최상 근기와 엘리트 수행자들만을 위한 전문 담론으로 치부될 수 있는 이유도 있어 보일 만큼 성철과 함께 돈오돈수를 주창한 선사들은 지독하게들 정진했다. 성철의 구경각과 묘각에 대한 '철徹'적 가풍은 마치 한 걸음만 부족해도 서울에 도착한 것이 아니요, 히말라야 정상 자리를 정확히 밟지 않고서는 정

39 해운정사 편, 《진제대선사 선禪 백문백답》, 현대불교신문사, 2006, pp. 54~55.

상 등정으로 인정받지 못하는 것과 동일한 엄격함이 있다.

그러나 올곧은 실참 납승이라면 골수에 간직해야 할 사항이지만 여전히 남겨진 문제들은 있다. 성철이 비판한 돈오점수의 돈오가 과연 해오解悟이며 지해知解일 뿐인가의 문제, 화엄을 지해 종도라고 비판한 이유가 교학教學이었기 때문임에도 스스로는 교학인 유식학唯識學의 체계에 의지하여 선禪의 증오證悟를 설명하고 있다는 점,[40] 그리고 즉자卽自의 옳음(是)을 위해 대자對自는 그름(非)이어야 하는가의 문제, 돈오점수와 돈오돈수는 함께 양립할 수 없는가의 문제 등은 성철의 입장에서도 아직 해결하지 못한 과제들이라 하겠다.

3. 탄허 선사상禪思想의 탄呑적 가풍

'탄허呑虛'라는 법호는 허공을 삼켰다는 의미이다. 탄허는 이 이름을

40 탄허의 경우 유식학唯識學은 고등학교 학설에 해당하여 화엄학의 대학원 학설에 비교할 때 교리적으로 볼 때 수준이 낮은 것으로 보는 전통 교판을 따르고 있다. 김탄허 저,《부처님이 계신다면》, 교림, 1988, p. 321. 참조.

활용하여 "우주가 내 뱃속에 있으니 내 아들 아닌 사람이 없다"[41]고 농담하곤 했다. 이 언명 속에 화엄의 사사무애법계 도리로 선과 교를 회통하고 동양의 유·불·선 삼교를 모두 삼켜 무애자재하게 융회한 스님의 가풍이 그대로 녹아있는데 이를 '탄呑'적 가풍이라 부르기로 한다.

이러한 그의 가풍을 대표하는 문장이 "천하에 두 도가 없고 성인에게 두 마음이 없다(天下無二道 聖人無兩心)"[42]일 것이다. 그는 서로 다른 사상과 종교 속에서 근원이 같은 하나의 진리를 추출해내는 데 달인이었다. 마치 천 개의 강물이 모여들어 장애 없이 하나의 바다가 되듯이 화엄의 종지를 자재하게 활용했다. 그 어떤 수행이나 방편도 모두 받아들일 수 있는 포용과 원융이 있었으니 이것이 곧 그의 '탄呑'적 가풍이다.

1) 돈오점수와 보조 종조론

탄허는 스승 한암중원漢巖重遠(1876~1951)이 보조선을 계승한 것을 이어받아 돈오점수를 주장했다. 한암은 낱낱이 흩어져 있던 보조국사의 글을 한 권의 책으로 찬집·현토하여 《보조법어》라는 이름으로 세상에 처음 빛을 보게 한 장본인이었다. 이를 제자 탄허가 번역·주해하

41 김탄허, 《피안으로 이끄는 사자후》, 교림, 1997, p. 158.

42 김탄허, 앞의 책 《부처님이 계신다면》의 표지 참조.

여 1963년에 출간하며 그 서문에서 "《육조단경》과 《보조법어》는 조계종도曹溪宗徒의 필수적 교전敎典"이라고 했다.[43] 이는 육조와 보조를 조계종의 근본으로 삼는다는 의미이며 중국의 조계산 보림사와 한국의 조계산 수선사를 '조계종'이란 종명으로 연계시킨 것이다. 탄허는 평소에 돈오점수를 비판하고 돈오돈수를 주장한 성철에 대해 못마땅해 했다고 한다. 다음은 제자 윤창화의 증언이다.

> 스님은 성철 스님이 강조한 돈오돈수에 대해서는 비판적인 입장이었어요. 스님은 보조 지눌적인 입장(돈오점수)입니다. 그 당시에 성철 스님은 돈오돈수를 강조하고, 법맥도 태고국사를 강조하는 입장이었어요. 성철 스님은 《선문정로》를 출간하기 전에도 그런 말씀을 하셨지요. 그러나 탄허 스님은 돈오돈수는 문제가 있다고 말씀했어요. 탄허 스님은 "보조국사의 정혜쌍수에 의지해서 공부를 해야 한다"고 하셨고 돈오점수적이고 화엄선적인 입장이었어요.[44]

탄허는 대혜의 《서장書狀》을 번역하면서 다른 번역에서는 찾아볼 수 없는 '사기私記'를 부가하여 자신의 살림살이를 공개했다. 다음은 〈답엄교수자경答嚴敎授子卿〉에 대한 탄허의 대지大旨이다.

---

43 김탄허 역, 《보조법어普照法語》, 교림, 2002, p. 3.

44 월정사·김광식 편, 《방산굴의 무영수》 하권, 오대산 월정사, 2012, p. 397.

본장本狀 대지大旨는 스스로 신信하는 곳에 승해勝解를 내지 말게 함이다. 제칠지보살운운第七地菩薩云云은 권교權教의 행상行相을 말한 것이니, 권교에는 삼현三賢(十住·十行·十回向)이 자량위資量位가 되고 제팔第八 부동지不動地에 이르러 비로소 견도위見道位가 되는 때문이거니와, 만일 실교實教 도리를 든다면 십신만심十信滿心 즉 초발심주初發心住에 변성정각便成正覺하는 견도의 위가 되어 삼현 내지 십지·십일지가 총總히 닦음이 없이 닦는 자량의 위가 되거니, 어찌 제칠지第七地에 불지佛智 구하는 마음이 만족치 못한 견見이 있으랴.[45]

탄허의 설명은 이러하다. 3승 교학에서는 10주·10행·10회향·10지를 자량위資糧位로 삼아 10지 가운데 제8지 부동지不動地가 되면 비로소 견도위見道位가 되는 것으로 보지만, 화엄의 1승 교학에서는 10주의 초주初住인 발심주發心住를 견도위로 보고 10행·10회향·10지·등각을 자량위로 본다.

즉 화엄에서는 십신十信이 중요한데 이는 닦는 것이 아니라 자신의 불성 자체를 믿으면 되는 것이므로 위位로 치지 않는다.[46] '과거 제불이 성불한 부처님의 과덕果德이 현재 중생인 나의 우글대는 망상과 조금도 다르지 않다'는 것을 확실히 믿어서 일말의 의심도 없는 신만信滿이 되면 비로소 10주의 초주인 발심주가 되는데 이를 화엄에서 '초발

45 김탄허 역해, 《서장書狀·선요禪要》, 교림, 2012, p. 337.

46 월정사·탄허문도회 편, 《방산굴 법어》 증보판, 오대산 월정사, 2013, p. 80.

심시初發心時 변성정각便成正覺'이라 한다. 이 말은 오직 화엄에만 있는 것으로 평범한 우리네 박지범부薄地凡夫들도 '진리에 머물러 있는(住)' 초발심주에 이르기만 하면 문득 삿된 마음이 사라지고 퇴전退轉하지 않는다는 것이다.[47] 이통현이 《화엄론》에서 이르기를 "다른 경에는 혹 퇴전하는 것이 있지만 이 《화엄경》에서는 절대 퇴전이 없다"고 했던 것은 이를 두고 하는 말이다.[48]

화엄 교학의 특징은 10주 초주인 발심주를 견도위로 보는 데 있다. 이를 돈점론으로 전개하면 '초발심이 곧 정각'이라 했으니 10주 초주인 발심주를 돈오(견도위)로 보며, 10바라밀의 만행萬行을 닦아 이타利他의 회향까지 동반하는 보살행의 실천이 점수(자량위)가 된다.

탄허는 이 발심주를 매우 강조하여 이것이야말로 화엄학의 골자라고 했다. '부처님과 중생의 과덕이 다르지 않다'는 것을 믿는 대심중생大心衆生으로 자각하게 만드는 것이 바로 화엄의 위대함이라고 역설했다.[49] 하루 종일 쉴 새 없이 망상을 피워도 그 망상 피우는 근본은 묘각의 부처님 과덕과 조금도 차별이 없다는 것을 명확히 믿는 것이 깨달음의 시작이라는 것이다.

탄허 스님이 즐겨 쓰던 게송 가운데 "발심과 성불, 이 둘은 다른 것이 아니니 이 두 마음 가운데 앞의 마음(발심)이 더 어렵도다"[50]라는

47 위의 책, pp. 80~81.

48 위의 책, p. 82.

49 위의 책, p. 82.

50 "發心畢竟二不別하니 如是二心先心難이로다." 문광, 《탄허사상 특강》, 교림, 2021, p. 32.

것이 있다. 필경의 묘각 경지보다 자신이 본래 부처임을 완벽히 믿어 그 믿음이 10신을 구족하고 10주의 발심주에 머물러 영원히 퇴전하지 않는 것이 더 어렵다는 것으로 발심의 중요성을 강조한 것이다. 이를 통해 볼 때 돈오점수의 핵심은 깨달음의 종착지에 있는 것이 아니라 대발심이 전제된 지속적인 수행에 있다고 볼 수 있다.

탄허가 돈오돈수를 말하지 않은 것은 아니다. 그는 축기돈逐機頓과 화의돈化義頓을 구분하여 설명하면서 화의돈이란 "육조 스님 같이 오래전 전생으로부터 부처님의 교화를 받들어 닦아오다가 깨친 분을 말하는 것"으로 "육조 스님은 신통도 자재했는데 돈오와 돈수까지 마치지 않으면 바른 신통이 없다"면서 "《전등록》 30권에 육신통을 구비한 조사는 한 분도 없었다. 오직 부처님만이 육신통이 있을 뿐이다"[51]고 덧붙였다.

즉 돈오돈수까지 모두 마친다는 것은 육신통 가운데 누진통까지 모두 구비하여 일체의 신통을 현성할 수 있는 부처님 같은 분을 말하는 것으로 육조 스님 정도가 되면 돈오돈수를 논할 수 있다는 것이다. 즉 탄허는 돈오돈수를 제창하지 못해서가 아니라 《전등록》 전체를 뒤져보아도 부처님이나 육조 스님의 경지인 돈수의 경지까지 도달한 이를 찾아보기 어려우니 돈오점수를 통해 돈오돈수로 향하게 하는 것이 바른 수행 과정이라는 주장이다.

따라서 그는 "이치를 본 뒤가 더욱 바쁘다. 그래서 이치를 터득한

---

51 김탄허, 앞의 책 《피안으로 이끄는 사자후》, pp. 29~30.

조사들이 한 번 산 속에 들어간 후 나오지 않은 분들이 많았다"[52]고 했다. 여기에 탄허의 돈수관이 드러나는데 성철의 돈오돈수관과는 시각의 차이가 있는 것을 알 수 있다. 돈오점수는 쉽게 돈오를 인가하려는 것이 아니라 구경의 견성이 어렵다는 것을 실감하고 묘각까지 도달하기 위해서 끝까지 방임하지 않고 수행을 마치고자 하는 용맹정진의 태도이지 돈오의 격을 떨어뜨리고 돈오를 쉽게 말하려는 것이 결코 아님을 알 수 있다. 이처럼 탄허의 돈오점수에도 돈오돈수를 주장하는 것과 동일한 엄격함이 엄연히 존재한다. 그럼에도 탄허가 돈오돈수를 쉽게 주장할 수 없었던 것은 돈수가 된 분은 조사들 가운데에서도 극히 일부라고 보았기 때문이다.

이처럼 탄허는 화엄의 교敎와 간화선의 선禪을 함께 아우르는 '탄呑'적 가풍을 가지고 있다. 선교를 겸수하여 궁극에 도달하고자 하는 것은 구경각이므로 돈오점수와 돈오돈수도 결국은 깨달음을 닦아 나가는 하나의 과정상의 문제일 뿐 서로 회통하고 융섭해야 하며 어느 한쪽만을 취할 사항이 아니라는 것이다. 이러한 선교관禪敎觀은 스승 한암을 모시고 20년 가량 내전 이력과 선 수행을 닦아온 공력에서 나온 것이다.

다음으로 종조론에 대해서 살펴보면, 탄허는 조계종의 종조는 보조국사여야 한다고 분명히 밝혔다. 〈한암선사 생신재 105주기 상당법문〉 음성파일에 그 사실이 남아 있다.

52 위의 책, p. 30.

지금 우리나라 건국한 이래로 불교 종을 조계종이라고 명명을 하고서 종조를 누구를 모셔야 옳으냐? 조계종이라면 보조국사가 타당한 것이다. 보조국사가 조계종을 창설했던 것입니다. 그러니까 조계종으로 종명을 한다면 보조국사로 종조를 모시는 것이 옳다.[53]

그렇다면 그의 스승 한암의 종조관은 어떠한지 법문 음성파일을 자세히 살펴보자.

한암 스님께서 그전에 종정으로 계실 때에 여기 월정사 주지 스님 지암 스님이 그때 종무총장으로(그때는 총무원장을 종무총장이라고 했습니다) 계실 때 한암 스님한테 조계종으로 했는데 종조를 누구를 해 모셔야 옳으냐 물었습니다. 스님 말씀이 "종조를 보조국사로 모셔라." 그런데 권상로 스님, 김포광 스님이 그때 동대 교수로 원로인데 그분들한테 가서 물으니까 "태고보우국사로 모셔야 옳다." 이렇게 말을 했습니다. 그러니까 지암 스님 생각에 그이들은 학술 전문가이니까 아무래도 역사를 그이들이 더 잘 알지 않겠는가? 그래서 총독부 기관지에 대서특필로 "조계종 종조는 태고보우선사다" 하고 발표해버렸습니다. 그렇게 해버리니까 스님께서는 지나간 일은 생각하지 않습니다. 원체 공부가 높으신 분이 돼서. 그냥 임시 역정을

53 김탄허 강설, 〈한암선사 생신재 105주기 상당법문〉(《동양사상 특강 CD 18장》, 교림, 2002)에서 녹취.

내시고 화를 내시다가도 금방 생각이 전혀 없습니다. 언제 역정냈던 가 생각이 없습니다. "에이 그만 둬버리라"고 방치해 버리시더만. "그렇게 되어버린 것 어떻게 하겠느냐." 그것이 바로 비구·대처 싸움의 원인이 된 것입니다. 대처승측에서는 "태고보우국사가 옳다", 비구승측에서는 "보조국사가 옳다", 미미한 것이 결론이 나지 않고 있습니다. 어떤 것이 종조가 옳다 그르다 하는 것이 말입니다. … 일류 역사가들인 최남선씨나 황의돈씨들도 역사적으로 볼 때 종명을 조계종으로 할 때는 보조국사가 옳다고 주장하는 것입니다.[54]

탄허의 법문에 의하면 스승 한암에게 당시 총무원장격인 지암종욱智庵鍾郁(1884~1969)이 조계종의 종조로 누구를 모실지에 대해 질문했을 때 한암은 보조국사여야 함을 피력했다고 한다. 하지만 지암은 당시 종정인 한암의 말을 듣지 않고 동국대학교 교수인 권상로權相老(1879~1965) 등에게 문의하여 태고국사로 종조를 발표하였으며, 이 사실을 들은 한암은 잠시이긴 했지만 역정을 냈다는 것이다. 여기서 하나 중요한 것은 비구승과 대처승의 싸움의 원인도 바로 이 보조종조론과 태고종조론이 빌미가 됐다는 언급이다. 이 육성 법문은 탄허가 스승 한암을 계승하여 돈오점수와 보조종조론을 확고하게 견지했음을 확인할 수 있는 중요한 자료이다.

한암은 이미 1930년에 《불교》에 기고한 〈해동 초조에 대하야〉라는

54 위의 CD 12.

글에서 조계종 종조론과 관련하여 "도의국사를 초조로 정하고 범일 국사를 거쳐 보조국사로 이어지며, 제13국사 각엄존자를 거쳐 구곡각운, 벽계정심 등으로 연원을 정하여 다시 해동 조계종을 부활하는 것만이 정당하다"고 하면서 "태고국사의 연원이 아님을 단언할 수 있다"라고 한 바 있다.[55] 이는 아마도 태고를 조계종 종조로 삼으려는 측의 주장을 염두에 둔 것으로 "태고가 중흥조라 함은 혹 가할지는 모르나 초조라는 '초初'에는 적당하지 않다"[56]고 했던 한암의 내심을 읽을 수 있다. 보조를 조계종 종조로 삼지 못한다면 태고로도 종조를 삼을 수 없기에 시비를 없애려면 구산선문까지 시대를 거슬러 도의국사를 종조로 삼아 육조六祖-서당西堂-도의道義의 연원을 보조에게 이어 조계종의 계보를 정리하고자 한 것이다. 이는 한암과 탄허가 파악한 조계종과 한국 불교의 특성은 선과 교를 함께 아우르는 선교융회의 회통정신에 있으며, 교는 버리고 선만 강조하는 배타성에 있는 것이 아니라는 것을 의미한다.

2) 근기수행론根機修行論과 회통선會通禪

탄허도 선禪을 중시했다. 평생 사업으로 《화엄경》을 통현론과 청량소

55 한암문도회·월정사 편, 〈해동초조에 대하야〉, 《한암일발록》, 민족사, 1995, pp. 74~89.

56 위의 책, p. 79.

와 함께 번역하여 전무후무한 역경 불사를 완성했으나, "화엄의 십현十玄, 육상六相 도리가 가장 원묘圓妙하지마는 또한 사구死句요, 천칠백 공안이 활구活句"[57]라 하였고, "팔만장경의 도리는 임제의 체중현體中玄(제3구 법문)에 불과하다"[58]고 하였다.

탄허는 경허-한암으로 내려오는 정통 법맥을 이은 선사답게 간화선이야말로 최상근기의 수행이자 최고의 수행임을 강조했다. 하지만 참선하는 방법에 있어서는 근기에 따라 매우 다양한 방법을 제시했다. 《원각경》에서 설하는 정관靜觀·환관幻觀·적관寂觀의 삼관三觀과 천태天台대사의 공空·가假·중中의 삼관三觀도 인정하여 간화선을 할 수 있는 최상근기가 아니면 이러한 관법觀法 수행으로도 큰 깨달음을 얻을 수 있다고 하였다.[59] 게다가 간화선 계열에서 심히 비판하는 묵조선마저도 중생 근기에 따라서는 닦을 수 있으며 "간화선과 묵조선 사이에 우열이 없다"[60]고까지 말함으로써 기존의 선사들과는 매우 다른 '탄呑'적 가풍을 보여준다.

화두를 보는 간화선看話禪 외에 화두를 보지 않고 참선하는 묵조선默照禪이 있다. 교리적으로 들어가는 관법은 묵조선과 일맥상통한다. 참선은 반드시 화두를 보는 간화선이라야만 한다고 고집할 것

57 김탄허 역해, 앞의 책《서장書狀》, p. 1, 서문 참조.

58 월정사·탄허문도회 편, 〈묘현妙玄 선자禪子에게 보낸 답서(5)〉, 앞의 책, p. 197.

59 김탄허, 앞의 책《부처님이 계신다면》, pp. 74~75.

60 위의 책, p. 77.

은 없다고 본다. 교법에 의한 관법으로도 깊은 도리를 깨칠 수 있으며 묵조선으로 깨친 조사도 많다. 그것은 중생 근기가 각각 다르기 때문이다.[61]

참선하는 데 화두를 가져 참구하는 방법과 화두가 없이 공부하는 법이 있어 이를 간화선 및 묵조선이라 일러온 것은 앞서 말했다. 그런데 어느 쪽이 더 우월한 방법이냐고 물을 때가 있지만, 우열은 없는 것이다. 근기 따라 문의 차이가 있을 뿐이다.[62]

탄허는 선禪에 대해 정의하기를, "제1구 소식, 본래 문답이 끊어진 자리, 즉 이 우주가 일어나기 전, 우리 몸뚱이가 생기기 전, 우리 한 생각이 일어나기 전 자리를 말하는 것이니 이는 말을 붙일 수 없는 근본 면목이어서 깨달았다는 것은 깨달은 것이 끊어진 자리를 깨달았다 하는 것"[63]이라 하였다. 따라서 탄허는 모든 사람들은 그 근본을 지니고 있기 때문에 누구든지 참선을 통해 자신의 본래면목을 깨칠 수 있다고 본다. 다만 공부의 방법론을 다양하게 펼쳐놓은 것이 불교이기 때문에 어느 하나의 수행법만 고집하는 것은 잘못된 것이며 근기에 맞는 수행법을 골라서 근본 자리와 계합되면 된다는 입장이었다. 이런 연유로 간화선과 묵조선, 관법과 주력, 염불과 독경, 그 어떠한 수

61 월정사·탄허문도회 편, 앞의 책, pp. 92~93.

62 김탄허, 앞의 책《부처님이 계신다면》, pp. 75~77.

63 위의 책, p. 25.

행을 선택하더라도 괜찮다는 것인데 마음 자리가 끊어지는 순간이 와서 일심一心이 되면 자신의 본래면목이 드러난다는 것이다. 이와 같은 탄허의 선사상 특징을 '회통선會通禪'이라 할 수 있다. 그의 회통선적 특징은 넓은 바다가 천강千江을 허용하는 화엄의 대가다운 광활함이 있다. 바다가 강물을 취사取捨하지 않고 그저 받아들일 뿐이듯이 모든 수행법을 방편으로 수용하는 것이다. 바다라는 보편은 강물이라는 특수를 나무라지 않는다. 소견이 왜 그리 좁은지, 스케일이 왜 그렇게 작은지 하는 일체 불평이 없는 것이 바다라는 보편이 강물이라는 특수를 보는 방식이듯이 탄허의 '회통선'적 특색은 모든 수행법을 일미一味의 차원에서 장애 없이 허용한다. 차별성을 보기에 앞서 근본의 동일성을 보는 방식으로 불교의 모든 수행법을 아우르는 것이 그의 '탄呑'적 가풍이라 할 수 있다.

3) 보조 후신 한암설

김호성은 한암을 '보조선의 근대적 계승자'로 보며 "차라리 보조의 후신이라고 할 수 있을 정도"[64]라고 말하는데 이는 매우 깊은 연구를 거쳐 나온 탁월한 평가라고 생각한다. 보조와 한암의 사상을 함께 정미롭게 연구하다 보면 한암을 보조의 후신으로 볼 수 있는 결과가 도출되

---

64 김호성, 《방한암선사》, 민족사, 1995, p. 30.

고, 보조와 가장 유사 내지 일치하는 사상을 지닌 인물을 선택하라면 한암을 일순위로 꼽게 된다. 김호성의 언급이 있기 이전에 이미 탄허는 자신의 스승 한암에 대해 매우 은근하면서도 지속적으로 '보조 후신설'을 염두에 둔 법문을 은연중에 하고 있다는 것을 발견하게 된다.

전생前生이나 후신後身을 직접적으로 누설하는 것은 금기에 가까운 것이 선가의 상례이지만, 탄허 법문의 뉘앙스와 정황들을 살펴보면 한암과 제자 탄허 사이에 한암이 보조의 후신이라는 사실을 서로 공유하고 있지 않았을까 하는 생각마저 든다.

필자는 여기에서 보조普照의 후신後身이 한암이라는 '보조 후신 한암설'을 조심스레 제기하는 바이다. 그동안 잘 알려지지 않았던 법문 육성파일의 내용과 여러 연구 결과들을 근거로 보조와 한암과의 연관성을 추적해 보고자 한다.

조계종 종조는 보조국사여야 한다고 했던 탄허의 〈한암선사 생신재 105주기 상당법문〉 가운데 한암과 보조를 함께 언급한 법문 내용만 따로 모았다.

> (1) 오늘이 한암 스님 생신재인데 돌아가신 날은 2월 14일입니다. 그런데 돌아가신 날을 중시하지 않고 오늘 생신재를 이렇게 중시하는 것은 돌아가신 것이 그렇게 좋을 일이 무엇이 있습니까? 돌아가신 것은 오히려 우리한테 슬픈 일이며 또 크게 보면 이 국가 사회에 커다란 손실입니다. 이 세상에 나왔다는 것은 그와 반대로 이 국가 사회에 커다란 이익이 있는 것입니다. 그렇기 때문에 예수님이나 공

자님이나 석가님이나 이 성인들은 생신재를 중시하지, 예수 성탄절, 석가 성탄절, 공자 성탄절 생신재를 중시하지 죽은 날을 중시하지 않습니다.

(2) 오늘 우리가 한암 스님 생신재를 이렇게 해마다 추모하고 모이는 것은 한암 스님이 부처님을 대신해서 이 세상에 76년간을 우리한테 소개해준 분이다 이겁니다. 송광사의 보조국사라는 이는 오늘 돌아가신 날입니다.

(3) 오늘 보조국사가 돌아가신 날입니다. 한암 스님은 태어난 날이고. 송광사에서는 거창하게 보조국사의 재를 지냅니다. 그러면 어떻게 그렇게 보조국사 돌아가신 날이 한암 스님 나신 날이 됐어요? 그것도 인연이 우연한 '거시기'는 아니여.[65]

편의상 (1), (2), (3)으로 나누었는데 그 사이에 생략된 부분들이 보조국사를 조계종 종조로 해야 한다는 내용들이다. (1)은 법문의 시작 부분이고, (3)은 법문의 마지막 부분이다. 탄허는 한암이 태어난 날과 보조가 돌아간 날이 같은 것을 강조하면서 한암의 생신재 법문에 조계종 종조는 보조로 해야 함을 계속 역설하고 있다.

아울러 보조와 한암의 열반상에 대해서 생사가 없음을 자유자재로 쓴 '용무생사用無生死'의 경지에 오른 공통점이 있다고 하면서 생전의 수행은 죽는 순간 그 저력이 드러나는데 이와 같은 용무생사에 오

65 김탄허 강설, 앞의 CD 12, 〈한암선사 생신재 105주기 상당법문〉.

른 경지가 되어야 진정한 도인이라고 설파한다. 생사 없음을 아는 지무생사知無生死, 생사 없음을 체득한 체무생사體無生死, 생사 없음을 계합한 계무생사契無生死로는 매가리가 없어서 안 되며 용무생사를 증득해야 함을 강조했다.

탄허는 가장 멋진 열반상을 보여준 대표적인 용무생사의 도인으로 거꾸로 서서 입적한 등운봉鄧雲峰선사와 미리 관을 짜 놓으라고 하고 관에 들어간 뒤 화장하라고 지시한 관계지한灌溪志閑선사, 그리고 송광사 법당에서 모든 질문을 받은 뒤 앉아서 좌탈한 보조국사와 날짜를 물어보더니 가사 장삼을 수하고 좌복에 앉아서 입탈한 한암선사, 이 네 분을 가장 높은 경지로 인정한다고 하였다. 가만히 살펴보면 한암의 생신과 보조의 입적이 같은 날이고, 보조와 한암 두 선사의 용무생사의 유사점을 강조한 탄허의 법문 흐름은 예사롭지 않아 보인다. 게다가 마지막 부분에 "어떻게 그렇게 보조국사 돌아가신 날이 한암 스님 나신 날이 됐어요? 그것도 인연이 우연한 '거시기'는 아니여!"라 하여 보조국사 돌아가신 날과 한암 스님 나신 날과의 상호 연관성이 깊다는 뉘앙스로 법문을 마감하고 있다. 한암이 보조를 조계종의 종조로 해야 한다고 했던 것, 탄허는 보조와 한암의 열반상이 용무생사로 동일하다고 했던 것과 함께 가장 귀를 솔깃하게 하는 것은 최후에 "인연이 우연한 거시기는 아니여"라 하여 '거시기'라는 전라 특유의 고도의 함축성을 담은 채 법문을 마감하고 있는 점이다. 보조와 한암의 인연이 우연한 '거시기'가 아니다 함은 무엇을 말하는 것일까? 필연적인 연관성이 있다는 뜻인데 필자는 이 '거시기'에 주목하여 '보조 후신 한암설'을 제기하는 것이다. 사실 보조와 한암의 생애와 사상에는 너무나 많은 동질성이 존재한다. 먼저 행적 면에서 탄허는 부석사의 의상대사 지팡이와 송광사의 보조국사 지팡이, 그리고 오대산 중대의 한암선사 지팡이를 늘 함께 논하곤 하는데 여기에서도 '어떤 연관성' 이라는 말을 사용하고 있고 '우리가 모르는 숨어있는 이야기'라는 말로 마무리 짓고 있다.

> 지금 오대산 중대 앞에 있는 정자나무가 바로 스님의 지팡이였다고 한다. 부석사에는 의상법사가 꽂았다는 지팡이가 있고 순천 송광사에는 보조국사가 꽂았다는 지팡이가 지금도 그 자리에 서 있다. 그런데 신라 고승과 고려 국사의 지팡이와 지금 그 자리에 서 있다고 하는 나무 사이에 어떤 연관성이 있는지 알 길이 없다. 그러나 옛날부터 전해 내려오는 이야기에 의하면 그 나무가 바로 옛날 고승들이 꽂았던 지팡이라고 한다. 역사가 오랜 절 마당에는 여러 가지 전설과 비화가 있다. 어찌 보면 마당에 서 있는 나무 한 그루, 굴러다니는 돌 하나에도 우리가 모르는 이야기가 숨어 있을는지 모른다.[66]

보조와 한암의 생애 가운데 가장 주목해야 될 것은 두 선사의 오도悟道의 기연奇緣이 보여주는 평행 이론이다. 보조는 세 차례 오도했

---

66 김탄허, 〈현대 불교의 거선巨禪 방한암〉, 《부처님이 계신다면》, pp. 96~97.

다고 전해지는데, 24세에 《육조단경》을 볼 때, 27세에 이통현의 《화엄론》을 볼 때, 39세에 《대혜어록》을 볼 때였다고 한다. 한암은 24세 때 보조의 《수심결》을 읽고 마음의 중요성을 알게 된 후, 같은 해 경허의 설법 중 '일체 무아'란 말을 듣고 처음 오도한다. 25세 무렵 참선 도중 죽비 치는 소리를 듣고 두 번째 깨달았으며, 28세 무렵 《전등록》을 읽고 세 번째 깨달음을 얻었고, 37세 때 부엌에서 아궁이에 불을 붙이다가 홀연히 깨달은 것이 네 번째 완전한 깨달음이었다고 한다.[67] 두 선사의 오도기연을 보면 보조의 경우 《육조단경》《화엄론》《대혜어록》, 한암의 경우 《수심결》《전등록》과 같이 경론을 보다가 수차례 오도한 유사성이 발견된다. 게다가 가장 중요한 것은 오도한 나이가 거의 동일한 시점이다. 보조는 24세, 27세, 39세의 세 차례이며, 한암은 24세, 25세, 28세, 37세의 네 차례이다. 24세에 첫 오도를 경험하고 25~28세 사이에 재차 오도를 체험한 뒤 37~39세에 마지막으로 깨달음을 얻어 확철대오한 과정이 거의 동일한 것이다.

한암은 탄허에게 이통현의 《화엄론》에 현토만이라도 달아달라고 부촉했는데 이것이 《신화엄경합론》 전체 번역의 시초가 되었다고 한다. 강원에서 중시하지 않고 선사들만이 애독하던 《통현론》을 교재로 공부하게 하고 번역하게 했던 한암과 《통현론》을 보고 오도했다는 보조는 오버랩된다. 이 과정에서 분명 한암은 탄허에게 어떠한 중요한 밀

67 한암의 오도 시기에 관해서는 다음 논문을 참조하였다. 윤창화, 〈한암의 자전적 구도기 '일생패궐一生敗闕'〉, 《한암선사 연구》, 민족사, 2015.

전密傳의 부촉을 남겼을 가능성이 있다. 탄허는 월정사 자신의 거처를 이통현의 거처와 같은 이름의 '방산굴方山窟'로 하고 18년 동안 화엄경 역경 불사에 전념했다. 한암은 보조를 계승하여 돈오점수와 정혜쌍수, 그리고 선교회통의 사상을 함께 공유했고 제자 탄허에게 이 모든 사상을 전수했으며 이후 탄허는 한국 불교사 전체에 길이 남을 회통 사상을 전개하게 된다. 이 모든 것의 시작이 한암이 보조의 겸수·융합의 정신을 이어받은 회통 정신에 기인한 것임은 주지의 사실이다.

경봉鏡峰의 오후보림悟後保任에 대한 한암의 답장을 보면, 《육조단경》《절요》《간화결의론》을 항상 스승과 벗으로 삼으라고 했는데 이것은 모두 보조사상과 관련이 깊은 책들이다. 한암은 송광사의 효봉曉峰과 구산九山, 통도사의 경봉, 제자 탄허에게 보조선을 충실히 전파한 보조사상의 주창자였다.

성철이 보조와 돈오점수를 함께 비판했을 때 송광사 문중만큼이나 언짢았을 곳은 바로 오대산의 한암문도와 탄허였을 것으로 추측된다. 필자가 이 지면을 통해 제시한 '보조 후신 한암설'은 증명할 길이 없는 것이나 그럼에도 불구하고 이러한 제안을 하는 목적은 앞으로의 한국 불교계에서 벌어지는 모든 돈점론과 관련해서 먼 시대에 살고 간 보조가 아닌 현시대를 함께 했던 한암을 마치 보조 대하듯이 보아서 성철의 돈오돈수 사상과 한암의 돈오점수 사상을 비교해보자는 것이다. 한암이나 그를 이은 탄허의 살림살이가 과연 돈수론에서 폄하하는 만큼 얕고 가벼워서 지해종도知解宗徒들로 치부될 수 있을 것인지에 대한 토론이 필요하다. 한암 스스로 조계종의 종조는 보조이어야 한다고 주장하며 《보조법어》를 가장 먼저 편찬·출간했으며, 보조가 깨친 《화엄론》을 기어이 탄허로 하여금 완역하게 했으며, 자신 또한 보조와 같이 좌탈입망의 열반상을 보여주었고, 제자 탄허는 보조-한암로부터 이어진 회통 사상의 정점을 찍었기 때문이다.

현대 한국 불교사에서 성철의 '철徹'적 가풍과 대對를 이루는 반대 지점에 탄허의 '탄呑'적 가풍이 있다는 것을 인식하면 보다 확충된 현대 한국의 선사상이 구성될 수 있을 것이며, 향후 담론의 형성은 8백 년을 뛰어넘은 보조선-성철선의 구도가 아닌 한암선漢巖禪-성철선性徹禪, 혹은 '철徹'적 가풍-'탄呑'적 가풍의 형태로 이루어지는 것이 좋지 않을까 제안하는 바이다.

4. 중도적中道的 회통會通

이 장에서는 현대 한국 선사상의 특징을 성철의 철徹적 가풍과 탄허의 탄呑적 가풍 두 가지로 대별하여 살펴보았다. 성철은 돈오돈수와 태고법통설을 주장했고, 탄허는 스승 한암을 계승하여 돈오점수와 보조종조설을 주장했다. 성철은 간화선을 중심으로 숙면일여의 과정을 통해 제8 아뢰야식의 미세 망념을 타파하고 대사각활을 거쳐 구경각에 이르러야 한다는 철저한 돈수론을 내세우며 보조의 돈오점수를 해오점수에 불과한 것이라 비판했다. 반면에 탄허는 보조의 돈오점수를 깨달음을 쉽게 여기고 방만하자는 의도가 아니라 화엄의 견도위의 이론을 통해 보다 많은 대중들을 발심케 하는 방편이자 근기에 맞는 수행법을 허용하여 닦음을 강조한 입장으로 이해했다. 돈수론이 깨달음에 방점이 있다면 점수론은 닦음에 방점이 있는 것이다. 이러한 성철과 탄허의 가풍을 비유를 들어 설명해 보자면 다음과 같다.

> 성철의 철徹적 가풍은 마치 에베레스트의 고봉高峰 정상頂上에 홀로 우뚝 서서 비로자나불의 정수리를 밟고 뭇 봉우리를 내려다보는 듯한 선禪의 쾌활자재快闊自在한 향상向上의 기상氣象이 돋보이는 것이라면, 탄허의 탄呑적 가풍은 마치 태평양 바다의 한복판에서 법계의 시방 세계로부터 흘러 들어오는 모든 중류衆流의 물결들을 모두 받아 삼켜 하나를 이루는 화엄華嚴의 탄탄무애坦坦無碍한 풍류風流가 그 압권이다. 비유하자면 성철이 '수직 지향'의 '전문점'적 특색이 강하다면 탄허는 '수평 지향'의 '백화점'적 특색이 강하다고 볼 수 있다.[68]

성철의 핵심 사상은 중도사상中道思想과 돈오돈수頓悟頓修 사상이

68 문광, 앞의 책, pp. 321~322.

다. 탄허의 핵심 사상은 회통사상會通思想과 돈점융회頓漸融會 사상이다. 이러한 상반된 '철徹'적 가풍과 '탄呑'적 가풍을 절충하여 두 쟁점들을 화회和會시켜 성철의 '중도'와 탄허의 '회통'을 결합시켜 본다면 현대 한국 불교사에 있었던 돈점논쟁의 교훈을 다시 새롭게 불교 발전과 수행 진작의 향상일로로 전환시킬 수 있을 것이다.

성철의 '중도'가 진여문의 영원히 변할 수 없는 각覺의 실체라면 탄허의 '회통'은 생멸문이 영원히 추구해야 하는 삶의 실용이다. 이 두 선사의 대표적인 사상을 융합·통섭하면 '중도적中道的 회통會通'이 된다. 돈오돈수설과 돈오점수설을 중도의 쌍차쌍조雙遮雙照 방식으로 회통하면, 구경각을 이루기 위해서는 철저한 증오證悟를 위해 노력하는 '돈수의 철徹적 가풍'이 요구되고, 많은 대중을 근기에 맞게 수행시키고 교육하며 이타적 보살행을 실천하도록 발심하게 하는 것은 '점수의 탄呑적 가풍'이 필요하다.

성철의 돈수 사상이 나온 뒤 종전보다 더욱 엄격하게 정진하는 선사들이 생겨났고, 보조의 점수 사상이 나온 뒤 유구한 역사를 거쳐 한암이나 탄허와 같은 조금의 방일도 허용치 않고 임종의 순간까지 점수의 닦음을 이어간 종장들도 많이 나왔다. 현대 한국의 선사상에서 이 두 지평은 논쟁과 토론이 필요한 두 갈래이기도 하지만 한국 불교의 지평을 한층 더 끌어올린 살아있는 불법의 현장이었다는 것을 방증한 두 상징이기도 하다.

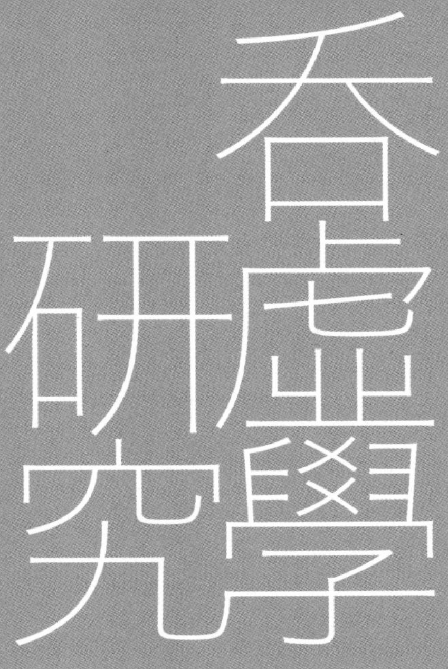

제5장 | 탄허택성의 경세학經世學과 요익행饒益行

1. 유교적 정치 이상理想과 불교의 회통會通[01]

탄허택성은 20세기 한국을 대표하는 대선사요 대강백이자 대사상가였다. 그가 평생토록 20종 80권[02]에 이르는 유·불·선 삼교의 경전을 선지禪旨를 바탕으로 번역하고 해설한 것은 주지의 사실이다.

탄허는 모든 분야에 걸쳐 유·불·선을 함께 담론했으며 여타의 종교와 사상을 먼저 예로 든 다음 불교로 마무리하곤 했다.[03] 그는 평소에 "종지宗旨를 파악하면 자재기중自在其中"[04]이라는 말을 즐겨 사용했는데, 무생無生의 종지宗旨와 체體는 불교에서 그 근본을 취하되 국가와 사회를 알고 다스리기 위해서는 유교의 참뜻도 알아야 한다고 늘 역설했다.[05]

여기에서는 탄허가 적극적으로 보살행을 실천하고 현실에 참여했던 행적을 유교의 경세학經世學과 불교의 요익행饒益行의 회통이라는

01 제5장의 내용은 2019년 5월 25일 한국불교사연구소 주최로 동국대 다향관에서 열린 〈대한 시대 불교계 안팎의 지성 1〉이란 주제로 발표한 것으로 《한국불교사연구》 15집(한국불교사연구소, 2019. 6.)에 수록된 것이다.

02 탄허가 번역한 경전의 종류와 내용에 대한 정리는 다음 책을 참조. 문광, 《탄허선사의 사교四教 회통 사상》, 민족사, 2020, pp. 350~361.

03 월정사·김광식(편), 《방산굴의 무영수》 하권, 오대산 월정사, 2012, p. 225.

04 위의 책, p. 210.

05 위의 책, p. 211.

측면에서 고찰해 보고자 한다. 그는 동양 정치사상의 이상인 경세치용經世致用의 정신을 바탕으로 적극적으로 현실에 나아갔으며, 국가의 리더와 지도자들에게 법력과 지혜를 바탕으로 자문과 가르침을 폈던 불교의 국사國師, 왕사王師와도 같은 역할도 자임한 바 있다. 그는 여래십호 가운데 세간사를 환히 이해한다는 '세간해世間解'라는 표현에 걸맞게 현실 문제에 대한 관심이 지대했고 문제 해결을 위한 모색에도 적극적이었다. 그의 일생은 유교의 내성內聖과 외왕外王, 불교의 격내格內와 격외格外의 합일을 몸소 실천하고 융회한 출입자재出入自在와 기용제시機用齊施의 삶이었다.

필자는 그간 탄허사상에 천착하여 불교의 선禪과 화엄華嚴을 중심으로 하여 유학, 역학, 노장, 기독교와의 회통사상會通思想, 미래학未來學인 간산사상艮山思想 등을 중점적으로 연구해왔다.[06]

이 장에서는 그동안의 연구를 보충하는 의미에서 그의 현실 참여와 실천성에 초점을 맞춰 중점적으로 논하고자 한다.

탄허의 입적 후 36년이 지난 지금까지 여전히 현재완료진행형인 그의 미래학 역시 함께 살펴봄으로써 그가 이 땅의 현실을 위해 온몸으

06 문광, 〈탄허선사 유불회통론의 '呑'적 가풍 연구〉, 《문학·사학·철학》 28·29, 2012. ; 〈탄허선사의 유교 경전에 대한 불교적 해석-《論語》를 중심으로-〉, 《한국불교학》 80, 2017. ; 〈탄허선사의 《莊子》에 대한 불교적 해석〉, 《불교학보》 81, 2017. ; 〈탄허택성과 동양사상-《周易》의 宗旨와 《老》《莊》의 注解를 중심으로-〉, 《한국불교학》 78, 2016. ; 〈탄허택성의 선사상 연구-譯經觀과 修行觀을 중심으로-〉, 《불교학보》 76, 2016. ; 〈탄허학의 골수와 종지〉, 《문학·사학·철학》 33, 2013. ; 〈현대 한국 선사상의 두 지평 : 성철의 '徹'적 가풍과 탄허의 '呑'적 가풍〉, 《동아시아불교문화》 27, 2016. ; 〈탄허선사의 말세관과 미래학-불교·유교·기독교의 말세론과 《正易》 해설을 중심으로-〉, 《원불교사상과 종교문화》 71, 2017. ; 문광, 〈華嚴學과 易學을 통해 본 呑虛의 艮山思想 -오대산과 계룡산의 의미망을 중심으로-〉, 《정토학 연구》 31, 한국정토학회, 2019.

로 밀고나갔던 투철한 보살행의 실체에 접근하고자 한다. 이를 위해서 기존에 문헌으로 기록된 행적들 외에 생전에 인연 있었던 주위의 제자들과 반연들로부터 직접 들은 일화들을 대거 수록함으로써 보다 새롭고 다채로운 내용들을 소개해 보고자 한다.

2. 동양의 정치 이상과 경세학

1) 유교의 정치사상과 이상

탄허는 동양의 전통적인 정치사상을 이상으로 삼았다. 그는 1978년 오대산에서 개최한 동양사상 특강에서 근대 서양을 지배한 자본주의와 사회주의의 양대 사상에 대해서 아래와 같이 비판했다.

> 서양의 물질문명은 다윈 진화론의 약육강식으로 인해 거침없이 발전해 왔다. 진화론 사상은 세상에 많은 발전을 가져왔으며 이를 제창한 영국은 해가 지지 않는 나라가 되었다. 하지만 얼마 안 있어 마르크스의 사회주의 이론이 나오면서 다윈의 진화론은 쇠퇴하게

되었다. 오늘날 서양에서는 마르크스의 사회주의 이론을 때려잡을 사상이 없다. 지금 우리의 서울대학교 같은 곳에서도 마르크스 이론 자체를 가르치지 못하도록 한다. 마르크스 사상을 능가할 사상이 없기 때문에 학생들이 전부 좌경화할 가능성이 있어서 아예 책을 읽지도 못하게 하는 실정이다. 그러나 마르크스의 사회주의 사상을 능가하는 것이 바로 동양의 역학적易學的 정치사상이라는 것을 아는 이가 없다. 자유 진영의 자본주의는 극도의 사회 불균형의 모순을 드러내었고 마르크스의 사회주의는 개인의 자유를 박탈하는 단점을 안고 있다. 이 양대 모순성을 완전히 해소시키는 것이 바로 동양의 역학적 정치사상인데 무식한 사람들이 《주역》을 몰라서 동양사상의 가치를 모르고 있는 것이다.[07]

탄허는 동양의 역학을 바탕으로 한 전통적인 정치사상이 서양의 좌우익으로 분할된 자본주의와 사회주의의 양대 모순을 해결하는 미래의 사상으로 대치되어야 한다고 역설했다. 세상을 개혁하여 올바른 공동체를 만들기 위해서는 서구 사상의 부족함을 동양 정치사상으로 극복해야 한다고 강조했다. 그는 서구 사상을 대체할 수 있는 이상을 유교의 《서경書經》을 중심으로 한 도덕적 왕도 정치에서 찾았다.

저는 동양의 4천 년 전 요·순·우 삼대 정치가 진정한 민주정치였다

07 김탄허 강설, 《동양사상 특강 CD 5》, 교림, 2002.

고 생각합니다. 요임금은 민심에 따라 왕위를 자기 아들 단종丹宗에게 물려주지 않고 순임금에게 넘겼으며, 순임금도 역시 민의民意에 따라 정권을 아들 상균商均에게 이양하지 않고 우임금에게 전했습니다. 이를 법통法統이라고 합니다. 우임금은 어진 신하 익益에게 정사政事를 맡겼으나 섭정 연한이 짧았고 아들 계啓도 또한 현철하여 백성들이 모두 익益을 마다하고 계啓를 따랐으므로 계啓가 왕위를 이었는데 이때부터 혈통이 시작된 것입니다. 이와 같은 요·순·우 삼대 정치는 법통, 혈통을 막론하고 모두가 덕화德化로 이루어진 것이기 때문에 진정한 민주정치라고 보는 것입니다. 그러므로 《서경》에 "백성은 무상회無常懷하야 회우유덕懷于有德"이라고 했습니다. 즉 만민은 한 사람만을 떳떳하게 생각하지 않고 덕이 있는 이를 생각한다는 것입니다. 보십시오. 선거가 무슨 필요가 있습니까? 이것이 바로 민주정치가 아니겠습니까?[08]

탄허는 동양의 정치사상에 대해서 매우 이상주의적인 낙관론을 지니고 있었다. 요·순·우 삼대의 정치야말로 민주주의 최고의 이상으로 볼 수 있다고 했고, 현재의 정치 상황 역시 이를 통해 개혁해야 한다고 주장했다. 그의 이러한 견해는 작금의 현실 상황에 비추어 볼 때 매우 우활迂闊해 보인다고 평가할 수도 있다. 하지만 그는 《서경》에서 제시된 위정자의 전수심법인 '정일집중精一執中'의 원칙은 동서와 고금을

08 김탄허, 앞의 책(2000), pp. 125~126.

막론하고 국가와 사회를 끌고 나갈 지도자라면 반드시 닦아야만 될 지침이자 근본 정신임을 설파했다. 탄허는 동양의 유불선 삼교 학술의 요체는 결국 '일一'로 수렴되는 것으로 보아 불교는 '만법귀일萬法歸一', 유교는 '정일집중精一執中', 도교는 '득일만사필得一萬事畢'이란 말로 정리한 바 있다.[09] 인간 세계가 아무리 발전하고 변했다고 하더라도 위정자와 리더의 덕목은 단순한 정치학과 경제학의 영역만은 아니라는 것이다. 심성心性을 바로 닦는 수신修身의 동양학 근본이 없는 한 그 어떤 사상도 용두사미에 빠지고 자체 모순에 떨어져서 혼란을 면하기 어렵다는 것이다. 우원迂遠한 주장으로 보이나 근본적인 처방이 아니고서 세상은 쉽게 이상이 실현되기 어렵다는 것이 탄허의 관점이었다. 물질에 몰두한 현대사회의 귀결처는 정신을 제일의로 삼은 동양의 정치사상에 있다는 것이 그의 일관된 신념이었다.

탄허는 유교의 경세학은 공자의 불세사업不世事業인 인재 양성과 교육을 통해서 결실을 맺은 것으로 오늘날 공자가 성인으로 인정받을 수 있었던 결정적 이유는 그가 교육에 뛰어들었기 때문이라고 했다.[10] 탄허가 늘 도의적 인재 양성을 강조하고, 큰 인물이 나와야 함을 역설하며, 젊은이를 좋아하고 가까이했던 것은 국가 규모의 동양적 도의교육을 이상으로 삼았기 때문이다. 그가 말한 도덕적 인재는 도덕, 윤리, 질서와 같은 소극적 가치만이 아니라 동체대비同體大悲와 다즉일多

09 문광 편, 〈미국 홍법원 10주년 기념 세계평화 고승대법회 초청법문〉, 《탄허사상 특강》, 금강선원, 2014, p. 179.

10 월정사·김광식 편, 앞의 책(하), p. 394.

卽一, 자기 희생을 감수하는 지혜와 직관을 갖춘 넓은 의미의 인재였다.[11] 탄허는 불법의 종지를 통해 도의적 인재를 양성하고 사회 각 분야에 인재가 들어가서 사회와 국가를 위해 제대로 역할을 할 수 있도록 온 정열을 다해서 후학들을 가르쳤다.[12] 그는 불법佛法만을 고집하지 않고 승속僧俗을 초월해 있었기에 항상 국가와 민족의 장래를 걱정하고 헐벗은 백성을 걱정했다. 그가 진정한 보살행을 실천했다는 평가를 받았던 것[13]은 선사로서의 본분에 이타의 자비행을 갖추었기 때문이라 할 수 있다. 그는 화엄사상과 동양사상에 바탕을 둔 도의적인 인재를 배출할 것을 항상 갈구했으며, 민족의식을 바탕으로 국민과 나라의 장래에 대해 늘 걱정했다.

유가 선비의 대표적인 사상이라 할 수 있는 '우환의식憂患意識'[14]은 독립운동에 헌신했던 부친의 영향과 소싯적 수학했던 유교의 경세치용의 정신이 발전하여 민족사상가로서의 면모로 확장된 것임을 알 수 있다.

---

11 위의 책, p. 200.

12 위의 책, p. 210. 제자 명호근의 회고.

13 위의 책, p. 217.

14 중국의 '현대신유가現代新儒家 십철十哲'의 한 명인 모종삼牟宗三은 《주역》 〈계사전〉의 "역을 지은 이(문왕)는 우환이 있었을 것이다(作易者 其有憂患乎)"라는 구절에서 유가 선비의 대표적 정신으로 세상과 국가를 걱정하는 '우환의식'을 추출해 낸 바 있다. 자세한 내용은 다음 책을 참조. 牟宗三 저, 김병채 역, 《중국철학강의》, 예문서원, 2011.

2) 적극적 현실 참여와 지기知幾

탄허가 당시의 일반적인 고승들과 구분되는 가장 큰 특징은 현실 문제에 대해 매우 적극적으로 관심을 갖고 참여했다는 것이다. 그는 인연이 닿을 때마다 자신이 수학하고 수행했던 모든 학문과 법력을 현실에 구현하고자 노력했다.

> 스님이 다른 스님들과 차이점이 있다면, 스님은 현실 문제에 대해서 상당히 깊은 관심을 갖고 계셨다는 것이지요. 그래서 누가 물으면 당신 나름대로의 처방을 갖고 계셨어요. 다른 스님들은 선문답이나 불교의 기본 교리를 전하는 것이 원칙이라면 스님은 현실에 적용할 수 있는 동양의 역사 속에서 적합한 사례를 찾아서 설명하시고 구체적인 방안 처방을 내놓으셨어요. 내 생각에는 그분은 그렇게 현실적으로 관심이 많았어요. 그래서 동양 역사를 통해서 현실의 대안을 내놓으셨어요.[15]

탄허는 동양의 사상과 역사에 대한 해박하고 심도 있는 이해를 바탕으로 현실적 문제들에 대해 실질적인 대안을 내놓았던 것으로 유명했다. 그가 내놓았던 대안은 불교의 종지를 바탕으로 한 것이면서도 현실적인 부분을 통찰하는 데 유익했고, 쉽고 간명하게 현실 문제에

---

15 월정사·김광식 편, 앞의 책(하), p. 195. 제자 전창렬의 회고.

적용할 수 있는 것이었다.

그 시절에 스님을 보고 불교가 아니라 동양사상가라는 이야기도 나왔거든요. 스님이 유불선을 이야기하고 주역과 노자의 말을 많이 하시니까 그런 말이 나왔어요. 그러나 제가 본 견지에서는 스님은 불교를 근본으로 하신 분입니다. 스님을 모르는 사람이나 폄하하려는 사람들이야 스님은 입만 열면 논어, 맹자, 주역을 찾았다고 비판하는 사람들이 있었어요. 그러나 탄허 스님이 논어·맹자를 말하신 것은 그 말이 쉬우니까 포교하는 차원에서 그렇게 하신 것입니다. 스님은 늘상 부처님 경전을 대학원 수준으로 말씀했고, 공맹은 중·고교 과정으로 말씀했어요. 그러니까 스님은 불교를 체體로 하고 나머지 유학과 선仙을 용用으로 활용한 분이지요. 불교는 스님에게서 근본입니다.[16]

탄허는 항상 불교에 종지를 두고 있었으나 현실적인 부분에서는 유가와 노·장을 비롯한 동양의 역사와 지혜를 적극 활용하였다. 특히 역학에서 말하는 '기미를 보고 움직인다'는 '견기이작見幾而作'[17]의 '지기知幾'[18]의 예지를 현실에 적용하는 데에 능했다. 그 대표적인 예가 중국의 거대한 변화에 대한 인식이었다. 미국의 닉슨 대통령이 중국과 핑

16 위의 책, p. 373.

17 《周易》〈繫辭下〉, "君子 見幾而作 不俟終日"

18 《周易》〈繫辭下〉, "知幾其神乎 君子上交不諂 下交不瀆 其知幾乎 幾者 動之微 吉之先見者也"

퐁외교를 하기 직전에 앞으로 우리나라가 중국과 통하게 된다고 하면서 중국어를 배우라고 제자들에게 강조한 것이 바로 그것이다.[19] 대학교에서 1970년대부터 중어중문학과 개설이 본격적으로 활성화되기 시작한 것을 감안하면 1960년대에 이미 탄허가 중국어를 배워두면 앞으로 득세할 것이라고 예견했던 것은 의미심장하다.[20] 탄허는 제자들과 함께 중국어를 배우고자 하여 제자인 전창렬 변호사가 중국어 선생을 구해와서 청룡사에서 1년 정도를 매주 수요일 저녁에 중국어를 배웠다고 한다. 그리하여 탄허는 중국어로 간단한 의사 표시도 하고 중국 스님이 오면 대화를 어느 정도 할 수 있는 정도가 되었다고 한다.[21] 좌·우익의 대립과 자본주의·사회주의의 양대 분열이 극심했던 당시 탄허는 이미 중국이 반드시 개방이 될 것이고 나아가 세계의 중심이 될 것이라고 역학을 활용하여 역설했다.

탄허 스님이 역학을 활용하여 한국의 미래에 대해 낙관적으로 예견한 것은 1960년대에 이미 나타나고 있다. 1965년에 쓴 〈조선국태백산단종대왕지비朝鮮國太白山端宗大王之碑〉를 보면 동쪽으로는 일본을 삼키고 북으로는 만주를 아우르게 될 것이라는 의미인 '동탄북병東呑北竝'[22]이라는 표현을 사용하고 있다. 강원도 영월 사람들은 단종이 산

19 월정사·김광식 편, 앞의 책(하), p. 194.

20 1960년대 이전에 중어중문학과가 개설된 대학교는 서울대학교, 한국외국어대학교, 경희대학교, 성균관대학교 등 네 곳뿐이었다.

21 위의 책, p. 233.

22 오대산 문도회·탄허불교문화재단·교림 편, 《탄허대종사 연보》, 교림, 2012, p. 76.

신령이 되었다고 믿었는데 탄허는 태백산 정상 아래 세울 단종의 비문을 지으면서 태백산 산신령인 단종의 위신력으로 '장차 멀지 않은 미래에 동쪽으로 수천 리의 땅을, 북쪽으로 수만 리의 지역을 가지게 될 것'[23]이라고 했다. 앞으로 우리나라가 통일이 되고 우리 민족의 기상과 정신이 번창하여 만주까지 우리 땅으로 편입될 것이라고 예견한 것은 당시의 청년 불자들을 감동시키고 민족 자긍심을 고취시켜 한국대학생불교연합회(대불련)을 창립하는 원동력이 되기도 했다.[24] 이처럼 탄허는 항상 국가와 민족의 현실에 대해서 끊임없이 관심을 갖고 청년과 대중들을 지도했는데 그 바탕에는 나라 없는 백성들을 위해 독립운동을 했던 부친의 독립 정신이 가장 큰 영향을 미쳤다고 말했다.[25]

탄허는 현실적인 측면을 위해서 동양학의 다양한 술학術學도 과감히 수용했을 뿐만 아니라 제자들에게 적극적으로 강의하기도 했다. 특히 《마의상법麻衣相法》과 같은 관상학도 틈틈이 강의했다고 한다. 그 저변의 의도는 사람을 바로 볼 줄 알아야 적재적소에 바로 쓸 수 있기 때문이라고 했다.

> 스님께서는 동양사상은 천지인 삼재를 갖고 설명을 다 할 수 있다고 하셨습니다. 그러시면서 천天을 배우는 것이 천문학이고, 지地를

23 위의 책, pp. 76~77. "將來東拉幾千里之地 北呑數萬里之域"

24 월정사·김광식 편, 앞의 책(하), p. 216. 전창렬, 명호근 등이 대불련을 창립하게 된 것은 민족의 미래와 역사에 대한 탄허의 강렬한 의식이 발판이 되었다고 한다.

25 위의 책, p. 197.

배우는 것이 지리학인데, 인人을 배우는 것은 관상학이라고 하시면서 이 관상학이 사회생활에서 제일 중요한데 연구하지 않는 것은 납득할 수 없다고 했어요. 그 예로 김옥균이 3일천하라는 갑신정변을 도모하였지만, 3일 만에 실패로 끝난 것을 말씀했어요. 김옥균이 정변 후에 자기 비서로 데리고 있던 사람에게 암살당한 것도 사람을 잘 보지 못한 결과인데 자기 사람도 못 보면서 무슨 천하의 일을 도모할 수 있겠냐고 했어요.[26]

탄허는 출가하고자 하는 젊은이들에게 출가할 사람이 있고 사회에 남아 있을 사람이 있는 것이라고 하면서 적극적으로 출가를 권하는 법이 없었다고 한다. 오히려 뜻있는 사람들을 모아서 제대로 할 수 있는 일을 하라고 했다.[27] 민생 구제와 국민 정신 순화는 위정자의 몫이고 스님들은 위정자에게 철학과 사상을 제시하고 뒤에서 역할을 독려하는 것이라고 했다. 나아가 나라를 구제하기 위해서는 비구승 열 명보다 한 명의 불교 정치가를 기르는 것이 훨씬 중요하다고 역설했다.[28] 출가를 권하지 않고 사회에서 불자로서 큰일을 하라고 가르친 탄허에게 청년 불자들은 오대산에만 머물지 말고 서울로 나오라고 간청을 드렸더니 다음과 같은 답변이 돌아왔다고 한다.

---

26 위의 책, p. 241.

27 위의 책, p. 193.

28 위의 책, p. 200.

큰스님에게 오대산 산속에만 계시지 말고 서울에 올라오셔서 일반 대중을 위한 활동을 해달라는 간청을 드렸습니다. 그랬더니 스님은 이화장, 이승만 대통령이 살던 집을 빌려주면 나와서 국사를 보겠다는 그런 말씀을 하셨습니다. 스님은 통 안에서는 통을 굴릴 수 없다고 하시면서 통 밖으로 나와서 통을 굴려야 한다는 그런 말씀을 많이 하셨기에 저희들이 그런 말씀을 드린 것이었습니다.[29]

동숭동의 이화장梨花莊에는 이승만이 대통령에 취임하면서 내각을 구성했던 조각당組閣堂이 있다. 풍수지리학적으로 천하의 명당으로 소문이 나 있는 곳이다. 탄허는 이곳을 빌려주면 국가의 대사를 보겠다고 했다. 이는 기왕 속세에 나온다면 현실에 크게 기여할 만한 일을 해보겠다는 의지를 천명했던 것이다. 현실적으로 이승만이 살던 집을 빌리는 일은 불가능한 일이었지만 청년 불자들의 바람대로 서울에 나와 머물게 되는 일이 생겼다. 마침 동국대학교 대학선원장이 되어 서울로 나오게 되면서 《화엄경》 번역 불사를 서울에서 마무리하게 되었다. 이때 쌍용양회 김성곤 회장의 부인인 김미희 여사의 외호로 흥선대원군 별장인 석파정石坡亭에 머무는 인연이 되었다. 탄허가 쌍용의 김성곤 회장과 동갑으로 서로 의기 투합했던 사이였기에 그러한 호의를 받을 수 있었다. 이로써 석파정에서 《화엄경》 번역 불사를 하고 다양한 인재를 양성하는 한편 많은 저명인사를 만나 국사를 논하면서

---

29 위의 책, p. 229.

명실상부한 출입자재出入自在와 출출세간出出世間의 임운등등任運騰騰함을 보여주게 되었다.

3. 국사國師 역할의 자임과 요익행

1) 역대 대통령과의 인연과 자문

탄허는 스스로 국사國師와 왕사王師 같은 역할을 자임自任하고자 했다. 국가의 지도자들에게 직접 사상을 가르치고 미래를 준비할 수 있는 비전을 제시하며 독려를 아끼지 않았던 행적이 뚜렷하게 남아 있다.

> 스님은 국가의 현실 속에서 당신이 할 수 있는 역할에 대해서도 나름의 원칙이 있으셨어요. 스님은 크게는 우주의 진리를 펴는 것이 중요하다고 보셨어요. 그래서 옛날식으로 동양사상에 입각해서 집권자를 제대로 교화시켜서 세상에 진리를 구현하는 방식을 생각하였어요. 이를테면 왕사의 역할을 기대하셨지요. 스님은 출세간에서도 할 역할이 있지만 세간에서는 국왕에게 부촉을 해서 국왕이 바

른 생각과 바른 행동을 하게 해서 나라를 공평하게 할 수 있다는 생각을 하신 거예요.[30]

어떤 인물이라도 만나기를 꺼리지 않고 문호를 활짝 열었던 탄허의 가풍 때문에 그의 명성을 들은 정치인과 재계 및 학계의 다양한 인사들이 그를 찾아들었다. 스님은 새벽에 참선으로 하루 일과를 시작하고 오전에 번역을 비롯한 자신의 일을 수행하고 나면 그 누구라도 기꺼이 만나주었다고 하며 바빠서 못 만난다는 말은 평생 내뱉은 적이 없다고 한다. 그리하여 탄허는 역대 대통령들과도 다양한 인연을 맺게 되었는데 그 숨겨진 일화들을 통해서 그가 보이지 않게 국사의 역할을 하고 있었다는 것을 확인할 수 있다.

먼저 박정희 대통령과는 사이가 각별했던 것으로 보인다. 미래를 준비하기 위해서 필요한 말씀을 해달라는 부탁에 탄허는 인재 부족, 식량 부족, 물 부족 등 세 가지를 제시했다.[31] 앞으로 도의적 인재가 부족할 테니 문과와 이과로 나누어 국가에서 미래를 준비할 인재를 양성할 수 있는 특별한 교육 기관을 설립하라는 것이었다. 그리하여 개원된 것이 한국과학기술원(KAIST, 1971년 설립)과 정신문화연구원(1978년 설립, 현 한국학중앙연구원)이었다고 한다. 식량 부족에 대비하기 위해서 마련된 것이 1972년의 '절대농지법'이며 이로써 엄격히 개발이 규제되는

30 위의 책, pp. 190~191.

31 이 내용은 동국대 김성철 교수가 선친인 김종서 교수와 탄허 스님이 나눈 대화를 증언해준 것이다.

농지를 확보하게 되었다는 것이다. 그리고 물 부족에 대한 의견을 받아들임으로써 1970년대 초반부터 대규모로 댐이 건설되기 시작했는데 그 대표적인 예가 소양강댐(1973년)과 팔당댐(1972년) 등이었다.

박정희는 서울의 동작동 국립묘지 부지가 부족하게 되자 다른 곳에 국립현충원터를 확보하기 위해 탄허에게 좋은 터를 찾아달라고 부탁했는데 이때 청와대에서 헬기까지 내주었다. 자신의 집안 조카뻘 되는 지관 박영출과 함께 터를 소점한 곳이 바로 지금의 대전 갑동(현 유성구)의 국립현충원 자리이며, 1976년에 미리 터를 보아두었다가 공사는 1979년에 착공하게 되었다.[32] 반면 탄허는 박정희가 한글 전용을 주창하자 상극 원리를 제시하면서 이제 한문을 다시 시작할 때가 되었다고 제자들에게 말했다. 당시 중앙정보부장이었던 이후락 역시 탄허를 믿고 좋아해서 자주 만나러 와서 문답을 나누기도 했으며 유사시에는 그의 부인이 대신 와서 의견을 청취했다.

최규하 대통령의 경우에는 국무총리 당시 명리학자이자 탄허의 제자였던 박초당 여사의 소개로 이문동에서 만난 적이 있었다. 당시 정재계 인사들은 박초당과 만나기를 희망했다고 하는데 최규하 역시 박초당을 누님이라고 부르던 막역한 관계였다. 탄허는 그에게 한국의 밝은 미래와 낙관적인 전망, 그리고 희망을 주는 이야기들을 해주었다.[33]

10·26사건 직후 계엄령 하에서 육군 참모총장을 맡고 있던 정승화

---

32 교림출판사 서우담 선생의 증언이다.

33 교림출판사 서우담 선생의 증언이다.

장군의 얼굴을 텔레비전을 통해 보고서는 "저 사람이 약해서 여의주를 잘 간직하지 못하고 잃어버리겠다"고 걱정했다. 당시 국방부에 있었던 제자 전창렬에게 연락을 주선하기도 했으나 결국 연이 닿지 못하고 12·12사태를 맞이했다. 이에 대해 탄허는 "국가의 운명이 이렇게 흘러가버리니 어쩔 수 있냐"고 했다.[34]

탄허는 전두환 대통령과는 그다지 깊은 인연을 맺지는 않았다. 1980년 10·27법난을 일으키자 탄허는 군부 정권을 싫어하여 재가 제자였던 익성회翼誠會의 박재원 회장을 대통령 선거에 내보내려고 준비시키기도 했다. '원일민립당圓一民立黨'이라는 당명을 정해주고 정관과 창당준비위원회도 조직하도록 했다. 전국의 27군데에 지구당 조직까지 만들어 놓고 대통령에 입후보하려고 했는데 잡혀가서 20여 일간 감금되었고 갇혀 있다가 나오니 1981년 대선은 이미 끝이 나 있었다. 탄허가 정당을 만드는 데 개입하고 대통령 후보를 내세우려는 계획까지 세웠던 것을 보면 그가 현실 정치를 얼마나 중요하게 생각했는가를 엿볼 수 있다. 이후 전두환은 재무부장관(뒤에 비서실장)이었던 강경식을 통해서 불명(아호)을 지어달라는 부탁을 해왔다. 탄허는 일면식도 없는 사람에게 호를 지어준다는 것은 어불성설이라고 단호하게 마다했으나 인연이 깊었던 강경식의 간곡한 부탁을 외면할 수 없어서 '일해日海'라는 아호를 지어주었다.[35] 전두환이 이 아호를 일해재단 등에

34 제자 전창렬 변호사의 증언이다.

35 교림출판사 서우담 선생의 증언이다.

사용했던 것을 보면 탄허에 대한 존경의 염을 짐작할 수 있다.

노태우 대통령과는 인연이 각별했다. 노태우는 신심이 깊은 불자로 12·12사태가 있기 이전부터 탄허에게 귀의하고 그를 깊이 존경하여 많은 법문을 들었다고 한다. 그는 남산 필동의 수도경비사령관실에 탄허를 초빙하기도 했다. 병사들을 위해 부대 안에 법당을 하나 짓고 싶다고 간청하여 탄허가 잡아준 터가 바로 현재의 남산 충정사忠正寺이다. 수도경비사령부는 수도방위사령부가 되었다가 뒤에 이전하고 현재의 남산골 한옥마을로 변모하였는데 충정사는 지금도 그 자리에 남아 향화香火가 이어져오고 있다.

노태우는 대통령 선거에 나갈 준비를 하면서 탄허에게 자주 자문을 구해 왔다. 그의 대통령직 수행 가운데 최고의 업적이라 칭해지는 북방 외교는 바로 탄허의 미래 예지를 듣고 확고히 밀고 나간 사업이었다고 한다. 퇴임 후 월정사에 찾아왔던 노태우는 자신이 대통령이 되기 전에 탄허로부터 들었던 "앞으로 동서 문명이 화합하고 좌우 대립이 해소될 것이니 소련과 중국과 같은 사회주의 국가와도 실리 외교를 하고 북방으로 관심을 가지라"는 조언을 믿고 반대가 있더라도 힘있게 밀고 나갔다고 회고했다. '북방 외교는 전적으로 탄허 스님 덕분'이라 했다는 것이다.[36]

이후 서울 인사동에 교림출판사가 설립되어 탄허의 역경 불사를 전담할 때 김근태, 임채정, 김상현, 여익구 등의 진보적 인사들도 많이 다

---

36 월정사 주지 정념 스님의 증언이다.

녀갈 정도로 탄허에 대한 정치계의 감화는 보수와 진보를 막론하고 지대했다. 임채정의 경우에는 기자직을 그만두고 탄허의 법어집인《부처님이 계신다면》을 출판하는 데 앞장서기까지 했다.

이상에서 보듯이 탄허는 현실 문제에 깊은 관심을 가지고 국가에 이바지하는 불교가 되도록 혼신의 노력을 다하였다. 이러한 인식과 태도는 유가의 선비 집안에서 자라나 부친으로부터 물려받은 독립 정신과 반일 민족사상을 근간으로 하고, 호국불교의 정신에서 이어져온 민족 불교사상을 바탕으로 한 데서 비롯된 것으로 볼 수 있다. 그렇기에 역대 고승들이 국사나 왕사와 같은 역할을 자임하여 국가를 위해 기여했던 것처럼 그 또한 보이지 않는 국사나 드러나지 않는 왕사의 역할을 자임하는 데에 걸림이 없었다.

2) 정신 수도 계룡산과 후천 세계 준비

탄허는 간방艮方에 간도수艮度數가 열려서 장차 계룡산이 세계의 정신 수도精神首都의 근거지인 '신도神都'가 될 것[37]이라고 역설한 바 있다. 조선 태조 이성계가 무학대사와 함께 신도읍의 후보지로 고려했던 계룡산 방면으로 수도 이전을 박정희에게 건의했던 것이 탄허였다는 증언

37 藕益智旭, 金呑虛 譯註,《周易禪解》3, 교림, 1996, p. 434.

이 있다.[38]

1968년 북한 김신조 일당의 1·21 청와대 습격 사건을 계기로 박정희는 이미 본격적인 수도 이전 구상에 들어갔다고 한다. 이에 1975년 새마을운동, 1976년에 종교정화사업을 대규모로 실시한다는 명목하에 계룡산 신도안新都案의 종교 시설과 유사 종교 단체 100여 개를 정비했다. 1977년에는 공주시 장기면(현 세종시 장군면[39])으로 임시 행정 수도를 이전할 종합 계획인 '장기長岐 행정 수도 종합 계획'을 세우고 대통령 관저, 중앙청, 대법원, 국회, 시청 등을 모두 옮길 준비에 착수했다. 1979년에 박정희가 서거하여 임시 행정 수도 이전 계획은 중단되었으나 1980년 대통령이 된 전두환은 신도안의 정리 사업을 더욱 본격적으로 시행했다. '6·20계획'(1983. 8.~1984. 6.)이라는 이름으로 진행된 극비 작전으로 신도안의 모든 종교 집단은 정리되고 1984년부터 3군 사령부의 이전이 시작되었으며 이를 이어 노태우 대통령이 1989년부터 1993년까지 이전을 완료하였다. 김영삼 대통령이 들어서고 보니 이미 3군 사령부는 계룡대로 이전이 완료된 상태였다. 이로써 계룡대 900만 평은 국가가 자유자재로 관리할 수 있게 되었고 신도안은 총 2,000만 평이 비어 있게 되었다. 실로 군부 독재 시대에나 가능한 일이라 할 수 있으며, 탄허 미래학의 예견대로 계룡산의 중심 지대에는 도읍을 하나 건립하기에 충분한 터가 확보된 셈이다. 탄허의 큰

---

38 동국대 김성철 교수의 증언이다.

39 이 지역에 조선의 김종서 장군의 출생지와 묘소가 있어서 공주시를 세종시로 바꿀 때 장기면을 장군면으로 바꾸었다고 한다.

그림을 한번 추정해본다면 현재의 세종시도 역시 계룡산으로 수도가 들어가기 위한 임시 행정 수도에 불과하다고 볼 수 있겠다. 과연 탄허가 구상했던 계룡산 시대가 열릴 것인지에 대해서는 알 수 없으나 미국에 있던 숭산 스님은 스님의 예견을 믿고 계룡산 국사봉 아래의 엄사면에 국제선원인 무상사無上寺를 창건하였고, 지금 세계의 납자들이 계룡산을 찾아 안거 정진에 동참하고 있다.

고려 태조 왕건에게는 도선국사가 있었고, 조선 태조 이성계에게는 무학대사가 있어서 수도 이전과 같은 국사를 의논했듯이 20세기에는 탄허가 그 일익을 담당했다고 볼 수 있다.[40] 미국의 백악관 담임 목사인 더글라스 코우가 아이젠하워 대통령부터 계속해서 지금까지 모든 대통령의 국사·왕사와 같은 역할을 맡고 있는 것처럼 탄허 역시 재세 시에 그와 유사한 역할을 했던 것으로 볼 수 있다.

탄허는 조선시대에는 한양 인왕산의 선禪바위와 불암산佛巖山이 도성 밖으로 밀려나 있었지만 후천 시대가 열려서 계룡산 시대가 되면 유성儒城은 밖으로 밀려나 있고 부남리(佛巖里)는 계룡산 안으로 들어가서 불교의 중흥 시대가 올 것이라는 말을 자주 했다.[41]

계룡산은 삼한시대에는 천태산天台山, 고려시대에는 옹산翁山으로 불렸는데, 무학대사 이래로 금계포란金鷄抱卵과 비룡승천飛龍昇天의 의미를 담은 계룡산이라 불리게 되었다. 신도안의 사신사四神砂는 좌청

40 박정희의 경우에는 탄허 이외에도 청담 스님을 비롯하여 여러 스님들의 자문을 들은 바 있다고 알려져 있다.

41 김탄허, 《피안으로 이끄는 사자후》, 교림, 2000, p. 166.

룡에 선인봉仙人峰, 우백호에 국사봉國師峰, 북현무에 삼불봉三佛峰, 남주작에 대둔산大屯山이 위치해 있다.

전체가 하나의 통돌로 이루어진 불사의한 기운의 계룡산에 대해서 일본의 유키사와 박사가 '계룡산이 세계의 중심이 될 것'이라는 말을 했는데, 일본인의 학술 주석을 전혀 사용하지 않았던 탄허가 이 말만은 유일하게 인용한 바 있다. 세상의 기운은 돌고 도는데 그 광명과 운기가 어느 국가를 비추게 될 때 그 나라가 큰 역할을 하게 되는데 간방인 한국에 간도수가 오게 되면 한국이 세계의 중심이 되는 날이 온다는 것이다. 이것이 황당한 일만은 아니어서 몽고도 원나라 당시 대제국을 형성한 적이 있었고, 로마도 지금의 이탈리아와는 다르게 거대한 제국이었던 적이 있었으며, 영국도 해가 지지 않는 나라였던 적이 있었다. 나폴레옹의 프랑스나 히틀러의 독일도 세계를 주름잡았던 적이 있으며, 이웃의 일본도 러시아와 청과 전쟁을 벌이고 조선을 식민지화하고 태평양으로 나아가 진주만을 공습할 정도로 운기가 도래했던 적이 있었다. 그 이후 미국과 소련이 세계를 양분하다가 미국의 독주 시대를 거쳐 지금은 중국이 G2가 되어 세계의 중심국이 되었다.

탄허는 이러한 측면에서 평화를 사랑하고 정신을 숭상해온 한반도에도 운기가 도래할 것임을 역학적으로 예견하고 확신했다. 이러한 그의 희망적이고 낙관적인 미래학은 국민들이 힘들고 고통스러운 삶을 살아가면서도 꿋꿋하게 살아갈 수 있도록 의지를 북돋아주는 데에 큰 영향을 미쳤다고 본다.

탄허는 앞으로 다가올 지구의 거대한 시련은 기독교에서 말하는 종말이나 심판이 아니라 성숙이자 완성을 위한 과정이므로 큰 시련을 이겨낸 뒤에는 후천개벽의 시대가 열린다고 하였다. 이 시대에는 새로운 정신문명이 우리 한국을 중심으로 펼쳐질 것이라는 점을 김일부金一夫의 《정역正易》을 중심으로 설파했다.

현재역現在易인 문왕 팔괘도와 미래역未來易인 정역 팔괘도를 비교해 보면 문왕 팔괘도의 동방에는 진震(중국)이 위치해 있으나 정역 팔괘도의 동방에는 간艮(한국)이 위치해 있는 것을 볼 수 있다. 서방의 태兌(미국)는 두 궤도에서 위치의 변화가 없다. 탄허는 이를 동양의 중심인 진방(중국)이 서양의 중심인 태방(미국)과 정면으로 겨룰만해질 때 선천역학先天易學인 문왕 팔괘도가 완성되고 마무리된다고 보았다. 동양이 서양과 서로 대응하고 평등해지는 역할을 하게 만드는 것은 중국 진방의 성숙에 의해서라고 해석한 것이다.

【도표 5-1】 문왕 팔괘도(《주역》)

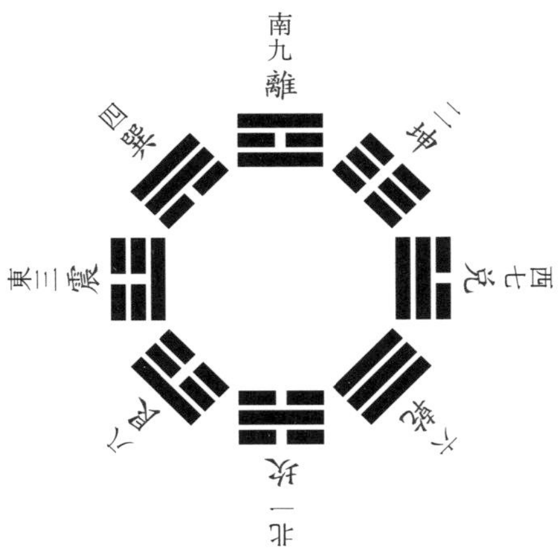

【도표 5-2】 정역 팔괘도(《정역》)

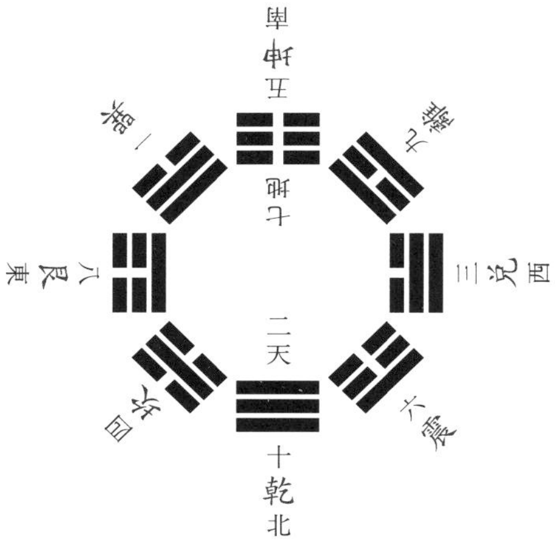

후천역학後天易學인 정역 팔괘도의 시작은 동방이 진震에서 간艮으로 자리 바꿈을 하는 것에서 비롯되는데, 이는 중국을 대신하여 한국이 미국을 상대하는 동서 융합의 간태합덕艮兌合德의 시대가 열리는 것을 나타낸다고 보았다. 탄허가 앞으로의 세계 정세를 예견하며 미국은 여전히 건재할 것이라고 했던 것은 바로 이러한 역학에 기반한 것이었다. 스님은 중국이 미국과 대등할 정도로 성숙할 것임을 알았기에 중국어를 미리 공부해 두라고 하며 동양문명이 세계의 중심으로 상승하게 된다고 했던 것도 이 때문이다. 소남少男인 간방艮方과 소녀少女인 태방兌方은 서로 음양이 조화를 이루기에 한국과 미국은 앞으로도 조화롭게 상호 도움을 주며 잘 지내게 될 것이라고 했다.[42]

---

42 김탄허, 앞의 책(2001), pp. 121~124.

탄허는 서풍인 서양의 물질문명이 극에 도달했다가 쇠퇴하기 시작하는 시점에 동풍인 동양의 정신문명이 그 자리를 대신하게 된다고 했으며, 간방인 한반도의 간산艮山인 계룡산이 그 중심축의 역할을 한다고 역설했다. 그가 스스로 계룡산 학하리에 자광사를 창건하고 동양의 유불선 삼교의 정신문명을 집중적으로 교육하여 후천의 인재로 양성할 화엄대학원의 설립을 구상했던 것은 바로 이러한 이유였다.

탄허는 《정감록》을 전적으로 믿지는 않는다고 했으나[43] 수많은 비결서들을 도외시하지 않고 섭수했으며, 수많은 도인과 기인들을 제접하고 문호를 열어주었다. 그 대표적인 인물 가운데 한 명이 역학易學과 술학術學에 달통했던 해운 거사였다. 그의 수많은 일화 가운데 하나만 소개해보자. 텔레비전이 없었던 1960년에 해운 거사는 절의 대중들과 함께 신문 기사를 통해 미국 대통령으로 존 F. 케네디가 당선되었다는 사실을 접하게 되었다. 해운 거사는 신문에 등장한 케네디의 사진을 통해 관상만을 보고서 "이 사람 45~46세에 죽는다"고 했다. 아니나 다를까 해운 거사의 말대로 1963년 케네디는 대통령이 된 지 3년 만에 오스월드에게 피습당해 유명을 달리했다.[44] 탄허는 재야의 고수였던 해운 거사를 높이 인정하여 겸상을 하고, 같은 방에서 잠도 자는 특별 대우를 해주었다고 한다. 오직 공부와 교육에 관심이 있었던 탄허는 승속을 막론하고 실력자들에 대해서는 극진한 예우를 했던 것

43 김탄허, 앞의 책(2000), p. 175.

44 제자 명호근 회장의 증언이다.

으로 유명했다.

한번은 증산교도가 강연을 부탁하여 청계천 8가에 위치한 증산도 본부에 가서 강의를 한 적도 있는데 그들은 스님을 극진히 예우했다.[45] 이처럼 탄허는 한반도에서 형성된 민족 종교들 가운데 계룡산 후천개벽설을 주장하는 사상들에 대해서 치지도외置之度外하지 않으면서도 방대한 역학적 지식과 직관을 바탕으로 정관正觀할 것을 간곡히 요청했다.

4. 현재 완료 진행형인 탄허의 일갈

탄허는 평소 자신에 대해서 "사후에 명성이 더 나을 것"[46]이라고 예견한 바 있다. 지금 들어도 섬뜩할 정도로 정확한 예지력을 발휘해서 세상을 놀라게 했는데 그 대표적인 예가 북한산 진관사의 진관 스님에

45 민족사 윤창화 사장의 증언이다.

46 월정사·김광식 편, 앞의 책(하), p. 235. 스님은 동양의 전통 명리학으로 볼 때 문창성文昌星보다 문곡성文曲星이 더 발달되어 있기 때문에 생전에보다는 사후에 더 명성이 날 것이라고 했다는 것이다. 이는 제자 명호근 회장이 증언해 주었다.

게 했던 발언이다.

앞으로는 여자들이 장관도 하고 대통령이 된다고 그러셨어요. 그러시면서 오뉴월 삼복 더위에 남자들은 목을 조르고 다니지만 여자들은 벌거벗고 다닌다고 그랬어요. … 탄허 스님은 우리나라는 평화통일은 안 된다고 그러셨어요. 북한의 변동을 말하면서, 애들이 성냥곽 갖고 놀면서 불장난을 하다가 성냥곽 안에 있는 성냥에 불이 번져서 확 타버리는 듯한 그런 증세는 있을 것이라고 했어요. 또 이북에 나이 젊은 사람이 무슨 장長이 돼서 변화는 있을 것이라고 그러셨어요. 그리고 천안까지는 조금 위험하고 천안 아래로는 괜찮다는 말도 하셨어요.[47]

앞의 〈도표 5-1〉의 문왕 팔괘도를 보면 '10'이라는 무극수無極數가 존재하지 않고 '9'까지만 있다. 이는 현재의 세계가 완전하지 못한 선천 세계임을 그대로 보여주고 있는 것이다. 반면 〈도표 5-2〉의 정역 팔괘도에는 '10'이라는 무극수가 있다. 이는 새롭게 등장하는 후천 세계를 보여주는 것으로, 탄허는《정역》의 무극이 열리는 세계가 바로 화엄의 세계인 십십법계十十法界와 다름 없다고 보았다.《정역》의 상경上經과 하경下經의 이름이 각각 '십오일언十五一言'과 '십일일언十一一言'인 것은 기존 역학의 중심인 태극太極인 일一과 황극皇極인 오五에 새롭게

47 위의 책(상), pp. 363~364.

현실에 등장한 무극無極인 십十과의 관계를 역학적으로 설명한 것으로 볼 수 있다는 것이다.

십무극十無極이 등장한 것의 의미를 현실적으로 가장 쉽게 인식할 수 있는 것은 바로 음양의 평등과 이를 바탕으로 한 세계의 완전한 변혁이다. 일구지중一九之中으로서의 오五가 중심이 된 문왕팔괘의 세계는 시작-중간-끝이 일一-오五-구九의 양陽으로만 구성된 불평등한 세계로 해석된다. 즉 남성이 처음과 끝, 그리고 중심까지 대표하고 음인 여성은 전면에 나서지 않고 뒤에서 뒷받침만 하는 형국이었다. 하지만 정역 팔괘의 세계는 시작-중간-끝이 일一-오五·육六-십十이다. 즉 양陽-음陰·양陽-음陰으로 구성되어 음양이 균형을 이룬 완전한 세계이다. 시작은 양이요, 끝은 음이며, 중심은 음과 양이 함께 하고 있으므로 남성과 여성이 정확하게 평등해지는 것이다. 그러므로 이름이 '정역正易'인 것이다.

일과 십의 중간은 오와 육이 되어 세계의 중심에 남녀가 함께 서게 된다는 것인데, 이를 《정역》에서는 '포오함육包五含六'[48]이라고 표현하고 있다. 억음존양抑陰尊陽의 시대가 정음정양正陰正陽의 시대로 바뀐다는 것인데 탄허는 그 역학적 원리를 이용하여 향후의 세계를 대체적으로 예측가능하다고 보았다. 즉 앞으로는 남녀가 평등한 시대가 오는데 그 이전에 기득권을 가진 남성의 세계에서도 젊은 남성이 기성세

48 '包五含六'은 《정역》의 下經에 해당하는 〈십일일언十一一言〉에 "一夫所謂 包五含六 十退一進之位"라고 나오고 있다. 이와 관련한 자세한 설명은 이정호, 《정역 연구》, 국제대학 인문사회과학연구소, 1976, pp. 123~125 참조.

대를 대체하는 현상이 일어나고, 그 다음에 여성의 인권이 신장되는 시대가 온다는 해석이다. 이에 따라 남한에서는 4·19가 간방 소남少男의 청년정신이 도래한 신호탄이 되는 것이며 이를 좇아 이후 여성이 총리도 되고 대통령도 될 것이라고 예견했던 것이다.

21세기에서는 쉽게 납득이 가는 이야기지만 40여 년 전에 이와 같은 예견을 했다는 것은 놀랄 만한 사실이다. 이것은 모두 《정역》을 기반으로 한 탄허의 미래 예견이었던 것이다. 심지어 조계종단의 경우에도 비구니 스님들의 위상은 앞으로 훨씬 높아질 것이며 비구니 총무원장이 나올 수도 있다는 표현까지 했다.[49] 다른 한편으로는 스님들의 수행이 날로 하향 평준화되어 스님과 신도들의 인재양성에 실패하게 되면 불교의 형태는 있으나 정신은 망한 것이나 마찬가지가 될 것이라고 걱정했다. 그는 "앞으로 불법은 흥하나 조계종은 망한다"고 입버릇처럼 말했다.[50] 불교계의 미래를 우려하며 물질문명화되는 시대에 세속화되지 않고 근본정신을 잘 간직하고 있는 종교만이 경쟁력이 있을 것이라고 했던 탄허의 일갈은 현재 한국의 모든 종교계가 귀담아 들어야할 경구이다.

탄허는 북한에서는 젊은 남자 지도자가 나올 것으로 예측하였고, 이는 한반도 소남少男의 시대가 온다는 것을 의미한다고 보았다. 북한은 남한보다 보수적이고 변화가 적었기 때문에 제왕적 세계에서 첫 변

49 민족사의 윤창화 사장이 시봉 당시 수차례 들었던 말씀이라고 증언했다.

50 제자 전창렬 변호사의 증언이다.

화가 남성의 청년 문화의 돌출로 나타난다고 예견한 것이다. 탄허가 언급했던 어린애의 성냥곽과 성냥개비 장난이라는 비유는 북한 김정은의 핵실험과 미사일 발사와 정확히 일치하는 것으로 모골이 송연해지는 예견이다.

탄허는 지구상에 북극과 남극은 있어도 동극과 서극, 좌극과 우극은 없으므로 동양과 서양, 좌익과 우익의 분별과 싸움은 향후 쉽게 해결될 것이라고 하였다.[51] 하지만 북극과 남극의 문제는 마지막 남은 지구의 커다란 문제로 보았다. 상하층의 빈부 격차 문제와 기득권과 중상층의 문제를 마지막 남은 심각한 갈등 요소로 본 것이다.

정역 팔괘도를 문왕 팔괘도와 비교해 보면 괘상의 수미首尾가 도치倒置된 것을 볼 수 있다. 정역 연구자들은 이를 놓고 세상의 상하와 갑을간의 위계 질서에 거대한 변화가 일어나게 될 것을 의미한다고 해석했다. 즉 기존의 구도가 전도되어 '민본군말民本君末'의 시대가 와서 전통적인 갑을 관계가 뒤바뀐다는 것이다. 현재 벌어지는 사회 지도층과 각계각층의 리더들의 부정부패에 대한 폭로와 미투 운동, 오너 리스크에 대한 사회 갈등 등은 그 실례라고 볼 수 있다.

특히 지구상의 남북과 상하 문제는 한반도의 남북 분단이 상징하는 것이기에 평화통일이 쉽지만은 않을 것으로 예견한 것이 주목을 끈다. 위의 인용문을 보면 탄허는 작은 규모의 국지전이 있은 뒤에 통일이 될 것이라고 예측했던 것으로 보이는데, 과연 지금까지 북측의

51 김탄허, 앞의 책(2001), p. 119.

미사일 발사가 그 액땜이 모두 된 것인지는 미지수이다. 탄허는 다른 장소에서는 다음과 같이 예견하기도 했다.

> 소규모 전쟁들이 계속 일어날 것입니다. 그러나 인류를 파멸시킬 세계 전쟁은 일어나지 않고 지진에 의한 자동적인 핵폭발이 있게 되는데 이때는 핵보유국들이 말할 수 없는 피해를 받을 것입니다. 남을 죽일려고 하는 자는 먼저 죽고 남을 살릴려고 하면 자기도 살고 남도 사는 법입니다.[52]

탄허의 미래예지는 낙관이 주류를 이룬다. 하지만 위의 인용문에서 말한 지진과 같은 인류가 피할 수 없는 필연적인 재난에 대해서도 예견한 바 있다. 그것은 바로 지축의 변화에 의한 것이라고 했다. 김일부는《정역》의 서문에 해당하는 〈대역서大易序〉에서 "복희조획문왕교伏犧粗畫文王巧하고, 천지경위이천팔백년天地傾危二千八百年이라"[53]고 천명했다. 즉 '복희씨는 거칠게 획을 그었고, 문왕이 교묘하게 만들었으니 천지가 기울어진 것이 2800년이 될 것이다'라는 뜻이다. 복희 팔괘와 문왕 팔괘가 그려진 이래로 천지가 기울어진 것은 2,800년 동안이라는 말이다.

여기에서 '2800년'이란 중국 역사상 기원이 명확한 주대周代 공화원

52 위의 책, p. 130.

53 권영원,《정역과 천문역》, 상생출판, 2013, pp. 207~212.

년共和元年인 B.C. 841년을 시초로 한 것이다. 이 기원에 관한 언급은 사마천司馬遷의 《사기史記·십이제후년표十二諸侯年表》에 보이는데 이는 연표로 제시된 중국 최초의 정확한 기록으로 볼 수 있다. 이에 중국의 역대 기원으로 많이 사용되어 왔다. '공화국'이라는 말의 유래가 여기에서 비롯되었으며 그 당시의 주나라는 군주가 다스리지 않는 국가의 상징이 되어왔다. 그러나 주나라는 동천東遷하면서부터 난세가 시작되고 춘추시대(B.C. 770년)로 이어지며 혼란의 상징이 되기도 했는데 그 의미에 대해 김일부는 '천지경위'로 설명한 것이다.

김일부가 《정역》을 완성한 1885년은 공화 기원으로는 2726년이고 공화 2800년은 1959년에 해당한다. 이에 대해서는 김일부가 《정역》을 완성한 시대인 19세기 후반을 대략적인 숫자로 나타내어 2800년이라고 표현한 것으로 볼 수도 있지만 당시를 정역 팔괘가 본격적으로 시작되지는 않은 미래역으로 본 것으로 해석할 수도 있다. 그렇다면 문왕 팔괘의 형상대로 건곤이 기울어진 상태로 있다가 정역 팔괘의 형상처럼 건곤이 남북의 정위치를 찾게 되는 시기를 대체로 1960년대부터라고 볼 수도 있다.[54]

탄허는 《정역》을 해설하면서 김일부의 '천지경위이천팔백년'이란 말을 쓴 적은 없다. 다만 이를 활용하여 미래 예지에 활용하였을 뿐이다. "북빙하의 물이 완전히 풀려 무너질 때에 지구의 변화가 오는 것"[55]이

54 위의 책, p. 207.

55 우익지욱, 탄허 역, 앞의 책(3), p. 429.

라 하면서 빙해빙산氷海氷山이 녹아 하류하여 극동인 일본에까지 도달한 시기를 해방되는 해인 을유년(1945) 후[56]로 보았던 것은 모두 이와 깊은 연관이 있다. 탄허가 본격적으로《정역》을 통해 미래 역학에 대해 소개하기 시작한 것이 1960년대부터였던 것을 상기해 보면 아마도 탄허는 이때부터 본격적으로 정역 팔괘의 시대가 펼쳐진 것으로 판단했으며《정역》을 깊이 연구한 끝에 그 함의를 확신했던 것으로 볼 수 있다.

요약하자면 문왕 팔괘에서는 건곤乾坤이 정남북正南北에 있지 않고 서쪽의 태兌의 주위로 경사되어 있지만 정역 팔괘에서는 천지天地가 바로 일어서서 남북의 정위치에 있는 형상으로 나타나 있다. 탄허는 이를 활용하여 북빙하가 녹으면 지구가 머리를 번쩍 쳐들게 된다고 누차 설파한 적 있다. 지구에 거대한 지진과 해일이 일어나는 것은 지구의 중심축에 변화가 오는 것을 말하고 그러한 지도地道의 변화가 지구에 엄청난 기후 변화와 기상 이변을 낳게 할 것이라는 것이다.

이러한 변화에 대한 탄허의 해설은《정역》에서 밝힌 역曆의 변화에 대한 언명을 살펴보게 만든다.《정역》에서는 "역자易者, 역야曆也"라는 대명제를 제시하고 있다. 앞으로의 역학은 달력의 변화를 의미한다는 것이다. 1년이 360일이 되고 윤달이 없어지는 변화를 "윤역閏易이 정역正易이 된다"라고 해설한다.《정역》의 서문을 잠시 살펴보자.

56 위의 책, p. 429.

성스럽다. 역易의 역易됨이여, 역易이란 력曆이니 력曆이 없으면 성인이 없고, 성인이 없으면 역易도 없는 것이다. 그러므로 초초初初의 역학易學과 래래來來의 역학易學이 지어진 것이다.[57]

평생《정역》을 연구했고 탄허에게《정역》의 서문을 부탁하기도 했던 학산 이정호는 "전 인류가 절실히 관심 가져야 할 중대한 문제를 내포한《정역》"[58]이란 표현을 썼다. 탄허는 지구에 천지개벽이 온다고 말했는데[59] 그 개벽의 실질적인 내용은 지구상의 지축 변화와 달력 변화라는 것이다. 지금까지 탄허의 예견들을 놓고 볼 때 절대 무시할 수 없는 내용이기는 하지만 너무나 거시적이고 근본적인 지구의 변화이기에 가히 짐작하기 어렵고 상상하고 싶지 않은 내용들로 구성되어 있다. 그러나 이러한 지구상의 대변혁과 대혼란에 대해 탄허는 언급하기를 주저하지 않았다. 북극물이 녹고 있고 일본이 물에 잠긴다는 말을 했다가 많은 스님들과 불교계로부터 항의와 제지를 당하기도 했다. 그럼에도 탄허는 굴하지 않고 그 어떤 강의에서도 마지막에는 반드시《정역》을 통해 앞으로의 미래에 대해 언급했었다. 제자들 역시 화엄학을 비롯한 불교학만 강의하셨으면 했다가 호되게 야단을 맞기도 했다. 이처럼 탄허의 미래학은 많은 논란을 야기하기도 했지만 누구도 그의

57 《正易》,〈大易序〉, "聖哉 易之爲易 易者 曆也 無曆無聖 無聖無易 是故 初初之易 來來之易 所以作也"

58 이정호,《정역 연구》, 국제대학 인문사회과학연구소, 1976, vi쪽, 범례 참조.

59 월정사·김광식 편, 앞의 책(하), p. 91. 이영자 교수의 증언이다.

설파를 막을 수는 없었다.

탄허가 제시했던 동서 문명의 화합과 모든 사상의 융합과 원융의 시대는 이미 도래해 있다. 그리고 시간이 흐르면서 그의 예견은 점점 주목받고 인구에 회자되는 경우가 많아졌다. 36년 전에 입적한 탄허의 미래 예지는 여전히 현재완료진행형이다. 그의 입김이 미치는 시간과 공간이 어디까지인지 알 수는 없다. 하지만 분명한 것은 탄허가 그토록 강조했던《정역》에 대해서 이제는 본격적으로 깊이 연구해야 될 시절인연이 도래했다는 것을 말할 수밖에 없다. 그의 예견 한마디에 담긴 혀끝을 바라볼 것이 아니라 그 예견이 나온 근원인《정역》을 연구할 필요가 있다는 뜻이다. 그가 "세계의 운명을 알 수 있는 이는 한국인밖에 없으며 새로운 세계의 지남指南을 제시할 열쇠와 방안을 갖고 있는 곳도 한국밖에 없다"[60]고 한 것은 바로《정역》이 한국에서 나왔기 때문에 가능했던 언명이다.

탄허사상의 중요한 한 부분을 차지하는 경세학과 요익행을 더욱 정미하게 연구하기 위해서는 이 시대의 화두가 될《정역》에 대한 연구가 본 궤도에 올라야 할 것으로 본다. 탄허 스님이 역학을 대하는 근본 태도는 "일생을 통하여 역리易理를 탐구함에 있는 것"[61]이라는 말에 모든 것이 담겨 있다.

이처럼 탄허의 미래학은 탄허사상의 핵심을 이루는 한 분야이다.

60 蕅益智旭, 탄허 역, 앞의 책(3), p. 437.

61 위의 책, p. 426.

그의 미래학의 한 장章이 《정역》이었음을 각인하고 한국 불교계와 학계는 《정역》 연구에 새로운 힘을 결집해야 할 것으로 본다.

미래 예지는 맞으면 천기누설이요, 틀리면 혹세무민이 된다. 하지만 탄허가 미래를 담론했던 것은 색은행괴索隱行怪를 일삼고자 한 것이 아니었다. 미래를 준비해야 할 과업이 물지종시物之終始를 담당하는 간방艮方 한국의 의무가 되었다는 것을 선언한 것이다.

과거는 단수이나 미래는 복수이다. 미래에 대해서는 어느 누구도 정확히 그 운명을 예측할 수 없다. 하지만 탄허는 거대한 경향성에 대해 확신을 갖고 웅변했다. 이제는 그의 외침에 귀를 기울여야 할 때가 되었다고 본다. 19년간 탄허의 강의를 듣고 11년간 그의 저술을 연구하면서 《정역》을 독학으로 연구해 본 필자의 결론이다.

---

5. 탄허의 선각先覺과 예지력

탄허는 근현대의 어떤 선지식보다 현실 세계에 활발하게 동참한 고승이다. 권서자재卷舒自在와 출입무애出入無碍한 그의 행적을 유교의 경세학과 불교의 요익행의 회통과 결합으로 보고자 한 것이 이 장의 주된 관점이었다. 경세치용과 요익이타는 어찌 보면 탄허만이 아닌 동양의 모든 성현들이 꿈꾸었던 이상에 해당한다. 그런 의미에서 탄허는 동양학의 보편성과 그만의 특수성을 가졌다고 할 수 있다. 동양적 정치사상과 함께 불교의 국사·왕사와도 같은 역할을 자임하면서 국가와 민족의 중흥을 위해 끊임없이 우환의식을 갖고 노력했던 인물이 탄허였다. 그렇기 때문에 그는 매우 전형적인 인물인 동시에 매우 찾아보기 힘든 선사이기도 하다.

여기에서는 그의 사상적인 측면에서 한 걸음 더 나아가 그동안 문헌으로 기록되어 있지 않았던 탄허의 행적들과 일화들에 대해서 학위 논문을 작성하면서 수집해놓은 자료들을 소개하고 이를 중심으로 그의 현실 인식과 실천행을 조망해보려 하였다.

탄허는 지구에 거대한 변화와 변혁이 도래할 것임을 확신했다. 그 어떤 위기와 혼란이 와도 지구의 수명은 반밖에 오지 않았다는 것이 그의 미래 예지의 골자였다. 혼돈이 오면 사람들은 중심을 잃고 자제력을 상실하기 마련이다. 탄허 미래학은 이 변화와 혼란이 하나의 거대한 흐름 또는 지나가는 커다란 과정 가운데 하나임을 역설했고, 혼란에 대한 대책을 마련해야 하는 것이 우리 민족의 의무임을 천명했다. 그가 미래학을 설파했던 낙처는 여기에 있었다.

필자는 현재완료진행형인 탄허 스님의 일갈들에 주목하면서 한국 학계와 불교계에 한 가지 제언을 드렸다. 공개적으로 탄허의 미래 예견과 《정역》을 담론하기에는 다소 무리가 있을 수도 있다. 하지만 한국 불교계와 학술계는 《정역》에 대한 연구를 본격적으로 시작할 시절

인연이 도래했음을 알아야 한다. 시비를 논하기 이전에 우선 보다 많은 연구자들이 이를 정밀하게 연구하고 정독하는 모임들이 다양하게 생겨났으면 하는 바람이 있다.

과거와 현재가 싸우면 미래가 진다는 말이 있다. 탄허는 지구의 미래를 준비하는 것이 우리 민족의 숙명이라고 확신했다. 그의 방대한 학술 체계와 다양한 선각先覺의 한 단편이 그의 미래학에 오롯이 담겨 있다. 이 또한 깊이 있게 천착해야 할 탄허학의 엄연한 분과임을 인정해야 한다.

탄허는 "우리나라가 시작하면 세계가 모두 따라할 것"이라고 자신했다. 많은 분야에서 그 언명이 현실화되고 있다. 현재 벌어지고 있는 겪어보지 못했던 한류의 다양한 양상들, 문화·예술·체육 방면들의 다양한 성취와 특별한 문화 현상들의 배면에 숨어있는 한국의 정신문명에 대해서 새롭게 연구하고 분석해야 될 시절인연이 도래했다.

한국인은 한국을 잘 모른다. 이제 우리는 우리 자신에 대해서 다시 새롭게 공부를 시작해야 한다. 탄허학은 한국인이 한국을 바로 보기 위해 갖추어야할 핵심이 되는 연구 영역이라 할 수 있다.

제6장 | 탄허의 관점에서 본 화엄학華嚴學과 정역학正易學의 만남

1. 한국불교학의 새로운 지평[01]

2013년은 탄허선사 탄신 백주년이자 열반 30주년이었으며 이를 기념하는 많은 행사와 학술대회가 있었다. 당시 탄허의 사상이 한국학의 한 새로운 영역으로 확장될 필요가 있다는 의미로 '탄허학呑虛學'이라는 용어가 처음으로 공식적으로 거론된 바 있었다.[02] 그리고 그간 많은 연구자들의 노력으로 탄허사상에 대한 연구 성과물들은 꾸준히 축적되어 왔으며 한국불교학의 주요한 테마로 자리 잡아 왔다.

본고에서는 앞으로 더욱 깊이 연구되어야 할 탄허사상의 연구 분야들과 깊이 논구되어야 할 세부적인 연구 과제들을 점검해 본다. 특히 탄허가 전통적인 불교학의 범위를 넘어 동양학과 인문학 영역 전반으로 학문 활동의 범위를 넓히고 현대적 가치와 미래 전망을 모색하였다는 점을 주목할 필요가 있다.

그 일환으로 동양의 유불선[03] 삼교 가운데 탄허가 관심을 가지고

01 제6장의 내용은 2019년 11월 29일 한국불교역사문화기념관에서 한국불교학회가 개최한 제1회 탄허학술상 시상식 및 '탄허학 정립을 위한 외연의 확장'을 위한 특별세미나에서 발표한 논문을 수정·보완한 것이다.

02 문광, 《탄허학의 골수와 종지》, 탄허기념박물관, 2013, pp. 85~86.

03 탄허는 동양학을 언급하면서 항상 '유儒·불佛·선仙' 삼교라는 표현을 사용하였기에 그의 용례를 따랐다. 탄허는 승려이면서도 '불佛·도道·유儒'나 '불佛·선仙·유儒'와 같은 표현을 사용한 적이 없다. 동양의 삼교 가운데 유교가 기본이 된다고 여기고 이를 존중하는 의미에서였다. 스님으로

있었던 화엄학華嚴學과 정역학正易學의 만남과 회통에 대해 살펴보고자 한다. 탄허가 가장 중시했던 불교교학인 '화엄학'은 10수가 기본으로 등장한다. 또한 탄허는 유학에서 '역학'을 가장 중시했는데 그가 주시했던 김일부의 《정역》에도 10무극이 등장한다. 이 두 가지의 서로 다른 학술을 특별히 중시했던 탄허의 사상적 경향을 연구해보면 그 속에 모종의 동질성과 동궤성을 발견하게 된다. 이를 통해 그가 불교학을 기본으로 동양학 전반에 확장하여 회석會釋하고 있음을 밝혀보고자 한다.

또한 이 두 학문이 만나는 접점에 매우 중요한 문명사적 회통의 함의가 있음이 발견되는 바 이를 시론적試論的으로 비교해보았다. 유학자로서 역학 연구에 몰입했음에도 불구하고 김일부는 정역학의 최종 결론을 용화세월龍華歲月로 설명하고 있으며, 탄허는 3천 년이 넘은 북방불기를 계속 사용했다. 이를 필자는 '화정회통華正會通'이라는 용어로 명명하고 앞으로 탄허사상의 연구에서 본격적으로 연구해볼 필요가 있음을 거론했다. 이처럼 향후 탄허사상에 대한 연구가 다양한 분야로 확장되고 현대적으로 재해석된다면 한국불학의 새로운 지평을 여는 데 기여할 수 있으리라고 본다.

태어나는 승려가 없고 속세를 전제로 하지 않은 출가가 없기에 세속이 승가의 본고향과 같은 것이라고 여겼기 때문이다. 그러므로 탄허는 스님이 속인을 욕해서는 안 되고 불교가 유교를 탓해서는 안 된다고 역설했다. 삼교의 가치를 모두 인정했던 그의 생각이 불교, 유교, 도교 3교의 주요 텍스트를 함께 번역하게 된 원인으로 작동했다고도 볼 수 있다. 김탄허, 《피안으로 이끄는 사자후》, 교림, 2000, p. 143.

2. 탄허학의 모색과 향후 연구과제

현재까지 발표된 탄허에 대한 연구 논문은 박사논문 1편을 비롯하여 50여 편에 이른다. 기존의 탄허 연구에 대한 연구 성과는 이미 상세히 정리된 바가 있다.[04] 20세기 한국의 고승에 대한 연구로는 탄허 연구가 가장 방대하게 이루어졌다고 볼 수 있을 만큼 다양한 연구 성과가 발표되어 왔다.

앞으로 탄허사상이 학술적으로 정립되고 한국학의 한 분야로 그 외연이 확장되기 위해서는 각 분야의 깊이 있는 연구들로 확장되어야 한다. 분야별로 간략히 앞으로 연구되어야 할 과제들에 대해 살펴보고 지금까지 미진했던 분야들을 잠시 점검해 보고자 한다.

먼저 탄허의 출가 이전의 학통과 사상 형성과 관련된 생애 연구에 대해서 좀 더 다양한 자료들을 수집할 필요가 있다. 그의 선친 김홍규 선생의 보천교 활동에 대한 자료들을 더 많이 찾을 필요가 있고, 탄허가 보천교 교리에서 얼마나 많은 영향을 받았는지 연구도 좀 더 본격적으로 이루어져야 한다.

04 탄허사상에 대한 역대 논문에 대해서는 다음 책을 참조. 문광, 《탄허선사의 사교회통 사상》, 민족사, 2020, pp. 23~38.

【도표 6-1】 탄허의 선친 율재 김홍규의 친필[05]

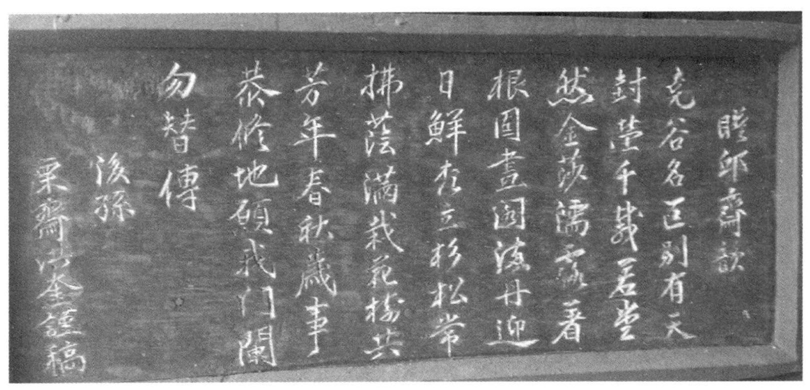

이와 함께 탄허사상의 기초를 형성한 유학사상은 과연 어떤 학파들의 영향이 있었는지에 대해서도 지속적인 연구가 필요하다. 처가였던 이토정 집안의 역학적 전통, 《대학》에서 주자가 아닌 양명이 강조했던 고본서古本序를 중시했던 경향, 유학독존이 아닌 삼교회통적인 저술에 대한 다양한 독서 등이 어떤 학맥을 이어받아 형성되었는지에 대해서 더 많은 자료가 제시되어야 한다.[06]

탄허의 핵심사상이라 할 수 있는 선사상禪思想과 관련하여 그의 간화선관看話禪觀을 면밀히 고찰할 필요가 있다. 그는 다른 번역과는 달리 대혜종고의 《서장》에 대해서는 다른 주석을 고려하지 않고 '사기私

05 전북 김제의 경주김씨 선산의 재사齋舍에 현액되어 있는 것으로 본고를 통해 최초로 공개되는 것이다.

06 이와 관련된 대표적인 논문으로 다음을 참조. 이원석, 〈출가 이전 탄허의 전통학술 수학과 구도입산의 궤적〉, 《미래를 향한 100년, 탄허》, 조계종 출판사, 2013.

記'를 본인이 직접 썼음을 밝히고 있다. 제목 자체가 '대혜보각선사서병입사기大慧普覺禪師書幷入私記'[07]로 기존 번역 체계인 정본正本-조본助本의 주석 채택을 하지 않고 있다. 역사적인 고찰과 인물 소개 정도만 기존 사기를 따르고 있으나 종지宗旨적인 측면에서는 기존 사기를 참조한 것이 없다 해도 과언이 아니라고 자부하고 있다. 이는 스승인 한암선사로부터 직접 물려받은 간화선의 종지를 몸소 간직하고 있다는 자신감에서 기인한 것으로 보인다. 현재까지 밝혀지지 않은 것은 탄허가 스승 한암으로부터 어떤 화두를 간택받았는가 하는 것이다. 무자화두無字話頭를 받았다는 전언이 있으나 여전히 확실하지 않다.[08]

그리고 탄허가 직접 현토를 책임지고 발간했다는 《선문염송》(1961년 법보원간)[09]의 원본을 찾지 못하고 있다. 《전등록》과 함께 선불교 핵심 어록인 《선문염송》에 대한 탄허의 현토본이 발굴된다면 번역의 전모와 함께 그의 선지禪旨를 보다 깊이 고찰할 수 있으므로 교계와 학계의 귀한 연구 자료가 될 것이다. 탄허는 묵조선 역시 적극적으로 수용하면서 〈묵조명〉을 강의하기도 했다. 강의를 한 횟수가 많았다고 전해지므로 직접 배운 이들이 생전에 있을 때 자료를 확보할 수 있다면 탄허의 묵조선에 대한 강의 역시 중요한 선학 자료가 될 수 있다. 그 뿐만 아니라 탄허는 영가현각선사의 《선종영가집》을 특별히 강조했다.

07 김탄허 역해, 《서장·선요》 교림, 2012, p. 5.

08 각성 스님과 무관 스님의 언급이지만 확실성에 대해서는 연구자들 사이에서 아직 판단을 보류한 상태이다.

09 무관, 〈탄허의 선교관〉, 《탄허선사의 선교관》, 오대산 월정사, 2004, p. 113.

선과 교가 회통되고 조계와 천태가 융섭된 《영가집》을 강조하고 강의했다는 것은 탄허 선사상의 넓은 스펙트럼을 보여주는 것이다. 강의한 녹음파일을 구하는 노력이 필요하다.

탄허는 스승 한암과 함께 《보조법어》를 탄생시킨 장본인이므로 보조의 돈오점수 사상을 가장 잘 이해한 인물 가운데 한 명이다. 이에 탄허의 보조사상을 보는 관점과 돈점론에 대한 추가 연구도 필요하다. 이처럼 탄허의 선사상은 동시대 한국 선사와는 달리 매우 폭넓은 분야를 아우르고 있다. 간화독존적인 측면을 탈피한 탄허의 선사상에 대한 연구가 본격적으로 이루어진다면 근현대 한국 선불교 내부에서의 회통적 성격에 또 하나의 특질이 될 수 있으리라 예측된다.

탄허사상의 연구 가운데 가장 본질적인 것은 《화엄경》을 비롯한 치문·사집·사교의 번역본을 면밀히 검토하는 것이다. 그는 번역과 주석과정에서 견해를 드러냈기 때문에 이 문헌들을 낱낱이 검토하여 그의 주해를 한데 모았을 때 교학사상이 결집될 것으로 보인다. 별도로 저서를 남기지 않고 세부적인 주석에서만 자신의 견해를 피력했기 때문에 탄허 주석만 따로 모으는 과정이 있어야 그의 교학사상의 전모가 밝혀질 수 있다.

특히 화엄학의 경우 《통현론》과 《청량소》를 모두 번역하여 실었고, 의상·보조·균여·설잠의 화엄학에도 정통해 있었으므로 탄허의 화엄사상을 다시 세부 주석까지 심입하여 연구하는 것이 절실하다. 이를 위해 현재 남아 있는 탄허의 강의테이프 400여 개의 정본화와 데이터베이스 작업, 녹취와 교정 작업도 활발히 지속될 필요가 있다.

탄허의 회통사상 연구는 탄허사상 연구에서 중심 주제에 해당한다. 현재 탄허가 짓고 쓴 고운 최치원 선생에 대한 비문이 지리산 섬진강 모처에 세워졌다고 하는데 아직 이를 찾지 못하고 있다. 탄허는 삼교회통의 최고 대가로 최고운 선생을 거론하기를 주저하지 않았다. 탄허는 최치원이 〈쌍계사 진감국사 비문〉에서 밝힌 '공발기단孔發其端 석궁기치釋窮其致'라는 문장은 공자와 석가를 논한 가장 적확한 표현이라고 말한 바 있다.[10] 탄허가 직접 쓴 최치원 선생의 비문이 발굴된다면 그의 삼교회통사상을 온전히 드러내는 문장들을 여실히 볼 수 있을 것이다.

이와 함께 그가 찬술한 모든 현존 비문들을 정밀하게 연구한다면 그의 사장지학詞章之學과 한문학의 전모가 드러날 뿐 아니라 한문문장 창작론의 전범으로 현대에도 그 명맥이 유지될 수 있을 것이다.[11] 위 〈도표 6-1〉 사진의 부친 친필이 걸려있는 전북 김제 선산에서 12대 조부의 비문[12] 사진을 찍거나 탁본을 하는 일도 함께 이루어져야 할 일이다. 비문이 남아 있는데도 사진촬영과 탁본 작업이 이루어지지 않아 탄허 연구에 참고가 될 자료가 방치되고 있는 실정이다.

탄허의 노장학은 앞으로 연구할 거리가 무척이나 많다. 《도덕경》의 경우에는 31가의 주석을, 《장자》의 경우에는 32가의 주석을 참조하여

---

10 김탄허 강설, 《동양사상 특강 (CD 5)》, 교림, 2002.

11 월정사·탄허문도회 편, 《방산굴법어》 오대산 월정사, 2013, pp. 277~353

12 〈書 十二世祖 墓碑 後〉, 《탄허대종사 연보》, 오대산 문도회·탄허불교문화재단·교림 편, 교림, 2012, pp. 486~487.

번역하였다. 《장자》의 경우 총 146회에 걸쳐 자신의 주석을 피력해 두었다.[13] 고금의 노장학 주석을 두루 검토한 후 선별하여 주해한 것이며 역대 한국인의 노장주석 가운데 서계 박세당의 주석과 함께 탄허의 주석이 가장 풍부하다는 점이 특징이라고 할 수 있다. 특히 《노자》와 《장자》의 주석들은 역대 주석들이 밝히지 못했거나 미진하다고 생각되는 부분들을 불교의 교학과 선학을 자유롭게 오가면서 회통하여 주해한 것이라 학술적 가치가 크다. 그럼에도 불구하고 탄허가 주해한 노장의 역주본을 많이 참고하지 않는 것이 학계의 실정이다. 탄허 역주본에 대한 더 깊은 연구가 필요하다.

탄허의 역학 사상은 향후 탄허사상 연구의 주요부문으로 자리 잡아야 할 분야이다. 그가 불교의 화엄학과 함께 가장 중요하게 여겼던 것이 바로 《주역》과 《정역》을 중심으로 한 역학 사상이다. 《주역선해》의 역해에 나타나듯이 탄허는 유학의 핵심이 되는 정자와 주자의 의리역학과 소강절로 대표되는 상수역학, 그리고 김일부의 정역학에 이르기까지 역학 방면에 깊은 안목을 갖추었던 인물이다.

4,769자로 이루어진 《정역》에 대한 연구는 그의 미래 예견의 중심이 되었던 텍스트였으며, 지구 전체와 한국의 미래상에 대한 탄허 미래학의 산실이다. 이를 깊이 연구하지 않고서는 탄허의 미래 예견의 원리를 속속들이 밝힐 수 없다. 탄허가 자신만만하게 그의 미래학을 전개할 수 있었던 것은 일부정역一夫正易에 대한 해석학적 확신과 역학적 통찰

13 문광, 앞의 박사학위 논문, pp. 143~170.

이 굳건하게 정립되어 있었기 때문이다. 탄허가 주장한 바에 따르면 앞으로의 지구 변화상과 미래 방안은 《정역》에 대한 깊이 있는 역학 연구를 통해서 얻어질 수 있다고 했기 때문에 향후 이에 대한 후속적인 연구가 필요하다. 최근 코로나 19와 같은 전염병과 폭염과 폭우, 지진과 해일 등과 같은 기상과 기후변화를 40여 년 전에 이미 거의 정확하게 예견했던 탄허 미래학의 핵심 기반 가운데 하나가 《정역》이었기에 한국 불교계 또한 정역학 연구에 관심을 가질 필요가 있다.

탄허의 기독교관에 대한 융·복합적 연구도 필요하다. 이는 기독교 신학을 전공하는 학자들이 함께 동참하여 큰 프로젝트로 연구해 볼 만한 주제이다. 한국 종교계의 화합과 사상적 융섭을 위해서라도 탄허의 기독교관에 대한 각 종교계의 공동 연구는 기획해봄직하다.

이처럼 다양한 탄허 학술에 대한 연구 분야 가운데 본고는 특히 탄허의 화엄학과 역학의 회통이라는 방면을 확장시켜 논의를 전개해 보고자 한다. 탄허는 화엄학과 역학을 회통했으며, 이와 함께 《정역》을 함께 논한 적이 많았다. 하지만 그는 정역학에 대해서 원문을 자세히 소개하면서 논하지는 않았다. 그 이유는 불교계와 문도들이 미래 예견의 부분에 대해서 스님이 깊이 논의하는 것을 비불교적이라 하여 꺼려하고 만류했던 측면이 많았기 때문이다.

이 장은 탄허의 화엄학과 역학의 회통[14]을 중심으로 하여 여기에서

14 화엄학과 역학의 회통에 관한 논문으로는 문광, 〈화엄학華嚴學과 역학易學을 통해 본 탄허의 간산사상艮山思想 -오대산과 계룡산의 의미망을 중심으로-〉, 《정토학 연구》 31, 한국정토학회, 2019.를 참조.

한 걸음 더 나아가 그의 정역학에 대한 견해를 부가하여 화엄학과 정역학을 회통하고자 했던 탄허의 의도와 사상을 고찰해보고자 한다. 즉 이는 화엄학과 역학의 탄허적 관점을 활용하고 확장하여 그의 사상을 좀 더 면밀하게 고찰하는 의미를 가진다.

3. 화엄학華嚴學과 정역학正易學의 만남

현재까지 탄허사상의 핵심은 회통사상이라고 할 수 있다. 그중에서 주요한 분야 가운데 하나가 유불회통이다. 탄허는 유교의 사상 가운데 《주역》과 《정역》이라는 역학을 매우 중시하여 항상 불교와 유교의 회통은 역학을 통해서 설파하곤 했다.[15]

탄허의 화엄학 영역은 방대하다. 그 속에는 통현, 청량, 의상, 보조, 균여 등 다양한 사상가들의 사상이 용해되어 있다. 유교 역학의 세계 역시 실로 방대하다. 게다가 《주역》과 《정역》은 같은 것일 수가 없다. 이 제한된 지면에서 방대한 두 학문의 회통을 논한다는 것 자체가 매

15 우익지욱, 김탄허 역주, 《주역선해 3》 교림, 1996, pp. 405~421.

우 힘든 일이지만, 탄허가 화엄학을 역학으로 주석한 이통현의 주해를 가장 중시하였던 점,[16] 《정역》의 세계를 《주역》과 화엄학을 관통한 것으로 해석했던 선례들을 통해 탄허가 화엄학과 정역학을 어떻게 회통시키고 있는지에 대해 핵심적으로 살펴볼 수 있다.

탄허는 중국의 우익지욱藕益智旭의 《주역선해周易禪解》를 역해하면서 이미 자신의 주석까지 덧붙여서 《주역》을 선과 화엄으로 주해하고 있다.[17] 그리고 이 책의 마지막 부분에 〈정역팔괘해설〉을 배치함으로써 유석일치儒釋一致와 화역회통華易會通의 길을 제시하고 있다.[18] 여기에서는 탄허가 〈정역팔괘해설〉에서 강조했던 화엄학과 역학의 회통을 확충하여 그동안 깊이 연구되지 않았던 화엄학과 정역학의 만남과 회통에 대해서 논의를 확장해보고자 한다.

1) 〈일승법계도〉와 〈64괘 방위도〉의 비교

탄허가 강조한 화엄학과 정역학의 회통을 논하기에 앞서 먼저 화엄학과 역학이 근본에 있어서 상호 유사함이 있다는 점을 간단히 논해보

16 이통현이 화엄을 해석하면서 《주역》을 적극적으로 활용한 것에 대한 연구는 다음 논문을 참조. 고승학, 〈《신화엄경론》에 나타난 이통현의 《화엄경》 해석의 특징 -중국 고유사상과의 연관성을 중심으로-〉, 《불교학연구》 34, 불교학연구회, 2013.

17 탄허의 《주역》에 대한 불교적 해석인 《주역선해》에 대한 연구는 다음 논문을 참조. 고영섭, 〈탄허의 주역관과 불교관: 주역선해 역주를 중심으로〉, 《한국불교학》 66, 한국불교학회, 2013.

18 우익지욱, 김탄허 역주, 앞의 책, p. 424.

자.《화엄경》 53선지식의 마지막인 미륵과 문수가《주역》 64괘의 마지막 괘인 기제괘와 미제괘의 구조가 불이不二하다는 것은 의상의 〈일승법계도〉의 구조와《주역》의 〈64괘 방위도〉의 패턴을 함께 살펴보아도 드러나게 된다.

【도표 6-2】 의상의 화엄일승법계도

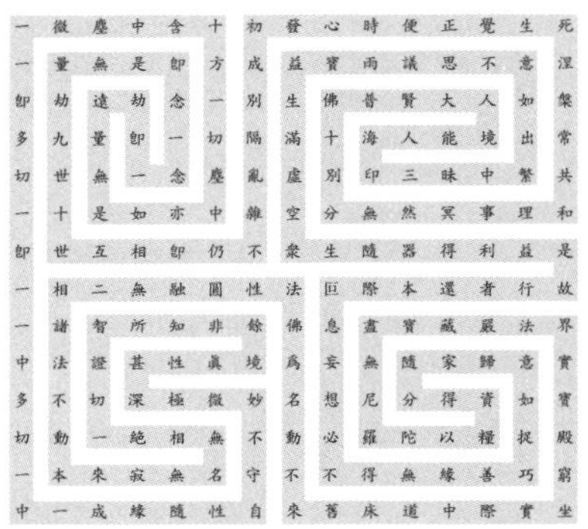

【도표 6-3】 주역 64괘 방위도

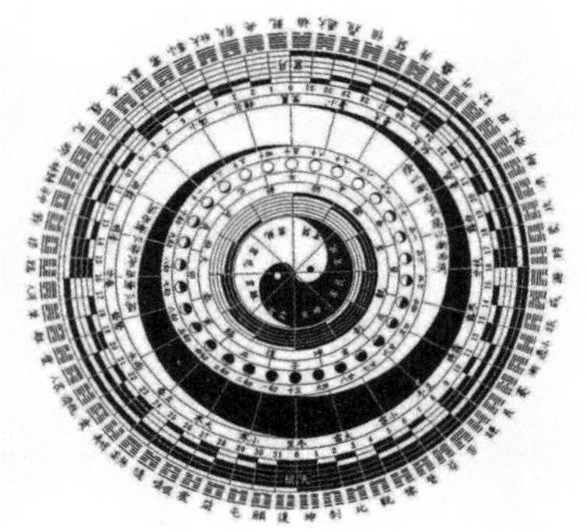

의상대사의 〈법성게〉는 '법성원융무이상法性圓融無二相'으로 시작하여 '구래부동명위불舊來不動名爲佛'로 끝나는 구조이다.《화엄경》〈입법계품〉의 53선지식 가운데 미륵보살 선지식은 여래출현의 묘각위에 해당하며 〈법성게〉에서는 '구래부동명위불'의 '불佛'에 해당한다. 〈일승법계도〉에서 보면 법성게의 '불佛'은 시작인 '법法'과 이어져 있음을 알 수 있다. '불'은 최후의 미륵보살이요, '법'은 시작인 문수보살이다. 초발심의 자리가 바로 '법'의 자리요, 묘각의 자리가 '불'의 자리이다.

탑돌이를 할 때 〈법성게〉를 외우는 경우가 많은데, 우요삼잡右繞三

匝의 형태로 1회에 그치지 않는 이치도 바로 여기에 있다. '법성'의 문수보살에서 시작되어 '구래부동'의 미륵보살로 1회적으로 끝나버리면 〈입법계품〉은 완성되지 못한다. 그러나 두 바퀴째의 전법륜의 행위는 단순한 동일반복이 아닌 끊임없는 보현보살행의 의미를 갖는다. 즉 〈법성게〉의 반복은 '법성원융무이상'에서 '구래부동명위불'로, '구래부동명위불'에서 다시 '법성원융무이상'으로 돌고 도는 보현보살의 광대행의 의미를 갖는다. 초발심에서 정각으로, 정각에서 다시 초발심의 자리로 돌아오는 이 원시반본原始反本의 과정이야말로 《화엄경》의 〈입법계품〉이 우리에게 주는 일승원교一乘圓教의 가르침일 것이다. 미륵에서 문수로 다시 돌아가지 않았다면 직선의 가르침이 되고 말 것이다. 보현행도 존재하지 않고 회향도 존재하지 않는다. 미륵에서 문수로의 전회轉廻는 곧 입전수수入廛垂手의 중생제도에 다름 아니며 원효가 《화엄경소》를 집필하다가 십회향품에서 그만 절필하고 저자거리로 나간 회향廻向의 모티브가 된다고 하겠다.

의상의 〈일승법계도〉를 보면 그 속에는 계속되는 태극太極 운동으로 이루어져 있음과 그것이 결국은 시계방향으로의 거대한 원환圓環 운동을 하고 있음을 알게 된다. 즉 법계도는 좌하-좌상-우상-우하로 크게 네 단계의 원 운동을 하고 있다. 그 네 영역을 하나하나 따라가보면 안으로 들어갔다가 반대로 돌아 나오는 태극 형태의 운동을 하고 있음을 알 수 있다.

이는 바로 〈도표 6-3〉의 《주역》 64괘 방위도의 구조와 유사함을 확인할 수 있다. 《주역》의 64괘는 모두 방위가 포진되어 있다. 그 변화의 원리는 음양과 태극의 원리에 의한 것이며 그것은 결국 직선이 아닌 원환 운동이이다.《주역》 괘의 순서는 상경은 건괘乾卦-곤괘坤卦에서 시작하고, 하경은 함괘咸卦-항괘恒卦로 시작되어 끝은 기제괘旣濟卦-미제괘未濟卦로 마무리 되고 있다. 순양純陽과 순음純陰인 건·곤괘는 착종을 거듭하여 소남少男과 소녀少女의 결혼인 함괘에서 하경이라는 새로운 시작을 맞이한다. 그 음양의 운동은 기제괘에서 마무리되는 것 같다가 미제괘로 끝나지 않게 됨으로써 다시 건·곤괘로 순환하게 된다. 이것은 바로 법계도가 '법'에서 시작되어 '불'로 완성되었다가 다시 '법'으로 반복되는 구조와 동일하다. 즉 〈입법계품〉의 미륵보살의 불과佛果에서 문수보살의 초인初因으로 돌아오는 대목은 '법'에서 '불'로, '불'에서 다시 '법'으로 움직이는 인과불이因果不二의 중중무진 법계연기를 보여주는데 이는《주역》의 건·곤괘가 기제·미제괘를 거쳐 다시 건괘로 돌아가는 변역變易과 구조적으로 정확히 일치하고 있다.

주역의 63번째 괘는 기제괘旣濟卦(上坎☵, 下離☲)로 이미 완전하다는 것을 의미한다. 위에는 음인 물이 있고 아래에는 양인 불이 있다. 물은 내려오는 속성이 있고 불은 올라가는 속성이 있다. 수승화강水升火降이라는 참선의 근본 이상이 매우 잘 실현된 최고의 괘라고 볼 수 있다. 음양이 착종錯綜하여 만들어낸 가장 이상적인 상징이 바로 기제괘이다. 이것은 마치 〈입법계품〉에서 묘각의 여래출현인 미륵보살 선지식의 해탈문을 증득하고 비로자나 장엄장 누각을 섭렵한 것과 유비될 수 있을만한 내용이다.

하지만《주역》은 기제괘로 끝나지 않는다. 최종 마지막 64번째 괘는 미제괘未濟卦(上離☲, 下坎☵)이다. 아직 끝나지 않았으며 완전하지 않다는 뜻이다. 《주역》이 완전함의 상징인 기제괘로 끝났다면 직선이 되었을 것이다. 태극기의 태극(☯)이 원이 되지 못하고 직선이 되고 말았을 것이며 《주역》의 점괘는 같은 점에 단 하나의 해석만 존재해야 했을 것이다. 《주역》이 영원히 변한다는 의미의 '역易'을 책의 이름으로 선택한 것은 '영원히 변하는 것變易은 불변不變한다는 것이 가장 간단한 이치(簡易)'라는 삼역三易의 정신이 불교의 무상無常의 이치와 동일함을 보여준다. 《주역》 〈계사전〉에서 말한 '법칙으로 만들 수 없고 오직 변하여 갈 뿐'이라는 "불가이전요不可以典要 유변소적唯變所適"에서의 '적適'은 화엄경의 '행行'과 다른 것이 아니다. 유교 역학의 '유변소적'도 불교 삼법인의 '제행무상'처럼 영원한 실체는 존재할 수 없다는 중요한 원칙을 보여준다.

이처럼 의상의 〈일승법계도〉 구조와 《주역》의 64괘도 구조는 동일한 '종시終始'의 구조를 함유하고 있다. 이를 통해 《화엄경》 전체와 역학 전체가 근본적인 측면에서 회통될 수 있는 원리를 품고 있음을 확인할 수 있다. 탄허가 항상 불교의 화엄학과 유교의 역학을 동등한 원리로 중시하면서 상호 회통하고자 했던 유불회통儒佛會通 정신은 여기에서도 확인할 수 있다. 이는 탄허가 화엄학과 역학을 회통하였던 많은 부분들 가운데 하나에 불과하다. 그 세부적인 것들은 낱낱이 하나씩 연구 주제가 되기에 충분하다. 예를 들면 화엄의 10신 보살을 역학의 8괘 방위를 통해 회통한다든지,[19] 화엄의 사법계로 주역의 〈설괘전〉 6장을 해석한다든지[20] 하는 것들이 있다.

탄허는 항상 유교의 '태극'을 선禪의 원상圓相이나 화엄의 '법신法身'과 동일한 것으로 설명하면서 유불을 회통했는데,[21] 이를 확충해보면 위에서와 같이 〈법계도〉와 64괘도의 유사성을 논할 수 있다.《정역》의 64괘도는《주역》64괘도가 그대로 적용되기 때문에 의상의 〈일승법계도〉 구조와 역학의 구조는《주역》《정역》을 떠나 함께 논해볼 수 있다.

화엄학과 정역학의 탄허적 회통을 논하면서 1회적인 직선으로 끝나지 않고 회귀하는 원환 운동의 공통점을 지적한 것은 바로 탄허가 화엄학과 정역학을 회통하여 도달한 미래학의 결론이 직선적 종말론이 아니라 순환적 성숙론 혹은 개벽론으로 볼 수 있기 때문이다.[22]

2) 탄허의 북방불기北方佛紀 사용

서기 2021년은 불기 2565년이다. 지금 사용하는 이 불기는 1956년 12월 네팔의 수도 카트만두에서 열린 제4차 세계불교도회의(WFB)에서

19 문광, 앞의 논문 〈華嚴學과 易學을 통해 본 呑虛의 艮山思想 -오대산과 계룡산의 의미망을 중심으로-〉, pp. 140~142 참조.

20 우익지욱, 김탄허 역주, 앞의 책, pp. 91~92.

21 김탄허 역해,《장자》, 교림, 2004, p. 451.

22 문광, 〈탄허선사의 말세관과 미래학 -불교·유교·기독교의 말세론과《정역》해설을 중심으로-〉,《원불교사상과 종교문화》71, 원광대 원불교사상연구원, 2017, pp. 135~168.

통일된 불기 사용을 위해 결의한 것이다. 이는 남방불기인 불멸 B.C. 544년설에 입각한 것으로 한국·중국·일본 등의 북방불교 지역의 세존응화 B.C 1027년설과는 483년의 차이가 난다.[23] 북방불기로는 1973년이 불기 3000년이 되는 해이며 올해는 3048년이 된다.

우리 불교계는 한국전쟁 직후 1955년 8월 승려대회를 거쳐서 종권을 대처승으로부터 이양 받아 비구 종단이 갓 출범한 시기였다. 이러한 어수선한 분위기 속에서 한국 불교계를 대표해서 동산, 청담, 효봉, 금오 스님과 이기영 선생이 대표로 이 자리에 참석하였다. 하지만 급히 참석하느라 자세한 분석과 토론의 시간은 갖지 못했다. 북방불교를 대표하는 중국의 경우에도 1949년 마오쩌둥(毛澤東)의 중화인민공화국이 건립되어 사회주의국가가 되었기 때문에 '종교는 아편'이라는 이념에 충실했을 것이므로 불기 사용에 대해 그다지 큰 관심을 가지지 않았을 가능성이 크다. 그렇다면 북방불교 지역에서 남방불기로 불기 통일을 적극적으로 묵인하고 동참했을 것으로 추정되는 나라는 일본이다. 일본에서는 '진무텐노(神武天皇) 즉위기원'이라는 것을 사용하는데 B.C 660년으로 올해 일본인들이 주장하는 황기(皇紀)는 2681년이다. 즉 지금의 일본 황기는 북방불기 3048년보다는 늦으며, 현행 사용

23 불기와 관련해서는 역대로 다양한 논의가 지속적으로 이어져 왔다. 대표적인 것을 소개하면 다음과 같다. 송일, 권상로, 〈불교결의佛教決疑:불기佛紀의 적확的確한 것을 뭇습니다. 문問 송일宋一, 답答 퇴경상로退耕相老〉,《불교佛教》 제42호, 1927. ; 정하중, 〈불기 정정을 제안한다〉,《문학 사학 철학》 6, 한국불교사연구소, 2006, pp. 63~75. ; 신동하, 〈한국 고대의 불기 사용에 대하여〉,《한국사론》 41~42호, 서울대 인문대학 국사학과, 1999, pp. 97~130. ; 김미숙,《인도불교와 자이나교》 씨아이알, 2013, pp. 13~27, '불기 산정의 이론과 실제'.

하는 남방불기 2565년보다는 빠르다. 일본에는 불교와 신도神道 두 종류의 종교가 주종을 이루고 있는데 천년 이상 사용해온 북방불기를 폐기하고 남방불기를 채택하면 일왕日王이 붓다보다 기원 면에서 앞서게 된다. 일본인의 속내를 의심하지 않을 수 없는 것은 불기의 정확성을 논하기 이전에 이미 일본이 북방불기를 쉽게 포기하려던 내적인 이유가 있었다고 판단되기 때문이다.[24]

분명한 것은 탄허가 바뀐 불기를 단 한 차례도 사용한 적이 없었다는 점이다. 2900년대에서 2500년대로 하향된 불기를 한국을 비롯하여 전 세계가 사용하였으나 그는 1970년대부터 입적한 1983년에 이르기까지 줄곧 북방불기를 고수했다. 심지어 돌에 새겨 영원히 남기는 큰스님들의 비문과 자신 저작의 서문序文에 반드시 3000년대의 옛 불기를 사용함으로써 자기의 미언대의微言大義를 드러내 보여주었다.

그는 1972년에 쓴 〈청룡사중창사적비기靑龍寺重創事績碑記〉에 '불기 2999년'이라 쓰더니, 1974년에 쓴 〈난재蘭齋 고기업高基業 선생先生 묘갈명墓碣銘〉과 〈초당설草堂說〉에 '응화 3001년'이라고 써서 불기 3천년이 넘었음을 공표했다. 이후《화엄경》을 완역하고 쓴 〈신화엄경합론역해서新華嚴經合論譯解序〉와 〈금오대종사부도비명金烏大宗師浮屠碑銘〉에는 '응화 3002년(1975)'이라 밝혔다.[25] 그 후 1983년 입적에 들 때까지 탄허

24 북방불기를 계속 사용했던 승려는 탄허 스님만이 아니었다. 조계종 제8대 종정을 역임했던 서암 스님 역시 북방불기를 그대로 사용했다. 그 흔적이 봉암사 침류교에 친필로 남아 있다. 태고종 제16세 종정인 안덕암 스님 역시 유묵에 북방불기를 쓴 것이 많이 전한다.

25 오대산문도회·탄허불교문화재단·교림 편, 앞의 책, pp. 112~162.

는 모든 중요 문서에 불기 3000년이 넘었음을 정확히 명기하고 있는데 그 세부 내용은 아래와 같다.

응화 3003년(1976):《四集(서장·선요·도서·절요)》〈智巖大宗師舍利塔碑〉

응화 3006년(1979):〈妙理比丘尼法喜禪師塔碑〉〈聽雨堂大禪師舍利塔碑〉

응화 3008년(1981):《四敎(금강경·원각경·기신론·능엄경)》〈春性大宗師之碑〉〈靑潭大宗師舍利塔碑銘〉〈鶴月大宗師舍利塔碑〉

응화 3009년(1982):〈周易禪解序〉〈道德經選注序說〉[26]

탄허는 그의 불교·유교·기독교의 말세관을 회통하며 밝힌 바 있다. 불교에 여래멸후 후오백세가 있는데, 그 다섯 번의 500년은 해탈뇌고解脫牢固, 선정뇌고禪定牢固, 다문뇌고多聞牢固, 탑사뇌고塔寺牢固, 투쟁뇌고鬪爭牢固이며 이러한 다섯 번의 500년인 오오백세五五百世를 거치면서 정법正法·상법像法·말법末法 시대를 천년씩 거치고 나면 다시 새로운 정법시대가 열릴 것으로 보았다.[27]

탄허는 불교만 말법시대를 말하는 것이 아니라 유교에서도《황극경세서皇極經世書》를 쓴 북송의 소강절(1011~1077)이 삼황三皇·오제五帝·삼왕三王·오패五覇·이적夷狄·금수禽獸의 운을 차례로 맞이한다고 설파

26 위의 책, pp. 449~607.

27 김탄허,《부처님이 계신다면》, 교림, 2001, pp. 344~346.

했음을 강조했다. 비록 지금 우리가 세강속말世降俗末의 금수운을 살고는 있지만 곧 새로운 황운皇運을 맞이한다는 것이다.[28] 탄허는 그 경계선을 바로 불기 3천 년으로 보고 있었던 것 같다.

탄허는 기독교 교리에서도 심판의 날이라 하여 인류 종말을 계시해 두었는데 이 역시 인류가 말법시대의 대혼란을 한번 거치게 되는 숙명에 있어서는 동일한 것이라 하였다. 물론 기독교에서 말하는 말세의 상황은 '심판이 아니라 성숙이요, 종말이 아니라 결실'이라는 그의 특유의 역학적 분석으로 해명하고 있지만, 현재 우리가 불멸후 3천 년의 말법시대를 산다는 점에서는 기독교의 미래관도 불교의 내용과 다르지 않다고 보았다.[29]

탄허가 삼교의 말법시대관을 회통하여 내린 결론을 통해 유추해보면 그가 2500년대의 남방불기를 사용하지 않고 3000년대의 북방불기를 고수했던 이유가 자명해진다. 그것은 바로 말법시대 500년을 다시 거슬러 올라갈 수는 없다는 의지 표명으로 읽어낼 수 있다. 세존응화 3천년이 되면 말법시대를 정리하고 다시 새로운 정법시대를 맞이할 것이며, 금수운禽獸運에서 황운皇運으로 전환될 것이며, 불로써 심판하는 최후의 날을 지나 새로운 개벽의 시대를 맞게 될 것임을 확신하고 있었다.[30]

---

28 위의 책, pp. 348~349.

29 김탄허, 앞의 책(2000), p. 216.

30 탄허의 미래예지와 관련된 부분은 다음의 논문들을 참조. 김성철, 〈탄허 스님의 예지, 그 배경과 의의〉,《되돌아본 100년, 탄허》, 조계종 출판사, 2013. ; 자현, 〈탄허 스님의 미래인식과 현대사회의 다양성〉,《미래를 향한 100년, 탄허》 조계종 출판사, 2013.

앞에서 살펴본 의상의 〈일승법계도〉와 《주역》의 〈64괘 방위도〉의 원환 운동의 원리는 여기에도 적용되는 것이다. 탄허가 보는 역사는 시작에서 끝으로 직선적으로 이어진 종말론의 구조가 아니라 끊임없는 태극과 원환 운동으로 지속되는 개벽론이라는 것이다.[31]

탄허는 새로운 시대를 맞이하게 될 미래예지와 미래학을 설파하면서 한국이 그 중심에 서게 될 것이라고 누차 역설한 바 있다. 그가 지속적으로 사용한 3000년대의 북방불기는 바로 말법시대 500년을 반복해서 살 수 없다는 의지를 보여준 것이다. 탄허가 재가제자 명호근에게 남방에서 의결해버린 2500년대 불기를 사용하지 않을 것[32]이라고 단호하게 의지를 표명했던 내면적 이유는 분명하다. 탄허는 말법시대가 끝나고 후천의 미륵세계가 도래하기가 멀지 않았음을 확신했던 것이다.

3) 화엄학과 정역학의 십수十數

탄허가 지구의 미래상에 대해서 예견했던 근거 가운데 하나가 바로 역학이었는데 김일부의 《정역》이야말로 여래멸후 오오백세의 후천상을 가장 잘 보여주는 텍스트라고 하였다. 탄허가 미리 파악했던 지구

31 이와 관련해서는 다음 논문을 참조. 문광, 앞의 논문(2017), pp. 135~168.

32 제자 명호근 회장의 증언을 필자가 직접 들은 내용이다.

의 거대한 변화상 가운데 하나는《정역》에만 등장하는 '10수'의 상징이다.《정역》에 등장하는 10수를 화엄학의 10수와 비교해보는 것은 바로 탄허의 회통사상을 고찰하는 주요한 내용이 될 수 있다고 생각한다. 탄허가 화엄학의 10수와 정역학의 10수를 함께 논한 적은 없지만 탄허의 유불회통을 보다 확충하여 연구해보면 그가 이미 화엄학과 정역학의 10수의 상징을 환히 간파하고 있었음을 알 수 있다. 아래에서 그 세부 과정을 분석해보고자 한다.

김일부는《정역》의 서문인〈대역서大易序〉에서 새로운 역학이 도래했음을 선언하고 있다.[33]《주역》에서 말한 "역자易者, 상야象也"[34]의 명제와 달리《정역》에서는 "역자易者, 역야曆也"라는 기존에 볼 수 없었던 명제를 미래역 핵심으로 제시하고 있다.[35] 이 세상에 새로운 달력이 열린다는 것이《정역》서문의 선언적인 메시지다. 새로운 역曆이 열린다는 것은 새로운 상수象數가 도래하여 가능한 것으로 이 상수는 바로 정역팔괘도에서 처음으로 등장하는 십수十數를 일컫는 것이다.

33 《정역》,〈대역서大易序〉, "성스럽다 역易의 역易됨이여, 역易이란 역曆이니 역曆이 없으면 성인이 없고, 성인이 없으면 역易도 없는 것이다. 그러므로 초초初初의 역학易學과 래래來來의 역학易學이 지어진 것이다(聖哉 易之爲易 易者 曆也 無曆無聖 無聖無易 是故 初初之易 來來之易 所以作也)."

34 《주역》〈계사하〉 제3장.

35 유남상·임병학,《일부전기一夫傳記와 정역철학正易哲學》, 연경원, 2013, pp. 145~181. '천지역수원리天之曆數原理' 참조.

【도표 6-4】 복희팔괘도, 문왕팔괘도, 정역팔괘도

위의 세 가지 팔괘도를 살펴보면, 복희팔괘도는 '팔八'까지, 문왕팔괘도는 '구九'까지, 정역팔괘도는 '십十'까지 괘도에 숫자가 표시되어 있음을 알 수 있다. 정역팔괘도에 '십'이 건북乾北에 나타나는 것은 매우 중요한 의미를 지닌다. '십'은 무극無極을 의미하고 '일一'은 태극太極을 의미이며 '오五'는 황극皇極을 의미한다. 정역은 복희역(八), 문왕역(九)과 달리 십수역十數易이 되어 완전함을 구현하고 있는 역이며 문왕역은 괘수의 상대합수가 각각 10이 되니 십무극十無極을 배태한 것으로 정역을 기다리고 있었던 것으로 풀이된다.[36]

복희팔괘도와 문왕팔괘도에 등장하지 않았던 무극의 수인 10의 등장은 음양관에 커다란 상징적 변화를 가져오는 것으로 해석된다. 복희팔괘와 문왕팔괘의 선천시대와 정역팔괘의 후천시대의 가장 큰 상수象數의 차이는 10무극수의 등장에 따른 음양의 대변화라고 설명되고 있다.

---

36 박상화, 《정역석의正易釋義》, 동아출판사, 1971, p. 107. '간소남艮少男으로 본 한국' 참조.

1에서 9까지만 존재하는 문왕팔괘까지의 현실에서는 양수인 1이 시작하고 양수인 9가 마무리를 지으며 그 가운데인 양수인 5가 중심을 차지한다. 즉 양수인 1, 3, 5, 7, 9가 음수인 2, 4, 6, 8보다 숫자가 많을 뿐만 아니라 처음(1)—중간(5)—끝(9)을 모두 양수가 차지함으로써 양이 중심이 되고 음은 뒤에서 숨어서 뒤를 돌봐주는 세계로 설명된다. 하지만 1에서 10까지가 모두 현실화되는 정역팔괘의 세계에서는 시작은 양수인 1이 하고 끝은 음수인 10이 마무리를 하며 그 중간은 5와 6인 음양이 함께 중심에 서는 형국이다. 이는 처음(1)—중간(5·6)—끝(10)이 양—양·음—음의 형태가 되어 정확히 음양이 균형을 이룬다. 이것을《정역》에서는 '포오함육包五含六'이라 하여 김일부가 상세히 언급하고 있다.[37]

이러한 음양의 변화에 대해서 김일부는《정역》에서 "억음존양抑陰尊陽은 선천시대 심법心法의 학學이고 조양율음調陽律陰은 후천시대 성리性理의 도道"[38]라 하였다. 문왕팔괘도가 보여주는 음양불평등의 세상을 정역팔괘도의 정음정양正陰正陽의 시대가 교체할 것이라는 말이다. 복희팔괘와 문왕팔괘에는 존재하지 않는 '십수十數'가 정역팔괘에 처음으로 등장한다는 것은 바로 선천시대에 존재했던 음양의 불평등과 남존여비의 방식이 완전히 변화한다는 것을 의미한다. 정역팔괘도가 김일부에 의해서 계룡산에서 처음으로 획괘가 된 1879년부터 이

37 이정호,《정역연구》, 국제대학 인문사회과학연구소, 1976, pp. 48~50.

38 《정역》〈일세주천율려도수〉, "抑陰尊陽先天心法之學 調陽律陰後天性理之道"

지구의 미래상은 음양의 변화와 남녀평등의 기운이 싹트기 시작했고 20세기 전체가 음양의 화합과 상생, 평등과 공존의 시대가 된 것은 정역학으로도 설명이 가능한 것이다.

이러한 측면에서 정역학이 화엄학과 원리적인 측면에서 매우 깊은 관련성과 유사성을 갖고 있음을 발견할 수 있다. 화엄학에는 10신信·10주住·10행行·10회향廻向·10지地 등에서 볼 수 있듯이 10수에 의한 수행 과정과 체계를 기본으로 하고 있다. 위의 괘도들에서 알 수 있듯이 복희팔괘도와 문왕팔괘도에는 8과 9만이 등장한다. 10수를 기본으로 하는《화엄경》이 9수로 상징되는 문왕팔괘의 시대에는 이해하기 어려울 수 있다고 해석될 수 있는 대목이다. 왜냐하면 문왕팔괘의 현 시대에는 10이라는 숫자는 현실적이지 않은 이상적인 숫자로만 존재하기 때문이다. 태권도와 같은 무술이나 바둑과 같은 급수를 정하는 분야에 현재 10단이 존재하지 않는다. 10단은 입신入神의 의미를 가지고 9단까지만이 인간의 영역이라는 인식은 10이라는 무극수無極數가 문왕팔괘의 시대에는 현실로써 뒤따라줄 수 없는 이상이기만 하다는 것을 보여주는 사태이다. '포스트 문왕팔괘' 시대인 정역팔괘 시대에는 10이라는 무극수가 현실에 모두 반영되어 이론과 실제가 합일을 이루게 된다는 것이 정역 연구자들의 한결같은 주장이다.

탄허가 강의했듯이 화엄의 사사무애事事無碍의 이치는 인류가 언어로 구현한 것 가운데 가장 난해한 사상에 해당한다. '태산을 콧구멍에 넣는다'는 사사무애의 이치는 9수로 상징되는 문왕팔괘의 시대에는 파악하기 힘든 이치다. 하지만 탄허는 앞으로 화엄의 시대가 열릴 것이라고 예견했다. 탄허는 1983년에 입적했지만 21세기를 맞이한 현대 사회에 우리는 사사무애를 이해할 수 있는 많은 IT산업과 정보화 사회를 접하면서 살고 있다. 인터넷과 휴대폰으로 대표되는 정보화 사회의 대부분 문화는 사사무애를 현실화했다고 할 만큼 장애로부터 자유로워졌다. 이는 바로 탄허의 미래학이 보여준 '문왕팔괘에서 정역팔괘로의 변화'의 한 양상으로 설명될 수 있다. 19세기 후반에 김일부가 《정역》을 통해 해석한 미래세계의 모습은 단적으로는 바로 10수의 등장이 보여주는 모습이라고 설명할 수 있다. 《정역》에서 말하는 10수의 등장은 화엄학에서 말하는 십십법계十十法界와 운명적으로 만나면서 《화엄경》이 품은 이사무애와 사사무애의 세계를 더욱 현실적으로 만드는 것과 관련이 있다. 10이라는 무극수의 등장은 이 세계가 이제는 모든 방면에서 완전히 융섭되는 시대가 도래하고 있음을 의미하며 유교의 역학이 불교의 화엄학과 전면적으로 조응하는 시기가 되었다는 의미로 받아들일 수도 있다.

중국 문자학의 대표격인 《설문해자說文解字》에서는 '십十'의 의미에 대해 '수가 갖추어진 것(數之具也)'[39]이라고 했다. 화엄학에서도 '십'을 원수圓數, 만수滿數, 무진無盡의 의미로 해석했다. 계환戒環은 《화엄요해華嚴要解》에서 '십'은 원수圓數이기 때문에 '이루어진 수(成數)'이자 무한의 수로써 한 생각에 몰록 깨닫는 돈법을 드러낸다고 하였다.[40] 탄허는 화

39 許愼/湯可敬 撰, 《說文解字今釋 (1)》, 岳麓書社, 1997, p. 313. "十 數之具也 一爲東西 一爲南北 則四方中央備矣 凡十之屬皆從十 是執切"

40 탄허장학회 편, 《탄허강설집-신화엄경합론 1》, 불광출판부, 2003, p. 211.

엄학의 '원교圓敎'를 설명하면서 '원圓'의 의미를 '모양이 끊어진 것'으로 무심無心, 무위無爲, 천天, 도道 등의 동양사상의 주요개념들과 함께 회석會釋하면서 설명한 바 있다. 즉 탄허는 10이라는 숫자에 대해서 원수이자 만수의 의미를 갖는 것과 아울러 '숫자가 끊어진 세계'라는 의미로 해석하였다. '도'가 언어와 문자가 끊어진 것이므로 10수 역시 언어와 문자가 끊어진 수라고 해석했던 것이다. 10인 무극에 대해서 탄허는 '무지극無之極'이라는 해석을 선보였던 것도 이와 상통한다. "무無의 극한이 무극無極"이라고 한다면 이제 정역팔괘의 후천시대는 화엄의 십십법계와 다르지 않은 시대가 된다. 불교의 화엄학과 유교의 정역학이 이러한 내재적 회통성을 본래적으로 담보하고 있었기 때문에 탄허가 그토록 유불융합과 유불일치의 회통을 강조했다고 생각한다.

4) 《정역》의 '천지경위天地傾危 2800년'

〈도표 6-4〉의 정역팔괘도에서 십十과 오五가 남북에 정위치를 하고 여기에 건곤乾坤이 정확히 자리 잡는 것은 기울어져 있던 천지天地가 제자리를 잡는 것으로 세상의 모든 바르지 못하던 것이 바르게 정립되는 것을 상징한다. 정역의 '정正'의 의미가 바로 이것이다.

이에 대해 〈대역서〉에서 김일부는 "천지경위天地傾危 이천팔백년二千八百年"이라는 한마디로 정리하고 있다. 즉 천지가 기울어진 지 2800년이 되었다는 것이다. 이 언명이 1881년에 나온 것임을 감안하면 현재는 '천지경위 삼천년'이라 해도 좋을 것이다. 계룡산 향적산방香積山房에서 탄허와 직접 만나 정역학에 대해 담론을 나누고《정역》 관련서적에 대한 서문을 부탁하기도 했던 학산 이정호 같은 정역연구자들은 이 '천지경위 2800년'에 대해서 선천의 윤력閏曆이 후천의 정력正曆으로 바뀌는 것으로 설명했다. "역易이 역曆"이라고 했던 것에 대한 부가설명으로 보는 것이다. 그의 설명을 잠시 들어보자.

> 23.5도의 남북회귀선은 없어지고 1년 내내 황도黃道는 적도赤道 위에 있어 지구의 남북축이 똑바로 북극성을 가리키게 되어 동지와 하지의 극한·극서는 소멸되고 1년 내내 봄·가을과 같아 소강절邵康節이 말한 '삼십육궁도시춘三十六宮都是春'이 되는 것이다. 지금의 바다는 육지에 비하여 너무나도 넓어서 균형이 맞지 않는데 천지가 변화하면 수륙水陸이 균평均平을 이루게 될 것으로 본다.[41]

이정호의 설명은 탄허의 미래예지와 거의 일치하고 있음을 알 수 있다. 이와 관련하여 이정호는 정역팔괘도 전체의 대강大綱을 요약하여 다음과 같이 설명한 바 있다.

> 1. 정역팔괘도는 복희팔괘도와 문왕팔괘도의 뒤를 이어 우리나라에서 비로소 나타난 제3괘도第三卦圖이다. 〈대역서大易序〉에 이른바

41 이정호,《제삼의 역학》, 아세아문화사, 1992, p. 121.

"복희조화문왕교伏犧粗畵文王巧 천지경위이천팔백년天地傾危二千八百年"의 뒤를 받아 나타난 괘도로서, 문왕팔괘도가 《주역》의 밑받침이듯이 정역팔괘도는 《정역》의 밑받침이다.

2. 문왕팔괘도에서는 천지天地가 경위傾危하여 건곤乾坤이 서북西北과 서남西南에 편재하여 있고 각 괘의 음양이 감리坎離외에는 부조화의 상相을 노정露呈하고 있는데 반하여, 정역팔괘도에서는 건곤乾坤이 남북南北에 정위正位하고 진손震巽과 감리坎離가 좌우에서 보필하여, 불상패不相悖 불상사不相射하며, 간태艮兌가 동서東西에서 용사用事하여 산택山澤이 통기通氣함으로써 정륜正倫과 효행의 상을 나타내는 동시에, 각 괘가 완전히 조화되어 하도河圖의 구체적 실현을 보여 주고 있다. 문왕팔괘도가 진미盡美하나 미진선未盡善이라면 정역팔괘도는 진미盡美요 또한 진선盡善이라 하겠다.

3. 문왕팔괘도는 "제출호진帝出乎震하야 제호손齊乎巽"하므로 삼진三震과 사손四巽이 동東과 동남東南의 일각에서 위세威勢의 뇌풍정사雷風政事를 하였으나 그 무대가 협애한데 비하여 정역팔괘도는 팔간八艮과 삼태三兌가 동서東西에서 산택통기山澤通氣의 십일용정十一用政을 하므로 그 무대가 훨씬 확대하여 세계적임을 알 수 있다.

4. 복희팔괘도와 문왕팔괘도는 다 같이 제왕에 의하여 중국대륙에서 획하여 졌으나 정역팔괘도는 아무런 위位도 없는 일개 유사儒士에 의하여 극동의 반도에서 획하여 졌음이 특색이다.[42]

42 이정호, 《정역과 일부》, 아세아문화사, 1987, pp. 323~324.

위의 내용은 정역팔괘도 전체를 요약한 것이다. 탄허의 경우 위의 제반 사항을 정확히 이해하고 있었다는 사실이 여실하게 드러나는데, 그 내용이 바로 《주역선해》의 말미에 언급한 〈정역팔괘해설〉[43]이라는 글이다. 탄허는 《정역》 전체에 대한 주석서나 번역서를 남기지는 않았으나 《정역》의 모든 오의奧義를 이 글에 풀어놓았다.

이 장에서는 탄허가 2500년의 불기를 사용하지 않고 3000년의 북방불기를 계속 사용했던 중요한 이유 중의 하나가 '천지경위 2800년'이라는 《정역》의 언명과 무관하지 않았음을 밝히고자 한다. 김일부가 〈대역서〉를 쓴 1881년을 기준으로 2800년이라는 수치가 무엇을 기준으로 해서 나왔느냐는 것이다. 정역연구가들의 연구에 의하면 이는 중국 주周나라의 '공화원년共和元年'에 입각한 것이라고 밝혀져 있다.[44] 동양에서 '무슨 왕 몇 년'의 식으로 기록하는 연표는 사마천 《사기史記》의 〈십이제후연표十二諸侯年表〉에 등장하는 공화원년(B.C. 841년)에서 시작된 것이다. 그 이전의 기록들은 연표가 없어서 정확한 기록으로 보기에는 무리가 있다는 것이며 연대를 명확히 헤아릴 수 있는 가장 오래된 '공화'의 기록을 사용하고 있다. 'Republic'의 역어로 '공화국'이나 '공화정'이라는 단어를 쓰는 것은 바로 이 주나라 공화 기원에서 나온 것으로 '군주가 다스리지 않는 국가'[45]의 고대 동양적 모델이었던 것

43 우익지욱, 김탄허 역주, 앞의 책, pp. 425~436.

44 권영원, 《정역과 천문력》, 상생출판, 2013, pp. 209~212.

45 주나라 10대왕인 여왕厲王은 백성들이 난을 일으킨 끝에 달아나고 대신들이 정사를 맡아보았는데 쫓겨난 여왕은 끝내 돌아오지 못하고 14년 만에 망명지에서 죽었고 그 아들이 11대 왕으로 즉위했으니 그가 바로 주선왕周宣王이다. 군주가 다스리지 않는 국가란 바로 이를 말하는 것이다.

이다. 이 공화 기원은 동아시아에서 많이 사용해왔던 기원으로 왕조와 상관없이 연대를 표시할 때 선비들이 많이 사용했던 것이다. 김일부가 〈대역서〉를 썼던 1881년은 공화 기원으로 '2722년'이 되는 해인데 '2800년'이라고 쓴 것은《정역》은 괘도가 나온 이후 100년 뒤의 미래와 관련된 것이기 때문이다. 여기서 말하는 2800년은 문왕팔괘가 나온 주나라 시대를 의미하는 것으로 '천지가 기울어진 지 2800년'이 지났다는 것은 문왕팔괘도에서 건곤이 기울어져 있는 것을 의미한다. 정역팔괘는 이러한 기울어진 건곤이 남북에 정확히 바로 선다는 것을 의미하고 이는 바로 후천역학의 시대가 열린다는 것을 의미한다. 즉 김일부는 문왕팔괘도에서 기울어진 지 2800년 만에 건곤이 바로 선 정역팔괘도가 나왔음을 공표한 것이다. 탄허는 지구에 장차 폭염과 폭우와 같은 기상재해와 이변들이 나올 것을 미리 예견했는데 그 바탕이 되었던 것이 바로 이 대목의 해석에서 기인했던 것이다.

김일부는 유가의 선비였음에도 불구하고《정역》이 이루어지는 후천세계를 '용화세월龍華歲月'[46]이라는 미륵정토로 결론짓고 있다. 〈십일귀체시十一歸體詩〉에서 말한 '용화세월'은《정역》의 이치가 실현되는 '무량후천無量後天의 신질서가 구축된 세계'[47]를 말한다. 이 '용화세월'의《정역》적 의미망에 대해서는《정역구해正易句解》의 다음 설명을 참조하자.

46 《정역》〈십일귀체시十一歸體詩〉, "火入金鄕金入火 金入火鄕火入金 火金金火原天道 誰遣龍華歲月今"

47 이정호, 앞의 책(1992), p. 174.

용화세월 : 용화란 불가에서 미륵세계를 말하는 것인데《정역》에서는 뇌풍雷風으로서 진震은 용龍이 되고 손巽은 화華가 되는 뜻을 말한 것이다. 뇌풍雷風이 정위正位하여 정사政事를 하는 것이 상제上帝가 친정親政하여 유리세계琉璃世界에 조임照臨하는 것이라 생각되며 이 시절을 용화세월이라 한 것이다.[48]

문왕팔괘도에서 건곤(천지)이 기울어져 있으면서 장남長男과 장녀長女인 진震과 손巽이 동쪽에서 중심을 잡고 있다가 정역팔괘도에서는 천지가 정위正位를 찾아가면서 진손 역시 본래의 자리로 돌아가게 되고 간태艮兌 역시 본래의 짝을 찾아 세상의 음양이 바른 자리를 잡게 되는 것이 바로 정역학에서 말하는 '용화세월'이다.

《정역》의 결론은 하경下經인 〈십일일언十一一言〉이다. 이 십일귀체十一歸體는 바로 정역팔괘도에서의 간팔艮八과 삼태三兌가 합하여 만들어내는 '십일十一'이라는 숫자가 '용화세월'과 관련이 있다는 말이다. 즉 팔간八艮의 계해癸亥와 삼태三兌의 무진戊辰이 합하여 간태합덕艮兌合德의 십일귀체를 이루는 것이다.

《정역》의 〈십일일언〉은 간태합덕의 묘리妙理를 설명한다. 간태의 합덕은 함괘咸卦의 감응이다. 정역팔괘는 복희팔괘의 구체적 실현으로 볼 수 있다. 복희역은 건곤, 감리, 간태, 진손이 짝을 이루어 음양의 완전 조화체인데《정역》역시 음양이 완전조화를 이루고 있다. 그 가운

48 권영원,《정역구해正易句解》, 상생출판, 2011, p. 131

데 간태가 동서에 자리하여 주된 역할을 하고 있어서 젊은 남녀인 소남소녀의 결혼을 상징하고 있다. 동양과 서양이 비로소 평등한 상태에서 서로 소통하고 사랑을 실현한 모습을 보이고 있는 것이며, 문왕팔괘인 《주역》이 보여주는 감응을 실현시키고 있다. 즉 《주역》에서는 건乾·곤괘坤卦로 상경을 시작하고 함咸·항괘恒卦로 하경을 열고 있다. 함괘는 간태가 감응하는 것이요 항괘는 진손이 조화하는 것이다. 《정역》의 세계는 남녀가 평등하고 동서양의 문명이 평등한 시대이다. 좌우익의 이념이 더 이상 서로를 증오하지 않는 평화를 실현하는 사회가 되는 것이다. 화엄학과 정역학을 함께 거론했던 탄허사상이 21세기에 새로운 연구 주제로 부각될 수 있는 근거가 여기에 있다.

조계사 대웅전은 원래 전북 정읍에 있던 보천교 법당인 '십일전十一殿'을 옮겨 온 것이다. 탄허의 부친 김홍규는 보천교의 2인자 목방주木方主였으며 탄허는 정읍 보천교 교당에서 한학을 공부하며 자랐던 것을 다시 한번 상기할 필요가 있다. 간팔艮八과 태삼兌三의 합이 십일十一이 되기도 하지만 무극無極인 십十과 태극太極인 일一의 합이 십일이기도 하다. 정역팔괘도에서 새롭게 등장한 십수十數는 화엄학의 상징인 십십법계十十法界와 조응하며 미륵정토와 용화세월이라는 화정회통華正會通의 의미망을 함께 구성하고 있다.

《화엄경》〈입법계품〉의 묘각의 종착지가 바로 '미륵보살'이었다면 유교 역학의 귀결처인 《정역》의 결론은 '용화세월'로 화엄학과 정역학은 그 결론에 있어서 일치한다. 탄허가 평생토록 주장한 화엄학과 역학의 회통인 '화역회통華易會通'의 탄허학은 《화엄경》과 《정역》이 둘이 아닌 '화정불이華正不二'의 지평으로 확대될 수 있다. 이상으로 탄허가 강조했던 화엄학과 역학의 회통에서 한 걸음 더 나아가 화엄학과 정역학의 만남에 대해 고찰해 보았다.

4. 물학에서 심학으로, 실학에서 허학으로

21세기는 소유所有에서 존재存在로, 물질문명에서 정신문명으로, 물학物學에서 심학心學으로, 실학實學에서 다시 허학虛學으로 전식득지轉識得智해야 될 때가 되었다고 본다. 이제는 탄허의 사상은 불교학에서 한 걸음 더 나아가 한국학의 한 영역으로 확장될 필요가 있다.

탄허사상이 21세기의 한국불교학, 나아가 한국학의 한 분야가 될 수 있는 융합과 복합적인 경향성을 담지하고 있는 것은 부인할 수 없는 사실이다. 다만 그의 학술과 사상이 열린 지평 속으로 나아가 새로운 시대의 문제를 해결해줄 수 있는 시대정신으로 확장되어갈 수 있는가의 문제는 후학들의 연구와 노력여하에 달려있다.

이 장은 탄허의 화엄학과 그의 역학의 한 분야인 정역학을 확충하고 회석하여 비교 고찰해본 시도이다. 탄허가 가장 오랫동안 번역하고 연구했으며 불교 교학의 최고로 꼽았던 화엄학이 그의 미래학 주요 분야였던 김일부의 정역학과 근원적으로 동일한 사상적 내함을 간직하고 있다는 것을 시론적으로 살펴보았다. 그가 직접 담론하지 않았던 세부 내용들까지 언급하게 된 것은 그가 5천 자에 육박하는《정역》의 문장 가운데 단지 49자의 원문만을 언급하면서도《정역》전체의 핵심 종지는 모두 밝히고 있기 때문이었다. 그의 역학과 미래학에 대한 연구는 보다 활발하게 확장될 필요가 있다. 동양학의 핵심인 불교, 유교, 도교의 심층적인 분야를 회통하여 밝힌 탄허사상은 현대 한국학의 많은 분야에 기여를 할 수 있을 것으로 기대된다. 화엄학과 정역학의 회통은 21세기 탄허학의 중요한 한 분야로 확장되어 나갈 것으로 예상된다.

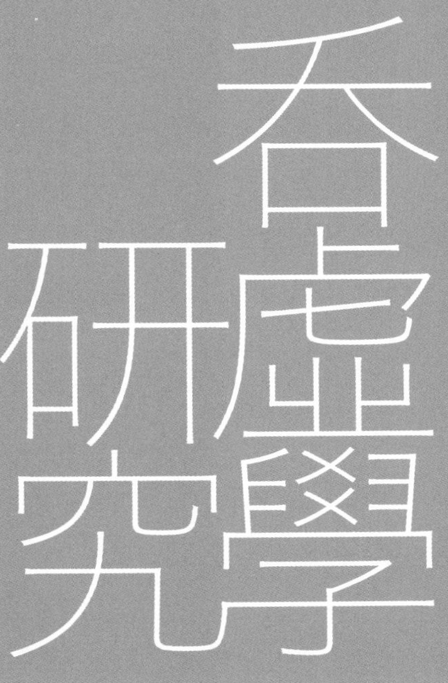

제7장 |《화엄경》〈입법계품〉의 미륵과 한국 불교

1. 거두去頭 : 연기緣起[01]

이 장은 거두절미去頭截尾하고 쓴 글이다. 거두去頭라 함은 〈입법계품入法界品〉의 결론에 다가오는 이 시점에서 《화엄경》 전체 혹은 〈입법계품〉에 대한 전초적 해설을 생략한다는 의미이다. 또 미륵보살 선지식을 선재동자가 만나 묘각위의 불과를 증득했다 하더라도 다시금 문수-보현으로 이어지는 끝없는 보살행이 미래세가 다할 때까지 이어진다. 따라서 절미截尾라 함은 필자의 이 글 또한 여기서 끝나지 않고 나 자신의 수행이 그 진리를 수지할 것임을 다짐하는 의미이다.

하지만 여기에서 필자가 《화엄경》 〈입법계품〉의 선지식들 가운데 미륵보살 선지식을 특히 주목하게 된 연기는 밝혀야 할 의무가 있다. 먼저 그동안 줄곧 관심을 가져왔던 한국의 미륵 사상 혹은 미륵 신앙과 관련된 것이다. 한국 불교는 교학적으로 《화엄경》과 가장 밀접한 관련이 있다면 신앙적으로는 특히 미륵 사상이 매우 특색있게 읽혀진다. 불연국토佛緣國土 사상이나 진표율사眞表律師 이래로 한반도로 미륵이

01 제7장의 내용은 《문학·사학·철학》 11집(한국불교사연구소, 2007. 11)에 실린 글이다. 탄허 스님의 《신화엄경합론》을 통해 화엄학을 본격적으로 연구하기 시작하던 시기의 글로 탄허 화엄학의 영향을 받기 시작하면서 집필했던 글이다. 초발심의 열정을 되새기며 원래 모습 그대로의 글을 싣기로 했다.

하생한다는 용화정토龍華淨土 사상들, 삼국간의 미륵 쟁탈전이나 화랑(용화 낭도)의 정신, 후대에도 끊임없이 전개되었던 미륵의 화신이라 주장했던 인물들(궁예, 견훤, 강증산 등), 《정감록鄭鑑錄》의 정도령 신앙과 동학의 후천개벽後天開闢 사상, 증산도의 천지공사天地公事 등은 유교독존의 조선시대에 우리 땅을 늠름히 지켜냈던 민초들의 돌미륵 신앙과 함께 이 땅에 찰나도 숨을 멈춘 적이 없던 주된 사상의 흐름이었기 때문이다. 그런 연고로 미륵삼부경彌勒三部經을 특히 주목하여 읽어왔다. 필자의 화두는 그것이 과연 《화엄경》의 일단락을 의미하는 '여래 출현' 혹은 '여래 성기'의 미륵보살 선지식과 어떤 만남을 가질 수 있는가 하는 것이다.

원효성사는 그의 《미륵상생경종요彌勒上生經宗要》에서 매우 의미심장한 말씀을 남겼다. 미륵삼부경이 미륵 상생, 미륵 하생, 미륵 성불의 삼부경으로 구성되어 있으나 이 경전을 읽는 데는 상품上品, 중품中品, 하품下品의 다름이 존재한다는 것이다. 즉 하품은 미륵 하생에 대한 신앙, 중품은 미륵 상생의 실현, 상품은 미륵을 이생에 친견하는 것이라 설하고 있다.[02] 여기서 원효가 상품이라 말했던 미륵을 이생에 만나는 것은 《미륵대성불경彌勒大成佛經》과 잇닿아 있고 그것은 곧 미륵이 이 땅에 하생하기를 기다리거나 미륵이 계신 도솔천으로 올라가는 것이 아니라 나의 수행력으로 지금 여기 당장 이 몸으로 미륵을 만나는 것을 말한다.

---

02 심재열 편역, 《미륵삼부경·원효술 상생경종요》, 보련각, 1998, pp. 257~258.

이 대목을 읽는 순간 눈이 휘둥그레졌다. 원효의 이러한 관점은 미륵 경전을 읽는 새로운 눈을 제시해주었기 때문이다. 다른 어떤 미륵 경전에 대한 주석도 이와 같은 것은 없었으며 이로 인해 자연스럽게 한국 불교에서 이것을 성취한 사람으로 진표율사를 떠올렸다. 본인의 수행력으로 미륵보살을 친견하고 수기를 받고 직접 이 땅에 용화정토의 예언을 실현하며 보살행을 했던 한반도의 살아있는 선재동자가 바로 진표율사였다.

2006년 겨울, 필자는 변산반도 불사의방不思議房을 찾았다. 진표율사가 목숨을 걸고 수행하여 미륵을 친견했던 바로 그 장소를 찾아간 것은 머리 깎고 먹물 옷 입은 이래 다시금 초발심의 대장정을 나서기로 결심했기 때문이다. 필자는 그곳에서 나만의 〈입법계품〉을 그려보았다. 본격적으로 접하는 화엄학에서 미륵보살 선지식을 선택하는 데에는 일탄지一彈指의 시간도 걸리지 않았던 것은 당연하다.

먼저 이 글은 미륵의 탄지에 주된 모티브motive가 걸려 있다. 그러므로《화엄경》〈입법계품〉 경전 자체와 주석에 관한 내용은 입정탄지入定彈指의 절에서 다루고 이 내용을 바탕으로 확장되는 담론들은 출정탄지出定彈指의 절에서 다루고자 한다.

최근 개그 프로그램에서 용수보살이 뜨고 있다. '같기도道'라는 이름 아래 '이건 A도 아니고 B도 아니야'를 처음부터 끝까지 연발하면서 국민들을 웃기는 프로그램이다. 대승 초기 용수의 양구부정兩句否定의 중도 사상이 드디어 텔레비전에서 활개를 치고 있는 것이다.

출정탄지의 대목들은 다른 이의 생각이나 논문에 의한 것이 아니라서, '이건 맞는 것도 아니고 틀린 것도 아니야'를 연발할 수도 있다. 그러나 《화엄경》, 미륵경전, 한국 불교사를 각각 따로 보는 논리에서 한층 더 나아가 보다 치밀하고 정밀한 학문적·교학적 접근이 필요하다는 절실함의 한 표현으로 읽혀지길 바란다.

육당六堂 최남선崔南善(1890~1957)은 인도 불교는 서론적 불교, 중국 불교는 각론적 불교, 한국 불교는 결론적 불교라고 말한 바 있다.[03] 중국은 없는 역사를 만들고 일본은 있는 역사를 속이지만 한국은 엄연한 역사를 챙기지도 못한다. 결론은 곧 서론과 다르지 않다는 것은 〈입법계품〉의 미륵과 문수의 과정에서 발견되는 인과동시因果同時가 《주역》의 물지종시物之終始의 논리와 일률一律을 이루고 있다는 것을 방증한다. 《화엄경》의 오묘한 대방광의 장엄경이 한국 불교사에서 찬연히 발현되어 왔음을 증명하는 데 일조하길 바라는 마음 간절하다.

2. 입정탄지入定彈指

03 고영섭, 《한국불교사: 신라 시대 편》, 연기사, 2005, p. 29.

1) 덕생 동자와 유덕 동녀의 상징

〈입법계품〉 53선지식 가운데 유독 함께 등장하는 선지식이 바로 덕생 동자와 유덕 동녀이다. 경전은 절대로 느슨하거나 부족하지 않다는 것을 전제로 하면 두 선지식을 하나의 선지식으로 치는 데에는 그 나름대로의 이유가 있을 것이다. 그 모종의 원인이 무엇이었을까를 곰곰이 살펴보면 어렵지 않게 이런 생각을 하게 된다.

선지식들은 대부분 남녀로 나뉘어져 있었다. 덕운비구에서 시작된 선지식들은 10지 보살로 오면 주로 여자 선지식들로 구성이 되었다. 그 남녀 선지식들에게서 얻은 해탈문이 미륵보살이라는 여래 출현의 묘각위로 오기 전의 길목에서 태극과 같은 형식으로 하나로 모여지는 것이 아닐까 하는 것이다. 묘각위인 미륵을 만나기 직전에 남자 선지식 1인, 혹은 여자 선지식 1인만을 만나는 것으로 배치하는 것은 어쩌면 완전무결한 깨달음의 세계로 가는 마지막 관문으로는 무언가 부족함이 있다. 미륵이 태극이라면 덕생 동자와 유덕 동녀는 음양의 양의兩儀라고 볼 수 있다. 이문일심二門一心의 구조라 해도 좋고 불이법문不二法門으로 풀어도 좋다. 세상의 모든 양변, 대대구조, 짝의 구조, 상대의 세계가 절대의 일음一音 혹은 일진법계一眞法界로 수렴되면서 회통되는 것을 상징적으로 보여주는 것이 아닐까.

그렇다면 동자·동녀는 무엇인가? 53선지식에는 비구 5, 비구니 1, 우바이 4, 장자 9, 거사 2, 천신 1, 여신 10, 천녀 1, 바라문 2, 선인 1, 왕 2, 선생 1, 동자 3, 동녀 2, 뱃사공 1, 외도 1, 유녀 1, 싯다르타 태자비 1, 태자모 1 등 다양한 인물들이 등장한다.[04] 그 가운데 미륵 이전 마지막 등각의 단계에서 동자·동녀를 함께 만나는 것은 매우 시사하는 바가 크다. 선재도 동자이며 문수도 동자의 이미지다. 세계 모든 사상사에서 도道의 완전성을 표현할 때 어린 아이의 천진성天眞性에 비유하는 것을 어렵지 않게 발견하게 된다. 예를 들어 노자의 영아嬰兒를 무위자연의 비유로, 맹자의 적자지심赤子之心을 성선설의 근거로 든다. 여기에서 발심에는 나이도 필요 없고 신분이나 재산과 같은 모든 조건을 초월한다는 메시지를 읽어낼 수 있다. 설악산 오세암의 일화에 나오는 오세 동자를 떠올리면서 말이다. 그러므로 덕생 동자와 유덕 동녀를 선지식의 숫자로 둘이 아닌 하나로 셈하는 이유는 뜻 깊은 해석학적 기원이 있을 것이다.

덕생 동자와 유덕 동녀가 얻은 해탈문은 환주문幻住門이다. 선재는 지환智幻의 경계에서 있음(有)과 없음(無), 진공眞空과 묘유妙有의 중중무진 법계를 체험했기에 은현자재隱顯自在한 미륵의 누각에서 망집의 몽상에서 벗어날 수 있었다. 이렇게 〈입법계품〉의 모든 선지식은 중층적으로 연기되어 있다는 것을 발견할 수 있다.

2) 여래 출현과 여래 성기의 세계

04 해주 스님, 《화엄의 세계》, 민족사, 1998, p. 130.

미륵보살 선지식은 마지막 계위인 묘각妙覺이며 〈여래출현품〉에 해당한다. 60화엄에서는 〈보왕여래성기품寶王如來性起品〉에 해당하고 의상대사에 의하면 '증지소지비여경證智所知非餘境'의 세계이므로 사실상 이에 대해서 증득한 바 없이 떠드는 것은 대망어에 해당될 수 있다. 그러므로 억측은 말자. 단지 계속 읽고 읽되 깨달음으로 들어가야 경문과 진정한 계합이 이루어질 수 있을 것이다. 그러므로 경문과 선각들의 주석을 잠시 살펴보는 것이 필요하다.

〈여래출현품〉의 주제와 취지에 대해서 청량징관은 《청량소》에서 다음과 같이 간략히 말했다.

> 평등 출현으로 주제를 삼고,
> 차별과를 융섭함으로 취지를 삼는다.
> 平等出現爲宗 融差別果爲趣

해주 스님의 경우 "선재나 선지식 모두 여래 출현의 존재이다"라고 말한다. 또한 "선재 역시 초발심에 해탈하여 법계에 들었으며 계속해서 선지식들을 만나 무수한 해탈문을 증득함으로써 펼쳐 보이는 중중무진한 화엄일승보살도는 불세계를 장엄하는 행이다" "해인삼매海印三昧, 일중다一中多·다중일多中一, 일즉다一卽多·다즉일多卽一, 동체同體·이체異體의 상즉相卽·상입相入, 일엄一嚴·일체엄一切嚴의 보엄普嚴·보문普門, 일단일체단一斷一切斷·일성일체성一成一切成, 융삼세간불融三世間

佛의 화엄 경계는[05] 선재가 선지식들을 만나는 여정에서 적나라하게 교설되고 드러나 있는 것이다"라고 입법계품을 해설하고 있다.[06]

〈여래출현품〉에 나오는 보현보살의 다음 게송을 살펴보자.

해가 광명 펼치어 법계를 비추나
그릇 깨져 물 새면 그림자도 따라 없어지듯
가장 좋은 지혜 해 또한 그러하여
중생이 믿음 없이 열반을 보도다

불이 세간에서 불의 일을 하다가
한 성이나 읍에서 때로는 쉬듯이
사람 가운데 가장 수승한 분 법계에 두루하시나
교화하시는 일 마친 데서 끝내 다함을 보이시도다

요술쟁이 모든 세계에 몸을 나투나
할 일을 마친 곳에서 문득 사라지듯이
여래의 교화 마침 또한 그러하여
다른 국토에서 항상 부처님 뵙도다

05 현석 역주, 《화엄경 개요》, 우리출판사, 2002, p. 489. "화엄 경계가"라고 되어 있으나 여기서는 "화엄 경계는"이라고 교정하여 실었다.

06 해주 스님, 앞의 책, p. 135.

부처님 삼매 있어 이름이 '부동不動'이라
중생 교화 마치면 이 정定에 드시어
한 생각에 몸에서 한량없는 광명 놓으시니
광명이 연꽃 피우고 연꽃에 부처님 계시되

부처님 몸 수없이 법계와 같아서
복 있는 중생들이 능히 보나니
이와 같이 무수한 낱낱 몸에
수명과 장엄을 다 구족하도다

나는 성품 없듯이 부처님 나시며
멸하는 성품 없듯 부처님 열반하시니
말이나 비유들이 모두 끊어지나
온갖 이치 이루어 짝할 이 없도다[07]

07 해주 스님 강의, 《화엄경 여래 출현품》, 민족사, 2001, pp. 177~178. 〈여래 출현품〉에서 여래의 출현과 반열반에 대한 다음의 경문 내용은 〈입법계품〉의 미륵보살 선지식과의 만남에 대한 좋은 설명이 될 수 있다. "불자여, 비유하면 요술쟁이가 환술에 밝아서 환술의 힘으로 삼천대천세계의 여러 국토와 성읍과 취락에서 환 같은 몸을 나타내어 환의 힘으로 유지하여 겁을 지나도록 머무르나, 다른 곳에서 요술하는 일을 마치고 몸을 숨기며 나타내지 않으면, 불자여, 그대의 뜻에 어떠한가. 저 요술쟁이가 한 곳에서 몸을 숨겨 나타내지 아니하면 문득 모든 곳에서 모두 숨겨 없어지겠는가? 대답하여 말하되 '아니옵나이다.' 불자여, 여래·응공·정등각도 또한 그러하여 한량없는 지혜 방편인 갖가지 요술을 잘 아시어 모든 법계에 널리 그 몸을 나타내시어 지녀서 항상 머무르게 하시느니라. 오는 세월이 다하도록 혹은 한곳에서 중생의 마음을 따라서 하시는 일이 끝나고 열반함을 나타내 보이시면, 어찌 한곳에서 열반에 듦을 보이심으로써 문득 일체에서 다 멸도하신다고 하리오."

해주 스님은《화엄경》〈입법계품〉에서 선재가 미륵·문수·보현보살을 만나는 여정에서 인과불이因果不二의 보살도를 특히 더 잘 보여준다고 하면서 〈입법계품〉의 3위(미륵·문수·보현)에 대해서 다음과 같이 요약하였다.

선재동자가 비로자나장엄장 대누각에서 미륵보살을 만나 미륵보살로부터 아뇩다라삼먁삼보리심을 일으킨 것을 칭찬받고 보리심공덕에 대한 설법을 들었다. 그리고 미륵보살이 누각에 나아가 손가락을 튕겨 소리를 내니 문이 열렸다. 그리하여 누각의 갖가지 장엄과 불가사의한 자재로운 경계를 보고 해탈문에 들어갔다. 그런데 미륵보살이 다시 손가락 튕기는 소리를 듣고 삼매에서 일어나니 누각의 장엄이 다 사라졌다. 그리하여 미륵보살이 다시 문수보살에게 가서 보살행을 배우도록 권하는 것이다. 그때 선재동자는 미륵보살이 가르쳐준 대로 110성[08]을 지나서 보문국의 소마나성에 이르러 문수보살을 뵙기를 희망하였다. 이때 문수보살이 멀리서 오른손을 펴 110유순을 지나와서 선재동자의 정수리를 만지며 말씀하였다. '선재동

08 110성 혹은 110선지식에 관해서는《화엄경 개요》에 다음과 같이 설명되어 있어 옮겨본다. "51번째(덕생 동자와 유덕 동녀 2인) 선지식까지는 각각 주도자(교관)와 동반(조교) 선지식을 갖추니 102인이다. 여기다 동반 선지식 일곱 명을 더하면 110이다. [변우(한마디 가르침도 없이 중예 동자를 소개만 하니 동반 선지식 한 명으로 친다), 무염족왕처에서 공중의 어떤 하늘, 석녀 구바처소에서 무덕신, 마야 부인 처소에서 연화법덕 신중신, 묘화광명 신중신, 법당을 지키는 나찰 귀왕, 부동 우바이 처소에서 깨우침의 보살, 여래의 하늘 심부름꾼] 110이란 수를 지났다고 함은 부처님 지위를 제하고 십지와 등각에 깨달아 들어감을 취한 것이니 1에 10을 갖추어 110이 된다." 현석 역주, 앞의 책, p. 620, 각주 15, 참조.

자가 만약 신근을 여의었다면 조그만 공덕에 만족하지 못하고 행원을 일으키지 못하며, 선지식의 거두어 주고 보호함도 받지 못하며, 여래의 생각하심도 되지 못했을 것이며, 내지 두루 증득하지 못했을 것'이라고 선재를 칭찬하였다. 그러고는 선재로 하여금 보현행원을 성취할 결심을 굳히게 하였다. 그리하여 선재가 일심으로 보현보살을 만나려고 정진하여 드디어 보현보살을 만나서 보현의 자유로운 신통을 보게 되었다. 그때에 선재동자는 보현의 행과 원의 바다를 믿어서 보현보살과 평등하고 내지 부처님의 해탈 자재도 모두 평등하였다.[09]

3) 미륵보살과 선재동자의 만남

개인적으로 미륵보살과 선재동자의 만남 가운데 가장 인상 깊은 대목은 오히려 첫 대목이었다. 선재가 비로자나장엄장 누각에 도착하여 아직 미륵을 만나지도, 누각에 들어가지도 않은 상태에서 했던 말들은 곧 선재 자신이 이미 여래 성기의 세계, 여래 출현의 묘각 위에 올라왔음을 알게 해준다. 이 누각에 도달하기 위해서는 이러이러한 깨달음에 있어야 한다는 그의 언어 속에 이미 미륵과의 만남이 아니어도 그동안의 수행 과정에서 얻은 전 과정의 해탈문이 녹아 있기 때문

---

09 해주 스님, 앞의 책, p. 134.

이며 그것만으로도 여래 출현의 세계는 펼쳐지기 때문이다.

비로자나장엄장 누각에 어떠한 이라야 머무를 수 있는가 하는 선재의 말들은 '아는 만큼 보인다'는 말을 연상시키기에 충분하다. 모든 선지식에게서 증입한 해탈문들이 낱낱이 녹아 있다. 미륵 선지식 한 분은 곧 모든 선지식 전체와 상입상즉의 관계를 맺고 있으며 법장의 십현연기十玄緣起의 세계는 미륵보살 선지식과의 만남에서 오롯이 드러난다. 이 대목은 불교학의 종지가 담긴 부분으로 모든 불자들이 항상 수지·독송해도 좋을 것으로 판단되어 전문을 실어본다.

땅에서 일어나 한결같은 마음으로 우러러보면서
잠깐도 한눈팔지 아니하고 합장하고 한량없이 돌면서
이렇게 생각하였다.
'이 큰 누각은
공하고 모양 없고 원 없음을 아는 이가 머무는 곳이리라.
이는 모든 법에 분별이 없는 이가 머무는 곳이리라.
이는 법계가 차별이 없음을 아는 이가 머무는 곳이리라.
이는 모든 중생을 얻을 수 없음을 아는 이가 머무는 곳이리라.
이는 모든 법이 남이 없음을 아는 이가 머무는 곳이리라.
이는 모든 세간에 집착하지 않는 이가 머무는 곳이리라.
이는 모든 굴택에 집착하지 않는 이가 머무는 곳이리라.
이는 모든 마을을 좋아하지 않는 이가 머무는 곳이리라.
이는 모든 경계를 의지하지 않는 이가 머무는 곳이리라.

이는 모든 생각을 여읜 이가 머무는 곳이리라.
이 큰 누각은
모든 법이 제 성품이 없음을 아는 이가 머무는 곳이리라.
이는 모든 차별한 업을 끊은 이가 머무는 곳이리라.
이는 모든 생각과 마음과 의식을 여읜 이가 머무는 곳이리라.
이는 모든 도에 들지도 않고 나지도 않는 이가 머무는 곳이리라.
이 큰 누각은
모든 깊고 깊은 반야 바라밀다에 들어간 이가 머무는 곳이리라.
이는 모든 방편으로 넓은 문 법계에 머무른 이가 머무는 곳이리라.
이는 모든 번뇌의 불을 멸한 이가 머무는 곳이리라.
이는 더 올라가는 지혜로
모든 소견·사랑·교만을 끊은 이가 머무는 곳이리라.
이는 모든 선정·해탈·삼매·신통과 밝음을 내어
유희하는 이가 머무는 곳이리라.
이는 모든 보살의 삼매의 경계를 관찰한 이가 머무는 곳이리라.
이는 모든 여래의 처소에 편안히 머무는 이가 머무는 곳이리라.
이 큰 누각은
한 겁을 모든 겁에 넣고 모든 겁을 한 겁에 넣어도
그 형상을 깨뜨리지 않는 이가 머무는 곳이리라.
이는 한 세계를 모든 세계에 넣고 모든 세계를 한 세계에 넣어도
그 형상을 깨뜨리지 않는 이가 머무는 곳이리라.
이는 한 법을 모든 법에 넣고 모든 법을 한 법에 넣어도

그 형상을 깨뜨리지 않는 이가 머무는 곳이리라.

이 큰 누각은

한 중생을 모든 중생에 넣고 모든 중생을 한 중생에 넣어도

그 형상을 깨뜨리지 않는 이가 머무는 곳이리라.

이는 한 부처님을 모든 부처님에 넣고

모든 부처님을 한 부처님에 넣어도

그 형상을 깨뜨리지 않는 이가 머무는 곳이리라.

이는 잠깐 동안에 모든 세상을 아는 이가 머무는 곳이리라.

이는 잠깐 동안에 모든 국토에 이르는 이가 머무는 곳이리라.

이는 모든 중생의 앞에다 그 몸을 나타내는 이가 머무는 곳이리라.

이 큰 누각은

마음으로 모든 세간을 항상 이익케 하는 이가 머무는 곳이리라.

이는 온갖 곳에 두루 이르는 이가 머무는 곳이리라.

이는 모든 세간에서 이미 벗어났으나 중생을 교화하려고

그 가운데 항상 몸을 나타내는 이가 머무는 곳이리라.

이는 모든 세계에 애착하지 않으나 부처님들께 공양하려고

모든 세계에 다니는 이가 머무는 곳이리라.

이 큰 누각은

본 고장에서 움직이지 않고

모든 세계에 두루 나아가 장엄하는 이가 머무는 곳이리라.

이는 모든 부처님을 친근하면서도

부처님이라는 생각을 일으키지 않는 이가 머무는 곳이리라.

이는 모든 선지식을 의지하면서도
선지식이라는 생각을 내지 않는 이가 머무는 곳이리라.
이는 모든 마의 궁전에 있으면서도
욕심경계에 탐착하지 않는 이가 머무는 곳이리라.
이는 모든 마음과 생각을 아주 여읜 이가 머무는 곳이리라.
이 큰 누각은
모든 중생 속에 몸을 나타내지마는 자기와 다른 이에게
둘이라는 생각을 내지 않는 이가 머무는 곳이리라.
이는 모든 세계에 두루 들어가지마는 법계에 대하여
차별한 생각이 없는 이가 머무는 곳이리라.
이는 오는 세상의 모든 겁에 머물기를 원하면서도
여러 겁에 길다 짧다는 생각이 없는 이가 머무는 곳이리라.
이는 한 티끌만한 곳을 여의지 않으면서
모든 세계에 몸을 나타내는 이가 머무는 곳이리라.
이는 만나기 어려운 법을 능히 연설하는 이가 머무는 곳이리라.
이 큰 누각은
알기 어려운 법, 매우 깊은 법, 둘이 없는 법, 모양이 없는 법,
상대하여 다스릴 수 없는 법, 얻을 바 없는 법,
부질없는 의론이 없는 법에 능히 머무른 이가 머무는 곳이리라.
이 큰 누각은
대자대비에 머무는 이가 머무는 곳이리라.
이는 모든 이승의 지혜를 지났고 모든 마의 경계를 초월하였고,

세상 법에 물들지 아니하고 보살들이 이르는 언덕에 이르렀고
여래의 머무시는 곳에 머무른 이가 머무는 곳이리라.
이는 모든 형상을 여의었으면서도
성문의 바른 지위에 들어가지 않고,
모든 법이 나지 않는 줄을 알면서도
나지 않는 법의 성품에 머물지 않는 이가 머무는 곳이리라.
이는 부정함을 관찰하면서도
탐욕 여의는 법을 증득하지도 않고
탐욕과 함께 있지도 않으며,
인자함을 닦으면서도
성냄을 여의는 법을 증득하지도 않고
성내는 일과 함께하지도 않으며,
인연으로 생기는 것을 관찰하면서도
어리석음을 여의는 법을 증득하지도 않고
어리석음과 함께하지도 않는 이가 머무는 곳이리라.
이 큰 누각은
사선정에 머무르면서도 선정을 따라 태어나지도 않고,
네 가지 한량없는 마음을 행하면서도 중생을 교화하기 위하여
형상 세계에 태어나지 않고,
네 가지 무형 세계의 선정을 닦으면서도 크게 가엾이 여기므로
무형 세계에 머무르지 않는 이가 머무는 곳이리라.
이는 선정과 지혜를 닦으면서도 중생을 교화하기 위하여

밝음과 해탈을 증득하지 않고, 버리는 일을 행하면서도
중생 교화하는 일을 버리지 않는 이가 머무는 곳이리라.
이는 공함을 관하면서도
공한 소견을 내지 않고,
모양 없음을 행하면서도
모양에 집착하는 중생을 항상 교화하고,
소원 없음을 행하면서도
보리행의 원을 버리지 않는 이가 머무는 곳이리라.
이 큰 누각은
모든 업과 번뇌에서 자유자재하면서도
중생을 교화하기 위하여 업과 번뇌를 따르며,
생사가 없으면서도 중생을 교화하기 위하여 생사를 받으며,
모든 길을 여의었으면서도 중생을 교화하기 위하여
여러 길에 일부러 들어가는 이가 머무는 곳이리라.
이는 인자함을 행하면서도 여러 중생에게 미련이 없으며,
가엾이 여김을 행하면서도 여러 중생에게 집착이 없으며,
기뻐함을 행하면서도 괴로운 중생을 보고 항상 불쌍히 여기며,
버림을 행하면서도 다른 이를 이익케 하는 일을
폐하지 않는 이가 머무는 곳이리라.
이 큰 누각은
아홉 가지 차례로 닦는 선정을 행하면서도
욕심세계에 태어남을 싫어하지 않고,

모든 법이 나지도 않고 멸하지도 않음을 알면서도

실제를 증득하지 않으며,

삼매와 해탈문에 들었어도 성문의 해탈을 취하지 않으며,

네 가지 진리(사성제)를 관찰하면서도

소승의 과위에 머물지 않고,

깊은 인연으로 생김을 관찰하면서도

필경까지 고요한 데 머물지 않고,

여덟 가지 성인의 길을 닦으면서도

세간에서 아주 뛰어나기를 구하지 않고,

범부의 지위를 초월하고도

성문이나 벽지불의 지위에 떨어지지 않고,

다섯 가지 쌓임을 관찰하면서도

여러 가지 쌓임을 아주 멸하지 않고,

네 가지 마를 초월하고도 마를 분별하지 않고,

여섯 곳에 집착하지 않으면서도

여섯 곳을 아주 멸하지 않고,

진여에 편안히 머무르면서도

실제에 떨어지지 않고,

모든 승을 말하면서도 대승을 버리지 않나니

이 큰 누각은

이러한 모든 공덕에 머무르는 이가 머무는 곳이리라.[10]

이에 대한 이통현 장자의 주석을 보자.

능주자能住者의 덕德을 거擧하여 소주所住의 누각樓閣을 탄歎함이니 초구初句는 구현具顯이다. 고故로 이 대누각大樓閣이란 말이 제구諸句에 관통貫通함이다. 그중에 십十을 분分하리니 초初는 경境을 잡아 승勝을 현顯함이요 이二는 덕德을 잡아 묘妙를 현顯함이요 삼三은 용用을 잡아 자재自在를 현顯함이요 사四는 행行을 잡아 승勝을 현顯함이요 오五는 관觀을 잡아 심深을 현顯함이요 육六은 대치對治를 잡아 승勝을 현顯함이요 칠七은 지관止觀을 잡아 자재自在를 밝힘이요 팔八은 이타행利他行을 잡아 승勝을 현顯함이요 구九는 호소승법護小乘法을 잡아 자재自在를 밝힘이요 십十은 덕德의 소주所住를 결結함이니 초이初二 및 오五를 제除하고 여餘는 다 권실權實과 사리事理의 쌍행雙行을 잡음이다.

탄허 스님은 초鈔에서 다음과 같이 말했다.

소주누각所住樓閣을 탄歎함이 의리義理가 굉박宏博하고 경문經文이

10 무비 편찬, 《화엄경》, 제10권, 민족사, 1994, pp. 89~94.

호대浩大하니 유례類例해 가可히 알새 고故로 위석委釋치 않는다.[11]

이통현 장자는 선재동자의 찬탄을 이미 10구句로 분할하여 누각을 통해 화엄의 묘체를 적실하게 설하고 있으며, 탄허 스님은 선재의 누각찬탄 속에 이미 화엄의 의리가 굉대宏大하므로 달리 해석을 달지 않겠다고 하였다. 선재의 누각 찬탄이야말로 그 속에 묘각의 경지가 자재하게 모두 드러나 있으므로 달리 덧붙여 설한 말이 없다는 것이다.

다음은 이를 들은 미륵보살이 선재동자의 덕을 게송으로 찬탄한 일대목이다.

그대들은 선재를 보라.
지혜 있고 마음이 청정하여
보리행을 구하려고
나에게 이른 것이다.
잘 왔도다, 청정한 뜻
잘 왔도다, 청정하고 자비한 이
잘 왔도다, 물러가지 않은 근기
수행하기 게으름 없도다.

모든 여래들의

11 김탄허 역해, 《신화엄경합론》, 42, 화엄학연구소, 1975, p. 66.

청정한 경계 구하고자
광대한 서원 물으면서
나를 찾아왔도다.

과거·미래·현재 부처님들의
이루신 모든 행과 업
그대 닦아 배우고자
나를 찾아왔도다.

그대는 선지식에게
미묘한 법 구하고
보살의 행 배우고자
나를 찾아왔도다.

착하다, 참 불자여.
모든 부처님 공경하니
오래지 않아 모든 행 갖추고
부처님의 공덕 언덕에 이르리라.

그대는 큰 지혜 있는
문수사리에게로 가라.
그는 그대로 하여금

보현의 깊고 묘한 행 얻게 하리라.

미륵보살은 선재동자의 정수리를 만지면서 게송으로 말하였다.

착하도다, 참된 불자여.
모든 근을 책려하여 게으름이 없으니
오래지 않아 모든 공덕 구족하여서
문수보살이나 나같이 되리라.

선재동자는 합장하고 공경하며 미륵보살에게 거듭 여쭈었다.
대성이시여, 저는 이미 아뇩다라삼먁삼보리심을 내었으나 보살이 어떻게 보살행을 배우며 보살도를 닦는지 알지 못하나이다. 보살이 어떻게 보살행을 배우며 어떻게 보살도를 닦으며 내지 부처님의 법안을 가질 수 있나이까.[12]

보살의 도를 다시 물음에 미륵보살은 다시 선재동자를 찬탄해마지 않는다. 부지런히 선지식 찾음을 찬탄하고 대승법에 나아감을 찬탄하

12 《화엄경》 경문에는 미륵보살이 선재동자의 덕을 찬탄하는 게송이 110게송이 보이나 발제문에는 해주 스님 초역의 《지송 한글 화엄경》(불광출판부, 1993, pp. 254~255)의 게송을 간략히 실은 것이다. 게송으로 찬탄한 다음 선재에게 미륵보살은 문수보살에게로 가라고 하였고 선재동자는 이 게송을 듣고 환희용약하여 울었으며, 미륵은 선재의 정수리를 만지면서 마정수기로 인가한다. 이에 선재동자는 멈추지 아니하고 다시금 모든 선지식에게 한결같이 물었던 보리심을 발했음과 보살행과 보살도를 물음과 아울러 부처님의 법안을 가질 수 있는 법을 묻게 된다.

고 온갖 덕을 갖춤을 찬탄하며 방편을 뛰어넘어 보리를 빨리 증득함을 찬탄한다. 이어서 미륵보살은 모든 세간을 이익되게 하기 위해서 보리심을 낸 것을 찬탄하며 보리심의 한량없는 공덕에 대해서 자세하게 설법한다. 이는 무비 스님이 번역한 한글 화엄경문으로 장장 20쪽에 해당하는 많은 내용이다. 보리심은 한량없는 공덕을 모두 성취하는 것이며 십주의 덕을, 십행의 덕을, 십회향의 덕을, 십지의 덕을, 등각의 덕을 가지고 있음을 설하고 있다. 여기에서 주목해야 할 것은 미륵보살이 선재의 덕을 찬탄하고 그에게 마정수기를 내린 이후에 선재가 보살도와 보살행을 다시금 묻고 있다는 것이다. 즉 미륵의 인가 이후에 선재가 다시 처음과 같이 보리심을 발했음과 보살행을 묻는 것은 미륵이 선재로 하여금 문수보살의 초인初因으로 보내는 과정 이전에 선재동자 속에 이미 보살행의 발원이 내재하고 있었다는 사실을 보여주는 것이다.

4) 비로자나장엄장 누각과 불망념지 해탈문

보리심의 덕에 대해서 자세히 해석한 이후에 미륵보살은 선재동자가 물은 보살행과 보살도를 알려주기 위해 직접 비로자나장엄장毘盧遮那莊嚴藏 누각에 들어가서 두루 관찰하라고 한다. 이에 선재는 누각 문을 열어 들어가게 해달라고 하였고 미륵보살이 누각에 나아가 손가락을 튕겨 소리를 내자 문이 열렸다. 미륵보살이 선재에게 들어가라 하니 선재는 기뻐하며 들어갔으며 문은 곧 닫혔다.[13] 해안국海岸國과 비로자나장엄장 누각에 대해서 이통현 장자는 다음과 같이 말했다.

> 해안이라 이름한 것은 부처님의 지혜 바다에 들어가서 생사 해안에 이르렀기 때문이고, 또한 이 나라가 남해의 북쪽 언덕 지혜 바다에 일생보처 보살이 이르셨기 때문이다. 원림이 있는데 대장엄이라 이름한 것은 대체로 자씨가 거주하는 곳이 생사를 동산으로 삼고 만행을 수풀로 삼는 것이며, 만행을 원만하게 함으로 말미암아 불과를 장엄하기 때문이며, 생사 원림에 만행의 수풀로 자기의 불과를 장엄하기 때문이며, 자기의 지혜와 자비를 장엄하여 불과를 이미 모두 원만히 구족하였으므로 대장엄이라 일컬은 것이다. 그 가운데 하나의 광대한 누각이 있는데 이름이 비로자나장엄장인 것은 근본지와 차별지를 모두 체달한 과보로 이 누각이 생겼음을 밝힌 것이다.[14]

선재동자는 비로자나장엄장 누각의 아승기, 즉 헤아릴 수 없는 자유자재한 경계를 보고 매우 환희하여 한량없이 뛰놀면서 몸과 마음이 부드러워져서 모든 생각을 떠나며, 모든 장애를 제거하고 모든 의혹을

13 청량징관은 소疏에서 이르길, "가지加持해 하여금 증입證入케 함이다. 선先은 연가緣加를 잡아서 그로 하여금 법法에 취就케 함이니 언言을 잊고 지旨를 회會하면 곧 불법문佛法門이 개開할새 곧 이지문理智門을 개開하여 시示해 그로 하여금 오입悟入케 함이다"라고 하였다. 김탄허 역해, 앞의 책(42), p. 219. 즉 청량은 미륵 탄지의 소식을 '망언회지忘言會旨 개시오입開示悟入'으로 본 것이다.

14 이통현 저, 효산 역해, 《약석신화엄경론》, 운주사, 1999, p. 428.

멸하여 본 것은 잊지 않고 들은 것은 기억하고 어지럽지 아니하여 걸림 없는 해탈문에 들어가서 마음을 두루 놀리며, 모든 것을 두루 보고 널리 예경하였다.

선재가 잠깐 머리를 조아리니 미륵보살의 신통한 힘으로 자기 몸이 모든 누각 속에 두루하여 있음을 보며, 또 가지가지 불가사의한 자재로운 경계를 보았다. 이른바 미륵보살이 처음에 위없는 보리심을 내던 때, 이러한 이름과 이러한 종족과 이같이 선지식의 가르침으로 이같은 선근을 심던 일을 모두 보며, 이렇게 오래 살고 이러한 겁을 지내면서 이러한 부처님을 만나고, 이렇게 장엄한 세계에 머물면서 이렇게 행을 닦고 이렇게 원을 세웠으며, 저 여래의 이러한 대중의 모임에서 이러한 수명과 이러한 세월을 지내면서 친근하고 공양하던 일을 모두 다 분명하게 보았다. 미륵보살이 처음에 자심慈心삼매를 증득하고, 그 후로 자씨慈氏라고 부르던 일을 보기도 하고, 미륵보살이 묘한 행을 닦으며 모든 바라밀을 만족하던 일을 보기도 하고, 여래의 바른 교법을 보호하며 대법사가 되어 무생인을 얻고, 위없는 보리의 수기를 받던 일을 보기도 하였고 미륵보살이 전륜왕 등 갖가지 몸이 되어서 모든 세계 대중들을 위하여 법 설함을 보기도 하였다. 또 장엄장 안에 있는 여러 누각 중에서 한 누각을 보니 높고 넓고 훌륭하게 꾸민 것이 최상이라 견줄 데가 없으며, 그 가운데 삼천 세계 백억 사천하, 백억 도솔천 낱낱이 미륵보살이 신으로 내려와 탄생하는 것을 제석과 범천왕이 받들며, 일곱 걸음을 걷고,

시방을 살펴보며 크게 사자후하며, 동자로서 궁전에 거처하고 정원에서 유희하며, 온갖 지혜를 얻기 위하여 출가하여 고행하며, 유미죽을 받고 도량에 나아가서 마군을 항복받고 등정각을 이루며, 법륜을 굴리고, 천궁에 올라가서 법을 연설하는 일과, 겁과 수명과 대중 모임의 장엄과, 국토를 깨끗이 하고, 행원을 닦음과 중생을 교화하여 성숙케 하는 방편과 사리를 나누어 반포함과 법을 머물러 유지함이 모두 같이 아니함을 보았다.

그때 선재동자는 자기의 몸이 모든 여래의 처소에 있음을 보았으며, 또 저 모든 대중의 모임과 일체 불사를 보고 기억하여 잊지 않았으며 통달하여 걸림이 없었다. 또 모든 누각 안에 있는 보배 그물과 모든 악기에서 미묘한 음성을 내어 여러 가지 법 설함을 들었다. 선재동자는 이같이 미묘한 업의 음성을 듣고, 몸과 마음이 환희하여 부드럽고 기뻐서, 곧 한량없는 총지문과 변재문과 모든 선정·인忍·바라밀·신통·밝음·해탈·삼매문을 얻었다. 또 보배 거울 가운데서 가지가지 형상을 보았다. 선재동자는 잊지 않는 기억력과 시방을 보는 청정한 눈과 잘 관찰하는 걸림 없는 지혜와 보살들의 자재한 지혜와 보살들이 지혜의 지위에 들어간 광대한 지혜와 그리고 미륵보살의 신통한 힘과 불가사의한 환과 같은 지혜의 힘과 보살들의 자재한 힘을 얻은 까닭에 이 누각 속에서 여러 가지 장엄과 자재한 경계를 보는 것이다.[15]

---

15 해주 초역, 《지송 한글 화엄경》, 불광출판부, 1993, pp. 263~265. 비로자나장엄장 누각 안에서

미륵보살 마하살이 곧 위신력을 거두시고 누각 안에 들어와서 손가락을 튕겨 소리를 내면서 선재에게 말씀하셨다.

"선남자여, 일어나라. 법성이 이와 같다. 이것은 보살이 모든 법을 아는 지혜의 인연이 모아져서 나타난 현상이다. 이러한 자성이 환영과 같고 꿈과 같으며 그림자와 같고 영상과 같아서 모두 성취하지 못하느니라."

이때에 선재가 손가락을 튕기는 소리를 듣고 삼매에서 일어나므로 미륵이 말씀하셨다.

"선남자여, 네가 보살의 불가사의하게 자재한 해탈에 머물러 모든 보살의 삼매를 받고서 기뻐하며, 보살의 위신력을 보고서 지니고 조도법이 흘러나오며, 대원과 지혜로 나타난 갖가지 미묘하게 장엄한 궁전을 보았으며, 보살법을 보고 보살의 덕을 알며 여래의 원을 통달했느냐?"

"예, 그렇습니다. 성자시여, 이것은 선지식의 가피와 호념과 위신의 힘입니다. 성자시여, 이 해탈문의 이름은 무엇입니까?"

"선남자여, 이 해탈의 이름은 삼세 일체 경계에 들어가는 불망념지의 장엄장(入三世一切境界 不忘念智莊嚴藏)이니라. 선남자여, 이 해탈문 안에 불가설의 해탈문이 있는데 일생보처보살만이 얻을 수 있느니라."

선재가 여쭈었다.

불사의한 경계를 본 내용은 위와 같이 해주 스님 초역본으로 요약하였다.

"이렇게 장엄한 일들이 어느 곳으로 갔습니까?"

"온 곳으로 갔느니라."

"어느 곳으로 왔습니까?"

"보살의 지혜와 위신력 가운데로부터 왔으며, 보살의 지혜와 위신력을 의지하여 머무르므로 간 곳이 없고, 또한 머무는 곳도 없고 모인 것도 아니며 항상 있는 것도 아니어서 일체를 멀리 여의었느니라."

"대성께서는 어느 곳에서 오셨습니까?"

미륵이 말씀하셨다.

"선남자여, 모든 보살은 온 곳이 없고 갈 곳이 없으니 이렇게 왔으며, 다닐 곳도 없고 머무를 곳도 없어서 이렇게 왔느니라. 선남자여, 보살이 대비하신 곳에서 왔으니 모든 중생을 조복시키려 하기 때문이고, 지혜와 방편이 있는 곳에서 왔으니 중생을 수순하려 하기 때문이다. 그러하지만 선남자여, 네가 나에게 어느 곳에서 왔는가를 물었으니, 선남자여, 내가 태어난 마라제국으로부터 여기에 왔노라."

미륵보살 선지식을 만나는 위의 대목은 〈입법계품〉에서 가장 중요한 대목으로 손꼽힌다. 미륵의 탄지로 입정에 들었다가 다시금 미륵의 탄지로 출정하게 되는 이 과정 속에 화엄 사상의 묘리가 모두 융섭되어 있다고 해도 과언이 아니다. 다음은 위 대목에 대한 이통현 장자의 해설이다.

이 대목은 선재가 자씨누각에 들어가서 과해果海를 관찰하고 인원

因源을 알며 삼세에 행할 경계인 동이와 총별과 일다一多가 걸림없이 자재하여 동시에 원만함을 밝힌 분이다. 이 누각은 곧 법계장인데 선재의 인행이 이미 구경에 이르렀기 때문에 여기에 들어가고자 원한 것이다. 이때에 자씨 보살이 손가락을 튕겨 소리를 내자 그 문이 바로 열린 것은 소리란 진동시켜 열어준다는 뜻이고, 손가락을 튕긴다는 것은 미혹의 티끌을 버린다는 뜻으로 미혹의 티끌이 없어지고 망집이 사라지면 법의 문이 저절로 열리는 것이다. 바로 문이 열리지 않고 미륵이 손가락을 튕기는 소리를 기다려 열린 것은 모름지기 가지를 반연하여 단박에 증득하게 하려는 것이며, 말을 잊고 뜻을 깨달으면 곧 불법의 문이 열리기 때문에 누각 앞으로 나아가 손가락을 튕긴 것이다. 선재가 들어가자마자 그 문이 바로 닫혀진 것은 미혹이 없어지고 지혜가 드러남을 이름하여 열린다고 하며, 지혜에 안팎과 중간이 없어서 나가거나 들어옴이 없고 미혹될 것도 증득할 바도 없는 것을 바로 닫혔다고 이름한 것이며, 미혹으로부터 깨달음에 나아가는 행으로 깨달음에 들어가는 데는 이지가 다른 문이 있지만 증득해 들어가서 이미 계합하면 능소가 함께 없고 곧 망념이 바로 진성이어서 다시 들어갈 곳이 없기 때문에 바로 닫혀졌다고 이른 것이다. 또한 이 법계장의 문은 신묘하여 들어가도 들어간 모양이 없기 때문에 들어가자마자 바로 닫혀진 것이다.

그 누각을 보니 매우 넓어서 한량이 없는 것이 허공과 같은 것은 지혜의 경계이다. 의보를 보고 정보를 보며 조반助伴 보살을 보고 모든 부처님을 보며 누각 안에서 중심 누각을 보고 장엄거리의 작용을 총괄하여 보는 것이며, 그 가운데 장엄은 모두 지혜에 의거하고 자비심을 따라 행한 모든 행원의 보응으로 얻은 것이다. 나아가 미륵보살이 삼세에 행하신 경계를 보는데 자씨 보살이 옛적에 섬긴 모든 부처님과 선지식이 또한 선재에게 설법하신 것은 법신의 지혜 경계가 본래 스스로 이러하여 삼세의 체성이 없어서 고금과 삼세가 영겁을 다할 지라도 원래 일념도 바뀌지 않는 것이며, 이것은 신통이 아니고 법이 마땅히 이와 같은 것이다.[16]

이통현 장자는 또 다음과 같이 미륵·문수·보현의 불지위 선지식에 대해서 언급하고 있다.

저 해안국의 미륵 여래는 근본지로 삼세를 원융하게 하므로 누각 가운데서 다시 선재에게 지시하여 최초의 선지식인 문수사리를 보게 한 것이며, 이는 극과極果에 이르러서도 초인初因을 여의지 않음을 밝힌 것이다.[17]

미륵과 문수와 보현은 두렷이 과법果法에 계합한 대중이다. 선재가 십일지의 과덕이 원만함에 이르러 덕생이 선재로 하여금 미륵을 보게 한 것은 등각위를 뛰어넘어 묘각과를 증득하게 함을 표한 것이

16 이통현 저, 효산 역해, 앞의 책, pp. 430~431.

17 위의 책, p. 423.

며, 자씨보살에 이른 것은 삼세가 없는 가운데 일생임을 밝힌 것이다. 이것을 도를 보고서 수행하여 최초로 불과의 지위에 들어가는 일생이며, 당래에 신을 내리고 하생하는 것은 당래에 성불하는 일생이다. 선재도 또한 금생은 도를 보고서 수행하여 행원이 원만한 일생이며, 내생은 바야흐로 성불하는 일생이 됨을 밝힌 것이다. 미륵이 또한 선재에게 도리어 문수를 보게 한 것은 보리의 체성이 허공과 같아서 시종과 삼세와 고금이 없는 데서 출입하기 때문에 과해果海에 이르러 보아도 초인初因과 같으므로 본시本始가 둘이 아님을 표한 것이며, 그러한즉 비록 과해에 멀리 초월했지만 실로 초인과 사이가 벌어짐이 없는 것이다.

그때에 선재가 다시 문수로 말미암아 보현을 보게 되고 드디어 보현의 모든 원행의 바다를 구족하여 보현과 함께 같으며 모든 부처님과 함께 같은 것이다. 마땅히 이 삼위三位는 일체 모든 부처님의 원융한 과법과 적용寂用이 항상 그러한 행이 된다. 법계의 각체 가운데서 문수를 법신인 부처님의 근본지로 삼고 보현을 차별지로 삼으며 미륵불은 이 문수와 보현의 이행理行 가운데 조작이 없는 과위로 안립한 것이며, 이 삼법으로 일진법계의 체용이 자재하고 걸림 없는 문을 이루고 두루 오위 가운데 오십 분의 보살과 함께 인과가 됨을 밝힌 것이다. 문수와 보현과 미륵불과의 이 삼법은 단지 일법계의 공용이 없는 과위 가운데 대용이 자재한 문이 되고, 단지 수승하게 닦아 나가는 모든 보살과 함께 인과가 되어주어 수승하게 닦아 나가는 공용을 밝혀주려고 한 것이다. 근본지로 고금과 다소가 없는 겁에 상응하여 닦아 나가는 공용을 밝혀주려고 한 것이다. 근본지로 고금과 다소가 없는 것에 상응하여 태어나기 때문에 삼세의 모든 부처님과 일시에 성불함을 밝힌 것이며, 지금 비로자나불이 계신 데서 처음으로 보리심을 내고서 일념에 장차 오실 미륵불과를 이루고 계합되어 상응하기 때문에 바로 일생에 성불하는 것이며, 함께 미륵 누각 안에서 삼세의 시겁과 세월을 회통하면 모두 일시인 것은 지혜의 경계를 밝힌 것이며, 근본지의 법인法印으로 삼세의 고금이 전후가 없는 데에 계합하는 것은 삼세와 고금과 시분 등의 양이 없는 것이다.

미륵과 문수와 보현을 계환선사는 《화엄요해》에서 이렇게 밝혔다.

이것은 곧 두 가지 상도 가운데 수행을 잊고 증득도 끊어버린 불과상도佛果常道이다. 무릇 미륵과 문수와 보현은 비록 고불古佛의 성호聖號이지만 사람마다 구족하지 않음이 없다. 사람에서 이것을 구하여 본다면 미륵이란 것은 무엇이냐? 자성 근본지의 보과報果이다. 문수란 것은 무엇이냐? 자성 보광명지의 본체이다. 보현이란 것은 무엇이냐? 자성 차별지의 묘용이다. 삼자가 본래 스스로 한 체성에 합해진 것이지만 중생의 여래장 가운데서 정견에 따라 다시 변화하여 다른 모습으로 된 것이다. 대성인이 이를 연민히 여기시고 장차 그 정견을 다스리고 그 변화된 모습을 회복시키려고 하시니, 그러므로 근본지의 보과와 보광명지의 본체에 의거하여 차별지의 묘용을 일으키고 법을 시설하여 습기를 다스리며, 습기가 다하고 지혜가 밝아지며 공이 마치고 대비가 원만함에 이르게 되면 곧 삼자의 본체가 함이 없고 작위가 없어서 태연히 두렷하게 나타나는 것이다. 그러므로 50위의 다음에 삼위를 독립시켜 화엄을 닦는 이에게 보인 것이며, 공功이 마치고 행이 원만하면 다 자성 가운데서 이 삼과三果를 증득할 수 있으므로 타인으로부터 얻는 것이 아니다. 이는 근본을 돌이켜 근원으로 돌아가게 하는(反本還源) 정위正位이고 수행도 잊고 증득도 끊어버린(忘修絶證) 구경의 과체果體이다. 비로자나께서 가르침을 내리시고 선재가 이끌어 낸 것이 모두 사람으로 하여금 조예가 여기에 다하게 하려는 것이다. 무릇 모든 수행인이 마땅히 이르려고 힘쓰면 선성先聖이 가르치고 이끌어 낸 심심한 자비를 거의 저버리지 않을 것이다.[18]

3. 출정탄지出定彈指

18 위의 책, pp. 425~426.

1) 미륵 탄지와 한국 불교사

◆— '손가락'이라는 상징적 화두

내가 미륵보살 선지식에게서 가장 주목했던 것은 미륵 탄지의 손가락이었다. 매우 상징적이며 깊은 연구가 필요한 대목이다.

기독교에서는 손가락 하면 '의심'을 떠올린다. 예수의 12사도 가운데 도마는 예수의 부활을 믿지 못하고 손가락으로 살아 돌아온 예수의 몸을 찔러본다. 그러므로 기독교에서 손가락은 '도마의 의심'을 상징한다. 독립투사 안중근은 천주교 신자였는데 공교롭게도 그의 세례명이 도마였다. 그러나 그는 도마의 의심과는 천지현격이었다. 자신의 손가락을 잘라서 조국의 독립에 바침으로써 의심이 아닌 '발심'과 '믿음'의 세계를 구성하였다. 그가 여순 감옥에서 죽기 전까지 썼던 휘호에 그의 자른 손가락을 자신 있게 낙관으로 사용한 것을 우리는 잘 기억하고 있다.

우리는 미륵 탄지를 중국 무협영화에서 많이 본 적이 있다. '동방불패'에서 임청하, '황비홍'에서 이연걸은 탄지신공彈指神功의 대가로 등장했다. 원래 소림사에서 무술의 고수들만 할 수 있었다는 것이 탄지신공이다. 손가락에 구슬을 넣고 내공을 외공으로 변환시켜서 튕기면 구슬이 날아가서 성도 허물고 건물들을 삽시간에 흔적도 없이 소멸시키는 무시무시한 권법이 아닌가! 소설《영웅문》의 동사 황약사가 주로 사용한 이 탄지신공은 강호 무림의 최고수가 사용했던 어마어마한 신공이었다.

그러나 앞서 살펴보았듯이 미륵이 탄지 한 번으로 비로자나장엄장 누각을 보였다가 사라지게 하는 것은 단순한 신통력이 아니라 법이 원래 그러하다는 이통현 장자의 해석을 보면 무술에서의 탄지신공은 환지幻智에 불과한 유위법일 뿐이다. 우리의 찰나 일념이 십법계를 만들기도 없애기도 한다는 일심一心과 유심唯心의 가르침으로 읽어야 하기 때문이다. 탄지彈指를 불교 사전에서 찾아보면 '찰나'와 같은 의미로 사용한다. 손가락 한번 튕기는 사이에 어떠한 일이 벌어진다고 할 때 순간, 찰나, 수유 등과 유사한 표현이 되는 것이다. 그렇다면 미륵의 탄지는 이 정도의 의미밖에 없을 것인가? 그것을 풍부한 한국 불교문화사를 통해서 살펴보는 것은 《화엄경》의 세계를 한층 더 폭넓게 볼 수 있는 방법이다.

◆— 금동미륵보살반가사유상의 비밀

국보 제83호인 금동미륵보살반가사유상金銅彌勒菩薩半跏思惟像은 한국의 불상 가운데 으뜸으로 치는 걸작이다. 이는 신라 진평왕 때 제작한 것으로 선덕여왕을 모델로 만든 것이라는 것이 간송미술관 최완수 선생의 의견이다. 최근 중국 돈황 막고굴의 보수와 연구를 담당하고 있는 중국인 학자 단문걸段文傑은 미륵굴의 전형이라 할 수 있는 돈황 제275굴을 조사 연구하면서 교각좌상交脚坐像은 상생미륵보살상이고 반가좌상半跏坐像은 하생미륵보살이라는 결론을 얻었다 한다.[19] 이에 비추어 보면 우리나라에는 교각좌상이 없으므로 미륵상생 신앙보다는 미륵하생 신앙이 주된 신앙인 것이 확실해진다.

한편 최완수 선생은 '금동미륵보살반가사유상'이라는 불상의 명칭이 잘못되었다고 지적했다.[20] 모든 불상과 보살상은 입정에 들어 있는 것으로 보아야 하므로 손가락을 머리에 받치고 있다고 하여 사유(생각)에 빠져 있는 것으로 보아서는 안 된다는 것이다. 그러니 '금동미륵보살반가좌상'이라고 해야 된다는 것이다.

입정에 들어있는 것과 생각을 하고 있는 것은 불교 교리적으로 볼 때 천양지판이다. 한 생각도 일으키지 않는 것이 입정삼매의 세계이기 때문이다. 《화엄경》은 백천 삼매의 총정總定으로서 해인삼매를 말하고 있다. 부처님의 광명 설법도, 보살님들의 설법도 모두 삼매를 통해서 나타나고 있다. 미륵보살 역시 화엄에서 볼 때 입정삼매로 보아야 한다. 다르게 생각해보면 여기서의 '사유'란 '선禪'의 번역어인 '사유수思惟修'의 의미로 보아 여기서의 '사유'를 '선정'으로도 볼 수 있다.

그런데 우리가 더 주목해야 할 것은 이 미륵반가상의 손가락이다. 미륵반가상을 자세히 관찰해보면 대부분 많은 미륵반가상이 손가락 두 개로 볼에 닿을 듯 말 듯한 광경을 연출하고 있는 것을 볼 수 있다. 지금껏 이것을 《화엄경》 〈입법계품〉의 미륵보살의 탄지와 연결시켜서

---

19 최완수, 《한국 불상의 원류를 찾아서 1-법수동류》, 대원사, 2002, p. 281.

20 이는 EBS교육방송 불교 미술 강좌에서 최완수 선생이 했던 말을 필자가 기억하여 적은 것이다.

설명하는 불교 미술사 연구서를 본 적이 없다. 이는 틀림없는 미륵의 손가락이다. 하생한 미륵의 탄지 한 번으로 비로자나장엄장 누각의 불사의한 경계를 이 현실 정토에 실현하기를 바라는 신라인들의 간절한 발원이 담긴 작품으로 읽어야 하기 때문이다.

더군다나 이 불상이 제작된 진평왕 시기는 이미 선덕여왕이 왕위를 물려받기로 되어 있는 상황이었고 선덕의 부모는 정반왕(진평왕)과 마야 부인이고 선덕 여왕은 미륵의 화신으로 온 미륵하생의 상징이자 여래의 출현으로 인식되던 때였다. 용화낭도龍華郎徒의 줄임말인 화랑, 미륵 선화, 원화 등의 명칭이 쓰인 것도 모두 미륵하생 신앙과 관련이 있었기 때문이다.

일본의 국보 제1호 광륭사 보관미륵반가상 역시 일본의 미륵 화신으로 칭송되던 성덕 태자가 요절했을 때 신라에서 부조로 보내준 것이라는 사실이 최근 확정적으로 발표되었는데, 이러한 사실에 비추어 보아도 그 개연성이 충분하다.

그렇다면 선덕여왕 시기에 만들어진 반가사유상은 선덕여왕을 미륵의 화신이자 화랑의 우두머리인 원화(미륵 선화)로 추숭했던 것으로 인식된다. 그러한 화랑(용화낭도)은 바로 《화엄경》의 선재동자와 같은 존재였다. 신라 화랑이 만들어 내는 정토에 대한 발원은 〈입법계품〉의 미륵이 만들어내는 탄지의 묘용처럼 비로자나장엄장 누각의 현실 정토 세계이자 불국 정토 세계의 발현이 실현되는 것과 관련이 깊다. 지금껏 모든 미륵 신앙의 연구는 미륵삼부경을 통해서만 주도적으로 이루어져 왔다. 그러나 신라를 비롯한 삼국시대는 《화엄경》이 본격적으로 주도적인 사상으로 자리매김해 가고 있었고, 그 당시 이미 원효와 의상이 태어나서 활동하던 시기였던 것을 감안하면 충분히《화엄경》의 미륵 탄지와 미륵보살반가사유상의 손가락은 밀접한 관계를 맺고 있는 것이 틀림없다.

◆— 한국의 선재 진표율사의 간자 두 쪽

우리 불교사에서 미륵 탄지의 손가락과 밀접한 관련을 맺고 있는 또 하나의 확실한 역사적 사실은 바로《삼국유사》에 전하는 진표율사의 일화이다. 먼저《삼국유사》진표전간조眞表傳簡條에 전하는 내용을 보자.

> 진표는 완산주 만경현 사람이다. 아버지는 진내말眞乃末이요, 어머니는 길보랑吉寶娘이며 성은 정씨井氏이다. 나이가 열두 살에 금산사 숭제법사崇濟法師의 문하에 몸을 붙여 머리를 깎고 중이 되기를 청하였다. 그의 스승이 한번은 말하기를, "내가 일찍이 당나라에 들어가서 고명한 중 선도에게 가르침을 받고 그 후 오대산에 들어가서 문수보살의 현신에게 감응되어 나타나 다섯 가지 계율을 받았노라" 하였다.
>
> 진표가 아뢰기를, "얼마나 공부를 하면 계율을 얻게 되나이까?" 하니 숭제가 말하기를, "정성이 지극하다면 1년 넘을 것도 없느니라" 하였다.

진표는 스승의 말을 듣고 유명한 산들을 두루 다니다가 선계산 불사의암不思議庵에 와서 행장을 풀고 삼업을 공부하는데, 망신참亡身懺으로써 계를 받았다. 그는 처음에 이레 밤을 기한으로 하여 오륜을 돌에 쳐서 무릎과 팔이 다 부서지고 피가 바위 언덕에 비 오듯 흘렀으되 영험이 없는 것 같으므로 몸을 희생할 결심을 다지고 다시 이레를 연기하여 14일간에 마쳤더니 지장보살이 현신하여 계율을 받게 되었다. 이때는 즉 개원 28년 경진(740) 3월 15일 진시이며 이때 나이가 스물세 살이었다.

그러나 그는 뜻이 미륵보살에게 있었으므로 만만히 중지하지 않고 바로 영산사로 옮겨 다시 처음처럼 근면과 용기를 내었더니 과연 미륵이 나타나 점찰경占察經 두 권과 증과의 패쪽(간자) 189개를 주면서 말하였다.

"그중에 여덟째 패쪽은 새로 얻은 오묘한 계율을 말한 것이요, 아홉째 패쪽은 더 얻은 자세한 계율인데, 이 두 패쪽은 바로 내 손가락뼈요, 나머지는 모두 침단목으로 만든 것이다. 여러 가지 번뇌를 말한 것이니 너는 이것으로써 세상에 불법을 전하고 인간을 구제하는 인도자가 되거라."

진표는 거룩한 문건을 받고 금산으로 가서 살았다.[21] 해마다 단을 만들고 널리 설교를 하니 단을 베푼 좌석의 정결하고 엄숙한 품이

21 《삼국유사》, 권 제4의 원문 내용은 "表旣受聖莂 來住金山"이다. 이에 따라서 금산으로 교정해두었다. 한국정신문화연구원 역, 《삼국유사 IV》, 이회문화사, pp. 157~166.

말세에서는 볼 수 없었다. 불법의 교화가 고루 퍼지매 그는 유람 걸음으로 아슬라주阿瑟羅州에 이르렀다. 섬과 섬 사이에 어족들이 다리가 되어 그를 물속으로 맞아들여 설법을 하고 계를 받았으니 이때가 천보 11년 임진(752) 2월 보름날이었다.[22]

다음은 《삼국유사》 관동풍악발연수석기關東楓岳鉢淵藪石記에 전하는 진표율사에 관한 또 다른 기록이다.

진표율사는 전주 벽골군 도나산촌 대정리 사람이다. 나이가 열두 살이 되어 중이 될 뜻이 있으매 그 아버지가 이를 허락하였다. 그는 금산사 순제법사順濟法師에게로 찾아가서 중이 되니 순제가 중의 계법을 주고 〈공양차제비법〉 한 권과 〈점찰선악업보경〉 두 권을 전하면서 말하기를, "네가 이 계법을 가지고 미륵과 지장 두 보살 앞에서 지성껏 빌어 참회를 하고 직접 계를 받아 세상에 전파하라" 하였다.

율사는 교시를 받들고 물러나와 유명한 산으로 두루 돌아다니더니 나이가 벌써 27세 되던 상원 원년 경자에 쌀 스무 말을 쪄서 이것을 말려 양식을 삼고 보안현을 찾아 변산 불사의방에 들어갔다. 쌀 다섯 홉으로 하루를 먹고 한 홉은 덜어서 쥐를 먹이면서 부지런히 미륵상 앞에서 계법을 구하였으나 3년이 되어도 수기를 받지 못

22 위의 책, pp. 157~166.

하였다. 그는 분발하여 바위 아래로 몸을 던졌더니 갑자기 푸른 옷 입은 동자가 손으로 받아 돌 위에 놓았다. 율사는 다시 발원하여 약 21일간을 밤낮 부지런히 수행하고 돌을 두드려가면서 참회하니 사흘이 되어 손과 팔이 꺾어져 떨어졌다. 이레째 되던 밤에 지장보살이 손으로 쇠지팡이를 흔들면서 와서 쓰다듬으니 손과 팔이 전과 같아졌다. 보살은 이때야 가사와 바리때를 주었다. 율사가 그 영험에 감복하여 전보다 갑절이나 정진을 계속하니 21일 만에 곧 하늘이 주는 시력을 얻어 도솔천 무리들이 오는 광경을 보았다. 이때야 지장보살이 나타나 율사의 머리를 어루만지면서 말하기를, "착하다, 사내답구나! 이와 같은 계율을 구하기에 신명을 돌보지 않고 지성껏 힘써 참회를 하였다" 라고 하면서 지장 보살이 율책을 주고 미륵보살은 다시 패쪽 두 개를 주었다. 하나에는 '9자九者'라고 썼고 하나는 '8자八者'라고 썼는데 율사에게 말하기를, "이 둘째 쪽은 바로 내 손가락뼈이니 이는 처음 되는 근본이 두 가지 깨달음(二覺)이라는 것을 비유한 것이다. 또 9자는 바로 불법이요 8자는 새로 부처가 되는 씨앗인 바 이로써 마땅히 과보를 알 것이다. 너는 지금 몸을 버리고 대국왕의 몸을 받아 후생은 도솔천에 날지어다" 하여 말을 마치자 두 보살은 곧 사라지니 때는 임인 4월 27일이었다.

율사가 교법을 받은 후 금산사를 세우고자 산에서 내려와 대연진大淵津에 닿으니 갑자기 용왕이 나타나 옥玉 가사를 내어 바치면서 8만 권솔을 데리고 금산사로 모시고 가니 사방 사람들이 모여들어 며칠이 못 되어 이를 완성하였다. 다시 감응이 있어 미륵보살이 도솔천으로부터 구름을 타고 내려와 율사에게 계법을 주니 율사가 신자들에게 시주를 권해서 미륵 장륙상丈六像을 부어 만들고 다시 그가 내려와 계율을 주는 장엄한 광경을 금당의 남쪽 벽에 그리게 되어 갑진(764) 6월 9일에 주조가 끝나서 병오 5월 1일에 금당에 모시니 이 해가 대력 원년(766)이다. … 속리산의 중 영심이 융종, 불타 등과 함께 율사의 처소를 찾아가 청하기를, "우리들은 천 리를 멀다 않고 와서 계법을 구하오니 원컨대 불교에 들어가는 이치를 가르쳐 주소서" 하니 율사가 잠자코 대답이 없었다.

세 사람이 복숭아나무 위에 올라가 거꾸로 땅에 떨어져 용맹스럽게 참회를 하니 율사가 그제야 교를 전하고 머리를 물로 씻어주며 드디어 가사와 바리때와 〈공양차제비법〉 한 권과 〈점찰선악업보경〉 두 권과 패쪽 189개를 주었다. 다시 미륵의 참 패쪽 '9자', '8자'를 주면서 경계하기를, "9자라는 것은 불법이요, 8자라는 것은 새로 부처가 되는 씨앗이다. 내가 이미 너희들에게 부탁하노니 이것을 가지고 속리산으로 가면 산에 길상초가 난 곳이 있을 터이니 거기다가 절을 세우고 이 교법에 의하여 널리 산 사람과 죽은 사람을 구하고 후세에 전파하라"라고 하였다. 영심 등이 교시를 받들고 바로 속리산으로 가서 길상초가 난 곳을 찾아서 절을 세우고 절 이름을 길상사(오늘의 법주사)라 하고 영심이 여기서 처음으로 점찰 법회를 배설하였다.[23]

23 "영심이 여기서 처음으로 점찰 법회를 배설하였다"라는 번역에 해당하는 원문은 "永深於此始設占察法會"이다. 점찰 법회를 배설排設하였다고 번역하고 있다. 배설이란, 연회나 의식儀式에 쓰는 물건을 나란히 차려놓는 것을 가리킨다.

율사는 그의 아버지와 함께 다시 발연(금강산 발연사)으로 가서 함께 도를 닦으면서 아버지에게 효성을 다하다가 세상을 마쳤다.[24]

여기에서 진표율사가 미륵보살을 친견하여 받은 미륵보살의 손가락 두 개로 만들어진 간자는《화엄경》〈입법계품〉의 미륵 탄지의 손가락이라는 것을 너무나도 분명하게 알 수 있다. 여기서의 미륵의 손가락에 대해서 일연 스님은 미륵보살이 진표율사에게 시각始覺과 본각本覺의 이각二覺으로 설했다고 분명히 말하고 있다. 시각과 본각뿐이겠는가? 입정과 출정, 은밀隱密과 현료顯了의 사사무애의 경계이자 동시구족同時俱足, 광협자재廣挾自在, 일다상용一多相容, 십세격법十世隔法, 주반원명主伴圓明의 십현연기十玄緣起의 세계가, 진표가 전한 미륵의 두 손가락 간자 속에 그 묘용이 모두 들어 있는 것이다.

미륵은 하생하여 삼회 설법을 한다고 한다. 처음 설법에 96억 중생을, 두 번째 설법에서 94억 중생을, 세 번째 설법에서 92억 중생을 제도한다고 한다.

한국의 위대한 선재동자 진표율사는 망신참亡身懺이라는 확고한 초발심과 불퇴전의 각오로 미륵보살을 친견하였다. 미륵보살이 선재에게 인가하고 마정수기를 준 것처럼 진표는 간자를 받았고 미륵의 뜻대로 미륵 삼회 도량을 모악산 금산사, 속리산 법주사, 금강산 발연사에 마련하게 된다. 이것은 세계 종교사에 유래를 찾아보기 힘든 사건이다.

---

24 일연 저, 리상호 역,《삼국유사》, 까치, 1977, pp. 385~392.

미륵의 어원인 마이트레야(maitreya, metteyya)와 메시아, 미트라 등은 동일한 어원을 갖고 있다고 비교 종교학자들은 말한다. 세계 어느 종교에도 메시아가 강림 또는 재림한다는 말은 있어도 하생처를 '이곳'이라고 지정한 장소는 없다. 세계 종교사의 위대한 사건이 바로 변산 반도 불사의방不思議房에서 일어났으며 한국 불교는 위대한 세계사적 인물을 통해 미륵이 하생하는 현실 불국토를 보험들어 놓은 것이다.

진표가 전한 미륵의 두 손가락 간자는 그의 제자들에게 전해져서 동화사에 보관되고 있었다고 전해진다. 그 연원에 대해서는 역시《삼국유사》심지계조心地繼祖에 상세히 전한다.

심지心地는 신라 제41대 임금 헌덕대왕 김씨의 아들이다. 나면서 효도와 우애를 하고 천성이 매우 슬기로웠다. 나이 15세에 스님이 되어 선생을 따라 도를 부지런히 닦으면서 중악에 머물러 있더니 마침 속리산에서 영심이 진표율사의 부처 뼈로 만든 패쪽을 전해 받은 과증 법회가 열린다는 소문을 듣고 뜻을 결단하고 찾아갔더니 도착하자 기일이 늦어 참례를 허락하지 않았다. 이에 마당에 자리를 펴고 뜰을 치면서 다른 무리들을 따라 참회를 하였다. 이레를 지나니 하늘에서 비와 눈이 몹시 내리는데 그가 서 있는 자리 열 자 사방에는 눈이 내리지 않았으므로 여럿이 그 신기로움을 보고 허락하여 불당 안으로 끌어들였다. 심지가 병을 칭탈하고 사양하여 겸손하게 방 안에서 물러나와 자리를 잡고 불당을 향하여 묵례하니 그의 팔뚝과 이마에서 피가 흘러내려 마치 진표 공의 선계산 때의 일과 비슷하였다. 지장보살이 날마다 와서 위문하더니 법회 자리가 파하자 절로 돌아가게 되어 도중에서 보니 두 패쪽이 옷깃이 겹친 틈에 있었다. 그가 이것을 가지고 돌아가 영심에게 고하였더니 영심이 말하기를, "패쪽이 함 속에 들었는데 어떻게 여기까지 왔을 것이랴?" 하고 검열을 해보았다. 함을 봉한 쪽지는 전과 다름없는데 열어보니 패쪽이 없었다. 영심은 매우 이상히 여겨 겹겹으로 싸서 감추었다. 심지가 또 가다가 보니 처음과 마찬가지였다. 그는 두 번째 돌아와 이 일을 고하였더니 영심이 말하기를, "부처님의 뜻이 그대에게 있으니 그대가 받들어 봉행할 것이다" 하고 이에 패쪽을 주니 심지가 공손히 받아서 절로 돌아오는데 산신이 한 신선을 데리고 맞아 산기슭에 이르러 심지를 끌어다가 바위 위에 앉히고 바위 밑으로 가서 엎드려 공손히 바른 계율을 받았다. 심지가 말하기를, "이제 터를 골라서 거룩한 패쪽을 모시려고 하는데 우리들로서는 터를 지정할 수 없다. 청컨대 세 분과 함께 높은 곳을 올라가 패쪽을 던져 점을 치자" 하고 곧 산신들과 함께 봉우리 마루턱에 올라가 서쪽을 향하여 던지니 패쪽이 바람에 날려 날아갔다. 이때에 산신이 노래를 지었다.

막혔던 바위가 썩 물러서니 숫돌처럼 평평해지고
낙엽이 흩어지니 길이 말쑥하여라
부처님 뼈 패쪽을 찾게 되면
깨끗한 자리에 맞아 정성을 드리리라

노래를 부르고 나서 패쪽을 숲속에서 찾았다. 바로 그 자리에 불당을 지어 이를 모시니 지금의 동화사 참당 북쪽에 있는 작은 우물이 이곳이다. 고려조의 예종 임금이 일찍이 이 거룩한 패쪽을 맞아 궐내로 들여 예배하더니 뜻밖에 '9자' 패쪽 한 개를 잃어버리고 상아로 대신 만들어, 본래 두었던 절로 돌려보냈는데 지금은 점점 빛이 변하매 한 빛이 되어 새것과 옛것을 분간하기 어려우며 그 방탕은 상아도 옥도 아니다.

《점찰경》 상권을 상고해 보면 189패쪽의 이름을 서술하였는데 1자는 상승을 구하여 물러서지 않음이요, 2자는 구하던 과보가 나타나 바로 증명함이요, 3자와 4자는 중승과 하승을 구하여 물러서지 않음이요, 5자는 신통을 구하여 성취함이요, 6자는 사범을 닦아서 성취함이요, 7자는 세선을 닦아서 성취함이요, 8자는 받고 싶던 오묘한 계율을 얻음이요, 9자는 전생에 받은 바 계를 얻음이요, 10자는 하승을 구하여 신앙을 확보하지 못함이요, 그 다음은 중승을 구하여 신앙을 확보하지 못함이다. 이렇게 하여 172자까지는 모두가 지난 세상과 금생에서 더러는 선하고 더러는 악한 성공과 실패에 관한 일이다. 173자는 몸을 던져 벌써 지옥에 들어간 것이요, 174자는 죽어서 이미 짐승이 된 것인 바 이렇게 하여 아귀, 수라, 사람, 인왕, 하늘, 천왕, 문법, 출가, 치성승, 생도솔, 생정토 부처와 대면, 하승을 확보하는 것, 중승을 확보하는 것, 상승을 확보하는 것, 끝으로 해탈을 얻는 것이니 제189등이 바로 이것이다. 모두가 전생, 차생, 후생의 선악 과보의 차별상이다. 이것으로 보아 마음과 행동이 서로 맞게 되면 감응이 되는 것이요, 그렇지 못하면 지극하지 못한 마음이니 실상 거짓이라 하는 것이다. 그러므로 이 8자, 9자 두 패쪽은 다만 189개 패쪽에서 나온 것이다.

그러나 송전에는 다만 108쪽으로 말하였으니 무슨 까닭일까? 이는 아마도 저 백팔번뇌의 명목으로써 이를 일컬었음이요 경문을 잘 상고하지 못한 것이다. 또 고려의 문사 김관의가 지은 왕대실록 두 권에는 일렀으되 신라 말년에 석충이 태조에게 진표율사의 가사 한 벌과 계율을 쓴 패쪽 189개를 바쳤다고 하였는데 지금의 동화사에 전하는 패쪽이 그것인지는 자세하지 않다. 찬미하는 시에 일렀다.

궁중에서 자란 몸이 일찍이 출가하니
부지런하고 슬기로움은 천작으로 타고났네
눈 쌓인 절 뜰에서 패쪽을 얻은지라
동화사 상상봉에 갖다놓았네[25]

이를 통해 진표율사가 미륵보살에게 전해 받은 불골간자佛骨簡子는 속리산의 영심 스님에게서 심지 스님로 전해졌고, 이는 다시 팔공산 동화사에 봉안되어 있었던 것이 확인된다. 이것은 고려 예종 임금 당시까지 정확히 존재했던 것으로 보이며, 오늘날의 사리 친견 법회와 같이 커다란 법석을 열고 수계 법회와 함께 점찰경을 통한 참회 법회

---

25 위의 책, pp. 397~400.

를 함께 했던 것 같다.

여기에서 미륵 탄지의 두 손가락인 8과 9의 간자 패쪽에 대해서 각 기록에 나타나 있는 것을 정리해보면 다음과 같다.

【도표 7-1】 미륵 탄지와 간자

	제8 간자	제9 간자
《삼국유사》〈진표전간〉	신득묘계新得妙戒	증득구계增得具戒
《삼국유사》〈관동풍악발연수석기〉	시각始覺	본각本覺
《삼국유사》〈관동풍악발연수석기〉	신훈성불종자新熏成佛種子	법이法爾
《송고승전》	신훈종자新熏種子	본유종자本有種子

이로써 《화엄경》의 미륵 탄지의 두 손가락은 진표율사가 전해 받은 간자 두 패쪽을 통해서 위와 같이 정리되었다. 《기신론》 사상에 입각한 본·시 2각으로의 해석과 유식 종자설種子說에 입각한 해석으로 나뉠 수 있으나 그 종지는 동일하다. 여기에서 미륵 탄지의 소식이 선재에게 전해진 것과 동일한 것이라는 점을 확인할 수 있다.

《화엄경》〈입법계품〉에서 미륵이 선재에게 불사의한 신통력으로 선보였던 그 탄지의 손가락은 이 백두대간에서 엄연히 간자로 화하여 수많은 선재들의 발심의 연장선이 되었다. 《화엄경》〈입법계품〉의 미륵 탄지와 진표율사의 두 개의 간자를 함께 생각하지 않는 한국 불교사 연구는 참으로 안타까운 우리의 불교 연구 및 역사 연구의 현주소를 뼈저리게 실감하게 하는 대목이다.

2) 미륵삼부경과 《화엄경》 〈입법계품〉의 미륵 비교

앞서 언급했던 원효의 《미륵상생경종요》로 다시 돌아가 보자. 우리는 미륵 경전이 미륵을 친견하기 위해서 도솔천으로 올라가는 상생 신앙과 이 고통스런 세상을 하루속히 미륵이 하생해서 구원해주길 바라는 하생 신앙으로 크게 둘로 나뉜다고 알고 있다.

《미륵대성불경》에서 성불 역시 우리의 성불로 보지 않고 미륵보살이 용화수 아래 내려와서 중생을 제도하기 전의 상황에 대한 석가불의 설법으로 되어 있다. 미륵은 낮에 출가하여 그날 밤에 성불하여 중생을 제도하는데 가섭 존자가 석가불의 증명으로 양모養母인 최초의 비구니 마하파사파제摩訶波闍波提(mahāprajāpatī)가 직접 짠 금루金縷 가사를 가지고 있다가 미륵불에게 전하면서 첫 번째 미륵의 설법이 시작되는 내용이다.

그러나 원효는 이것을 미륵의 성불로만 국한해서 보지 않았다. 십선업을 잘 닦아서 죽은 뒤에 인연 따라 태어났다가 그 공덕으로 먼 훗날 미륵이 하생했을 때 그 자리에 참석하여 설법 듣고 언하대오할 인연을 맺는 것이 하품이요, 이 생의 수행 공덕으로 곧바로 죽은 뒤에 도솔천으로 상생하여 미륵을 친견하고 설법 듣고 불과를 얻기 좋은 여건으로 나아가는 것이 중품이요, 미륵이 계신 도솔천으로 죽은 뒤에 상생하는 것도 아니요 그 언젠가 미래에 미륵이 하생하여 이 사바 세계에 오셔서 제도해줄 때를 기다리지도 않고 바로 지금 이생에 이 몸으로 수행하여 미륵을 친견하는 것이 상품이라고 하였던 것을 기억할 것이다.

원효의 말대로라면 미륵삼부경은 단순히 정토계 경전이 아니다. 이것은 마치 코페르니쿠스적 전회와 같은 것이다. 미륵이 중심이 아니라 우리 자신들이 중심이 된다. 한국의 미륵 사상을 연구할 때 미륵삼부경만을 중심으로 연구해서 안 되는 이유가 여기에 있다. 한국의 미륵 사상은 미륵삼부경에다 《화엄경》 〈입법계품〉의 미륵과 선재의 만남이 융합된 것이다. 모든 중생은 발심하면 선재동자와 같다. 그 발심의 공덕과 보살도와 보살행은 죽어서나 도솔천에서 만날 수 있는 묘각의 미륵을 만나게 되는 것도 아니고 곧 하생할 기약이 아직 없는 일생보처보살인 미륵의 하생을 기다리기만 하는 것도 아니다. 곧 나의 수행이 바로 여래의 출현으로 이어지고 그것은 미륵보살의 법성만이 아닌 나의 여래 성기의 즉현으로 실현되는 사태이다.

이렇게 본다면 미륵 경전은 매우 광활한 종교사적 의의를 가진다. 메시아의 하생, 메시아를 만나러 가는 승천, 그리고 나 자신의 메시아적 불과의 획득이라는 총합적인 사상이 형성된다. 《화엄경》 〈입법계품〉과 미륵삼부경은 이와 같은 인드라망의 연기를 형성하고 있다. 그 대표적인 예시가 바로 한반도에서 펼쳐졌던 불교사에서 발견할 수 있다. 그런 의미에서 한국 불교 사상의 화엄 사상과 미륵 사상의 융합과 발전은 매우 흥미로운 연구 주제이다.

4. 화엄 법계와 증입

미륵보살 선지식을 통한 화엄 법계와 그 증입을 논할 때 가장 먼저 떠오르는 구절은 바로 '일위즉일체위一位卽一切位'라는 말이다. 모든 선지식이 그러하겠지만 특히 미륵의 경우 묘각의 지위와 여래 출현의 경계인 것을 감안할 때 미륵보살과 선재동자의 만남을 통해 일종의 일단락을 경험할 수 있다. 선재가 미륵을 만나기 전 이미 그동안의 해탈문들을 낱낱이 밝히고 있을 뿐만 아니라 미륵의 마정수기와 인가를 통해 그 증입을 확인할 수 있다. 그러므로 법계연기뿐만이 아니라 여래성기의 연성이기緣性二起가 동시에 드러나며 본각과 시각이 하나되는 불이不二의 장을 확인할 수 있다.

그뿐만 아니라 초발심과 정각이 하나되는 자리이기도 하며 법성원융무이상과 구래부동명위불이 하나의 자리에서 원융 무애한 순간을 맞이할 수 있다. 초인初因과 불과佛果가 하나가 되는 인과불이因果不二의 자리이기도 하여 모든 수행자가 증득해야 하는 근본 자리를 만나는 기쁨의 순간도 확인할 수 있다. 그러나 선재동자는 모든 해탈문의 증입의 자리에서 다시금 보살도와 보살행에 대한 발원을 함으로써 미륵으로부터 진정한 보리심의 위대함을 찬송받는다. 법계의 확철한 증입은 바로 영원한 보현보살행의 행원으로 다시 입법계하는 불법의 심심미묘한 경지를 만난다. 이는 곧 우리에게 입전수수의 중생제도의 영원한 숙원으로 이어진다.

필자가 출가한 해인사 원당암 미소굴에는 혜암慧菴(1920~2001) 종정께서 친필로 쓴 '생사해탈生死解脫'이라는 구절이 걸려 있었다. 그러나 혜암 스님은 항상 말씀하시기를, "해탈을 하면 무엇하겠는가? 하루 세 끼 밥 먹고 해우소 가고 잠자고 하루의 수행을 하는 것 외에 또 다른 무엇이 있겠는가?" 하시며, 손을 들어 보여주시면서, "이것이 무엇인가?" 하고 질문하곤 했다. "손입니다" 하고 대답하면, "그래, 손이 맞다. 그런데 이게 손이라고 말할 수 있으려면 손의 일을 다 해 마쳐야 그제서야 손이라고 자신 있게 말할 수 있는 것이다"라고 일갈했다.

해탈은 단순히 벗어난다는 뜻이 아니리라. 생사를 해탈한다는 것은 생사 윤회의 고리를 끊고 영원한 해탈 열반으로 든다는 것이 아니라 생사의 미혹에서 벗어나 해탈의 마음으로 인연 따라 중생을 제도하고 법계를 이익되게 하는 데 신명을 바쳐야 한다는 의미로 받아들여야 한다.

그렇다면 생사해탈이란 불락생사不落生死가 아닌 불매생사不昧生死의 깨달음을 바탕으로 다른 모든 중생을 해탈케 하고 나서야 그 소임이 끝난다고 말할 수 있지 않겠는가. 나 혼자 해탈하여 윤회의 고리를 끊어서 안락하고자 하는 데에 해탈의 목적이 있는 것이 아니라는 뜻이 아니겠는가.

대승의 종지는 나 혼자만의 해탈에 목적이 있는 것이 아니다. 출삼계出三界가 목적이지만 출삼계의 깨침을 통해 삼계의 그 어느 장소에서도 자유자재하게 인연 따라 남을 이롭게 할 수 있는 입삼계入三界로 다시 나아갈 때 진정한 출삼계가 이루어진다고 이해해야 한다.

일승원교一乘圓教는 우리에게 엄청난 복음이 아닐 수 없다. 3아승기겁이 걸린다는 수행을 선재동자는 단 한생에 마칠 수 있는 것을 보여준 것이 바로 《화엄경》〈입법계품〉이 우리에게 선사한 선물이다. 그렇게 단박에 법계의 본체로 들 수 있게 해준 화엄 법계의 가르침은 제도해야 할 중생이 너무나도 많기 때문인지 모르겠다. 소중한 화엄의 가르침을 접하면서 어서 빨리 중생 놀음을 마감해야 한다는 초발심의 자리로 다시 돌아가는 비장함을 느낀다. 세상의 모든 사람은 하늘로부터 천명을 받아서 이 땅에 태어났다는 성현의 말씀을 떠올린다. 지천명知天命은 우리 모든 생명체의 의무이자 당위이다.

5. 절미截尾: 게송偈頌

◆— 일승법계도송一乘法界圖頌

의상께서 해인도가 범부 오 척의 몸이라고

고구정녕 일러주었는데도 모두 따르지 않는구나

한번 바른 선정에 들어서 샅샅이 살펴보시라

법계도가 바로 그대의 참된 몸일지니라

義湘海印五尺身 丁寧說而都不循

試入正定察察觀 法界圖卽汝眞身

◆— 참변산반도불사의방진표찬參邊山半島不思議房眞表讚

진공과 진여가 어찌 드러나지 않겠는가?

백척간두에서 뛰어내려 아득하게 초월하였도다.

기독교와 이슬람은 하생처를 설하지 못했으나

미륵의 삼회 설법은 우리 한국 땅에서 비롯되리라

말법이니 난세니 하는 말들을 하지 말지니

대장부의 한번 수행 천하를 바로 잡으셨도다

사바 세계 중생들은 기억하고 또 기억할지니

세계의 구원은 바로 이 자리에서 그 새벽을 맞이하리라

眞空眞如何不表 百尺一進超出渺

基伊難說下生處 彌勒三會東國肇

勿說末法亂世語 丈夫一行天下矯

娑婆衆生憶又憶 世界救援從此曉

◆— 입법계품약지入法界品略旨

초발심 낸 때가 바로 정각을 이룬 때이며

미륵의 손가락 한번 튕김에 다시 돌아 원이 되었구나

정각 역시 다시 처음 마음 내는 것이니

이것을 일러 보현행이라 이르는구나

初發心時便正覺 彌勒彈指還圓行

正覺亦復初發心 是卽名爲普賢行

제8장 | 동서 문명의 회통 시대

동아시아 불교와 미주·유럽 기독교의 만남[01]

21세기의 지구촌은 화합과 소통, 상생과 융합의 시대가 될 것이다. 인간의 탐욕(貪)과 성냄(瞋)과 어리석음(癡)이라는 삼독심三毒心에서 기인한 갈등과 반목, 폭력과 전쟁은 이제 막을 내려야 할 시점이 되었다. 이를 위해서는 모든 사상과 종교계가 서로 대화하고 화합하여 그동안의 대립을 종식시키고 온 인류에게 새로운 희망과 기쁨의 메시지를 전달해야 한다.

천하무이도天下無二道요, 성인무양심聖人無兩心이라.
이 세상에는 두 도가 없으며, 성인에게는 두 마음이 없다.

하늘에 태양이 하나이듯이 세상의 진리도 하나이다. 세상 모든 성인의 마음이 하나라고 한 이유는 모든 성인들은 동일하게 한 생각도 일으키지 않은 텅 빈 무심無心의 근본 자리를 증득했기 때문이다. 성

01 제8장의 내용은 2018년 10월 28일부터 31일까지 중국 복건성福建省 푸티엔시(莆田市)에서 개최된 제5회 세계불교포럼의 제4분과인 '불교와 서양 문화의 교류와 소통(佛教和西方文和的交流與互動)'에 대해서 한국 불교계의 조계종을 대표하여 발표한 것이다. 이 글에 담긴 회통의 정신은 필자가 탄허사상을 연구하면서 체화된 내용을 바탕으로 쓴 것이며, '탄허학의 현대적 응용'이라는 의미로 이 책에 싣는다.

인의 마음이 하나라는 것은 한 생각 일으킨 뒤의 마음이 하나라는 뜻이 아니다. 한 생각 일어나기 전 소식, 희로애락喜怒哀樂의 감정을 일으키기 전 소식, 시간과 공간이 분리되기 전 소식, 모든 생각이 끊어지고 선악시비善惡是非가 붙을 수 없는 바로 그 마음의 본체 자리를 증득하신 분들이 성인이기 때문에 모든 성인들의 마음에 두 마음이 없다고 한 것이다. 결국 석가·공자·예수와 같은 성인들은 무심을 증득했기 때문에 두 마음이 없었던 것이다.

기독교의 《요한복음》은 "태초에 말씀이 계시니라(In the beginning was the Word)"라는 구절로 시작된다. 여기서의 '말씀(Logos)'은 서구 문명에서 대단히 중요한 위치를 차지하는 서양 사상의 근원이다. 하지만 선불교禪佛教의 황금 시대를 거친 한국·중국·일본 등 동아시아 3국에서는 선지禪旨를 바탕으로 하여 그 '말씀'의 이전 소식을 문제 삼는다. 즉 태초에 있었다고 하는 그 "말씀 이전 소식은 무엇인가?" 하는 것을 화두로 삼아 수행하는 간화선看話禪의 전통이 있다. 지금 한국에서는 800년 넘게 이러한 의심을 화두로 삼아 깊은 선정을 닦는 화두 참선법을 수행해오고 있다.

예를 들어 태초에 아담과 이브가 선악과善惡果를 따 먹고 낙원에서 추방되기 이전의 마음인, 선악善惡과 시비是非의 분별分別이 끊어진 인간의 본래면목本來面目은 무엇인가 하고 의심해 들어가는 수행법이다.

기독교에서는 아담과 이브가 선악과를 따 먹은 다음에 부끄러움을 알게 되고 남녀를 구별하게 되었고 모든 선악 시비를 분별하게 되었으며 이것이 원죄原罪가 되어 낙원에서 추방되었다고 했다. 하지만 부처님께서는 자신의 본래 힘으로 선악 시비가 끊어진 마음 자리를 완전히 회복할 수 있다고 가르쳤다.

하나의 화두를 가지고 하루에 천 번 만 번 의심을 밀어주고 밀어주다보면 어느 순간 화두가 일념 삼매가 되어서 오직 화두 한 생각만 지속된다. 여기에는 그 어떤 다른 생각이나 분별심이 붙지 못한다. 이렇게 의심 삼매가 지속되어 몇 날 며칠이 지나고 달이 넘어가고 시간이 지속되다가 보는 찰나 듣는 찰나에 화두가 박살나서 시비 선악의 분별을 일으키기 전의 자신의 본래면목이 만천하에 드러나게 되는 것이다. 이것은 간장이 짠 줄만 알면 누구나 할 수 있는 수련법이라고 조사스님들은 역설했다. 이 간화선 수행법을 통해 동양에서는 이미 무수한 도인이 출현한 바 있고 지금도 계속 도인들이 출현하고 있다.

이 선악 시비가 끊어진 마음의 근본 자리는 말로 표현할 수 있는 세계가 아니다. 언어·문자가 완전히 끊어진 것으로 최고의 성인들도 입을 열 수 없는 세계이다.《요한복음》에서 '태초에 말씀이 계셨다'고 할 때의 그 '말씀'은 '언어·문자가 끊어진 말 없는 말' 즉 무설설無說說이다. 선악 시비가 붙을 수 없는 것이 진리의 세계이므로 그것을 설파할 때에도 언어·문자의 논리로는 도저히 표현할 수 없다. 그러므로 기독교에서 말하는 '말씀'은 일음一音이요, 일체음一切音이요, 원음圓音이요, 결국 무음無音이다. 따라서 말과 논리를 좇아서는 도저히 그 진리를 파악할 수 없다. 완전한 대무심大無心 자리에서만 그 진리를 온전히 파악할 수 있는 것이다. 그러므로 다음과 같이 말할 수 있다.

> 한 마음도 없음이 모든 성인의 스승이 됨이요,
> 한 생각 일으킴이 일체 죄업의 뿌리가 되는 것이다.
> 無心聖人師 起心諸罪根

"성현지학聖賢之學은 심성이이心性而已"라는 고인의 말씀이 있다. 모든 성현들의 학문은 오직 '심성心性' 두 글자만 있을 뿐이라는 이야기다. 학술적으로 볼 때 세상에 펼쳐진 수천만 권의 학설을 간추려 보면 '심성心性', 마음 심心 자와 성품 성性 자 두 글자 가지고 이야기한 것에 불과하다. 불교에서는 '명심견성明心見性'이라 하여 마음을 밝혀서 성性을 본다고 하였고, 유교에서는 '존심양성存心養性'이라 하여 마음을 두어서 성性을 기른다고 하였다. 도교에서는 '수심연성修心練性'이라 하여 마음을 닦아서 성性을 단련한다고 했다. 기독교의 경우는 '허심영성虛心靈性'이라고 표현할 수 있다.

한국의 근현대 고승 탄허呑虛는 예수의 부활보다 더 중요한 예수의 근본 정신은 《마태복음》의 〈산상수훈〉에 나오는 '허심자虛心者 복의福矣'로 '마음을 비우는 자가 복을 받는다'라는 가르침이라 하였다. 현대 한국의 《성경》에는 '마음이 가난한 자가 복이 있나니'라고 번역되어 있지만 중국에서 19세기에 서양 선교사들이 번역한 것을 보면 '허심자虛心者 복의福矣'라고 되어 있으며 현재의 중국 백화문 성경에도 '쉬신더런 요우 푸러(虛心的人 有福了)'라고 되어 있다. 탄허 스님은 '마음을 비우는 자가 복이 있나니'가 근본 종지에 더 부합한다고 강조하며 기독교의 근본은 허심虛心과 영성靈性에 있다고 보았다.

이제 세계의 모든 종교들은 인간의 근본 마음 자리인 텅 빈 무심의 자리에서 함께 손을 맞잡고 인류의 스승, 위대한 성인들의 공통된 말씀에 귀를 기울여야 한다.

21세기는 마음을 수련하지 않고는 살 수 없는 물질의 세계이다. 잠시도 쉬지 않고 일어났다 사라지는 이 욕망을 해결하지 않고서는 천국도 없고 극락도 없다. 모든 성인들이 한결같이 평상심의 마음과 고요한 마음을 유지하도록 가르쳤던 것을 다시 되살려내야만 한다. 한 생각 일어나지 않는 근본 자리, 우주 미분전未分前 소식, 부모 미생전未生前 소식, 시비 선악의 분별의 끊어진 마음 자리에서는 세상의 모든 종교가 하나가 되고 마는 것이다. 이 근본 마음 자리에는 네 종교, 내 종교가 따로 없다. 모든 성인들이 이 근본 자리를 증득하고 세상에 진리를 설파한 것임을 명심하고 이제 동서양의 모든 대중들은 그 하나의 마음을 증득하고자 부지런히 참선 명상을 해서 모든 성인들이 함께 누린 무심無心의 행복을 누리기를 바란다.

천국과 극락이 본래 한 집안이요

사랑과 자비가 원래 한 마음이로다
예수와 미륵이 박장대소하고
성모 마리아와 관세음보살이
손을 마주잡고 덩실덩실 춤을 추도다
天國極樂本一家 愛人慈悲原一心
耶蘇彌勒拍掌笑 聖母觀音携手舞

서양의 기독교에서는 성부聖父, 성령聖靈, 성자聖子가 삼위일체三位一體라고 하였다. 이는 동아시아 불교의 화엄학에서 말하는 법신法身, 보신報身, 화신化身의 삼신일불三身一佛과 다르지 않다. 동양과 서양이 말하는 근본 진리는 결코 다르지 않다. 성부聖父와 법신法身은 같은 것을 말하는 다른 표현일 뿐이다. 성자聖子인 예수와 화신化身인 석가세존의 중생을 사랑하는 마음에는 어떠한 차별도 없다.

그렇다면 무엇이 성부이고 무엇이 법신인가? 우리의 한 생각이 일어나기 전 소식, 생각 끊어진 자리를 성부라고 하고 법신이라 한다. 그것은 언어·문자로는 도저히 알 수 없으며 그 어떤 훌륭한 지식과 학문, 거대한 학술과 사상으로도 이 오묘한 성부와 법신의 세계는 짐작조차 할 수 없다. 오로지 마음을 허공과 같이 텅 비워서 한 생각도 일어나지 않는 깊고 깊은 무심삼매無心三昧 자리에서만 증득할 수 있다. 북미와 유럽에서 명상(meditation)이 선풍적인 인기를 끌고 있는 것은 바로 이와 같은 이유 때문이다.

서양의 종교에도 묵상과 기도의 오래된 전통이 있다. 세상의 모든 수행법은 그 원리가 동일하다. 끊임없이 일어나는 수만 가지 생각을 한 생각으로 집중하고, 그것이 지속되어 날이 지나고 달이 지나면 몰록 무심無心 자리를 증득하게 된다. 이러한 과정을 거쳐서 보는 찰나 듣는 찰나에 크게 깨치면 본래 자성 자리가 만천하에 환히 드러난다.

동아시아의 불교 문화와 서구의 기독교 문명이 대화하고 소통하는 것은 참으로 뜻 깊은 일이다. 이제는 세상의 모든 사상과 종교는 조화調和하고 상생相生하게 되었다. 최근에야 비로소 지난날의 폐습인 내가 옳다는 아상我相은 모두 내려놓고 허심虛心으로 상대 문명을 이해하고 사랑과 자비의 마음으로 가슴을 열고 대화하기 시작했다.

전 지구촌이 하나로 융합하여 행복한 천국과 극락을 이 지상에 건설해야 할 때가 온 것이다. 끝으로 필경畢竟의 일구一句를 통해 동서 문명의 회통會通과 화합化合을 발원해 본다.

한마디 말 나오기 전 일구一句는
일천 성인도 알기 어렵거늘
사람들이 만약 이것을 안다면
모든 종교의 가르침을 알게 되리라
기독교와 불교 두 종교가
서로 만나 회호回互하는 시절이여!

천상 세계와 인간 세계의 모든 대중들이

기뻐하며 펄쩍펄쩍 뜀이로다!

聲前一句 千聖難會 若人識得 諸宗教畢

基佛兩教 回互時節 天上人間 歡喜踊躍

东西文明的 会通时代

东亚佛教和美洲·欧洲基督教的相遇

21世纪的地球村将成为和谐沟通, 相生融合的时代。由人类贪嗔痴三毒所引发的矛盾和反目·暴力和战争到了该结束的时候了。为此, 所有思想和宗教界都应互相对话与和解, 结束之前的对立, 向全人类传达新的希望和喜悦的信息。

"天下無二道, 聖人無两心。"

世间没有两条道的存在, 圣人也无二心。

正如天上的太阳只有一个，世上的真理也只有一种。之所以说"世上所有圣人的心是一体的"，因为所有的圣人都觉悟到无一丝杂念的空空无心的根本境界。即，"圣人的心是一体的"并非指在某个念头出现后大家有着同样的想法。一念不生之前的"本源"，起喜怒哀乐的感情之前的"本源"，时间与空间分离之前的"本源"，了断所有的妄念后，得到没有善恶是非本分的人才是圣人，圣人是没有二心的。说到底释迦·孔子·耶稣等圣人们得到的都是"无心"，因此，圣人没有"二心"。

基督教《约翰福音》以"太初有道(In the beginning was the word)"开头。这里的"道(logos)"是西欧文明中占据重要地位的西方思想的根源。但是在经历了禅佛教黄金时代的韩国·中国·日本亚洲三国中，以禅旨为基础，对"'道'之前的本源"提出了质疑。即，把"在'太初有道'之前的本源是什么呢？"作为话题，进行传统的"看话禅"的修行。现在在韩国，800多年以来一直有这种以疑心作为话题的，修炼深层禅定的"话题参禅法"的修行方式。

例如太古之初，亚当和夏娃吃下了善恶果被逐出乐园之前，内心全然断绝分别善恶与是非的人类的本来面目究竟是怎样的呢？人们对此提出质疑后，进行修行的一种方法。在基督教里亚当和夏娃摘吃了善恶果后，区分了羞耻和男女，也区分了所有的善恶是非，成为了原罪后被驱逐出乐园。但是佛教的佛祖却教导大家可以通过自身的力量，将心完全恢复到没有善恶是非的境地。

每天对一个问题质疑千遍万遍，在某个瞬间就会一念三昧，只会持续地想着那一个问题而已。于此便无法生起其他所有的想法或分别心。这样持续几天几夜的疑心三昧，数月过去后看见的那个瞬间，听见的那个瞬间，问题就会被击破，在懂得分别是非善恶之前自己的本来面目，便会呈现在世人之前。这就是祖师们竭力主张的一种'只要知道酱油是咸的，无论谁都能做到的修炼法'。通过这种"看话禅"的修行法，东洋已经出现了无数的道人，现在也一直在不断涌现。

这了断了是非善恶的心的本源是无法用言语来表达的，是完全断舍了文字语言，连最无上的圣人也无法开口的世界。在《约翰福音》中说"太初有道"时，"道"指的是非语言文字的"话"，是无言，即无说说。因为那是一个无任何是非善恶的真理的世界，在道破它时，凭借任何语言文字是无法表达的。所以基督教中所言"道(logos)"，是一音，是一切音，是圆音，最终是无音。所以仅靠伦理与语言是无法了解那真理的，只有在完全"大无心"的境界上方可掌握。即如下所述。

"无心是圣人师，起心成诸罪根。"

无心就是諸聖之师，起心动念成万罪之根。

古人言："圣贤之学，心性而已。"所有圣贤的学问都是在说"心性"二字而已。从学术角度来看，从数千万卷世界学说来看，"心性"不过是有关"心"和"性"二字的讲述而已。佛教说"明心见性"，儒教讲"存心养性"，道教谈"修心炼性"，而基督教则论"虚心灵性"。

韩国的近现代高僧 呑虚(Tan Heo, 1913~1983)说，耶稣的根本精神比耶稣复活更重要。《马太福音》的'山上垂训'中有教导"虚心者，福矣。"即，虚心的人，有福。现代韩国的圣经上虽然被翻译为"心贫者得福"，但19世纪在中国的西方传教者是翻译成"虚心者，福矣"，另外现在中国圣经中也翻译为白话文的 "虚心的人，有福了"。呑虚和尚强调说"把心腾空的人，有福" 这句译文更加符合根本宗旨，而基督教的根本则是虚心和灵性。

现在世界所有的宗教都应以人类的本心即无心为宗旨，共同携手，倾听人类的老师，伟大圣者们的共同的教导。21世纪的世界，是一个不修心便无法生存的物质世界。若不断绝那永无止息，生生灭灭的欲望，我们便无法去往天国，亦或极乐。所有圣人为了能始终如一的保持一颗平常的心和宁静的心，都必须不断地回顾之前所学到的知识。在不起一丝念头的本源上，是宇宙未分之前的本源，是父母未生之前的本源，当到达断灭分别是非善恶的心的本源时，所有的宗教最终将会成为一体。在这心的本源上，不分你的宗教，或是我的宗教。所有的圣人都要铭记，他们在这本源上得到了证悟，道破了真理。让我们现在中西方所有的大众一起，怀着同一颗心，为了证得一心的境界，勤奋地去参禅冥想，去享受圣人他们那无心的幸福。

天国极乐本一家，爱人慈悲原一心，
耶稣弥勒拍掌笑，圣母观音携手舞。

西方基督教中，称圣父，圣灵，圣子为"三位一体"，这与东亚佛教华严学中所说的法身，报身，化身“三身一佛”是一致的。结果东西方所说的根本真理其实都是一样的，圣父和法身只是不一样的说法而已。耶稣圣子和释迦牟尼化身心中对于众生的热爱是没有任何差别的。

那什么是圣父，又什么是法身呢？我们一念不生之前的本源，也是断妄念的本源处，也可以叫“圣父”·“法身”。那是凭借语言文字不可知的，任何优秀的知识和学问，伟大的学术和思想都无法斟酌出如此奥妙的圣父与法身的世界。只有将内心空空如也，不留一丝杂念，在深邃无心的三昧境地上，才能得以觉悟。冥想(meditation)在北美和欧洲之所以如此受欢迎，也正是这个理由。

在西方的宗教中也有默想和祈祷的悠久传统，世界上一切修行的原理都是一样的。把不断冒出的数万个想法集中到一个中去，年年月月持续坚持，直至悟无心的境界。经历这样的过程后，如果看的一刹那，听的一刹那大悟的话，原本自省的状态便会欢喜地呈现在世人之前。

今天东亚的佛教文化和西欧的基督教文明能如此对话交流，可谓意义深远。当今世上的所有思想与宗教都能和和气气，调和相生了。如今把过去“我是正确的”这样的“我相”陋习全部放下，开始虚心地去了解对方的文明，敞开心扉，用爱与慈悲来互相对话。现在到了全地球村融合一体，在这片土地上共建幸福的天国与极乐的时候了。最后用一句话概括，祈愿东西文明能和谐沟通，相生融合。

声前一句, 千圣难汇, 若人识得, 诸宗教毕,

基佛两教, 回互时节, 天上人间, 欢喜踊跃。

一句话说出来前的"一句", 一千圣人也很难知晓。

人们如果知道的话, 将会成为所有宗教的教导。

到了基督教和佛教相遇互动的时节了!

天上人间的所有众生欢喜踊跃!

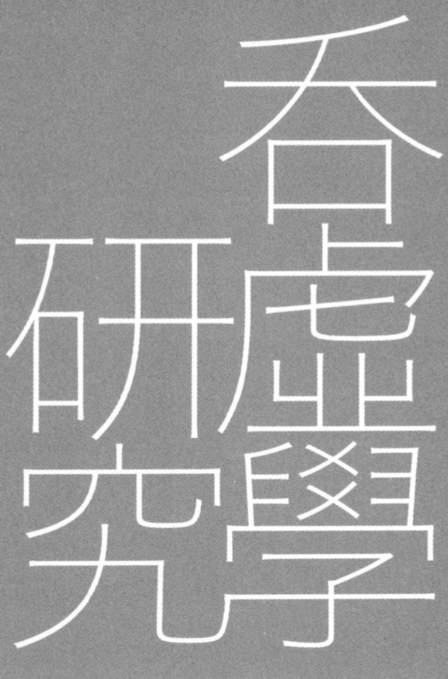

제9장 | 탄허선사 〈간산필첩艮山筆牒〉의 탈초脫草와 역주譯註

1. 서緖: 탄허의 20세 유묵

탄허택성呑虛宅成선사는 20세기 한국을 대표하는 선사이자 강백이자 사상가이자 교육자였다. 그는 불교학의 교재가 되는 《치문緇門》, 사집四集(《書狀》《禪要》《都序》《切要》), 사교四教(《金剛經》《圓覺經》《大乘起信論》《楞嚴經》), 대교大教(《華嚴經》)를 모두 현토·역해했을 뿐 아니라 《주역선해》와 《노자》《장자》까지 현토와 역주를 하여 동양의 유·불·선 3교를 종합하여 총 20종 80권에 달하는 역서와 저서를 남겼다.

탄허는 유가의 선비로서 가학을 전수받아 사서오경을 섭렵했으며, 《노자》와 《장자》까지 모두 외운 상태에서 오대산 한암선사와 3년에 걸친 도에 대한 담론을 거친 뒤에 오대산 상원사로 출가했다. 그러므로 탄허는 출가 당시에 이미 한학에 깊은 조예가 있었으며 불교를 제외한 동양학에 깊이 잠심한 바 있었다.

이 장에서 고찰할 탄허선사의 〈간산필첩艮山筆牒〉은 그가 출가하기 전 유학자로서 경학을 연찬하던 시기의 친필 필첩이다. 남아 있는 스님의 필적으로는 가장 이른 것이다. 이 문헌은 그가 출가 이전 유학을 공부하던 선비로서 어떠한 학문과 분야에 관심을 가지고 있었는지 알 수 있는 매우 귀중한 자료이다. 또 그는 현대 한국을 대표하는 선필禪筆의 대가로서 한국 서예사에도 한 획을 그은 인물이라 할 수 있다.

그러한 그의 작품 가운데 최초 유묵遺墨을 학계에 소개한다는 의미도 적지 않다.

필자는 탄허가 행초서로 쓴 〈간산필첩〉을 먼저 탈초脫草한 뒤 설명이 필요한 부분들에 대해서는 주석을 부가하면서 번역을 하였다. 이 연구에 사용한 〈간산필첩〉은 월정사 성보박물관에 있는 영인본을 사진으로 촬영한 것이다. 총 40장의 화면으로 구성되어 있으며 이를 순서대로 탈초·주석·번역하였다.

2. 해제 : 탄허와 〈간산필첩〉

탄허는 22세 되던 1934년 음력 9월 5일에 오대산 상원사 한암선사 회상에 출가했다. 출가 전에 문자 이전 소식인 도道에 관해 스승을 찾던 중 오대산에 도인이 있다는 전언을 듣고 20세 때인 1932년(음력 8월 14일)에 처음으로 한암선사에게 편지를 보냈다. 이때부터 출가 직전까지 3년 동안 20여 통의 서신을 주고받다가 출가를 결심하게 되었다.[01]

01 탄허의 생애에 관한 연보는 다음 책에 상세하게 전한다. 오대산문도회·탄허불교문화재단·교림

〈간산필첩〉은 탄허가 한암에게 처음으로 서신을 보내기 시작한 때와 같은 해인 1932년(20세)에 입수하여 필사한 것이다. 그가 1933년 여름에 쓴 〈발문〉을 보면 이 〈간산필첩〉의 지은이는 알 수 없으나 얻기 어려운 귀한 전적을 발견하였기에 자신의 글씨로 써서 오래도록 남겨두고 싶다는 심정이 잘 드러나 있다. 지은이를 알 수 없기에 '간산艮山'이라는 자신의 자字를 사용하여 '필첩筆牒'이라고 기록하고 있다. 이 필첩은 모든 문장이 선비들 간의 간찰에 사용하는 정제된 문구들로 구성되어 있다. 아들과 딸이나 손자·손녀가 태어난 것에 대한 축하, 과거에 급제한 이에 대한 축하, 관직의 영전이나 이동과 관련하여 보내는 서신 등 주로 선비들의 관혼상제와 관직·예식 등에 대한 인사와 문안들이 대부분을 차지한다. 여기에 기록된 문장들은 완전한 한 편의 간찰들이 아니다. 서간문에 쓰는 용도에 따라서 문장마다 내용들이 서로 다른 것에 유의해야 한다. 용도와 쓰임에 맞는 문장을 구사하기 위하여 단락별로 모아놓은 간찰 용례 모음집으로 보면 정확하다.

조선시대 선비에게 서신과 간찰은 자신의 공부와 학덕이 바로 드러나는 매우 중요한 표상이 되는 것이다. 탄허 역시 유가 선비의 필수인 도학과 문장에 대한 수련을 했으며 특히 한암선사와 편지 왕래가 시작될 무렵 입수한 이 문장들은 존경하는 선사와의 서신 왕래에 많은 도움을 주었을 것으로 짐작된다. 탄허와 한암이 3년 동안 주고받았던

편, 《탄허대종사 연보》, 교림, 2012.

20여 통의 서신[02]은 첫 편지를 제외하고는 유실되어 남아 있지 않다. 만약 그 문헌이 남아 있다면 이 〈간찰필첩〉의 문장과 구절이 실제 주고받은 서신에 얼마나 영향을 미쳤는지 고증해볼 수 있었을 것이다.

조선시대 간행된 간찰 서식집으로는 《한훤차록寒暄箚錄》《간식유편簡式類編》, 《간독정요簡牘精要》, 《간례휘찬簡禮彙纂》 등이 있다. 그리고 조선시대부터 일제강점기까지 편지글의 서식을 적은 고문헌(簡牘, 草簡牘, 尺牘)은 여러 유형으로 존재한다. 이는 가문에 전승되기도 하고 근대에 출판물로 간행되어 유통되기도 하였다. 〈간산필첩〉은 간찰서식서의 간행이 유행하던 1930년대의 문헌이다.[03] 탄허가 필사한 이 간찰서식 용례 문헌은 이 무렵 정식으로 출판되지 않은 충남 보령지방 한 문중에 보관되어 오던 문헌으로 추정할 뿐이다.

〈간산필첩〉 진본은 현재 그 행방을 알 수 없다. 탄허가 출가할 때 한 권의 책으로 필사하여 오대산으로 입산하여 줄곧 간직해오던 것으로 그가 매우 중시했음을 알 수 있다. 탄허의 재가제자인 박초당 여사가 한번 보고 돌려주겠다고 하여 원본을 가져간 이후 그 원본을 줄곧 돌려주지 않았다고 한다. 오대산 문도회에서 간곡히 요청하자 원본과 동일한 형태의 인쇄영인본(20×29cm, 〈도표 9-1〉과 〈도표 9-2〉)으로 만들어준 것이 현재 월정사 성보박물관과 탄허기념박물관에 보관되어 있다. 박초당 여사가 세상을 하직한 이후 원본은 현재까지 오리무중인

02 위의 책, pp. 34~39.

03 20세기 초반의 간찰용례집에 관한 연구는 다음 논문을 참조. 윤세순, 2019.

상태이다. 필자는 40쪽으로 구성된 이 영인본의 촬영본을 토대로 탈초脫草와 역주譯註를 했음을 밝혀둔다.

이 장의 내용은 탄허선사의 친필문헌 가운데 가장 이른 유묵인 〈간산필첩〉을 학계에 최초로 탈초와 역주 작업을 하여 공개하는 것이다.

【도표 9-1】 〈간산필첩〉 표지

【도표 9-2】 〈간산필첩〉 발문

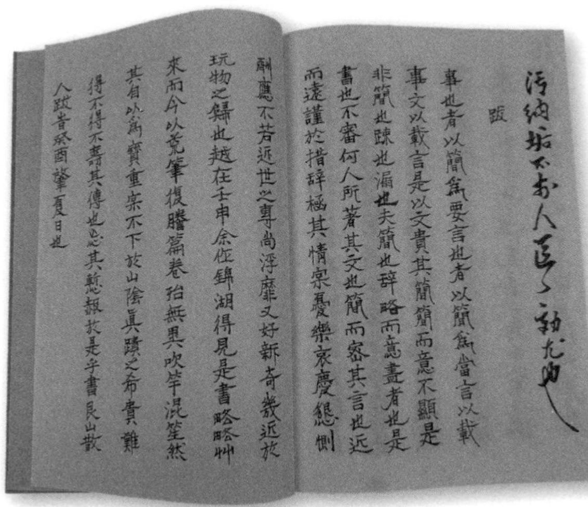

跋

事也者以簡爲要言也者以簡爲當言以載事文以載言是以文貴其簡簡而意不顯是非簡也疏也漏也夫簡也辞略而意盡者也是書也不審何人所著其文也簡而密其言也近而遠謹於措辞極其情衆憂樂哀慶懇惻酬應不若近世之専尙浮靡又好新奇幾近於玩物之歸也越在壬申余佐錦湖得見是書略略艸來而今以禿筆復謄寫卷殆無異吹竽混笙然其自以爲寶重累不下於山陰眞蹟之希貴難得不得不壽其傳也忘其慙赧於是乎書艮山散人跋 昔癸酉肇夏日也

3. 〈간산필첩〉의 탈초와 역주

【 圖 1 】

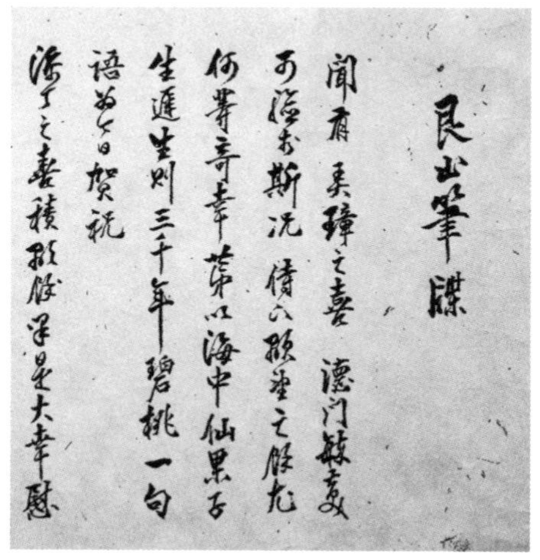

【 脫草 1 】

艮山筆牒

聞有弄璋之喜[04] 德門毓慶[05]

04 弄璋之喜: 농장지경弄璋之慶. 장璋으로 만든 구기를 갖고 노는 경사慶事란 뜻으로, 아들을 낳은 기쁨을 말한다. '농장弄璋'은 옛날 중국에서 아들을 낳으면 구슬(璋)을 장난감으로 주었다는 옛일에서 온 말로, 사내아이를 낳는 일을 한문 투로 이르는 말이다.

05 毓慶: 가문에 경사를 가져올 자손이 태어난 것을 가리키는 말. 가문에 훌륭한 자손이 태어난 것은 선행을 많이 쌓은 데서 온 결과라는 말이다. 경사를 기른다는 뜻으로 선행이 쌓여 훌륭한 자

可驗於斯況 侍下顒望之餘 尤

何等奇幸 第以海中仙果子

生遲[06] 生則三千年碧桃[07] 一句

語爲今日賀祝

添丁[08]之喜積顒餘 果是大幸 慰

【譯文 1】

○ 듣건대 아들을 얻은 기쁨이 있었다고 하는데, 덕망이 높은 집안에 훌륭한 자손이 태어나는 경사는 이런 데서 징험할 수 있는 것입니다. 부모님을 모시고 있으면서 간절히 바라던 뒤라 더욱 얼마나 특별한 행운이겠습니까? 다만 "바닷속의 신선 과실(신선이 먹는다는 복숭아)은 결실이 더디지만, 태어나면 삼천 세를 사는 벽도라네"라는 한 구절을 오늘 축하의 말로 삼고자 합니다.

손이 태어남을 이르는바, 흔히 왕자의 탄생을 이른다.

06 海中仙果子生遲: 유우석劉禹錫의 시 〈蘇州白舍人寄新詩, 有歎早白無兒之句, 因以贈之〉에 나오는 구절이다. '선과仙果'는 복숭아를 달리 일컫는 말이다. 유우석의 시 전문을 소개하면 다음과 같다.

莫嗟華髮與無兒, 卻是人間久遠期. 雪裏高山頭白早, 海中仙果子生遲.
于公必有高門慶, 謝守何煩曉鏡悲. 倖免如新分非淺, 祝君長詠夢熊詩.
-《中國詩苑》《全唐詩》360권 (私人公益全文免費下載) 卷360-5쪽)

07 三千年碧桃: '벽도碧桃'는 선경에 있다는 전설상의 복숭아로, 고대 중국에서는 이를 장수의 상징으로 여겼다. 특히 장수를 축하하는 그림에 복숭아 세 개가 그려져 있는 경우가 많은데 이는 "수령 삼천세"라는 의미로 곤륜산에 산다는 반인반수의 여자 선인인 서왕모의 고사에서 유래되었다. 옛날 중국의 한무제漢武帝가 불로장생에 대한 집착이 매우 강하여 서왕모로부터 삼천 년에 한 번 열매를 맺어 한 개만 먹어도 1천 년을 살 수 있다는 반도蟠桃(仙桃) 3개를 포함하여 복숭아 30개를 얻었는데 그의 신하 동방삭東方朔이 무제에게 가기 전에 반도를 모두 훔쳐 먹어 나머지 27개의 복숭아를 먹은 무제는 70세까지 살다 죽고 蟠桃 3개를 먹은 동방삭은 삼천 년을 살았다는 이야기가 전한다.

08 添丁: 예전에 아들을 낳는 일을 이르던 말.

○ 아들 얻은 기쁨은 오랫동안 바라던 것이니 매우 다행입니다.

【圖 2】

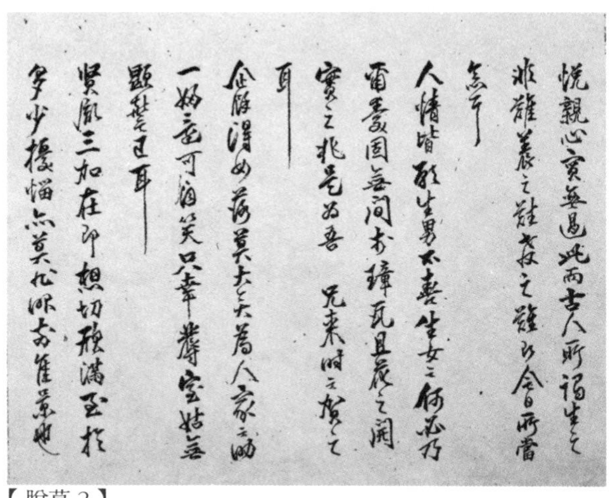

【脫草 2】

悅親心 實無過此 而古人所謂生之

非難 養之難 敎之難 卽令日所當

念耳

人情皆願生男 不喜生女 而何必乃

爾 愛固無間於璋瓦[09] 且花之開

09 璋瓦: '농장弄璋'과 '농와弄瓦'를 함께 일컬은 말로, 아들을 낳고 딸을 낳은 일을 말한다. '弄璋'은 옛날 중국에서 아들을 낳으면 구슬(璋)을 장난감으로 주었다는 데서 유래된 것이고, '弄瓦'는 딸을 낳으면 실패를 장난감으로 주었다는 데서 유래된 말이다.

實之兆 是爲吾兄來時而賀之

耳

企餘得女 落莫大矣 爲人家而助

一婦 還可自笑 只幸薵室姑無

顯警已耳

賢胤三加[10]在卽 想切欣滿 至於

多少擾惱 亦莫非眼前佳景也

【譯文 2】

부모 마음을 위로하고 기쁘게 하는 것은 실로 이보다 더한 것이 없을 것이지만, 옛사람이 말했듯이 낳기는 어렵지 않으나 기르기가 어렵고 가르치는 것도 어려운 것임을 이제 이 경사스러운 날에 유념해야 할 것입니다.

○ 사람의 감정이 모두가 아들 낳기를 원하고 딸을 얻으면 즐거워하지 않지만 굳이 꼭 그렇겠습니까? 사랑은 본디 아들과 딸에 차이가 없는 것입니다. 게다가 꽃이 피는 것은 열매를 맺을 조짐이니 이는 형에게 때가 되어서 온 것이니 축하할 따름입니다.

○ (아들을)기다리던 차에 딸을 얻어서 낙심이 매우 크겠습니다만, 남의 집에 한 부인이 되는 것에 일조하는 것이니 도리어 스스로 웃을 만

10 三加: 冠禮에서 관을 세 번 갈아 씌우던 儀式. 初加에는 粒子, 團領, 條兒, 再加에는 紗帽, 團領, 角帶, 三加에는 幞頭, 公服을 썼음.

합니다. 다만 부인(산모)께서 우선 아무 탈이 없기를 바랄 뿐입니다.

○ 아드님의 관례가 닥쳐와 생각건대 온통 기쁨이 가득할 것이니, 심지어 다소간의 시끄럽고 번거로운 일 역시 눈앞의 큰 경사가 아닌 것이 없을 것입니다.

【圖 3】

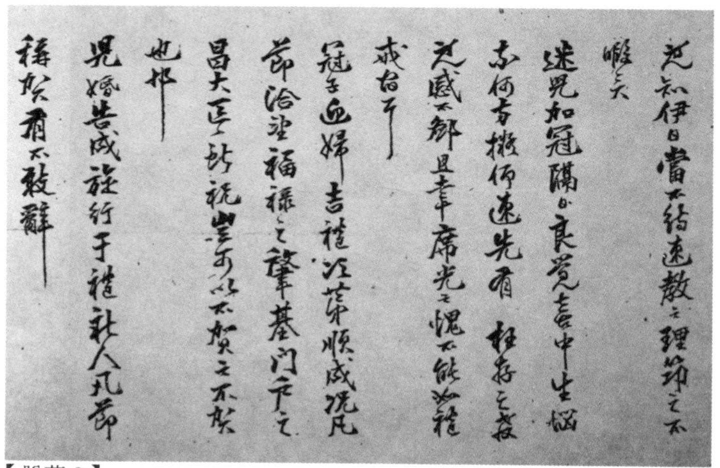

【脫草 3】

既知伊日 當不待速教 而理筇之不

暇矣

迷兒加冠 隔日良覺喜中生惱

奈何 方擬仰速 先有枉存之教

既感不鄙 且幸席光 而愧不能如禮

戒宿[11]耳

冠子迎婦 吉禮[12]次第順成 況凡

節洽望 福祿之肇基 門戶之

昌大 區區獻祝 豈可以不賀而不賀

也耶

兒婚告成旋行于禮[13] 新人凡節

極愜所望 此實家門之慶 人之

稱賀有不敢辭

【譯文 3】

그날을 이미 알고 있었지만 당면하여 그렇게 속히 오라는 부르심을 기대하지 못하였으며 직접 찾아뵐 시간도 없었습니다.

○ 자식의 관례를 치른 다음 날 기쁨 가운데 고뇌가 생긴다는 것을 참으로 깨달았습니다만 어찌하겠습니까? 바야흐로 모시고자 하는 전갈을 보내려고 하였는데, 먼저 문안 편지를 보내주셨습니다. 하찮게

---

11 戒宿: 계빈戒賓하고 숙빈宿賓하는 관례의 절차. '戒'는 고한다는 뜻이고 '賓'은 주인의 동료나 벗을 가리키는 말로, '戒賓'은 빈객에게 고하는 것이다. 옛날에는 길한 일이 있을 경우에 賢者와 더불어 즐거워하고 흉한 일이 있을 경우에도 현자와 함께하면서 슬퍼하고자 하였던 데서 유래한다. 여기에서는 아들의 관례를 올리기 때문에 동료나 벗에게 고하여 그들을 오게 하는 것이다. '宿賓'은 빈객에게 나아가서 청한다는 뜻이다. 《儀禮》 士冠禮의 注에 따르면 빈객에게 나아가서 관례를 올리는 날에 꼭 와야 함을 알리는 것이다. '宿賓'은 하루 전에 알리는 것으로, '戒賓'은 주인이 직접 가서 하지만, '宿賓'은 子弟를 보내어서 하는데, 세속에서는 이를 覆請이라고 한다. (《沙溪全書》卷26, 〈家禮輯覽〉 '冠禮'篇 참조. 한국고전번역원 DB 참조.)

12 吉禮: ①관례冠禮나 혼례婚禮 따위의 경사스러운 예식. ②대사大祀, 중사中祀, 소사小祀 따위 나라 제사祭祀의 모든 예절.

13 于禮: 신부가 처음으로 시집으로 들어가는 예식.

여기지 않음에 감사드리고 또 자리를 빛내주셔서 영광입니다만, 예법에 맞게 계빈戒賓과 숙빈宿賓의 도리를 갖추지 못해서 부끄러울 따름입니다.

○ 자식이 관례를 치르고 신부를 맞아들이는 길례吉禮를 차례대로 순조롭게 잘 끝내고 게다가 모든 예의범절도 기대에 부합하였으니 복록의 기틀이 마련되고, 문호가 창대할 것을 간절히 헌축함에 어찌 축하하지 않고 축하하지 않을 수 있겠습니까?

○ 아이의 혼인이 이루어졌음을 알리고 이어 우례于禮를 행하였는데, 신부의 예의범절이 극히 바라는 바에 만족스러우니 이는 실로 가문의 경사요, 남들의 칭송과 축하는 감히 사양할 수가 없습니다.

【圖 4】

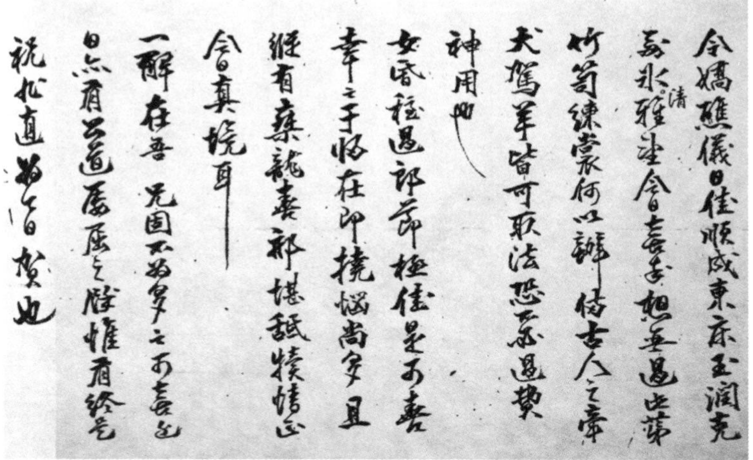

令嬌[14]醮儀 日佳順成 東床玉潤[15] 克
嘉氷淸[16]雅望 令日喜幸 想無過此 第
竹笥練裳[17] 何以辦備 古人之牽
犬駕羊 皆可取法 恐不必過費
神用也

女昏穩過 郎節極佳 是可喜
幸 而于歸[18]在卽 撓惱尙多 且
縱有棄龍喜耶 堪舐犢[19]情 正
令日眞境耳

一解[20]在吾兄固不爲多而可喜 近
日亦有公道 屢屈之餘 惟有終是
祝 非直爲今日賀也

【譯文 4】

---

14 令嬌: '남의 딸'의 높임말.

15 東床: 남의 '새 사위'를 높이어 일컫는 말. 玉潤: ①윤기潤氣가 있는 아름다운 얼굴, ②사위.

16 氷淸: 장인.

17 竹笥練裳: 대나무 상자와 연포로 짠 치마로 가난한 사람들의 예물을 의미한다. '연포練布'는 천을 짠 후에 잿물에 담갔다가 솥에 쪄서 뽀얗게 처리한 천을 말한다.

18 于歸: 신부가 시부모집에 드는 의식.

19 舐犢: 어미 소가 송아지를 사랑하여 혀로 핥는다는 말로, 어버이가 자식을 사랑하는 것을 의미한다. '지독지정舐犢之情'은 어버이가 자녀를 사랑하는 지극한 정을 비유한 말이다.

20 一解: 초시에 합격함.

○ 댁의 따님 혼례가 좋은 날에 순조로이 이루어졌고 사위는 장인의 고아한 명망에 아주 잘 부합하니 경사스러운 날에 기쁘고 다행입니다. 생각컨대 이보다 더 좋은 일은 없을 것입니다. 다만 대나무 상자와 연포치마(예물)는 어떻게 변통하여 준비하시렵니까? 옛사람이 개를 끌고 양에 멍에를 얹었던 것과 같은 일이 모두 예법으로는 취할 만하지만 비용과 정신을 지나치게 쓸 필요는 없지 않을까 합니다.

○ 딸의 결혼이 평온하게 치러졌고 신랑은 매우 훌륭하니 가히 기쁘고 행복한 일이지만 신부가 시댁으로 들어가게 되면 마음이 어지럽고 괴로움이 더욱 많아질 것입니다. 또한 설사 사위를 얻는 기쁨이 있을지라도 부모의 애틋한 정을 견뎌내는 것이 바로 경사스러운 날의 참된 처지일 것입니다.

○ 초시 합격이 형에게 있어서는 실로 여러 번이라 기뻐할 만한 것은 못 되나, 근일에 또 공직의 길이 생겼으니 여러 번 실패한 끝에 결국 이러한 축하할 만한 일이 있게 되었으니 비단 오늘만 축하할 만한 일은 아닐 것입니다.

【圖 5】

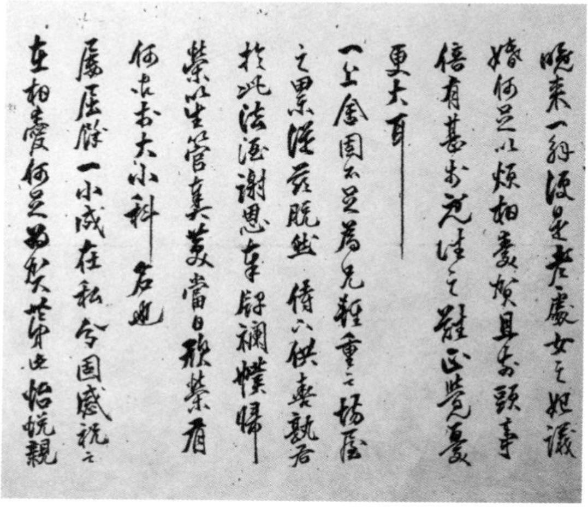

【脫草 5】

晩來一解 便是老處女之始議

婚 何足以煩相愛賀 且前頭事

倍有甚於旣往之難 正覺憂

更大耳

一上舍 固不足爲兄輕重 而場屋

之累 從玆脫然 侍下供喜 孰右

於此 法酒謝恩 奉牌 襴幞[21]歸

榮 笙管奏慶 當日欣榮 有

何間於大小科名也

---

21 襴幞: 生員이나 進士가 禮服으로 입었던 난삼襴衫과 복두幞頭를 합칭한 말.

屢屈餘 一小成 在私分固感祝 而

在相愛何足爲賀 第此怡悅親

【譯文 5】

○ 느즈막에 초시에 합격한 것은 곧 노처녀가 비로소 혼사를 의논하는 일과 같은 것이니 어찌 번거롭다고 서로 축하하기를 아끼겠습니까? 다만 앞으로 다가올 일은 과거의 어려움보다 배나 심할 것이니 근심이 더욱 커짐을 깨달을 뿐입니다.

○ 진사가 된 것은 실로 형의 경중을 가리기에 부족하나 과거시험에 여러 차례 떨어지다가 이로부터 벗어난 것이니 부모 모시는 처지에 기쁨을 드리니 무엇이 이보다 귀하겠습니까? 법주法酒로 은혜에 감사를 드리고 백패를 받고 난삼과 복두를 두르고 영광스럽게 돌아오니, 풍악을 울려 경하함에 당일의 기쁨과 영광이 대소과의 급제에 무슨 차별이 있겠습니까?

○ 여러 번 실패한 뒤에 소과에 합격한 것은 개인적인 분상에서는 실로 감축할 일이지만 서로 아끼는 사이에서 보면 충분히 축하할 만한 것은 못 됩니다. 다만 이렇듯 부모 마음을 즐겁고도 기쁘게 하는 것은…

【圖 6】

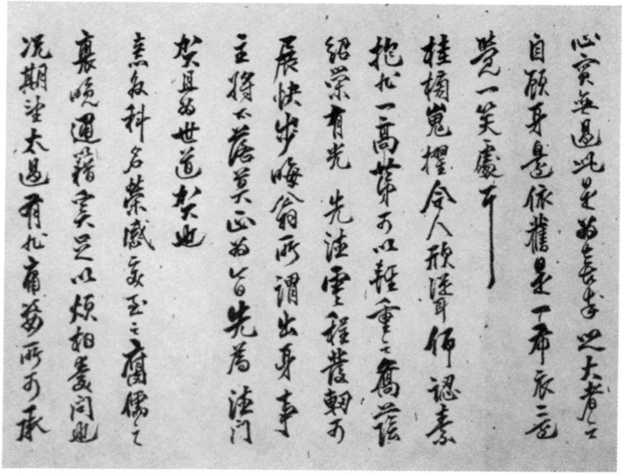

【脫草 6】

心 實無過此 是爲喜幸之大者 而

自顧身邊 依舊是一布衣 還

覺一笑處耳

桂榜[22]嵬擢 令人欣聳 仰認素

抱非一高 第可以輕重 而喬蔭

紹榮[23] 有光先德 雲程[24]發軔 可

展快步 晦翁所謂 出身事

22 桂榜: 大科에 급제한 것. 생원시生員試나 진사시進士試에 급제한 것은 '연방蓮榜'이라고 한다.

23 喬蔭紹榮: '교목喬木'은 교목세가喬木世家의 준말로 여러 대를 이어 중요한 지위에 있으면서 나라와 운명을 같이하는 집안을 말한다. '교음소영喬蔭紹榮'은 교목세가의 영화가 이어짐을 의미한다.

24 雲程: 원대한 앞길을 비유하고, 청운의 벼슬길을 가리킨다.

主[25] 將不落莫 正爲今日先爲德門

賀 且爲世道賀也

意外科名 榮感交至 而腐儒之

衰晩通籍 奚足以煩相愛問也

况期望太過 有非庸姿所可承

【譯文 6】

실로 이보다 더한 것이 없을 것이니 이는 매우 기쁘고도 다행스러운 일입니다. 그러나 스스로 신변을 돌아보면 예전처럼 일개 벼슬 없는 선비이니, 도리어 한번 웃을 만한 처지임을 깨달을 뿐입니다.

○ 우수한 성적으로 대과에 급제한 것은 사람으로 하여금 기쁨이 솟구치게 합니다. 평소의 포부를 알고 있으니 한 번의 과거급제로 경중을 알 수 있는 것은 아닙니다. 하지만 교목의 그늘이 영화를 이어서 선조의 덕을 빛나게 함이 있을 터이니 청운의 벼슬길을 출발함에 경쾌한 발걸음을 펼칠 수 있을 것입니다. 회옹晦翁(주희)이 말한 바 첫 벼슬길에 나서서 한곳에 전일함을 일삼는다면 마음에 적막함은 없을 것이라고 하였으니, 정히 오늘 먼저 덕망 있는 가문을 위해서 축하하고 또한 세도世道를 위해서도 축하할 일입니다.

○ 뜻밖에 과거에 급제하여 영광스럽고 감격스러움이 교차하나, 쓸모

25 事主: 한곳에 전일함을 일삼음. 조선조 선비들은 한곳에 전일하여 다른 곳으로 가지 않는 것을 '主一無適'이라 하여 敬공부로 삼았다.

없는 선비가 쇠약한 몸으로 늘그막에 대궐을 출입하게 된 것이 어찌 번거롭게 우리 사이에 문안할 만한 일이겠습니까? 게다가 기대와 바람이 크게 지나쳐서 용렬한 자질이 감당할 수 있는 바가 아닌지라…

【圖 7】

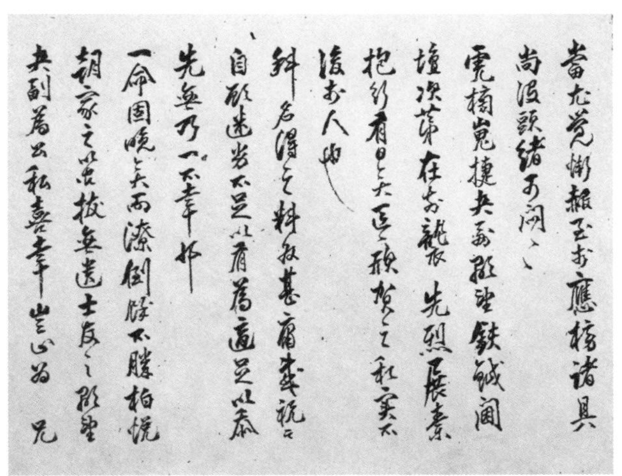

【脫草 7】

當尤覺慚赧 至於應榜[26]諸具

尙沒頭緖可悶可悶

26 應榜: 방방放榜 행사에 응하는 것. 즉 창방唱榜(과시 합격자를 호명함)하고 합격자의 숙배肅拜를 받고 상사賞賜하는 자리에 임금이 친림親臨하는 것. (《조선왕조실록》 중종 23년 무자, 1528년 가정 7년 9월 8일)

虎榜[27]嵬捷 夬副顒望 鈇鉞閫

壇 次第在前襲先烈 展素

抱行有日矣 區區欣賀之 私實不

後於人也

科名得之料外 甚庸感祝 而

自顧迷劣不足 以有爲適足以忝

先 無乃一不幸耶

一命固晩矣 而潦倒[28]餘 不勝柏悅[29]

朝家之以簡拔 無遺士友之顒望

夬副爲公私喜幸 豈止爲兄

【譯文 7】

더욱 부끄러워 낯이 붉어짐을 느낍니다. 응방應榜에 필요한 여러 가지 갖춰야 할 것에 이르러서는 아직도 두서가 없으니 민망스럽고 민망스럽습니다.

○ 호방虎榜에 높은 점수로 합격하여 간절한 바람에 완전히 부응하였습니다. 무관이 부임하는 때에 앞날에 선열을 계승하여 평소의 포부

27 虎榜: 용호방龍虎榜의 준말. 진사에 급제한 사람들의 성명을 게시한 榜. 준재俊才들이 과거에 급제하는 것을 용과 같고 범과 같다고 비유한 것.

28 潦倒: 늙음, 늙은이, 노쇠함을 뜻하는 말이다. 당나라 두보杜甫가 〈夔府書懷四十韻〉에서 "내 몰골 진실로 노쇠하니, 은덕을 갚음을 감당치 못하노라(形容眞潦倒, 答效莫支持)"라고 읊은 바 있다.

29 栢悅: 가까운 친구의 좋은 일에 대해 함께 기뻐한다는 의미. 서한西漢의 문인 육기陸機가 〈嘆逝賦〉에서 "소나무가 무성하면 잣나무가 기뻐하고, 지초가 불에 타면 혜초가 탄식하네(信松茂而栢悅 嗟芝焚而蕙嘆)"라고 읊었던 데서 유래한다.

를 펼쳐 행하는 날이 있을 것입니다. 구구하게 기뻐하고 축하드리나 저의 진실됨은 남에게 뒤지지 않을 것입니다.

○ 과거에 급제한 것이 뜻밖이라 심히 용렬한 자질로는 축복스러운 일이지만, 스스로를 돌아보면 미열迷劣하고 부족하여 선대를 욕되게 하는 데에 적합하니 이에 큰 불행이 없겠습니까?

○ 첫 벼슬을 하기에는 실로 늦었으되 늙고 보니 백열柏悅(친구의 경사를 기뻐함)을 이길 수 없습니다. 조정이 간발하였으니 사우들의 간절한 바람에 쾌히 부응하여 빠짐이 없는지라 공사公私의 기쁨이 될 것이니 어찌 다만 형만을 위한…

【圖 8】

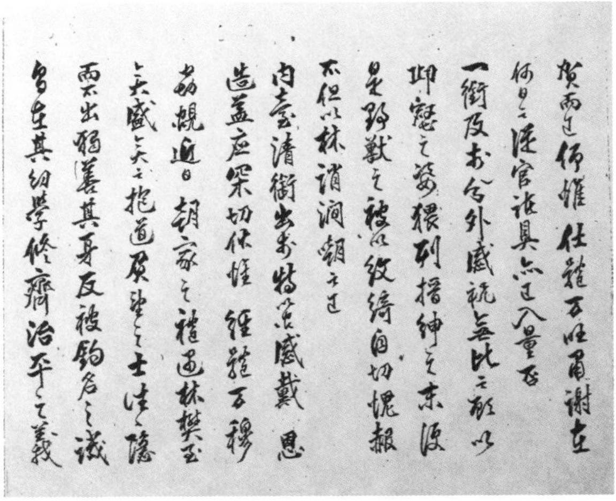

【脫草 8】

賀而已 仰惟仕體[30]萬旺 肅謝在

何日而從官諸具 亦已入量否

一銜及於分外 感祝無比 而顧以

邱壑之姿 猥列搢紳[31]之末 便

是野獸之被以紋綺 自切愧赧

不但以林誚澗嘲而已

內臺淸銜 出於特簡 感戴恩

造益應罙切 伏惟 經體[32]萬穆

竊覵近日朝家之禮 遇林樊[33]至

矣盛矣 而抱道負望之士 往往隐

而不出 獨善其身[34] 反被釣名[35]之譏

烏在其幼學修齊治平之義

---

30 仕體: 관직에 있는 사람의 안부를 물을 때 쓰는 말.

31 搢紳: 진신(縉紳). ①벼슬아치를 통틀어 일컬음, ②지위가 높고 행동이 점잖은 사람.

32 經體: 경서를 공부하는 사람의 안부.

33 林樊: 수풀로 울타리를 삼는다는 뜻으로 은사가 사는 곳을 이르는 말.

34 獨善其身: 《맹자孟子》〈진심장盡心章 下〉에 나오는 말로 "궁하게 되면 홀로 자신의 몸을 선하게 하고, 영달하게 되면 천하 사람들을 함께 이롭게 한다(窮則獨善其身, 達則兼善天下)"는 말에서 따온 말.

35 釣名: 명성을 낚음. 명예를 탐함. 《동문선》 제4권 李奎報 "釣名諷" 중에 "물고기를 낚으면 그 살을 얻지마는 이름은 낚아서 무슨 이익이 되는가(釣魚利其肉 釣名何所利)"라는 구절이 있다.

【譯文 8】

축하일 뿐이겠습니까? 우러러 생각컨대 벼슬살이하는 체후가 매우 좋으십니까? 사은숙배는 어느 날이며, 관가官駕를 따라가는 보조관리들과 제반 도구 또한 이미 갖추어져 있습니까?

○ 첫 번째 직함이 분외에 미치니 감축하는 마음 비할 데 없으나, 돌아보건대 부족한 자질로 외람되이 벼슬아치의 말석에 자리하니, 이는 곧 야수가 좋은 비단옷을 걸친 격입니다. 스스로가 매우 부끄러워 낯이 붉어지니 다만 재야 선비들의 비난과 조소를 받을 뿐만이 아닙니다.

○ 대간의 청직은 특별히 간발한 데서 나온 것이니 베풀어주신 은혜에 감사히 봉대하는 마음이 더욱 깊고 절실해집니다. 삼가 생각컨대 공부하시는 체후는 매우 평안하십니까? 가만히 보건대 최근 조정이 임번林樊을 예우함이 지극하고 융성합니다. 도를 품고도 희망을 저버린 선비들이 왕왕 은거하여 나오지 않고 홀로 자기 몸을 선하게 하고 있어 도리어 거짓으로 명예를 탐하고 있다는 비웃음을 받고 있습니다. 어찌 유학幼學들에게 '수신 제가 치국 평천하'의 뜻이 있겠습니까?

【圖 9】

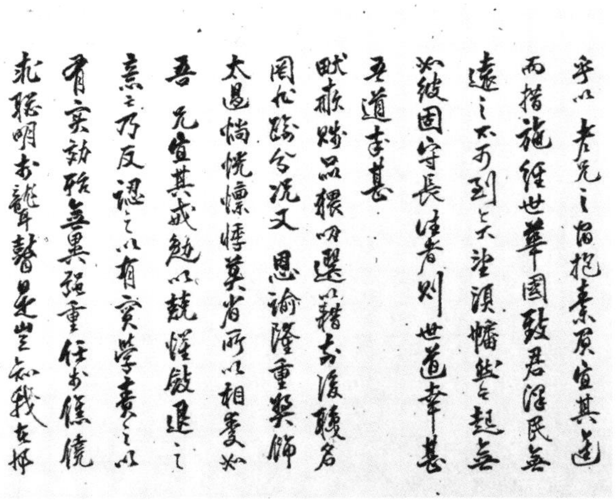

【脫草 9】

乎 以老兄之宿抱素負 宜其進

而措施[36]經世華國 致君澤民[37] 無

遠之不可到矣 望須幡然而起 無

如彼固守長往者 則世道幸甚

吾道[38]幸甚

眂畝賤品 猥叨選籍[39] 前後職名

36 措施: 조措는 거조擧措이고 시施는 시행(設施)하는 것이니, 일을 들어 시행하는 것을 말함.(《人政》 제7권 測人門七 措施를 논함)

37 致君澤民: 임금을 요순堯舜 같은 성군聖君으로 만들고 백성에게 은택을 끼치는 것을 말한다.

38 吾道: 유교를 닦는 사람들이 말하는 유교의 도.

39 選籍: 선발된 관원의 명부.

罔非踰分 況又恩諭隆重 獎飾

太過 惝恍懍悸 莫省所以 相愛如

吾兄宜其戒勉 以兢懼歛退之

意 而乃反認之以有實學 責之以

有實效 殆無異强重任於僬僥

求聰明於聾瞽 是豈知我者耶

【譯文 9】

노형이 오랫동안 품어온 큰 뜻을 가지고 벼슬길에 나아가서 세상을 경영하고 나라를 번영하게 하며 임금께 충성하고 백성들의 삶을 윤택하게 하게 함에 멀더라도 이르지 못할 것이 없도록 조치함이 마땅할 것입니다. 바라건대 모쪼록 번연히 일어나서 저들처럼 세상을 도피하여 은거함을 고집함이 없다면 세상을 위해서도 매우 다행이요, 우리의 도를 위해서도 매우 다행한 일일 것입니다.

○ 밭에서 농사짓는 천한 몸이 외람되이 관원에 선발되었습니다. 지금까지 맡은 관직이 분수를 넘지 않은 적이 없었는데 더군다나 은혜로운 말씀이 융중하시고, 권면하고 신칙하심이 매우 크시니 경황이 없어 멍하고 놀라 가슴이 떨려서 까닭을 잘 알지 못하겠습니다. 형처럼 서로 아끼는 사이에 의당 삼가고 두려운 마음으로 은퇴의 뜻을 계면해야 마땅한데, 도리어 실학이 있다고 나를 인정하고서 실효가 있을 것을 요구하니, 난쟁이에게 무거운 것을 억지로 맡기고 귀머거리와 소경에게 총명함을 구함에 자못 다름이 없으니, 이 어찌 저를 아는 것이

라고 하겠습니까?

【圖 10】

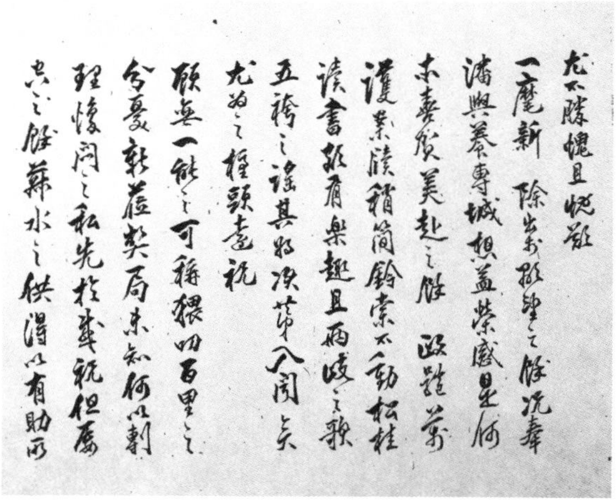

【脫草 10】

尤不勝愧且慨歎

一麾[40]新除 出於顒望之餘 况奉

40 一麾: 지방관으로 나감. 晉나라 阮咸이 한 번 배척을 당해 지방 수령으로 나갔다는 고사에서 유래.

潘輿[41]養專城[42] 想益榮感 是何
等喜賀 美赴之餘 政體萬
護 案牘稍簡 鈴索不動 松桂
讀書 頗有樂趣 且兩歧[43]之歌
五袴之謠[44] 其將次第入聞矣
尤爲之穩頭 遠祝
顧無一能之可稱 猥叨百里之
分憂[45] 新莅弊局 未知何以剸
理懍悶之私 先於感祝 但屢
空之餘 菽水之供[46] 得以有助 所

---

41 潘輿: ①부모님을 뜻함.《농암집》 제4권의 詩 〈韓汝重 瑋를 곡하다〉 중에서 "중년 들어 고양 땅에 거처를 마련하여 형제가 밭을 갈며 부모님 봉양했네(中歲高陽去卜居, 弟兄耕釣奉潘輿)"라는 구절이 있음. ②晉나라 潘岳이 어머니를 모실 때 쓰던 가마로 양친 봉양을 뜻한다. 그가 〈閑居賦〉에서 "모친을 판여에 태우고서 경헌을 타고 멀리로는 기전畿甸을 유람하고 가까이로는 집 뜰을 돌아다녔다(太夫人乃御板輿, 升輕軒, 遠覽王畿, 近周家園)"라고 읊었던 데서 유래한다. (고전번역원 각주 정보 참고)

42 專城: 한 고을을 도맡는다는 뜻으로, 고을 수령이 되어 녹봉으로 부모를 봉양하는 것을 말한다. 이를 '전성지양專城之養'이라 하여 매우 영광스러운 일로 여겼다.

43 兩歧: 한 줄기에 두 개의 이삭이 달린 보리를 가리키는데, 풍년이 들 상서로운 조짐으로 여겼으며, 관리의 탁월한 치적을 상징하는 것으로 받아들였다. 후한後漢의 어양태수漁陽太守 장감張堪이 호노狐奴에서 전답을 개간하여 민생을 안정시키자, 백성들이 "뽕나무에는 곁가지가 없고, 보리에는 이삭이 두 개씩 달렸다. 장군이 정사를 행하면서부터, 즐거움을 이루 헤아릴 수 없다(桑無附枝 麥穗兩歧 張君爲政 樂不可支)"라고 노래하며 찬미했던 고사가 전한다.《後漢書》 卷31 〈張堪列傳〉

44 五袴之謠: 선정善政을 찬미하는 백성의 노래라는 말. 오고五袴는 다섯 벌의 바지라는 뜻이다. 동한東漢의 염범廉范이 촉군태수蜀郡太守로 부임하여, 금화禁火와 야간 통행금지 등 옛 법규를 개혁하며 선정을 펼치자, 백성들이 "우리 염숙도여 왜 이리 늦게 오셨는가. 불을 금하지 않으시어 백성이 편하게 되었나니, 평생에 저고리 하나도 없다가 지금은 바지가 다섯 벌이라네(廉叔度 來何暮 不禁火 民安作 平生無襦今五袴)"라는 찬가를 지어 불렀다고 한다.

45 分憂: 임금이 걱정을 나누는 것, 즉 임금이 지방에 수령을 보내는 것.

46 菽水之供: 콩과 물로 드리는 공이라는 뜻으로, 가난한 중에도 정성을 다하여 부모를 봉양하는

【譯文 10】

더욱 부끄럽고도 개탄스러움을 이길 수 없습니다.

○ 지방관으로 새로 제수된 것은 큰 기대에서 나온 것입니다. 게다가 부모님을 수레에 모시고 한 고을을 도맡으며 부모님을 봉양하는 것은 생각건대 더욱 영광스럽고도 감격스러운 일일지니, 이 얼마나 기쁘고 경하스러운 일입니까? 좋은 자리로 부임한 후, 정치하는 체후가 만 가지로 보호를 받아서 관청의 문서는 점점 간략해지고 사건 사고 없이 평안하여, 소나무 계수나무 아래에서 독서하며 자못 즐거운 정취가 있을 것입니다. 또한 백성들이 탁월한 치적을 예찬하고 선정을 찬미하는 노랫소리를 차례대로 듣게 되리니 더욱 평온한 정사를 수행하기를 멀리서 축원합니다.

○ 돌아보건대 하나도 칭찬할만한 능력이 없는데, 외람되이 지방관으로 내려가니 새로 부임한 곳의 파국을 어떻게 전심하여 다스릴지 개인적으로는 축하를 느끼기에 앞서 떨리고 고민스럽습니다. 다만 가난한 살림살이 가운데 어른 공양을 도울 수 있게 되니…

일을 이르는 말.

【 圖 11 】

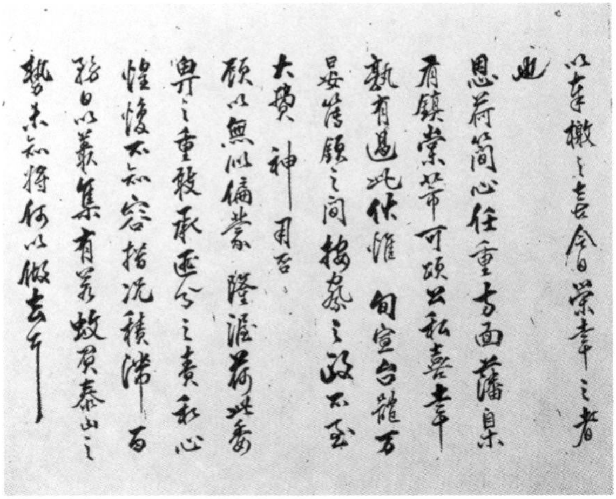

【 脫草 11 】

以奉檄之喜[47] 今日榮幸之者

也

恩荷簡心 任重方面藩臬[48]

有鎭棠芾[49] 可頌 公私喜幸

47 奉檄之喜: '봉격奉檄'는 격서檄書를 받고 벼슬길에 나가는 것으로 어버이를 봉양하기 위해 벼슬하는 것을 말한다. 봉격지희奉檄之喜는 부모를 모시고 있는 사람이 고을의 원이 되는 기쁨을 말하는 것으로, 효심이 깊었던 동한東漢의 모의毛義가 현령縣令 임명장을 받들고는 모친을 봉양할 수 있다고 하여 무척이나 기뻐했던 고사에서 유래된 것이다.《後漢書》卷39〈劉趙淳于江劉周列傳序〉

48 藩臬: 명·청대의 관직명으로 번사藩司와 얼사臬司, 즉 포정사布政司와 안찰사按察司를 칭하는데, 우리나라의 절도사와 관찰사에 해당한다.

49 棠芾:《詩經》〈召南〉'甘棠' 중에서 '蔽芾甘棠'이란 구절에서 나온 말이다. 召公이 南國을 순행하여 덕정을 펼 때 간혹 무성한 감당나무 아래에 머물렀는데, 백성들이 그의 덕정을 생각하여 그 나무를 베지 말라고 노래하였다고 한다.

孰有過此 伏惟 旬宣[50]台體 萬晏 簿領之間 按察之政 不至大費神用否

顧以無似 偏蒙隆渥 荷此委畀之重 敢承匪分之責 私心惶懍 不知容措 况積滯百務 日以叢集 有若蚊負泰山[51]之勢 未知將何以做去耳

【 譯文 11 】

부모를 모시고 있는 이로서 지방관에 임명되는 기쁨이 금일의 영광과 행복입니다.

○ 은혜롭게도 간발되시어 관찰사 중책을 맡으셨는데, 관할지역 일대는 덕정이 가득하여 칭송할 만하니 공사公私 간의 기쁨이 무엇이 이보다 더 나은 것이 있겠습니까? 삼가 생각컨대 순선旬宣하시는 대감의 체후가 만안하시며, 근무하시는 동안에 백성을 어루만지고 살피는 정치가 크게 정신을 소모하는 데 이르지는 않았습니까?

○ 돌이켜보건대 못난 사람이 융숭한 은택을 두터이 입어 이처럼 막

50 旬宣: 널리 四方을 服從시켜 임금의 恩德이 두루 미치게 함.

51 蚊負泰山: 힘이 부족해서 감당할 수 없다는 뜻으로《장자》〈응제왕〉에 한계가 있는 인간의 법도를 가지고 세상을 다스리려 하는 것은 "모기에게 태산을 짊어지게 하는 일이다(使蚊負山)"라고 비평한 말이 나온다.

중한 임무를 맡고 감히 분수에 넘치는 요구를 받들게 되니 제 마음이 떨리고 두려워 몸 둘 바를 모르겠습니다. 하물며 적체되어 있는 일들이 날마다 모여들어서, 마치 모기가 태산을 짊어지듯 감당할 수 없는 형세이니, 장차 어떻게 처리해 나가야 할지를 모르겠습니다.

【 圖 12 】

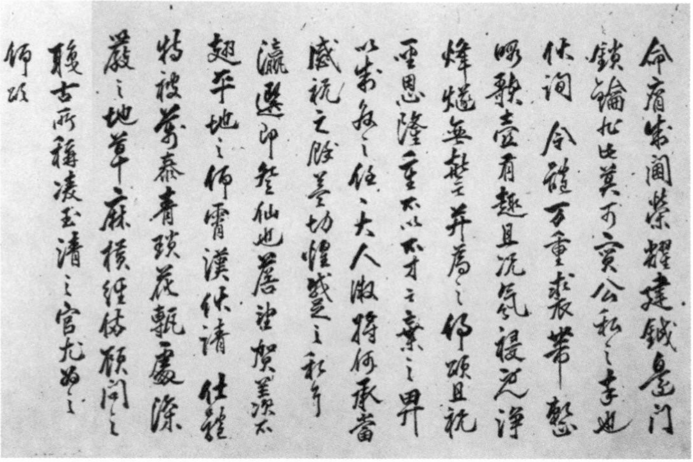

【 脫草 12 】

命膺制閫[52] 榮耀建鉞 邊門

52 命膺制閫: '제곤制閫의 명命'이란 임금으로부터 정벌征伐의 명을 받고 전권을 행사하는 일을 말한다. 옛날 장군이 출정할 때 임금이 "곤내는 내가 통제할 터이니 곤외는 장군이 통제하라(閫以內者, 寡人制之, 閫以外者, 將軍制之.)"라고 하면서 수레바퀴를 밀어주었던 고사에서 유래한 것이다. 《史記》〈馮唐列傳〉

鎖鑰 非此莫可實公私之幸也

伏詢 令體萬重 裘帶整

暇 歌壺有趣 且況氛祲既淨

烽燧無警 幷爲之仰頌且祝

聖恩隆重 不以不才而棄之 卑

以制外之任 任大人微 將何承當

感祝之餘 益切惶蹙之私耳

瀛選[53]卽登仙也 蒼望賀羨 不

翅平地之仰霄漢 伏請 仕體

特被萬泰 青瑣[54]花甎[55]處 深

嚴之地 草麻[56]橫經[57]備顧問之

職 古所稱淩玉清[58]之官 尤爲之

仰頌

---

53 瀛選: 군주의 인선을 받음. 영관瀛館은 홍문관을 달리 이르는 말로, 영각瀛閣 혹은 옥당玉堂이라고도 함.

54 青瑣: 한나라 때 궁문에 쇠사슬 모양을 새겨 푸른 칠을 하였던 데서 유래하여 후대에 궁궐 문의 범칭으로 쓰이게 되었다.

55 花甎: 대궐의 전각안에 까는 꽃무늬 벽돌로 학사원을 가리킴. 당나라 때 학사가 근무하던 내각으로 섬돌에 화전이 있었던 데에서 유래.

56 草麻: 詔書의 초안을 잡음. 당송 시대에 黃麻紙에 조서를 쓴 데서 유래.

57 橫經: 경서를 휴대하는 것을 말하며 학문에 열심인 것을 비유하는 말. 수업 혹은 독서를 가리킴.

58 玉淸: 道敎에서 말하는 三淸(玉淸, 上淸, 太淸)의 하나로 상제가 있는 곳. 여기서는 임금의 처소.

【譯文 12】

○ 절도사의 명을 받고서 영광스럽게도 도끼를 세우고 변방의 관문에 자물쇠를 채우니 이것은 실로 공사 간의 다행이 아님이 없습니다.

○ 삼가 묻건대 영존의 체후 만중하십니까? 무관으로서의 생활에 잠시 생긴 여가에도 노래 부르고 술 마시는 흥취가 있는데 하물며 재앙의 기운은 이미 그쳤고 봉수의 경계도 없는 때에는 어떻겠습니까? 이를 아울러 우러러 칭송하고 축하드립니다.

○ 성은이 융중하여 재주 없다 버리지 않으시고 외임의 직을 주셨는데, 책임은 크되 사람은 미약하니 장차 어찌 감당하겠습니까? 감축을 받은 뒤에 저로서 더욱 두렵고 위축되는 마음 간절합니다.

○ 임금의 인선을 받은 것은 곧 신선이 되어 하늘로 오르는 격이니 아득히 바라보며 경하하고 부러워함이 평지에서 밤하늘의 은하수를 우러를 뿐만이 아닙니다. 삼가 묻건대 벼슬살이하는 체후가 특별히 만안하십니까? 대궐에서 내각의 일을 맡는 곳은 지엄한 곳이어서 조서의 초안을 잡고 경적을 읽으며 고문에 대비하는 직책으로 예로부터 칭한 바 임금의 처소를 마음대로 활보할 수 있는 관직이니 더욱 우러러 칭송합니다.

【圖 13】

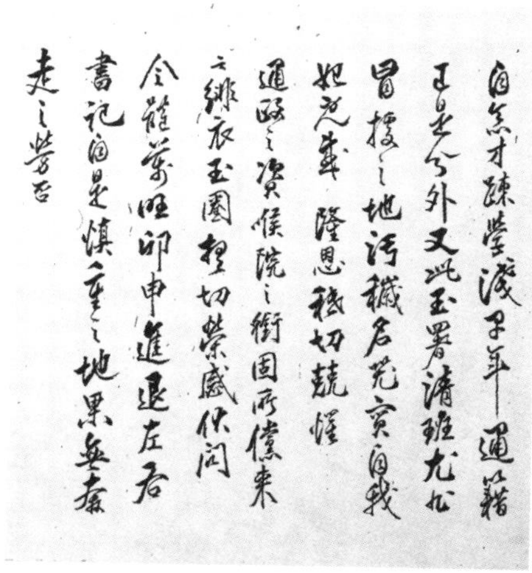

【脫草 13】

自念才疎學淺 早年通籍[59]

已是分外 又此玉署[60]清班[61] 尤非

冒據之地 汚穢名器[62] 實自我

始 旣感隆恩 祇切兢懼

通政之資 喉院之銜 固所儻來

59 通籍: 궁문宮門의 출입을 허락함.

60 玉署: 조선 때 삼사의 하나인 홍문관의 별칭. 궁중의 경서, 사적, 문서, 따위를 관리하고 임금의 자문에 응했음.

61 淸班: 청환淸宦. 조선시대 학식과 문벌이 높은 사람에게 시키던 벼슬. 지위와 봉록은 높지 않으나 뒷날 높이 될 자리였음.

62 名器: 나라의 귀중한 관작官爵과 거복車服.

而緋衣玉圈[63] 想切榮感 伏問

令體萬旺 卯申進退 左右

書記 自是愼重之地 果無奔

走之勞否

【譯文 13】

○ 스스로 생각컨대 재능이 부족하고 학식이 얕은데 젊은 나이에 궁궐에 출입할 수 있었으니 이미 분수에 넘치는 일입니다. 또한 이 홍문관이라는 청환은 더욱 탐하여 차지할 자리가 아닌데, 나라의 귀중한 관작官爵과 거복車服을 더럽히게 된 일이 실로 나로부터 시작된 것입니다. 융중한 은혜에 매우 감사하면서도 다만 심히 두려울 따름입니다.

○ 통정대부의 자품과 승정원의 직함을 실로 갑자기 받게 되셔서 비단옷과 옥관자가 매우 영광스럽고 감격스러울 것으로 생각됩니다. 영존의 체후 만왕하십니까? 조석으로 출퇴근하는 것을 좌우가 적어 기록하니 이로부터 신중히 해야 할 것인데 과연 분주하여 수로롭지는 않는지요?

63 玉圈: 玉貫子. '옥관자玉貫子'는 옥으로 만든 망건網巾 관자. 당상 정3품 이상의 벼슬아치는 조각을 했고, 종1품 이상의 벼슬아치는 조각을 하지 않았다.

【圖 14】

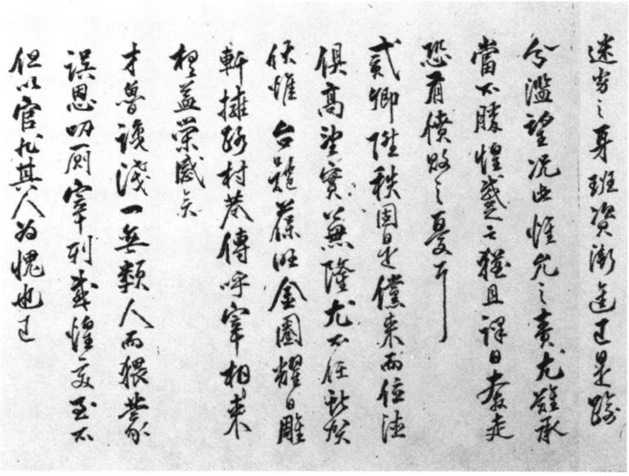

【脫草 14】

迷劣之身 班資漸進 已是踰

分濫望 況此惟允之責 尤難承

當 不勝惶蹙 而猶且課日奔走

恐有僨敗之憂耳

貳卿[64]陞秩[65] 固是儻來 而位德

俱高 望實兼隆 尤不任獻賀

伏惟 台體葆旺 金圈耀日 雕

軒擁路村巷 傳呼宰相來

---

64 貳卿: 참판.

65 陞秩: 승자陞資, 조선시대 당하관堂下官이 당상관堂上官의 자급資級에 오름.

想益榮感矣

才魯識淺 一無類人 而猥蒙

誤恩 叨厠宰列 感惶交至 不

但以官非其人爲愧也已

【譯文 14】

○ 미혹하고 용렬한 저는 반열과 자품이 점차 올라가서 이미 분수에 넘치고 바라던 바에 넘칩니다. 하물며 이렇듯 윤허하신 책임은 더욱 감당하기 어려워 황송하여 몸이 움츠러듦을 이길 수 없습니다. 오히려 더욱 날마다 분주하니 일을 그르치지는 않을까 두렵습니다.

○ 참판의 지위에 오른 것은 진실로 갑작스레 닥친 것으로, 지위와 덕망이 모두 높고 바람과 실상이 겸하여 융중하니 더욱 감축드립니다. 삼가 여쭙습니다. 대감의 체후 왕성하십니까? 금관자가 햇빛에 빛나고 장식된 수레를 타고 시골의 길을 끼고 행차한다는 소문이 전해져 재상이 오신다고 외치고 있으니 더욱 영광스럽고 감격스럽습니다.

○ 재주가 노둔하고 식견이 미천하여 한 가지도 남과 같음이 없는데 외람되이 과분한 은혜를 입고서 외람되이 재상의 반열에 끼었으니, 감사하고 두려운 마음이 교차하여 관리로써 적합한 사람이 아닌 것이 부끄러울 뿐만은 아닙니다.

【 圖 15 】

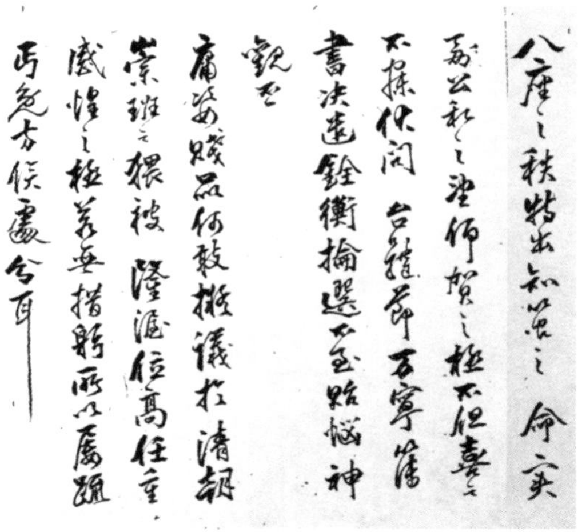

【 脫草 15 】

八座[66]之秩 特出知簡[67]之命 實

副公私之望 仰賀之極 不但喜而

不寐 伏問 台體節萬寧 簿

書決遣 銓衡掄選 不至貽惱神

觀[68]否

庸姿賤品 何敢擬議[69]於淸朝

---

66 八座: 정2품 정경正卿 중 주로 6판서와 좌우참찬左右參贊을 가리키는 말로 쓰였으나, 그 외에도 판윤判尹, 도총관都摠管, 지의금知義禁 등 고관의 정경을 나타내는 말로 쓰임.

67 知簡: 《주역》 계사繫辭에 "乾은 易로써 知하고 坤은 簡으로써 能한다"고 하여 건곤의 이치를 이간易簡으로 설명하였음.

68 神觀: 정신의 상태.

69 擬議: ①일의 시비곡직是非曲直을 헤아려 그 가부를 의논하는 일. ② 의정부議政府나 육조에서

崇班 而猥被隆渥 位高任重

感惶之極 若無措躬 所以屢疏

丏免 方俟處分耳

【譯文 15】

○ 8좌의 반열(관직)은 특히 천명에서 나온 것이니 실로 공사公私의 바람에 부합합니다. 지극히 우러러 축하하니 기뻐 잠 못 이룰 뿐만이 아닙니다. 삼가 묻건대 대감의 체후 절서에 따라 만안하십니까? 문서를 처리하고 관리를 선발하심에 정신이 피곤해짐에 이르지는 않았습니까?

○ 용렬하고 비천한 자품이 어찌 감히 청조의 숭반에서 정사를 논하겠습니까마는 외람되이 두터운 은혜를 입어 지위는 높고 책임은 무거우니 매우 두렵고 황송함이 지극함에 몸 둘 바를 모르겠습니다. 이 때문에 자주 상소하여 면직을 청하여 바야흐로 처분을 기다릴 뿐입니다.

중신들이 모여 관서官署에서 보고한 사목事目이나 임금이 의논하도록 명한 일에 대하여, 그 가부를 의논하던 일. 의논한 내용을 임금에게 보고하면, 임금이 이것에 근거하여 재결裁決했음.

【圖 16】

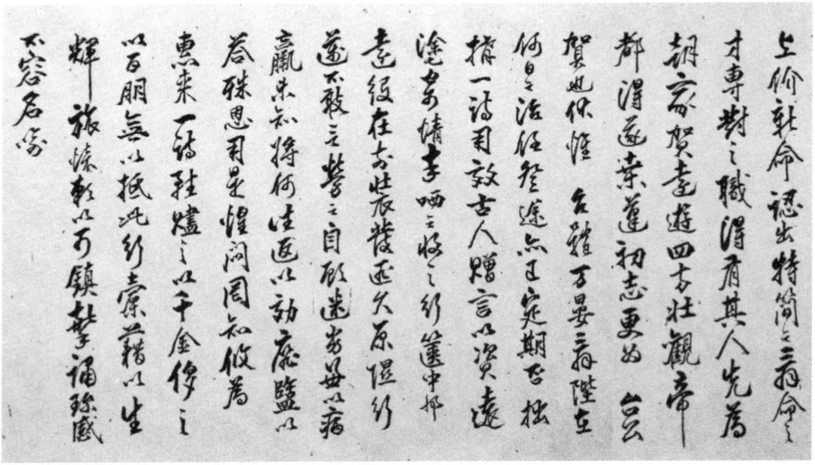

【脫草 16】

上价[70]新命 認出特簡 而辭命[71]之

才 專對[72]之職 得有其人 先爲

朝家賀 遠遊四方壯觀 帝

都得遂桑蓬初志[73] 更爲台公

賀也 伏惟 台體萬晏 辭陛[74]在

70 上价: 정사正使-사신의 수석.

71 辭命: ①임금의 말, 또는 명령. ②한 나라의 사신이나 사자로서 명령을 받들어 외교 무대에서 응대하는 말.

72 專對: ①남의 물음에 대하여, 제 혼자의 지혜智慧·지혜知慧로 대답함. ②사신으로 차출.

73 桑蓬初志: 천하에 펼칠 장한 뜻을 말한다. 옛날 남자 아이가 태어나면 세상에 큰 뜻을 펴도록 상목桑木으로 활을 만들고 봉초蓬草로 화살을 삼아 천지 사방에 쏘았다고 한다.《예기禮記》〈내칙內則〉

74 辭陛: 먼 길을 떠날 사신이 임금님께 하직 인사를 함.

何日 而治任登途 亦已定期否 拙

搆一詩 用效古人贈言 以資遠

塗寄情 幸哂而收之行篋中耶

遠役[75]在前 裝發匪久 原隰行

邁 不敢言勞 而自顧迷劣 兼以病

羸 未知將何往返 以効靡盬[76] 以

答殊恩 用是惶悶 罔知攸爲

惠來一詩 雖贐之以千金 侈之

以百朋[77] 無以抵此 行槖 籍以生

輝 旅懷 賴以可鎭 擎誦珍感

不容名喩

【 譯文 16 】

○ 정사正使로 새롭게 임명되신 것은 특별히 간발되신 것임을 알겠으니 사명辭命의 재주와 전대專對의 직은 그 적임자를 얻었으니, 먼저 조정을 위하여 축하할 일이고 멀리 사방四方의 장관을 유람하고 중국 도성都城에서 대장부가 온 세상에 뜻을 펼치려는 처음 뜻을 이루었으니, 다시 대감을 위하여 축하드립니다. 삼가 묻건대 대감의 체후 만안하십

---

75 遠役: 사신 가는 일.

76 靡盬: 나랏일을 완전무결하게 수행하려는 각오. 《시경詩經》 〈소아小雅〉 사모四牡에 "어찌 돌아가고 싶은 생각이 없겠는가마는 나랏일을 완전하게 처리하지 않을 수 없는지라 내 마음이 서글퍼지기만 한다(豈 不懷歸 王事靡盬 我心傷悲)" 하였다.

77 百朋: 많은 보배. 붕朋은 쌍조개의 뜻으로, 옛날에 돈으로 쓰인 데서 나온 말.

니까? 사은숙배는 언제 있으며 여정에 오르는 일정 또한 이미 결정되었습니까? 졸렬하게 지은 한 수의 시로 고인이 전별시 선물하던 것을 본받고자 하여 이로써 먼 길 떠나시는 감회에 도움이 되고자 하니 바라건대 한번 웃으시고 행장 속에 거두어 주시겠습니까?

○ 먼 길 떠남이 눈앞에 다가와서 물건을 실어 보냄이 오래지 않았으니 여정을 감히 수고롭다 말할 수는 없습니다. 허나 스스로 돌아보건대 미혹하며 용렬하고 병으로 쇠약하기까지 하니 장차 어떻게 갔다가 돌아와서 나랏일을 완전무결하게 수행하고 특별한 은혜에 보답할 수 있을지 알지 못하겠습니다. 이 때문에 황송하고 민망하여 어찌할 바를 알지 못하겠습니다.

○ 감사히 보내주신 시 한 편은 비록 천금의 노자를 주고 많은 벗들로 융숭하게 하더라도 이에 비길 수 없습니다. 행장이 이 때문에 빛이 나고 여행가는 회포가 이 덕분에 안정되니 고마움을 우러러 칭송하기가 이루다 말로 할 수가 없습니다.

【圖 17】

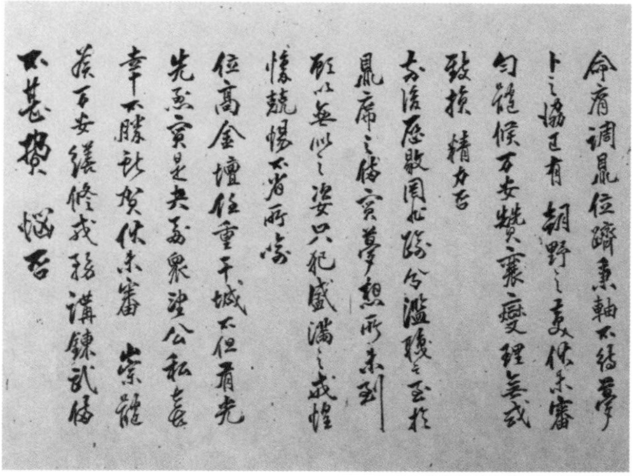

【脫草 17】

命膺調鼎[78] 位躋秉軸 不待夢

卜[79]之協 已有朝野之慶 伏未審

勻[80]體候萬安 贊襄[81]燮理[82] 無或

致損精力否

前後歷敭[83] 罔非踰分濫職 而至於

78 命膺調鼎: 조갱調羹과 같은 뜻. 음식을 조리할 때 쓰이는 소금과 매실로 "재상으로서 국정을 다스림"을 뜻함. (《서경》 〈열명하說命下〉에 고종이 부열에게 "내가 국을 요리하거든 네가 소금과 매실이 되라"고 한 데서 유래.)

79 夢卜: 군주가 어진 재상을 얻음.

80 勻: 재상을 존칭하는 말. 균勻은 균鈞과 통함.

81 贊襄: 임금을 보좌하여 정치를 이룩하는 공로.

82 燮理: 삼공으로서 나라를 다스리는 도.

83 歷敭: 청환을 많이 지냄. 역임歷任.

鼎席[84]之備 實夢想所未到

顧以無似之姿 只犯盛滿之戒 惶

懍兢惕 不省所喩

位高金壇[85] 任重干城 不但有光

先烈 實是夬副衆望 公私喜

幸 不勝獻賀 伏未審 崇體

候萬安 繕修戎務 講鍊武備

不甚費惱否

【譯文 17】

○ 재상의 임명을 받고 권력을 잡는 자리에 올랐으니 꿈에서 보고 점치는 도움을 받지 않고서 이미 조야朝野에 경사가 있게 되었습니다. 삼가 살피지 못하거니와 재상의 체후는 만안하신지요? 임금을 보좌하여 나라를 다스리는데 혹여 정력을 손상시키는 데 이르지는 않으셨는지요?

○ 지금까지 청직을 두루 거친 것이 분수와 직분에 넘치지 않은 것이 없었는데, 재상의 자리까지 채움에 이르러서는 실로 꿈에서도 생각하지 못한 일입니다. 돌아보건대 부족한 자질로 단지 가득차면 넘친다

84 鼎席: ①세 사람이 자리를 같이 함. ②삼공三公의 자리 곧 영의정領議政·좌의정左議政·우의정右議政의 정승政丞 자리를 이르는 말.

85 金壇: ①주장主將의 거처. ②신선의 거처. 선경仙境. ③중국 강소성 금단현의 현청 소재지. 진강시의 남쪽 약 50km 지점에 있음. 수隋나라 때에 금산이라 이르다가 688년 측천무후 때에 이 이름으로 고침.

는 경계를 범했을 뿐이니 황공하고 두려우며 조심스러워서 말할 바를 알지 못하겠습니다.

○ 지위가 높기는 금단金壇이요 임무가 중하기로는 간성干城이니 단지 선조들에게 영광이 있을 뿐만 아니라 실로 많은 사람들의 여망에 부응하는 것입니다. 공적으로나 사적으로나 기쁘고 다행이니 이루 다 하례드릴 수 없습니다. 삼가 알지 못하거니와 높으신 체후 만안하신지요? 병장기를 수선하고 병사를 훈련시키는 일에 지나치게 정신을 소모하지는 않으셨는지요?

【圖 18】

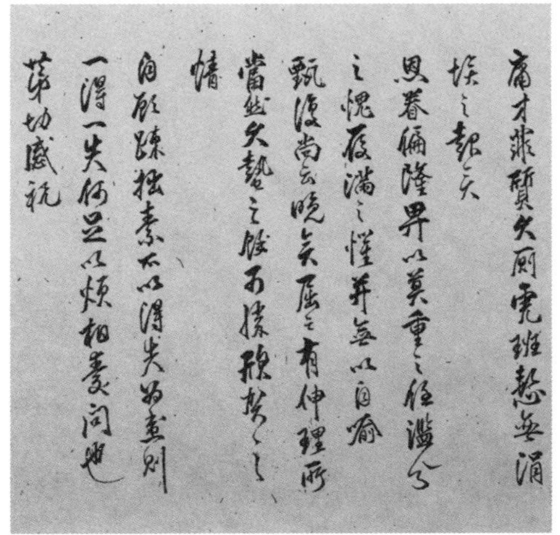
庸才菲質忝厠冕班愁無涓
埃之報矣
恩眷偏隆畀以莫重之任濫分
之愧夜滿之憚并無以自喩
甄復尚今晩矣屈之有伸理所
當然失墊之餘不勝賀忭之
情
自顧踈拙素不以得失爲意則
一得一失何足以煩相愛問也
第切感抗

【脫草 18】

庸才菲質 久厠虎班[86] 慙無涓

埃之報矣

恩眷偏隆 畀以莫重之任 濫分

之愧 履滿之懼 幷無以自喩

甄復[87]尙云晩矣 屈而有伸 理所

當然 久蟄之餘 可勝欣賀之

情

自顧疏拙 素不以得失爲患 則

一得一失 何足以煩相愛問也

第切感祝

【譯文 18】

○ 용렬한 재주와 변변치 못한 자질이 오랫동안 무신의 반열에 끼어 있었는데도 부끄럽게도 아주 조그마한 보은도 없었습니다.

○ 총애가 지나치게 융숭하여 막중한 임무를 맡겨주시니 분수에 넘친다는 부끄러움과 가득참에 대한 두려움을 아울러 스스로 비유할 수가 없습니다.

○ 관직을 물러났다가 다시 나온 벼슬길에 오히려 늦었다고들 하니,

86 虎班: 무신武臣의 반열. '서반西班'의 다른 이름.

87 甄復: 조선시대 나이가 많아 벼슬에서 물러난 사람이 견차甄差에 응하여 다시 벼슬길에 나가던 일.

굽혀졌다가 펴짐이 있음은 이치상 당연한 것입니다. 오랫동안 칩거한 뒤의 일이라 기쁘고 축하드리는 마음을 뛰어넘을 만합니다.

○ 스스로를 돌아보건대 옹졸한지라 평소에 득실로써 근심을 삼지 않았으니 한 번 얻고 한 번 잃는 일이 어찌 번거롭게 우리 사이에 물어볼 만한 일이겠습니까? 다만 간절하게 감축드릴 뿐입니다.

【圖 19】

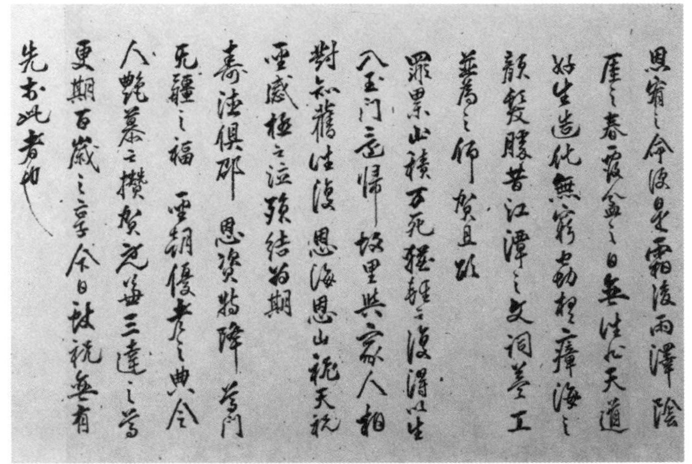

【脫草 19】

恩宥之命 便是霜後雨澤 陰

厓之春 覆盆之日 無往非天道

好生 造化無窮 窃想 瘴海之

顏髮勝昔 江潭之文詞益工

竝爲之仰賀且頌

罪累山積 萬死猶輕 而復得以生

入玉門[88] 還歸故里 與家人相

對 知舊往復 恩海恩山 祝天祝

聖 感極而泣 殞結[89]爲期

壽德俱邵 恩資特降 尊門

无疆之福 聖朝優老之典[90] 令

人艶慕而攢賀 旣兼三達之尊[91]

更期百歲之享 今日獻祝 無有

先於此者也

【譯文 19】

○ 은혜를 베풀어 사면하라는 임금의 명은 바로 서리 내린 후에 비내리는 은택이요, 그늘진 절벽에 오는 봄이며, 엎어진 동이에 비친 햇살이니, 가는 곳마다 천도天道의 살리기 좋아함과 조화의 무궁함이 아님이 없습니다. 가만히 생각건대 장독瘴毒이 서려 있는 바다에서의 용모가 옛날보다 나으시고, 강담江潭에서 지으신 글이 더욱 공교해지셨으

88 玉門: 옥으로 꾸민 문. 궁궐을 비유하는 말.

89 殞結: '생당운수生當殞首 사당결초死當結草'의 준말로, 살아서는 목숨을 바치고 죽어서는 풀을 맺어 은혜를 갚는다는 뜻.

90 優老之典: 노인을 공경하는 전범.

91 三達之尊: 존귀한 것 세 가지. 곧 조정에서는 작위爵位를 숭상하고, 향리에서는 윗사람을 존경하며, 세상에 처해서는 덕을 존중해야 한다는 말.

니 아울러 이를 위해 우러러 경하드리고 송축합니다.

○ 죄가 산처럼 쌓여 있어서 만 번 죽어도 오히려 가벼운데, 다시금 살아서 궁궐에 들어가고 고향에 돌아가서 집안 사람들과 더불어 마주하며 오랜 친구들이 왕복할 수 있게 되었으니, 은혜가 바다같고 은덕이 산같아서 하늘에 축원하고 성상께 축수하니, 감동이 극진하여 눈물을 흘리며 살아서는 목숨을 바치고 죽어서는 결초보은할 것을 기약하였습니다.

○ 장수와 덕망이 모두 높아서 은혜로운 자품이 특별히 내려졌으니 존형 가문의 무한한 복과 성조의 노인을 우대하는 은전이 사람들로 하여금 부러워하게 하고 두 손 모아 축하하게 합니다. 이미 삼달三達의 존귀함을 겸하셨고 다시금 백세의 누림을 기약하게 되었으니 오늘 축하를 드림이 이보다 앞선 것이 있지 않습니다.

【 圖 20 】

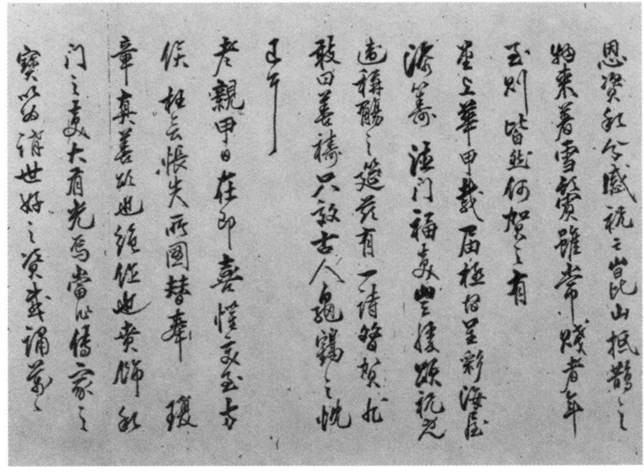

【脫草 20】

恩資私分感祝 而崑山抵鵲[92]
物 來着雪鬢 雖常賤者 年
至則皆然 何賀之有
堂上華甲載届 極宿[93]呈彩 海屋
添籌[94] 德門福慶 豈勝頌祝 旣
違稱觴之筵 玆有一詩替賀 非
敢曰善禱 只效古人龜鶴之忱
已耳
老親甲日在卽 喜懼[95]交至 方
俟枉會 悵失所圖 替奉瓊
章[96] 眞善頌也 絶作也 賁飾
私
門之慶 大有光焉 當作傳家之

92 崑山抵鵲: 곤산에서는 옥박玉璞이 흔하여 까마귀나 까치를 잡으려고 던지면 모두가 옥이었다. 중원에서는 귀하게 여기는 것을 변방에서는 천히 여긴다는 뜻으로, 곤산의 곁에서는 옥이 흔하기 때문에 옥박을 까치나 까마귀에게 던져준다는 고사. (漢 桓寬《鹽鐵論·崇禮》: "南越 以孔雀珥門戶, 昆山之旁 以玉璞抵烏鵲" 抵, 抛擲.後以 "以玉抵鵲" 比喻有珍貴之物而不知愛重.)

93 極宿: 수명을 관장하는 남극성.

94 海屋添籌: 장수長壽를 비는 문구. 해상의 신선이 산다는 해옥海屋에 선학仙鶴이 해마다 주籌(대) 한 개씩 물고 온다는 전설에서 유래한 말임. "바다가 뽕밭으로 변하면 그때마다 산가지를 놓았는데, 지금까지 하나씩 놓은 산가지가 열 칸 집에 이미 가득하다"(《東坡志林》卷2).

95 喜懼: 《논어》〈이인里仁〉에 나오는 말. "부모의 연세에 관심을 두지 않을 수 없나니, 한편으로는 오래 사셔서 기쁘기도 하지만 또 한편으로는 살아계실 날이 얼마 남아 있지 않을까 두렵기 때문이다(父母之年 不可不知也 一則以喜 一則以懼)."

96 瓊章: 남을 높이어 그가 지은 문장을 이르는 말.

寶 以爲講世好之資 感誦萬萬

【譯文 20】

○ 은혜로운 자품은 사사로운 정분으로는 감축할 만하나, 곤륜산에서 까치에게 던져진 물건(옥)이 와서 하얗게 센 귀밑머리에 붙은 것은 비록 상민이나 천민이라 하더라도 나이가 이르면 모두 그러한 것이니 무슨 축하할 것이 있겠습니까?

○ 당상堂上께서 화갑에 이르러 남극노인성이 광채를 바치고, 해옥海屋에 산가지를 더하니 덕망 있는 가문의 복과 경사를 어찌 이루 다 송축하겠습니까? 이미 잔 한잔 바치는 (화갑)잔치에는 참석하지 못하여 이에 시 한 수로 축하의 말씀을 대신하고자 함이나, 감히 복을 잘 빌었다고는 말할 수 없음이요 단지 고인들이 거북과 학처럼 장수하시라고 했던 정성만을 본받을 따름입니다.

○ 가친家親의 회갑일이 곧 있으리니 기쁨과 두려움이 교차합니다. 바야흐로 왕림하셔서 만나 뵙기를 기다렸으나 애석하게도 도모한 바를 이루지는 못하고 대신 아름다운 문장을 받아 보았으니 참으로 훌륭한 송가頌歌요 빼어난 걸작입니다. 가문의 경사를 아름답게 꾸며주셨으니 크게 빛이 났습니다. 마땅히 가문에 전할 보배로 삼아 대대로 양가의 우호를 맺는 자료로 삼을 것을 생각하니 감사와 칭송이 한량없습니다.

【圖 21】

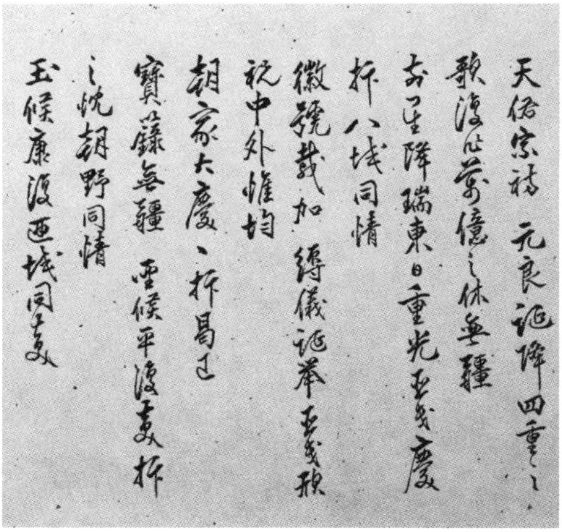

【脫草 21】

天佑宗祊 元良[97]誕降 四重之

歌[98] 復作 萬億之休 無疆

前星[99]降瑞 東日重光[100] 臣民慶

忭 八域同情

97 元良: 왕세자.

98 四重之歌: 태자를 찬양하는 노래. 한명제漢明帝가 태자로 있을 적에 악인樂人이 첫째 일중광日重光, 둘째 월중륜月重輪, 셋째 성중휘星重輝, 넷째 해중윤海重潤이라는 4장章의 가시歌詩를 지어 태자를 찬양한 데서 온 말.

99 前星: 앞을 인도하는 별, 태자의 이칭.

100 重光: 천간天干 신辛 고갑자古甲子, 곧 십간十干 속의 신辛.

徽號[101]載加 縟儀[102]誕擧 臣民欣

祝 中外惟均

朝家大慶 慶忭曷已

寶籙[103]無疆 聖候平復 慶忭

之沈 朝野同情

玉候康復 迺域同慶

【 譯文 21 】

○ 하늘이 종묘의 제사를 도와서 왕세자가 탄생하였으니 사장四章의 노래를 부르고 다시 만백성에게 기쁨을 준 것이 한이 없습니다.

○ 앞을 인도하는 별이 상서로운 기운을 동쪽으로 내리고 태양이 거듭 빛나니(즉 태자가 태어나니), 신민들이 몹시 경축함이 팔도가 같은 심정입니다.

○ 휘호가 더해지고 성대한 의식이 크게 행해지니 신민이 기뻐하고 축하함은 조정이나 백성들이 같은 마음입니다.

○ 조정에 큰 경사가 있으니 경하하고 기뻐함에 어찌 다함이 있겠습니까?

○ 왕실의 장래가 복이 끝이 없고 성상의 체후가 평상시로 돌아왔으니 나라의 경사를 기뻐하는 정성은 조야가 같은 마음입니다.

---

101 徽號: ①국왕이 승하한 뒤에 추존하여 올리는 존호. 예) "우리 순종純宗·익종翼宗 두 대왕의 휘호徽號를 추존하여 올렸으니" (국조보감 수권/御製序文/憲宗大王御製序文). ②왕비가 승하한 뒤에 시호諡號와 함께 내리던 존호尊號를 이르던 말.

102 縟儀: 성대한 의식.

103 寶籙: ①제왕의 자리에 오를 전조前兆. ②수보록무受寶籙舞를 추기 위한 차비.

○ 국왕의 체후가 다시 강건해지셨으니 온 나라가 함께 경하합니다.

【圖 22】

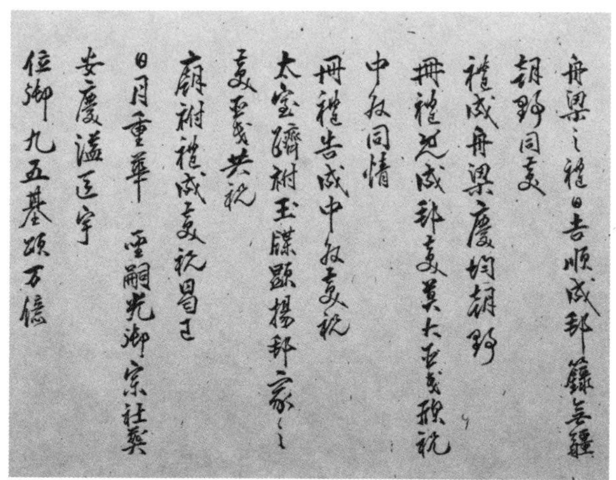

【脫草 22】

舟梁之禮[104] 日吉順成 邦籙無疆

朝野同慶

禮成舟梁 慶均朝野

---

104 舟梁之禮: 혼례를 치루는 예식. 제왕이 후비를 친영親迎하는 일을 뜻한다. '주량舟梁'은 배 위에 널빤지를 더하여 연결해서 통행할 수 있도록 만든 것으로 교량 역할을 하는 시설인데, 주나라 문왕文王이 태사太姒를 맞아 친영할 때에 이를 사용했던 것에서 비롯되었다. 《시경詩經》 대아大雅 대명大明에 "예禮로 그 길함을 정하시고, 위수渭水에서 친영하사, 배를 만들어 다리를 놓으시니, 그 빛이 드러나지 아니할까(文定厥祥 親迎于渭 造舟爲梁 不顯其光)"라고 하였다.

冊禮[105]旣成 邦慶莫大 臣民欣祝

中外同情

冊禮告成 中外慶祝

太室躋祔[106] 玉牒[107]顯揚 邦家之

慶 臣民共祝

廟祔禮成 慶祝曷已

日月重華[108] 聖嗣光御 宗社奠

安 慶溢區宇

位御九五[109] 基頌萬億

【 譯文 22 】

○ 혼례가 날이 길하여 순조로이 이루어졌으니 나라의 앞날이 무강하리니 조야가 함께 경하합니다.

○ 주량의 예가 이루어짐을 조야가 함께 경하합니다.

○ 책례가 이루어졌으니 나라의 경사가 매우 크고 신민의 흔축함은 온 나라가 같은 마음입니다.

---

105 冊禮: ①책씻이. 글방 따위에서 학생이 책 한 권을 다 읽어 떼거나 다 베껴 쓰고 난 뒤에 선생과 동료들에게 한턱내는 일. ②왕세자를 책봉冊封하는 예식.

106 太室躋祔: 태실(임금의 위패를 모시는 방)에 합사함.

107 玉牒: ①임금이나 왕족의 계보系譜. ②하늘에 제사 지낼 때 제문祭文을 쓴 문서.

108 重華: 순임금을 찬양하는 말.

109 九五: 역괘에서 아래로부터 다섯 번째 양효의 이름. 건괘의 구오가 임금의 지위를 뜻하는 상이라는 데서 임금의 지위를 일컫는 말.

○ 책례가 이루어졌음을 알리니 중외가 경축합니다.

○ 태실에 합사하고 옥첩을 높이 드러내니 나라의 경사요 신민이 함께 축하합니다.

○ 종묘에 합사하는 예식이 이루어졌으니 경축함이 그지없습니다.

○ 해와 달이 함께 찬란히 빛을 발하여 임금의 계승이 빛을 발하고 종묘사직이 안정되니 이를 경하함이 온 나라에 넘칩니다.

○ 임금의 자리에 등극하였으니 그 기틀이 억만년 가기를 송축합니다.

【圖 23】

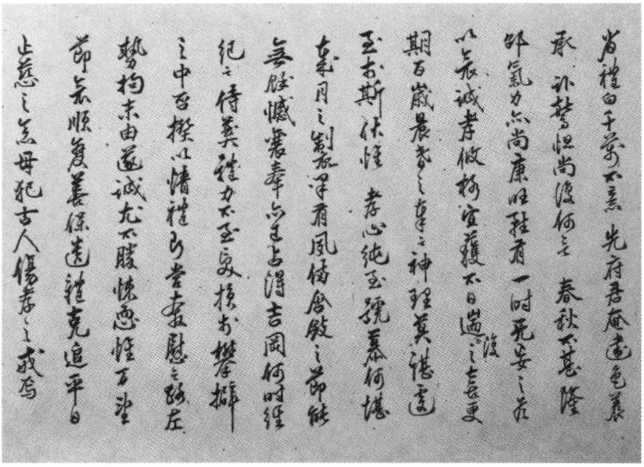

【脫草 23】

省禮白 千萬不意 先府君 奄違色養[110]

承訃警怛 尙復何言 春秋不甚隆

邵 氣力亦尙康旺 雖有一時 无妄[111]之候

以哀誠孝攸格 宜獲不日遄復之喜 更

期百歲晨昏之奉 而神理莫諶 遽

至於斯 伏惟 孝心純至 號慕何堪

歲月之製 果有夙備 含斂之節[112] 能

無餘憾 襄奉[113]亦已占得吉岡 何時經

紀而侍奠 體力不至受損於攀擗

之中否 揆以情禮 卽當奔慰 而路左

勢拘 末由遂誠 尤不勝悚恧 惟萬望

節哀順變 善保遺體 克追平日

止慈[114]之念 毋犯古人傷孝之戒焉

---

110 奄違色養: 엄기색양奄棄色養. 부모를 여읜 사람을 위로하는 글(疏)에서 자식이나 부모의 관직이 없는 경우 그 부모의 죽음을 지칭하는 말. '색양色養'은 즐거운 얼굴로 부모 모심을 의미하는 말. 참고로 '엄연관사奄捐館舍'는 갑자기 관사를 버린다는 것으로, 부모를 여읜 사람을 위로하는 글에서 죽은 사람의 관직이 높은 경우 그 죽음을 지칭하는 말이다.

111 无妄: '무망지아无妄之痾'는 병의 미칭. '무망지질无妄之疾'은 병이 빨리 낫길 바라는 기원이 담긴 말. '무망지희无妄之喜'는 병이 나아서 기쁨.《주역》〈무망괘无妄卦〉'구오九五'의 효사爻辭에 '약을 쓰지 않아도 나으리라(勿藥有喜)'라는 말이 있음.

112 含斂之節: 납관하는 절차, 납관 의식. 예) "공이 돌아가셨을 땐 납관의식에 가 보지도 못했다오(公之喪也 不能視含斂之節)"- 덕수 장유의 백사 이상공에 대한 제문(祭白沙李相公文)

113 襄奉: 장례식을 행함.

114 止慈: "아버지가 되어서는 자慈에 머무른다(爲人父 止於慈)"는 말에서 유래하여 아버지 또는 부모의 자식에 대한 지극한 사랑을 뜻하는 말로 쓰여지게 되었다.《大學章句 傳三章》

【譯文 23】

○ 예를 생략하고 사뢰니다. 천만 뜻밖에 부친께서 돌아가셨다는 부고를 받고 너무 놀라고 슬픔에 오히려 다시 무슨 말씀을 올리겠습니까? 연세가 그리 심한 고령이 아닌 데다 기력 또한 아직까지는 강건하고 왕성하시어 비록 한때 자잘한 병은 있었으나 애절한 마음으로 효성에 정성을 다하여 감동시키면 의당 머지않아 병이 빨리 회복되는 기쁨을 얻어서 다시 백세까지도 아침 저녁으로 봉양할 수 있을 것을 기대했건마는 신의 섭리를 알지 못하여 갑자기 이런 지경에 이르렀습니다. 삼가 생각컨대 효심이 순일하고 지극하니 부르짖고 사모함을 어찌 감당하겠습니까? 수의는 과연 미리 준비되었고 납관의식도 미리 대비하여 응당 남은 유감이 없습니다. 장례 또한 이미 길한 자리를 잡아 놓았으니, 어느 날에 장례를 치루고 제사를 모시렵니까? 체력은 통곡하는 와중에 손절을 입는데 이르지는 않았습니까? 정리와 예의로 헤아린다면 즉시 달려가서 위로를 드리는 것이 마땅한 일이나 길은 험하고 형편이 여의치 않아서 성의를 다하지 못하니 더욱 송구하고 부끄러움을 이기지 못하겠습니다. 꼭 바라건대 슬픔을 절제하고 변화에 순응하여 부모가 남겨주신 몸을 잘 보전해야 할 것이고, 슬픔을 이겨내고 생전에 지극했던 자식사랑을 추모하여 옛사람의 "효를 행하면서 몸을 상하는 데는 이르게 하지 말라"는 경계의 말을 범하지 마십시오.

【圖 24】

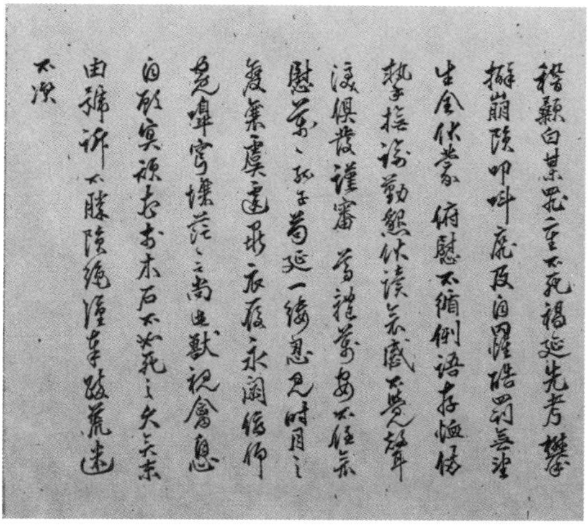

【脫草 24】

稽顙白 某罪重不死 禍延 先考攀

擗 崩隕叩吽 靡及自罹酷罰 無望

生全 伏蒙俯慰 不循例語 存恤備

摯 撫諭勤懇 伏讀哀感 不覺聲

淚俱發 謹審尊體萬安 不任哀

慰萬萬 孤子苟延一縷 忍見時月之

變 襄虞[115]遽畢 衣履[116]永閟 俯仰

115 襄虞: 장례.

116 衣履: 무덤 소장품.

寃嘷 穹壤[117]茫茫 而尙此獸視禽息[118]

自顧冥頑屯於木石 不如死之久矣 末

由號訴 不勝隕絶 謹奉疏 荒迷

不次[119]

【譯文 24】

○ 머리를 조아리고 사룁니다. 저의 죄는 중하나 죽지 못하고 삼베옷을 끌면서 돌아가신 부친 앞에서 통곡하며, 가슴이 찢어지는 슬픔으로 부르짖어도 스스로 혹심한 천벌을 받는 데는 미치지 못하니 온전히 살아있기를 바라지 않습니다. 삼가 내려주신 위로의 글을 받고도 전례前例의 말씀을 좇지 못하였으나, 위무함이 모두 도탑고, 어루만지고 타이름이 간절하여 엎드려 읽음에 슬픈 감회에 젖어 나도 모르게 소리내어 웁니다. 삼가 존형의 체후가 만안하심을 알고 슬픔 속에서도 위안됨이 매우 큰 것을 이길 수 없습니다. 저는 실로 실낱같은 목숨을 이어가고 있으나, 세월이 변하여 장례를 급히 마치고 무덤을 영원히 닫으니 하늘을 쳐다보고 땅을 내려다 보며 원통하여 부르짖으나, 천지는 아득하기만 한데도 오히려 이렇게 금수처럼 먹고 쉬며 살아가

117 穹壤: 하늘과 땅.

118 獸視禽息: 금식조시禽息鳥視. ①짐승이 새가 쉬는 것을 보듯 한다. ②무위도식하며 사회에 추호도 공헌함이 없음.(像禽鳥那樣活着 比喻人空受爵祿而無所事事 對社會毫無貢獻 三國·魏·曹植《求自試表》:"如微才弗試 沒世無聞 徒榮其軀而豐其體 生無益於事 死無損於數 虛荷上位而忝重祿 禽息鳥視 終於白首 此徒圈牢之養物 非臣之所志也")

119 不次: 상중에 있는 사람에게만 씀.

고 있습니다.

스스로 돌아보건대 사리에 어둡고 미련하기가 목석보다 둔하여 죽는 것만 같지 못한 지 오래되었지만 호소할 수도 없어서 죽고 싶은 절망감을 이길 수 없습니다. 삼가 위로의 말씀을 받들며 마음이 애통스러워 말을 제대로 잇지 못하겠습니다.

【圖 25】

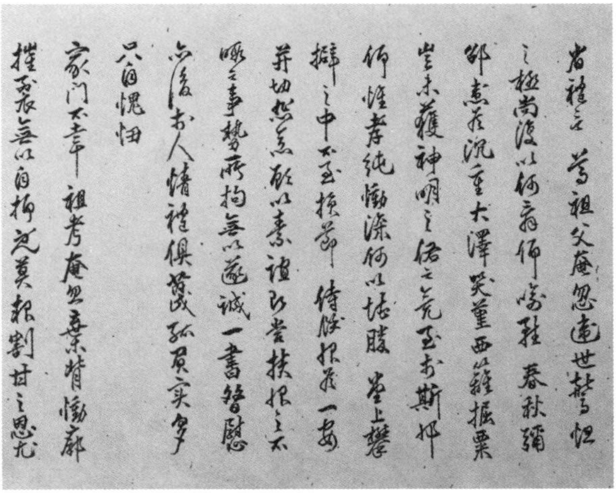

【脫草 25】

省禮言 尊祖父 奄忽違世 驚怛

之極 尙復以何辭仰喩 雖春秋彌

卲 患候沈重 大澤哭堇[120] 西籬掘粟[121]

豈未獲神明之佑 而竟至於斯耶

仰惟孝純慟深 何以堪勝 堂上攀

擗之中 不至損節 侍餘服候一安

幷切悲意 顧以素誼 卽當扶服之不

暇 而事勢所拘 無以遂誠 一書替慰

亦後於人 情禮俱蔑 孤負實多

只自愧忸

家門不幸 祖考奄忽棄背[122] 慟廓

摧裂 無以自抑 旣莫報割甘之恩 尤

【譯文 25】

○ 예를 생략하고 말씀드립니다. 존형의 조부께서 갑자기 세상을 떠나셨으니 몹시도 놀란 나머지 오히려 다시 무슨 말을 할 수 있겠습니까? 비록 연세가 많으시고 병환이 위독하니 큰 늪에서 통곡하여 미나리

120 大澤哭堇: 진晉나라 때 효자 유은劉殷은 9세 때 아버지를 여의고 할머니와 살았다. 조모 왕씨가 추운 겨울에 미나리 나물을 몹시 먹고 싶어 하므로, 유은이 한 늪(澤)에 들어가 통곡하며 한나절 동안이나 소리 내어 울었더니, 갑자기 마치 사람 말소리 같이 "그쳐라(止), 울음을 그쳐라(止聲)" 하는 소리가 들려 눈물을 거두고 땅을 내려다보니, 문득 미나리가 나 있어 이것을 많이 캐서 돌아와 조모를 봉양했다는 고사에서 온 말(晉書 孝友傳).

121 西籬掘粟: 효자 유은의 꿈에 어떤 사람이 말하기를 "서쪽 울타리 밑에 곡식이 있다"라고 하였다. 꿈을 깬 즉시 그 울타리 밑을 파니 과연 곡식 15종鍾을 얻었다. 그 종에 "7년 먹을 곡식 100석을 효자 유은에게 내리노라(七年粟百石 以賜孝子劉殷)"라고 새겨져 있었다고 한다. (劉殷夢人曰 西籬下有粟 寤而掘之 果得粟十五鍾 銘曰 七年粟…上下 大中建於人臣 神明是若 徵見必報 通彼殊巃 總其雙莖 滋大澤以冥造) (晉書 孝友傳).

122 棄背: 사망의 완곡한 표현. 주로 윗사람의 죽음에 대하여 쓰는 말.

를 구하는 것과 서쪽 울타리 밑을 파들어가서 좁쌀을 얻기도 했다는데, 어찌하여 천지 신령의 도움을 얻지 못하고 결국은 이 지경에 이르렀단 말입니까?

우러러 생각건대 효심으로 오로지 애통함이 심하면 어떻게 감당해내겠습니까? 당상께서 붙들고 가슴을 치며 통곡하는 가운데 몸이 손절되는 데 이르지는 않았습니까? 부모를 모시는 나머지 상중의 체후는 한결같이 편안하신지 아울러 슬픈 생각이 절절합니다. 평소의 정의로서 돌아보건대 마땅히 달려가야 하나 겨를이 없고 형편이 얽매인 바 되어 성의를 다하지 못하였습니다. 편지 한 장으로 위로를 대신하는 것 역시 다른 사람보다 못하고 정도 예도 모두 없는 일이며, 기대에 어긋남이 실로 많아 다만 스스로 너무나 부끄럽습니다.

가문이 불행하여 조부께서 갑자기 돌아가시니 애통함이 크며 가슴이 찢어지는 것 같아 스스로 억제할 수 없으며, 맛있는 음식을 나눠주시던 은혜에 이미 보답할 수 없게 되어 …

【圖 26】

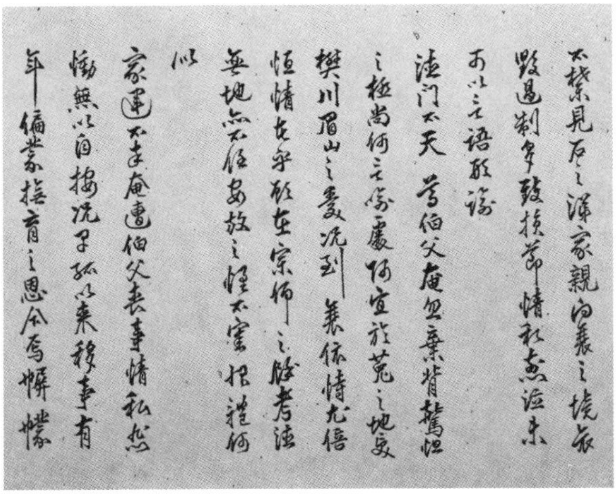

【脫草 26】

不禁 見石之涕 家親向衰之境 哀

毁過制 多致損節 情私煎泣 未

可以言語形諭

德門不天 尊伯父 奄忽棄背 驚怛

之極 尙何言喩 處阿宜[123] 於菀 之地 受

樊川[124]眉山[125]之愛 況到衰依恃 尤倍

恒情者乎 顧在宗仰之餘 考德

無地 亦不任安放之懷 不審 服體何

123 阿宜: 조카

124 樊川: 당唐 두목杜牧의 호.

125 眉山: 삼소三蘇(소순과 그의 두 아들 소식, 소철)가 태어난 곳.

似

家運不幸 奄遭伯父喪 事情私悲

慟 無以自按 況早孤以來 移事有

年 偏蒙撫育之恩 今焉解幪

【譯文 26】

더욱 돌(비석)을 보면서 흐르는 눈물을 금할 수 없습니다. 가친은 쇠약해진 상태인데 슬픔이 지나치면 많게는 몸을 상하는 데 이를 것이니, (자식의) 사사로운 정으로 눈물을 흘리며 애태우는 마음을 말로서는 이루 형용할 수 없습니다.

○ 덕있는 가문이 하늘의 도움을 받지 못하여 존형의 백부께서 갑자기 세상을 등지니 너무나 놀라서 오히려 무슨 말을 하겠습니까? 아의와 어수의 처지에 처하여 번천과 미산의 사랑을 받으니, 하물며 노쇠하여 의지하게 되면 보통 때의 인정보다 배나 집착하는 것이 아니겠습니까? 돌아보건대 종중에서도 우러러 본 나머지이고 돌아가신 분께서 못자리가 없었는데, 또한 편하게 마음이 놓임을 이길 수 없습니다. 살피지 못했거니와 상중의 건강은 어떠하십니까?

○ 가운이 불행하여 갑자기 백부상을 당하니 사사로운 정으로도 비통하여 스스로 억제하지 못한데, 하물며 일찍이 부친을 잃은 이래 옮겨 섬긴지 여러 해 동안 살펴주고 길러주신 은혜를 지나치게 입다가, 오늘 감싸고 보호해준 장막이 …

【圖 27】

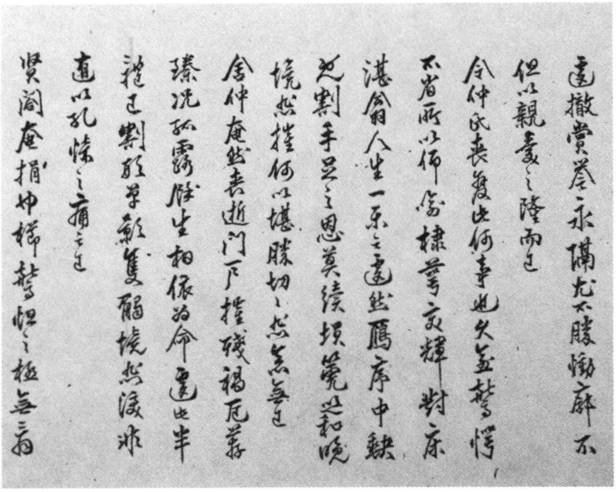

【脫草 27】

遽撤 賞譽永隔 尤不勝慟廓 不

但以親愛之隆而已

令仲氏喪變 此何事也 久愈驚愕

不省所以仰喩 棣蕚交輝 對床

湛翁人生一樂 而遽然鴈序[126]中缺

旣割手足之恩 莫續塤篪[127]吹和 晩

境悲摧 何以堪勝가 切切悲念無已

舍仲奄然喪逝 門戶摧殘 禍厄荐

---

126 雁序: ①기러기 행렬, ②형제들. 예) 풍상을 겪어 형제들도 모두 있지 않네(閱歷風霜雁序虧)

127 塤篪: 훈塤(질나발)과 지篪(피리)는 악기로서 두 개를 함께 불어야 화음이 잘 되기 때문에 형제의 우애는 좋아야 한다는 것을 뜻함.

臻 况孤露餘生 相依爲命 遽此半

體已割 形單影隻[128] 觸境[129]悲淚 非

直以孔懷之痛而已

賢閤[130]奄捐巾櫛 驚怛之極 無辭

【譯文 27】

갑자기 걷히고 칭찬해 주던 일도 영원히 멀어지게 되었으니 더욱 애통하고 마음이 텅 빈 느낌을 이길 수 없는 것은 친척으로서의 사랑이 두터워서일 뿐만은 아닙니다.

○ 당신의 작은 형님께서 돌아가시다니 이 어인 일입니까? 오랫동안 근심하고 깜짝 놀라서 우러러 말씀드릴 바를 살피지 못했습니다. 앵두나무가 꽃받침을 이루고 있어야 서로 빛나고, 상을 마주하고 앉아 술에 빠져보는 것도 늙은이 인생의 큰 낙인데, 홀연히 형제를 잃으니 수족을 함께 한 부모의 은혜가 이미 갈라져서 훈지('훈'과 '지'의 두 악기)를 불어 이루는 화음을 이어갈 수 없으니, 늘그막의 슬픔과 가슴이 찢어지는 고통을 어떻게 감당해 내겠습니까? 슬픈 생각이 절절하기 그지없습니다.

---

128 形單影隻: 형체도 하나이고 그림자도 하나라는 뜻으로, 외롭고 의지할 곳이 없는 외톨이의 형용. 아무 데도 의지할 곳 없는, 몹시 외로움을 이르는 말.

129 觸境: 오진五塵의 하나. 몸에 닿는 대상. 촉경觸境이라는 말은 두 가지 뜻이 있다. 하나는 마음과 마음작용이 인식 대상을 접촉한다는 촉대觸對의 뜻이고, 다른 하나는 육경六境 중 하나인 촉경을 말함.

130 賢閤: 상대방의 부인을 높여 부르는 말.

○ 저의 작은 형님이 갑자기 세상을 떠나니 가문이 무너져 잔폐하고 상을 당하는 액운이 거듭 닥치니, 더군다나 외로운 이슬 같은 여생을 서로 의지하여 살아가는 것이 운명이거늘, 갑자기 이렇듯 반쪽의 몸으로 이미 갈라져서 의지할 데 없는 외로운 신세가 되어 닿는 것마다 서글픈 눈물만 흐르는 것은 비단 형제간의 사랑에서 오는 고통 때문만은 아닙니다.

○ 존형의 부인께서 갑자기 세상을 떠나니 너무나 놀라서 어디에 비유할 수 있는 말이 없습니다. …

【圖 28】

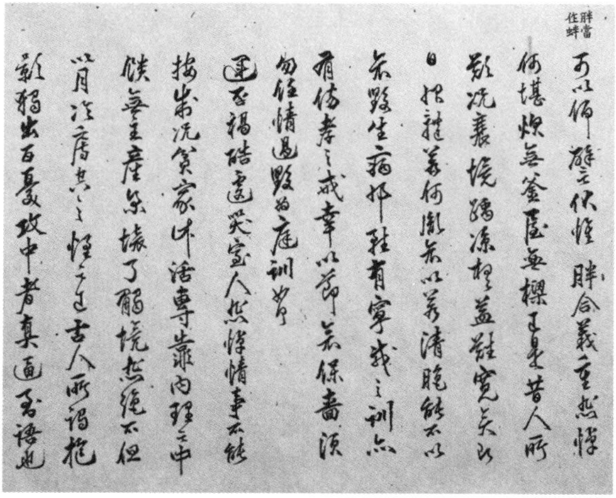

【脫草 28】

可以仰瞥 伏惟 胖合[131]義重 悲悼
何堪 炊無釜 屋無樑 已是昔人所
歎 况衰境踽凉 想益難寬矣 即
日服體若何 胤哀以若淸脆 能不以
哀毁生病耶 雖有寧戚[132]之訓 亦
有傷孝之戒[133] 幸以節哀保嗇[134] 須
勿任情過毁 爲庭訓 如何
運否禍酷 遽哭室人 悲悼情事 不能
按制 况貧家計 活專靠內理 而中
饋[135]無主 産業壞了 觸境悲絶 不但
以月次房空之懷而已 古人所謂 抱
影獨出百憂 攻中者 眞逼到語也

【譯文 28】

삼가 생각건대 부부간 의로 맺은 법도는 소중한 것이니 애석하고 큰

131 胖合: 배우자.

132 寧戚: '장사는 예절만 잘 갖추느니보다는 차라리 슬퍼하는 편이 낫다'는 말. 《논어論語》〈팔일八佾〉편

133 傷孝之戒: 부모의 초상에 너무 슬퍼하여 몸을 해치는 것은 도리어 효도에 역행이 되므로, 지나치게 슬퍼만 하지 말고 몸을 생각하라는 경계.

134 保嗇: 몸을 보호하고 아낌. 理心事天 所保惟嗇 治人事天莫若嗇(《노자》 59장).

135 中饋: 주궤主饋(집안의 안살림에서 음식에 관한 일을 맡아 주장하는 여자).

슬픔을 어떻게 감당하십니까? 부엌에서 밥짓는 사람이 없고 이미 집안의 대들보가 없음은 옛사람도 탄식한 바인데, 하물며 노년의 외롭고 쓸쓸함은 생각건대 누그러지기가 더욱 어려울 것입니다. 요즘 상중의 체후는 어떠하십니까? 상중에 있는 맏이는 말쑥하면서도 연약한 듯한데 지나친 슬픔 때문에 몸이 상하여 병이 생기지는 않았습니까?

○ 비록 '예절만 잘 갖추느니보다는 차라리 슬퍼하는 편이 낫다'는 교훈이 있지만 또한 '효를 행하다가 몸을 상해서는 안된다'는 경계의 말도 있으니 바라건대 슬픔을 절제하고 몸을 아껴서 모쪼록 '함부로 몸을 지나치게 훼손하지 말라'는 것으로서 가훈을 삼는 것이 어떠하겠습니까?

○ 운이 막히고 화가 혹심하여 갑자기 집사람을 잃게 되니 애석하여 슬픔이 매우 큰 것이 인정인지라 이를 억제할 수가 없습니다. 하물며 빈한한 살림살이를 꾸려 나가는 것을 오로지 안사람의 다스림에 의지해오다가, 음식을 주관해 온 주인이 없어 집안의 산업이 완전히 무너져서 마음이 가 닿은 것마다 비할 나위 없이 슬픈 것은 다만 달밤에 빈소의 방이 텅비어 있다는 생각 때문만은 아닙니다. 옛사람이 말하기를 혼자 그림자를 안고 있으면 거기에서 백가지 걱정이 나온다고 했으니 심중을 다스리는 데 참으로 딱 들어맞는 말입니다.

【圖 29】

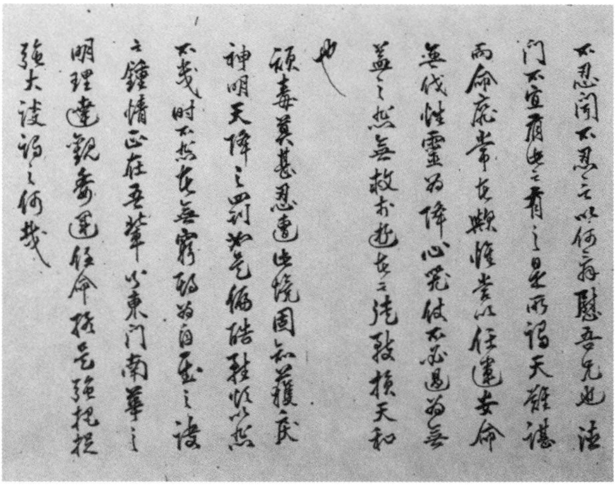

【脫草 29】

不忍聞 不忍言 以何辭慰吾兄也 德

門不宜有此而有之 是所謂天難諶

而命靡常者歟 惟當以任運安命

無伐性靈 爲降心器仗 不必過爲無

益之悲 無救於逝者 而徒致損天和

也

頑毒莫甚 忍遭此境 固知獲戾

神明 天降之罰 如是偏酷 雖煩以悲

不幾時不悲 在無窮期 爲自慰之訣

而鍾情[136]正在吾輩 則東門[137] 南華[138]之

明理 達觀委運任命 終是强把捉

强大謏謂之何哉

【 譯文 29 】

○ 차마 들을 수가 없고 차마 말할 수도 없으니 무슨 말로 형을 위로하겠습니까? 덕문에서 마땅히 이러한 일이 있는데도 있는 것은 이것이 아니니 소위 하늘은 믿기가 어렵고 운명이라는 것은 무상한 것이던가요? 생각건대 마땅히 운에 맡겨 명을 편안히 하고, 본인의 성품을 해치지 않는 것을 마음을 항복받는 무기로 삼아, 무익한 슬픔을 지나치게 할 필요는 없는 것이니 죽은 자에게서 구하지 말고 다만 손절을 다스리는 것이 하늘의 이치에 조화되는 것입니다.

○ 완악하고 독함이 막심하여 모질게도 이 지경을 만났으니 참으로 천지신명의 뜻에 어긋나 하늘이 내린 벌이 이와 같이 혹심함을 알겠으니 비록 그 때문에 슬퍼하며 슬프지 않는 때가 거의 없습니다. 비록 번거롭게 슬픔이 기미가 없을 때에는 슬퍼하지 않음으로써 무궁한 기간 동

---

136 鍾情: 매우 사랑함.

137 東門: ①동쪽에 있는 문 ②중국 춘추시대에 오왕吳王 부차夫差가 신하인 오자서伍子胥의 두 눈알을 빼어 매달았던 문. 춘추시대 양梁나라 사람인 동문오東門吳를 말한다. 아들이 죽어도 근심하거나 슬퍼하지 않자 집사가 묻기를, "공의 아들 사랑은 천하에 둘도 없었더니, 이제 아들이 죽었어도 근심하지 않음은 어째서입니까." 대답하기를, "나는 자식이 없었을 때에 근심하지 않았으니, 지금 자식이 죽은 것은 그때와 똑같기 때문에 내가 무엇을 근심하겠는가" 하였다.《戰國策 秦策3》

138 南華: 남화진인南華眞人의 준말로, 장자莊子의 별칭. 당 현종이 천보天寶 원년(742)에 장자에게 남화진인의 봉호를 내리고,《장자》를《남화진경南華眞經》으로 부르게 하였다.

안 스스로를 위로하는 비결로 삼아야 하나 마음을 모으는 것은 우리에게 달려있으니 먼 옛날의 동문오東門吳와 장자가 이치에 밝은 것은 운명을 맡기는 것에 달관한 것이니 결국 억지로 붙잡고 억지로 권하는 것은 일러 무엇하리오?

【圖 30】

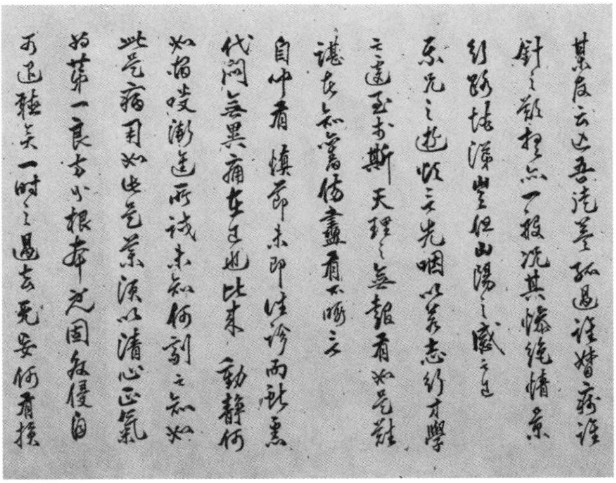

【脫草 30】

某友云亡 吾徒益孤過 誰督病 誰

針之歎 想亦一般 況其慘絶情景

行路垝涕 豈但山陽之感[139]而已

139 山陽之感: 옛일을 그리워하는 마음. 중국 진晉나라의 향수向秀(상수)가 산양의 옛집을 지나다가

我兄之逝 煩(忺)言先咽 以若志行才學

而遽至於斯 天理之無報 有如是難

諶者 知舊傷藎 有不暇言

自聞有愼節[140] 未卽往診 而獻慮

代悶 無異痛在己也 比來 動靜何

如 宿啜漸進 所試未知何劑 而知如

此是病用如此是藥 須以淸心正氣

爲第一良方 則根本旣固 外侵自

可退聽矣 一時之過去无妄[141] 何有損

【 譯文 30 】

○ 나의 벗이 죽었다고 하니 우리들은 더욱 외롭게 지낼 것이니 누가 병환을 돌보며 누가 침을 놓아줄 것인지 한숨이 나옵니다. 생각건대 또한 일반적인 것인데 하물며 참혹하기 짝이 없는 정경에랴. 눈물이 가는 길을 가로막으니 어찌 다만 옛일을 그리는 마음 뿐이겠습니까?
○ 나의 형이 세상을 떠나니 번다한 말에 앞서 목이 매이고, 이와 같이 품은 뜻과 행실이 바르고 재주와 학문을 가지고도 갑자기 이런 지경

이웃사람이 부는 피리소리를 듣고, 옛날의 그리운 마음을 일으켜 〈사구부思舊賦〉를 지은 고사에서 나옴. 산양문적山陽聞笛.

140 愼節: 남의 병을 높여 부르는 말.

141 無妄: 아무런 까닭이 없이 걸린 뜻밖의 병. '무망無妄의 병病'-《주역》 육십사괘 중의 하나인 〈무망괘無妄卦〉 구오九五에 나오는 "약을 쓰기도 전에 병이 나을 것이다"에서 인용. 이름 지을 수 없는 조그만 병. 《주역》 천뢰무망괘天雷无妄卦에서 보임.

에 이르니, 하늘의 이치가 보답함이 없는 것이 이처럼 알기 어려운 것이 있으니 친구의 죽음을 애통하여 말할 겨를이 없습니다.

○ 듣자니 당신의 몸에 병이 있는데도 즉시 진찰을 받지 못하였다 하니 염려하면서도 대신 근심함이 아픔이 나에게 있는 것과 다름이 없습니다.

○ 요즘 지내시는 형편은 어떠하십니까? 숙병은 점점 나아지고 있으니 사용하는 것은 어떤 약을 쓰는지 알지 못하겠습니다. 이러한 병에는 이러한 약을 써야 한다는 것을 알고 있으니, 반드시 마음을 맑게 하고 기를 바르게 함을 제일가는 좋은 처방으로 삼는다면, 근본은 이미 견고해져서 외부의 침입은 저절로 물러날 것입니다. 한때를 잘 지나가면 사소한 병이니 어찌 남산처럼 건강하고 강건한 몸에 손절이 있겠습니까?

【圖 31】

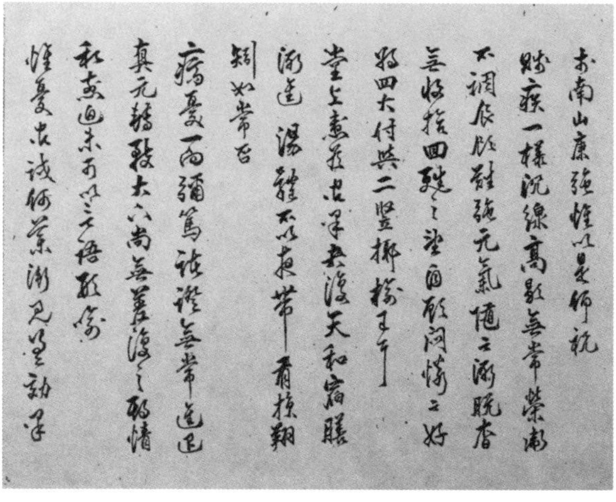

【脫草 31】

於南山康强[142] 惟以是仰祝

賤疾一様 沈線[143]高歇無常 榮衛[144]

不調 食飮難强元氣隨而漸脫 杳

無收拾回甦之望 自顧悶憐 而好

將四大[145]付與二竪[146]揶揄已耳

堂上患候 間果夬復[147] 天和宿膳[148]

漸進 湯體不以夜帶有損翔

矧[149]如常否

癠憂一向彌篤 諸證無常 進退

眞元 轉致大下 尙無差復之期 情

私煎迫 未可以言語形喩

---

142 南山康强: 남산南山의 축수祝壽. 원래는 국가의 기업基業이 장구하여 공고함을 기원하는 내용이었으나, 일반적으로 장수長壽를 축원하는 말로 쓰인다.《시경》〈소아小雅 천보天保〉에 "변함없는 달과 같고 떠오르는 해와 같으며, 언제나 버티고 있는 남산과 같아 무너지지 않고 이지러지지 않는다(如月之恒 如日之升 如南山之壽 不騫不崩)" 하였다. (고봉집).

143 沈線: 원기가 막힌 범위.

144 榮衛: 원기를 왕성하게 하며 피와 몸을 호위하는 기운氣運.

145 四大: ①일체의 물체를 구성하는 지地·수水·화火·풍風의 네 요소. 사대종四大種. ②사람의 몸. 지수화풍地水火風의 네 가지로 성립되었다 하여 이름. ③도가道家에서 말하는 도道·천天·지地·왕王의 총칭.

146 二竪: 병마病魔.

147 夬復: 건강이 완전히 회복됨. 쾌복快復. 쾌夬는 앙決과 같은 뜻인데, 앙決은 둑을 터서 물이 잘 흐르도록 한다는 의미이다. 여기에서 장애물을 제거한다는 뜻이 파생되었다.

148 宿善: 지난 세상에서 닦은 착한 행실行實.

149 翔矧: 부모의 병이 있으면 자식이 걱정이 되어 걸음을 걸을 때에 활개를 치지 않고 웃어도 이를 드러내지 않는 것을 말함. (《燃藜室記述》)

惟憂間試 何藥漸見差效果

【 譯文 31 】

생각건대 이로써 앙축하는 바입니다.

○ 저의 병은 한결같은데 침선이 높다가 덜하다가 하여 일정하지 않으니 기운이 고르지 못하며, 식후에는 강한 원기가 따르기 어려워 점차 이탈하니 수습하여 회생할 희망은 아득한지라, 스스로 돌아봄에 민망하고도 가여운 처지인데, 곧잘 온몸에 병마가 붙어서 빈정거리고 놀릴 뿐입니다.

○ 당상의 환후는 그 사이에 과연 쾌히 회복하여 하늘의 조화로 자고 식사하는 것이 점차 좋아지고 있으며, 약을 드시면서 지내시는 체후가 밤새 평상시처럼 상신하는 데 손상됨은 있지나 않습니까?

○ 부모의 병이 한결같이 더욱 심해져서 여러 증세가 일정한 것이 없고, 몸의 원기가 나아졌다 약해졌다 하다가 갑자기 크게 떨어지니, 오히려 차도가 있어 회복되리라는 기약이 없고 사사로운 마음은 급박하여 말과 글로 형언할 수 없습니다.

○ 생각건대 걱정이 되는 것은 그간에 복용한 약인데, 어떤 약이 점차 차도를 보였으며, …

【 圖 32 】

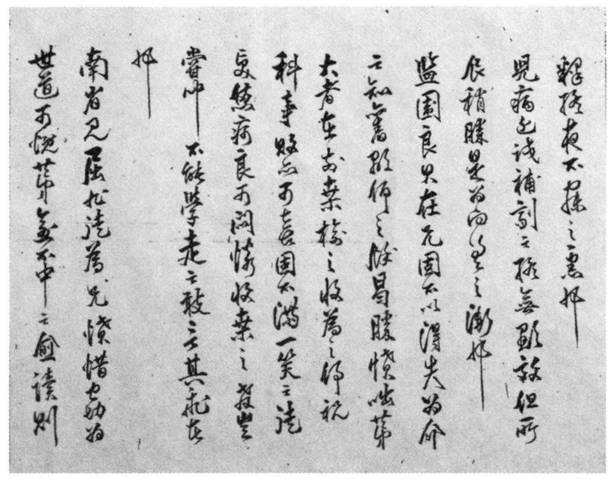

【 脫草 32 】

釋終夜不寐之慮耶

兒病近試補劑 而終無顯效 但所

食稍勝 是爲向差之漸耶

監圍[150]良貝 在兄固不以得失爲介

而知舊顚仰之餘 曷勝憤咄 第

大者在前 菜楡之收[151]爲之 仰祝

150 監圍: 과거 시험 감독관.

151 桑楡之收: 처음의 실수를 나중에 만회하는 것. 예1) 이는 중국 동한東漢 때 풍이馮異가 적미赤眉 군사를 효산崤山 아래에서 대파하자 광무제光武帝가 치하하는 글을 내리기를, "동우東隅(해가 뜨는 곳)에서는 잃었지만 상유桑楡(해가 지는 곳)에서 거두었다고 할만하다(可謂失之東隅 收之桑楡)"고 하였다는 고사에서 유래함. 예2) "지나간 잘못이야 어쩔 수 없지만 앞으로의 일은 만회하기에 늦지 않았다(東隅之逝 雖不可追 而桑楡之失 補之非晩)." -〈경상감사가 적장에게 보낸 답신(慶尙監司答賊將書)〉, 《선조실록宣祖實錄》 선조 27년(1594) 8월 30일조-

科事敗亦可喜 固不滿一笑 而徒

受憊疴 良可悶憐 收桒之敎 豈

嘗聞不能學走而敢言其乖者

耶

南省[152]見屈 非徒爲兄憤惜 竊爲

世道可慨 第愈不中 而愈讀 則

【譯文 32】

과연 밤새도록 잠을 이루지 못하는 걱정을 풀었단 말입니까?

○ 아이가 병들어 근자에 보약을 썼는데 끝내 두드러진 보람은 없으나 다만 식사하는 것이 조금 나아졌으니, 이는 점점 차도를 보이고 있다는 것이 아니겠습니까?

○ 과거 시험 감독관으로 낭패를 본 것은 형의 입장에 있어서는 실로 득실을 개의치 않은 것이나, 친구들이 간절히 우러러본 나머지 분노하여 꾸짖음을 어찌 이기겠습니까? 다만 큰 것은 앞에 있으니, 처음에 실수하였어도 나중에 만회하기를 우러러 기원합니다.

○ 과거 시험에 패한 것 또한 기뻐할 만한 일이니 실로 한번 웃음거리에도 차지 않으나 다만 병을 앓고 있어 참으로 민망하고도 가련합니다. 나중에 만회하라는 가르침이 있는데, 어찌 일찍이 달리기를 다 배우지도 못하고서 감히 그것이 잘못되었다고 말하는 것을 듣지 않았습

---

152 南省: 남성시南省試. 고려 때, 국자감國子監의 진사를 뽑던 시험. 과목은 시詩와 부賦.

니까?

○ 진사 시험에 낙방한 것은 비단 형을 위하여 분하고 애석할 뿐 아니라 마음속으로 세상의 바른 도리를 위하여도 개탄스럽습니다. 다만 불합격의 원인을 찾아 고쳐 나가면서 더욱더 독서를 하게 되면…

【 圖 33 】

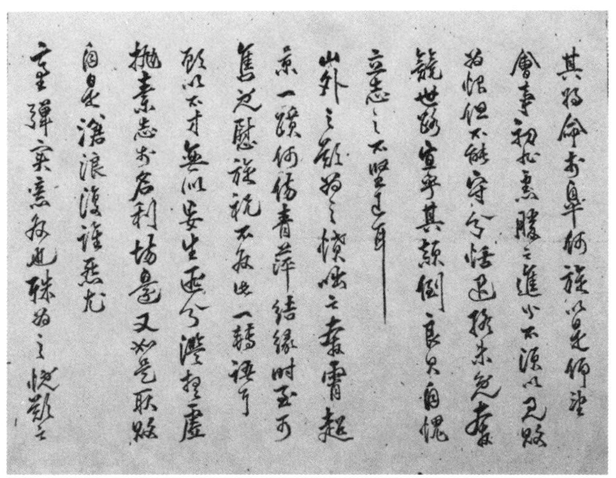

【 脫草 33 】

其將命於皐 何旋以是仰望

會事[153]初非慮勝[154]而進 則不須以見敗

153 會事: 과거 시험을 보는 일.

154 慮勝: 처음부터 이길 것을 헤아려 봄.

爲恨 但不能守分恬退 終未免奔

競[155]世路宜乎其顚倒良貝 自愧

立旨之不堅已耳

山外[156]之歎 爲之憤咄 而奔霄[157]超

景[158]一躓 何傷靑萍[159] 結緣時至可

售 旣慰旋祝 不外此一轉語[160]耳

願以不才 無似妄生匪分濫想虛

抛素志於名利場邊 又如是取敗

自是 滄浪[161]復誰怨 尤

臺彈實意外也 殊爲之慨歎 而

---

155 奔競: ①벼슬자리를 얻거나 청탁하기 위하여 고관 집을 찾아다니는 것(《청음집淸陰集》 사헌부 집의司憲府執義 회곡晦谷선생 권공權公 춘란春蘭 묘지명). ②이익을 추구하여 권세 있는 사람을 경쟁적으로 좇아다닌다는 뜻으로, 엽관獵官 운동을 하는 것(《계원필경집桂苑筆耕集》 전前 소주邵州 녹사참군錄事參軍 고현부顧玄夫를 섭동성攝桐城 현령縣令에 임명한 글)

156 山外: 명락손산名落孫山. 과거 시험 합격자 중 손산의 이름이 마지막이라는 말로, 과거 시험에 떨어졌다는 뜻. [동어] 손산지외孫山之外-이 성어는 남송南宋의 범공칭範公偁이 쓴 과정록過庭錄에서 연유.

157 奔霄: 명마의 하나. 주周나라 목왕穆王이 천하를 주유하면서 요지瑤池에 당도하여 서왕모西王母를 만나기까지 하였는데, 이때 타고 다녔다는 여덟 필의 준마로, 그 이름은 절지絶地, 우羽, 분소奔霄, 초영超影, 유휘踰輝, 초광超光, 등무騰霧, 협익挾翼이라 하기도 하고, 적기赤驥, 도려盜驪, 백의白義, 유륜踰輪, 산자山子, 거황渠黃, 화류華騮, 녹이綠耳라 하기도 함.

158 超景: 명마의 하나. 예) 痛哭人間世 公今又遽亡 涉川方有待 埋玉豈無傷 絶足元超景 宏材卽豫章 栢梁資結構 天廐備騰驤 獻策通儒辯 分符太守良 衕奚專管晏(柳下集卷之十一 此以下補遺 南陽洪世泰道長著 趙參判挽)

159 靑萍: ①옛날의 보검 이름. ②검劍의 이름으로, 여기서는 호걸스러운 기상을 일컬은 것.

160 轉語: 본래의 말에서 뜻이 변하여 다른 의미로 쓰이게 된 말. 바꾼 말.

161 滄浪: 세상을 따라 되는 대로 살아감. "창랑수滄浪水가 맑으면 나의 갓끈을 씻을 것이요, 창랑수가 탁하면 나의 발을 씻으리(滄浪之水淸兮 可以濯吾纓 滄浪之水濁兮 可以濯吾足)" (굴원屈原의 어부사漁父辭/《맹자》 이루離婁).

【譯文 33】

장차 높은 곳에서 명령을 할 수 있으나 어찌 다만 이 때문에 우러러 바라볼 뿐이겠습니까?

○ 과거 시험을 보는 일은 처음부터 합격할 것을 짐작한 뒤에 나아가는 것이 아니니 모름지기 실패를 당한다고 해서 한이 되지는 않을 것입니다. 다만 분수를 지켜 깨끗이 물러날 수 없으면 끝내 출세 길을 다투어 세상 살아가는 데 있어서 전도되고 낭패됨을 면치 못할 것이니, 세운 뜻이 견실하지 못한 것을 스스로 부끄러워할 뿐입니다.

○ 과거 시험에 낙방한 것은 분통할 일이나, 명마들인 분소와 초경이 한 번 넘어진다고 하여 어찌 청평검을 손상시킬 수 있겠습니까? 인연이 되어 때가 이르면 과거에 급제할 수 있으니, 위로하고 나서 곧 바로 축하하는 이것이 다름 아닌 하나의 전어轉語일 것입니다.

○ 돌이켜보면 재주가 없는 이 몸은 망령되이 살아서 분수에 넘게 허망함을 생각하지 않을 수 없는 것 같으니, 명리와 눈앞의 이익에 평소의 뜻을 포기하고 또한 이처럼 패배를 당하여, 이제부터 '창랑생활(세상 따라 되는대로 살아감)'을 한들 다시 누가 원망할 것입니까? 더욱이 대간의 탄핵은 실로 의외이고 자못 개탄스러워서…

【圖 34】

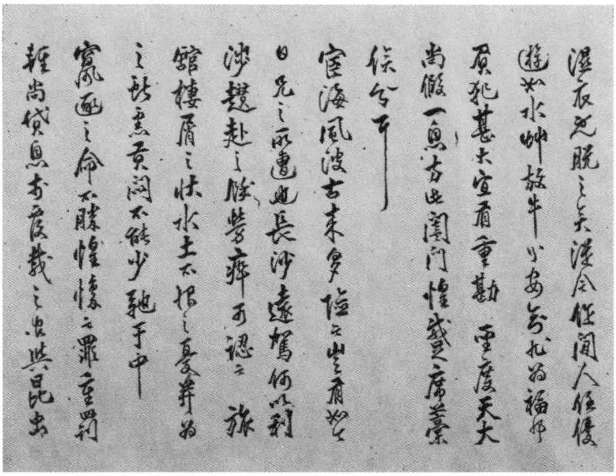

【脫草 34】

濕衣旣脫之矣 從今作閒人 任優

遊如水草放牛 則安知非爲福耶

負犯甚大 宜有重勘 聖度天大

尙假一息 方此闔門 惶蹙席藁

俟分[162]耳

宦海風波 古來多險 而豈有如今

日 兄之所遭也 長沙遠駕 何以利

涉 趲赴之餘 勞瘁可認 而旅

---

162 席藁俟分: 석고대죄하면서 처분을 기다림.

館棲屑之狀 水土不服[163]之憂 幷爲

之獻慮貢悶 不能少弛于中

竄逐之命 不勝惶懍 而罪重罰

輕 尙貸息於覆載之間[164] 與昆蟲

【 譯文 34 】

젖은 옷은 이미 벗어버렸습니다. 이제부터 벼슬살이를 하지 않는 한가로운 사람이 되어 수초와 방목한 소처럼 마음대로 노닐고 있으니, 어찌 복받은 것이 아님을 알겠습니까?

○ 지은 죄가 매우 커서 마땅히 엄중한 문초가 있어야 할 것인데, 성상의 도량이 하늘같이 커서 오히려 근근히 살아있으면서 바야흐로 지금 대궐의 문앞에서 황송하여 몸을 움추리고 석고대죄하여 처분을 기다리고 있습니다.

○ 관리 사회의 풍파는 예로부터 험난함이 많은데 어찌 오늘과 같은 날이 있습니까? 형께서 조우한 것은 긴 사막을 멀리 건너가는 수레인데 어떻게 하여야 순조롭게 사막을 건너겠습니까? 말이 놀라 이리저리 흩어졌다가 겨우 도착한 나머지 몹시 지쳐서 초췌한 모습이 될 것임을 알만하고, 여관으로 전전하는 모습과 풍토나 물이 맞지 않아 위장이 상하지나 않을까 하는 걱정으로 함께 염려하고 답답하여 조금도 마음

163 水土不服: ①물이나 풍토風土가 몸에 맞지 아니하는 그 지방의 물과 풍토. ②풍토나 물이 맞지 않아 위장이 상함(《홍재전서》 제178권 日得錄 18 訓語 5)

164 覆載之間: 천지지간天地之間.

을 놓을 수가 없습니다.

○ 먼 곳으로 귀양 보내라고 명령하시니 황공함을 이길 수 없는데, 죄는 중하나 벌은 가벼워 오히려 천지지간에 숨쉬고 있으니, 곤충과 더불어…

【 圖 35 】

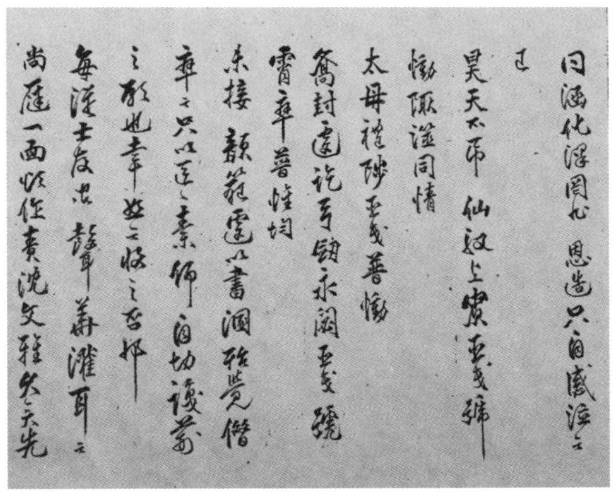

【 脫草 35 】

同涵化澤 罔非恩造 只自感泣而已

昊天不弔 仙馭上賓[165] 臣民號

慟 陬澨同情

165 仙馭賓天: 임금의 붕어. 선어仙馭-학鶴을 탐. 빈천賓天-하늘나라의 손님.

太母禮陟 臣民普慟

喬[166]封遽訖弓劒[167]永閟[168] 臣民號

霄 卒普惟均

未接顔範 遽以書溷 殆覺僣

卒 而只以區區素仰 自切識荊[169]

之願也 幸恕而收之否耶

每從士 友間聲華灌耳 而

尙遲一面 煩作責沈文[170] 雅久矣 先

【譯文 35】

함께 입은 화택이 은혜 아님이 없는지라 다만 스스로 감격의 눈물을 흘릴 뿐입니다.

○ 하늘이 불쌍히 여기지 않아 임금님이 붕어하시니 신민이 소리쳐 통곡하고 온 나라가 같은 심정입니다.

---

166 喬山: 옛날에 황제를 장사 지낸 곳으로 지금의 섬서성陝西省 지역에 있는데, 임금을 장사 지낸 곳을 뜻하는 말.

167 弓劍: 궁검원弓劍遠의 준말. 임금의 죽음을 이르는 것.

168 弓劒永閟: 활과 검을 영원히 감춤. 임금이나 왕비의 죽음을 이르는 말.

169 識荊: 처음 면식을 갖는 것. 이백李白이 한형주韓荊州에게 준 편지에, "나서 만호후萬戶侯를 봉하는 것 필요 없고 다만 한 번 한형주를 면식하기 바란다(生不用封萬戶侯, 但願一識韓荊州)"는 말이 있는데 이는 한조종韓朝宗이 형주장사荊州長史로 있었기 때문에 쓴 말. '식형지원識荊之願'은 만나보기를 갈구하는 소원.

170 責沈文: 현자賢者를 알지 못하는 것을 스스로 부끄러워하는 것을 적은 글. ①《논어》〈술이述而〉의 "섭공葉公 심제량沈諸梁이 공자가 성인임을 알아보지 못하고 자로子路에게 물은 것을 책한다"는 글. ②송나라 진형중陳瑩中이 처음에 정백순程伯淳을 몰랐다가, 범순부范淳夫에게 듣고는 자기가 어진 사람을 알지 못한 것을 뉘우치고서 지은 글.

○ 태후께서 승하하시니 신민이 모두 통곡합니다.

○ 교산의 봉분이 급히 완성되어 활과 검을 영원히 감추게 되었으니(임금이 돌아가셔서 장례를 치렀으니) 신민이 하늘을 보고 통곡함이 두루 같은 심정입니다.

○ 직접 뵙지 못하고 갑자기 편지로서 어지럽히니 마땅히 주제넘는 일인 줄 깨달았으나 다만 구구한 평소의 바람으로는 처음으로 직접 만나뵙기를 간절히 원하는 것입니다. 바라건대 용서하여 받아주시지 않겠습니까?

○ 매번 벗들을 따르는 사이에 명성을 익혔으나, 아직까지 한번 뵙는 것이 늦어져서 번거롭게 책심문을 지은 지 아주 오래되었는데, 먼저…

【圖 36】

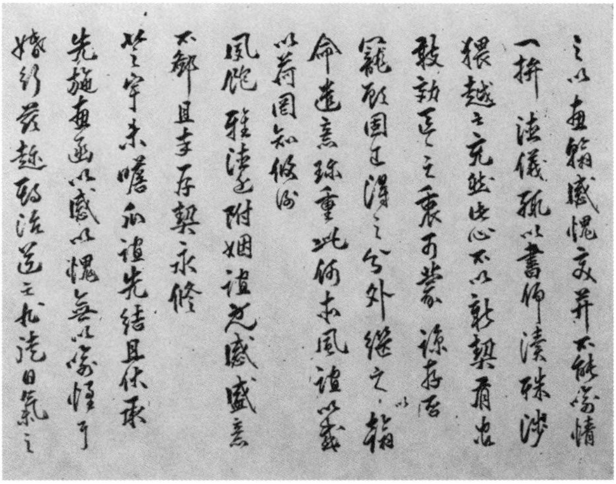

【脫草 36】

之以惠翰 感愧交幷 不能喩情

一拚 德儀 輒以書仰溸 殊涉

猥越而充然 此心不以新契[171]有間[172]

敢効區區之衷 可蒙諒存否

寵顧 固已得之 分外繼之 以翰

命遣意珍重 此何等風誼以感

以荷 罔知攸例

夙飽雅德 近附姻誼 旣感盛意

不鄙 且幸存契永修[173]

芝宇[174]未瞻 瓜誼先結 且伏承

先施惠函 以感以愧 無以喩懷耳

婚行玆趂期治道 而非徒日氣之

171 新契: ①새로 사귐. (《다산시문집》 제2권 〈증강용민贈姜用民〉) 타향에 새로 사귄 벗이 많은데(客土多新契) / 명문가의 준수한 인물 얻었네(名門得俊姿) ②새 친구를 사귐. (《상촌선생집》 제13권 〈칠언율시七言律詩 10〉) 조정 반열 옛길에 새 친구 사귀지 말고(鵷班舊路休新契) / 손수레로 깊은 산에 어진 아내 함께 하리(鹿駕深山共逸妻).

172 有間: 다른 마음이 섞이어 일심이 되지 못함.

173 永修: 영원히 닦아 나가다. 길이 행하다. "신이 원하건대 황제의 명령을 본국에 일러 옛 서울에 다시 도읍하여 자손만대에 길이 번신藩臣의 직분을 닦게 하겠습니다(臣願將帝命 諭本國 令復都舊京 子孫萬世 永修藩職…)" (《고려사절요高麗史節要》 卷之十七 高宗安孝大王[四] [癸丑四十年 宋 寶祐元年, 蒙古 憲宗三年])

174 芝宇: 눈썹과 그 주위(眉宇). 남의 의용儀容에 대한 존칭어. 당나라 원덕수元德秀는 자가 자지紫芝인데, 재상 방관房琯이 항상 덕수를 볼 적마다 찬탄하며 말하기를, "자지紫芝의 눈썹을 보면 사람으로 하여금 명리名利의 마음이 다 사라지게 한다" 하였다(房管每見德秀 叹息曰 見紫芝眉宇 使人名利之心都盡). 《新唐書 元德秀傳》

【譯文 36】

은혜로운 편지를 주시니 감격하고 부끄러움이 아울러 교차되어, 손뼉을 치고 싶은 기쁜 마음을 비유할 수 없습니다. 당신의 덕과 범절을 늘 편지로서 우러러 사모해 왔는데, 매우 외람되이 분수에 넘치게도 마음에 꽉 차서 이 마음은 새로 사귐에 딴 생각이 없으니, 감히 본받고 싶은 구구한 충정을 헤아려 보살펴 주심을 입을 수 있겠습니까?

○ 총애하고 돌보아 주심은 실로 이미 얻었으며 분수에 넘게 이어져서, 편지로 명하여 보내주신 뜻이 진중하니 이 얼마나 감격스럽고 은혜로운 풍모와 정의인지 그 전례를 알지 못하겠습니다.

○ 아름다운 덕이 일찍이 충만하게 갖춰져 혼인의 도리에 아주 부합하니 융숭한 뜻이 인색하지 않음에 감사하고, 또한 맺은 인연을 보존해서 길이 베풀기를 바라나이다.

○ 용모를 살펴보지 못했으나 인척 관계가 먼저 맺어지고 또한 삼가 먼저 보내주신 함을 받으니 감사하고 부끄러워 무어라 감회를 비유할 길이 없습니다.

○ 혼인의 행례가 지금 기일이 다 되어 길을 닦는데, 다만 일기는…

【 圖 37 】

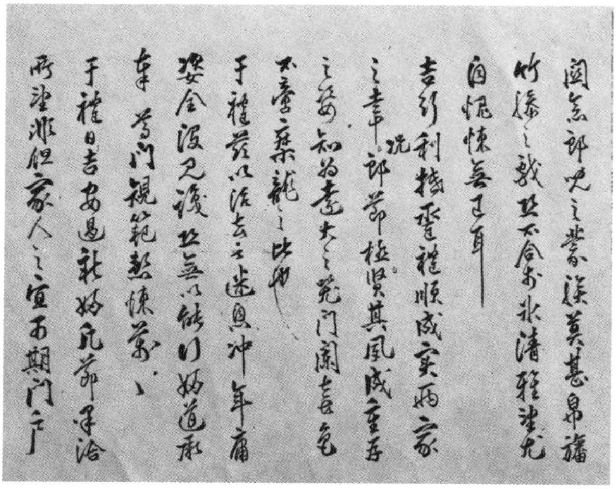

【 脫草 37 】

闗 念郎兒之蒙騃莫甚 帛旛

竹騄之戲 恐不合於氷淸[175]雅望 尤

自愧悚無已耳

吉行[176]利抵 巹禮[177]順成 實兩家

之幸 郎節極賢 其夙成重存

之姿 知爲遠大之器 門闌喜色

不啻 桒龍之比也

175 氷淸: 장인.

176 吉行: ①혼인婚姻과 같은 경사스러운 일로 떠나는 길. ②제왕들이 순행이나 유람을 위해 길을 떠남 또는 임금이 국내를 순행하는 것.

177 巹禮: 술잔을 올리는 예식. 혼례婚禮.

于禮玆以治去 以迷息冲年 庸

姿全沒見識 恐無以能行婦道承

奉尊門規範 慙悚萬萬

于禮[178]日吉安過 新婦凡節 果洽

所望 非但家人之宜 可期門戶

【譯文 37】

관심사가 아닙니다. 생각건대 신랑 아이는 못나고 어리석음이 매우 심하여 비단 기를 휘두르고 죽마를 타고 놀고 있으니, 장인의 맑고도 고아한 명망에 부적합할까 염려되어 더욱 스스로 부끄럽고 송구함이 그지없습니다.

○ 경사스러운 행렬이 잘 도착하여 혼례가 순조로이 이루어지니 실로 양가의 행복입니다. 신랑의 범절이 극히 어지니 숙성하여 중후하고 점잖은 모습인지라, 큰 그릇이 될 것임을 알 수 있으니 가문의 기쁨일 뿐만 아니라 용을 탄 사람으로 비유됩니다.

○ 우례가 제대로 치러졌으나, 저의 딸이 어린 나이인데다 용렬한 바탕에 아는 것이 전혀 없으니, 며느리의 도리를 능히 행하여 사돈댁의 규범을 이어받아 제대로 받들지 못하지나 않을까 하는 생각으로 부끄럽고 송구함이 매우 큽니다.

○ 우례가 날이 길하여 편안히 치러졌고 신부의 범절이 과연 바라는

178 于禮: 신부가 처음으로 시집으로 들어가는 예식.

바에 흡족한지라, 집안 사람을 화목하게 할 뿐만 아니라 가문이 번창함을 기약할 수 있으니, …

【圖 38】

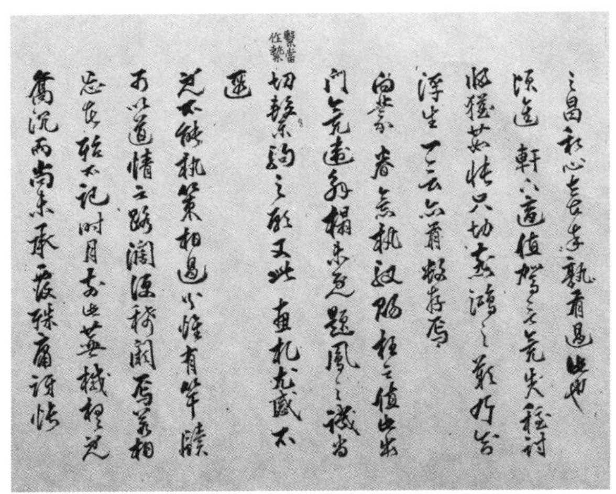

【脫草 38】

之昌 私心喜幸 孰有過此也

頃進軒下 適值駕言[179] 竟失穩討

歸猶茹悵 只切燕鴻之歎[180] 乃知

179 値駕言: 출타함. 예) "선생의 관사에 찾아왔더니, 공교롭게도 출타하시어, 섭섭한 마음으로 돌아갑니다(委進館下 巧値駕言 悵惘而歸矣 不遇)." (《薊山紀程》 卷之三 訪洪梧翰林)

180 燕鴻之歎: 봄과 가을에 엇갈리는 제비와 기러기처럼 서로 반대 입장이 되어 만나지 못함을 한탄하는 말.

浮生一會亦有數存焉

向蒙眷意 執馭賜枉 而值此出

門 意違解搨 未免題鳳[181]之譏 尙

切縶(縶-繫當作縶)駒之願 又此惠札 尤感不

遐

旣不能執策[182] 相過 則惟有竿牘

可以道情 而路闊便稀闕焉 若相

忘者 殆不記時月前此蕪械[183] 想旣

喬沈[184] 而尙未承覆 殊庸訝悵

【譯文 38】

개인적으로 마음이 기쁘고 다행함은 무엇이 이보다 나을 수 있겠습니까?

○ 근자에 당신 댁을 찾아갔더니 때마침 출타하였다 하여 결국 만나서 정담을 나누지 못하고 돌아가니 오히려 한스럽고, 다만 제비와 기러

---

181 題鳳: 벗을 방문하였다가 헛걸음함. 진晉의 여안呂安이 친구인 혜강嵇康을 찾아갔는데, 혜강은 없고 그의 형 혜희嵇喜가 나와 맞이하자 문위에 "봉鳳" 자를 써 놓고 그대로 돌아갔다는 데에서 유래함. '봉鳳'을 파자하면 '범조凡鳥'가 되어 '보통 새'라는 의미로 혜희를 놀린 것인데 혜희가 그것을 모르고 좋아하였다고 함. 예문) 十日前 造拜高屛 閽者阻之 題鳳而還(서울대학교 박물관, 성문준成文濬 간찰 중에서)

182 執策: ①과거 시험의 고관考官(시험관)이 시험 문제를 묻는 것. 예) "고책考策은 그 체재가 지금 집책執策(考官을 執事라 일컬으므로 고관이 묻는 것을 집책이라 함)과 같으며…" (《경세유표》 제15권 春官修制 選科擧之規 2). ②채찍을 잡음.

183 蕪函: 문장이 거친 편지. 자기 편지를 낮춰 부르는 말.

184 喬沈: (편지 등을) 도중에 분실함.

기의 탄식이 절절하니, 그래서 부평초 같은 인생이 한 번 만나는 것도 운수라는 것이 있음을 알겠습니다.

○ 보살펴 주시는 뜻을 입은 데다가 몸소 왕림해 주셨는데, 이처럼 출타하게 되어, 그 뜻을 제대로 이해하지 못한 "제봉題鳳"의 비난을 면하지 못하게 되었으니, 오히려 망아지를 매어놓고 싶은 심정이 간절한데, 또 이번의 은혜로운 편지는 더더욱 감사합니다.

○ 처음부터 문의할 수가 없어서 지나쳐 버린 즉 생각건대 편지가 있으니 사정을 말할 수가 있었는데, 길은 넓으나 인편이 드물어 편지를 보내지 못했습니다. 만약에 잊은 것이라면 이 편지 이전의 달과 시를 거의 기억할 수 없을 것입니다. 생각건대 이미 편지가 도중에 분실되어 아직까지 답장을 받지 못하였으리니, 이로써 자못 의아하고 섭섭합니다.

【圖 39】

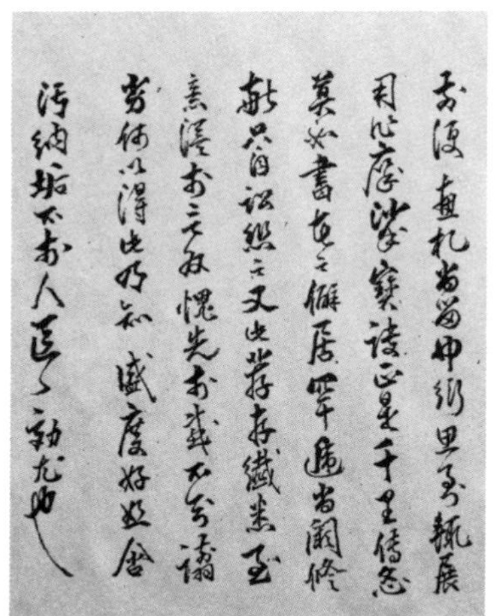

【脫草 39】

前便惠札 尙留巾衍 思到輒展
用作摩挲寶訣 正是千里傳迒
莫如書者 而僻居罕遞 尙闕修
敬[185] 只自訟愆[186] 而又此荐存纖悉 至
意溢於言外 愧先於感不知譾
劣 何以得此 乃知 盛度好恕 含
汚納垢[187] 不於人區區効尤也

【譯文 39】

○ 앞서 보내주신 편지는 아직도 상자속에 넣어 덮어두고 있는데 생각이 문득 펼쳐져 이 편지들로서 〈마사보결摩挲寶訣〉을 만드는 데 이르렀습니다. 바로 이것이 천리까지 힘써 전해지는 데는 책만한 것이 없을 것인데, 내가 가지고 있으면 잘 전해지지도 않고 또한 답장도 빠져 있으니, 다만 스스로 허물을 드러내고 또한 이것이 거듭 세밀하게 궁구함이 있어야 편지의 지극한 뜻이 언외로 넘칠 것인지라, 감사함에 앞서 천박하고 졸렬함을 알지 못하여 부끄러우니 어떻게 이것을 얻겠습니

185 修敬: 답장. 경복敬復.

186 訟愆: 허물을 드러내다. 자책하다.

187 含垢納汚: 능히 오물을 용납하고 욕을 참는 것.《완당집阮堂集》〈홍소화 낙유에게 주다(與洪小華樂有)〉; "거친 땅에는 숱한 초목이 자라지만 맑은 물에는 항상 물고기가 없느니라. 그러므로 군자는 마땅히 때 묻음을 감싸고 더러움도 받아들이는 아량이 있어야 하고, 결백함을 즐기어 혼자서만 실행하려는 절조를 가져서는 아니 되느니라(地之穢者多生物 水之淸者常無魚 故君子 當存含垢納汚之量 不可持好潔獨行之操)."(《채근담菜根譚》)

까. 다만 잘 헤아리시어 좋은 정으로 동정해주시고 때묻어 더러운 것도 받아들이시어, 남들에게 소소한 허물이 드러나지 않게 해주심을 알았습니다.

【圖 40】

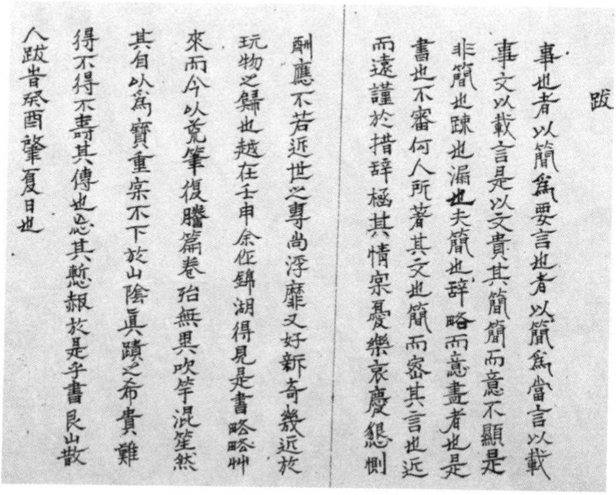

【脫草 40】

跋

事也者 以簡爲要 言也者 以簡爲當 言以載

事 文以載言 是以文貴其簡 簡而意不顯 是

非簡也 疏也 漏也 夫簡也 辭略而意盡者也 是

書也 不審何人所著 其文也簡而密 其言也 近

而遠 謹於措辭[188] 極其情実[189] 憂·樂·哀·慶·懇·惻·
酬應 不若近世之專 尙浮靡又好新奇 幾近於
玩物之歸也 越在壬申 余作錦湖得見是書 略略草
來而今以荒筆 復謄篇卷 殆無異吹竿混笙然
其自以爲寶重 実不下於山陰眞蹟之希 貴難
得 不得不壽其傳也 忘其慙赧 於是乎書 艮山散
人跋 旹癸酉肇夏日也

【 譯文 40 】

일이라는 것은 간략함을 요체로 삼고, 말이라는 것은 간략함을 마땅함으로 삼는다. 말은 일을 담고, 글은 말을 실으니 이로써 문은 그 간략함을 귀히 여긴다. 간략하나 의미가 드러나지 않으면 이는 간략함이 아니고 소홀함이요 누락됨이다. 대저 간결함이란 말은 간략하나 뜻은 모두 표현된 것이다. 이 글은 어떤 사람이 지었는지 알지 못하나 그 문장이 간략하면서도 빈틈이 없고, 말은 가까우면서도 뜻은 머니 조사措辭에 삼가고 그 실제적인 내용을 극진히 하여서 우憂·락樂·애哀·경慶·간懇·측惻에 응수함이 근세의 것이 오로지 부미浮靡함을 숭상하고 신기함을 좋아하여서 외물을 완상하는 것으로 귀결됨에 거의 가까운 것과는 같지 않다.

188 措辭: 언어를 구사하는 것. 시가詩歌나 문장을 구성함에 있어서 문자의 용법과 문구의 배치 등을 일컫음.

189 '実'은 '實'의 古字.

지난 임신壬申(1932)년에 나는 금호錦湖[190]에서 처음 이 글을 얻어 보고 대강 베껴가지고 왔는데, 지금 거친 붓글씨로 다시 편권篇卷을 쓰니 긴 젓대와 조율 안 된 생황을 섞어 부는 것과 거의 다름이 없다. 그러나 스스로 그것을 귀중한 보배로 여겨 실로 왕희지의 희서인《난정서蘭亭序》보다 아래에 두지 않으며, 얻기 어려운 귀중한 것은 오래도록 전하지 않을 수 없는지라 부끄럽고 낯 뜨거움을 잊고 이에 글을 쓰노라. 간산산인艮山散人이 발하노라.

때는 계유癸酉(1933)년 이른 여름날이라.

〈간산필첩〉의 발문은 탄허선사의 남아있는 유묵 가운데 유일한 예서체 작품이라는 점에서 그 가치가 지대하다. 탄허의 서예는 이미 불교계를 넘어 한국 전체에 그 명성이 자자하다. 그의 서예 작품은 여러 형태의 유묵집을 통해 남아 있으며,[191] 그의 서예 미학에 대한 연구도 이미 이루어진 바 있다.[192] 이 방면에서 이 〈간산필첩〉이 가지는 또 하

---

190 여기서의 '錦湖'는 충남 보령군 주포면 송학리 첩동의 '錦湖堂'이라는 서당 이름이다. 탄허는 17세 되던 해에 토정 이지함 선생의 가문과 혼인을 맺고 처가가 있는 보령으로 옮겨가서 살았다. 탄허는 8남매의 둘째였는데 부친이 독립운동을 하여 집안이 극도로 가난했던 탓에 장가갈 때 세 명의 동생을 함께 데리고 갔다고 한다. 그곳에서 면암 최익현의 학통을 이은 이극종 선생에게 유가의 5경을 수학했는데 금호당은 바로 탄허가 이극종으로부터 유학을 배우던 서당으로 당시 인근에서 매우 유명했던 곳이었다고 한다. 현재 주포면에는 '송학리'라는 지명은 없다. 하지만 '송학'이란 옛 명칭이 들어간 공장이 있어 옛 흔적이 남아있다. 이 내용은 교림출판사의 서우담 선생으로부터 확인한 내용이다.

191 국립중앙박물관 편, 2013 ; 오대산 월정사, 2014 ; 오대산문도회·탄허불교문화재단·교림(편), 2012 ; 월정사·성보박물관(편), 2014 ; 탄허기념박물관(편), 2010.

192 이동국, 2013.

나의 중요한 의미는 탄허가 10대에 이미 왕희지체와 추사체를 숙련했음을 보여준다는 점이다. 향후 그의 대표적 서체로 자리 잡은 행초서의 기본적인 필의가 이미 드러나고 있으며 예서까지 수련하고 있었음이 발견된다.

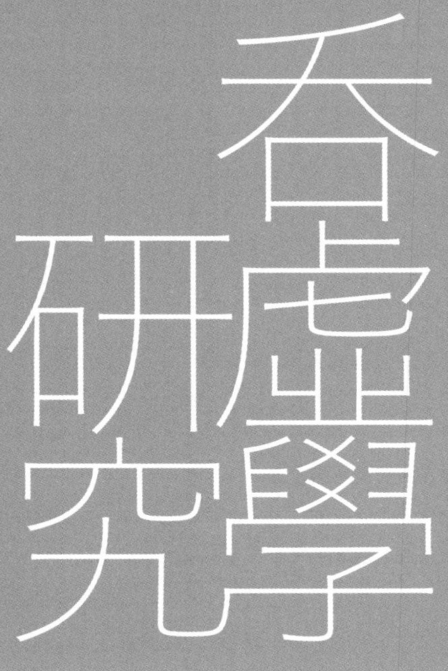

참고 문헌

【원전 · 국외 자료】

- 《正易》.
- 《周易》.
- 宣穎,《莊子 南華經解》, 臺北:廣文書局, 1978.
- 嚴靈峰 編,《無求備齋老子集成初編》, 臺北:藝文印書館, 民國 54(1965).
- 嚴靈峰 編,《無求備齋莊子集成初編》, 臺北:藝文印書館, 民國 61(1972).
- 李通玄 撰,《新華嚴經論》, 大正新脩大藏經 Vol. 36.
- 錢奕華,《宣穎南華經解之硏究》, 臺灣:萬卷樓, 2000.
- 程顥·程頤 撰, 潘富恩 導讀,《二程遺書》卷 15, 上海:上海古籍出版社, 2000.
- 焦竑,《漢文大系 9 老子翼·莊子翼》, 東京:富山房, 1984.
- 許愼/湯可敬 撰,《說文解字今釋 (全三卷)》, 長沙:岳麓書社, 1997.

【기초 연구 자료】

- 국립중앙박물관 편,《월정사의 한암과 탄허》, 서울:국립중앙박물관, 2013.
- 김탄허 강설,《동양사상 특강》, CD 총 18장, 서울:교림, 2002.
- 김탄허 강설,《탄허 스님 간추린 법문》, 테이프 총 15개, 서울:교림, 1983.
- 김탄허 강설,《화엄경 강의:화엄경회석 》, 테이프 총 10개, 화성:신흥사, 1978.
- 김탄허 역,《발심삼론發心三論》, 서울:교림, 2001.
- 김탄허 역,《보조법어普照法語》, 서울:교림, 2002.
- 김탄허 역,《육조단경六祖壇經》, 서울:교림, 2001.
- 김탄허 역해,《도덕경 선주》, 전 2권, 서울:교림, 1982.
- 김탄허 역해,《서장書狀 · 선요禪要》, 서울:교림, 2012.
- 김탄허 역해,《신화엄경합론》, 전 23권, 서울:교림, 2011.
- 김탄허 역해,《장자 남화경》, 서울:교림, 2004.
- 김탄허,《부처님이 계신다면》, 서울:교림, 2001.
- 김탄허,《피안으로 이끄는 사자후》, 서울:교림, 2000.
- 김탄허,《현토역주 주역선해》, 전 3권, 서울:교림, 1996.
- 김탄허,《현토역해 노자 도덕경》, 서울:교림, 2011.
- 김탄허,《현토역해 능엄경》, 서울:화엄학연구소, 1981.

- 김탄허,《현토역해 신화엄경합론》, 권1, 서울: 화엄학연구소, 1975.
- 오대산 월정사,《탄허대종사 유품 · 유묵 목록집》, 평창: 오대산 월정사, 2014.
- 우익지욱 저, 김탄허 역주,《주역선해》, 전 3권, 서울: 교림, 2010.
- 월정사 · 김광식,《방산굴의 무영수》, 상 · 하, 서울: 민족사, 2013.
- 월정사 · 성보박물관,《한암 · 탄허선사 서간문》, 서울: 민족사, 2014.
- 월정사 · 탄허문도회 편,《방산굴 법어》, 증보판, 평창: 오대산 월정사, 2013.
- 탄허 강론,《동양사상(儒 · 佛 · 禪 · 華嚴) 특강 교재》, 서울: 교림, 2002.
- 탄허 강론,《탄허대종사 법음집》, CD 총 18장, 서울: 교림, 2002.
- 탄허 필,〈간산필첩艮山筆牒〉, 평창: 월정사 성보박물관(영인본), 1933.
- 탄허,《탄허록》, 서울: 한겨레출판, 2012.
- 탄허기념박물관 편,《탄허대종사 유묵집》, 서울: 탄허기념박물관, 2010.
- 탄허불교문화재단 편,《탄허선사의 선교관》, 평울: 오대산 월정사, 2004.
- 탄허장학회,《탄허 강설집-신화엄경합론》, 권 1, 서울: 불광출판사, 2003.
- 한암문도회 · 월정사 편,《한암 일발록》, 서울: 민족사, 1995.

【국내 자료】

- 감산덕청 저, 제월통광 현토 국역,《장자 감산주》, 서울: 통광불교연구원, 2015.
- 감산대사 주해, 송찬우 역,《장자선해莊子禪解》, 서울: 세계사, 1991.
- 대산 김석진 역해,《주역전의대전역해》, 상, 서울: 대유학당, 2011.
- 무비 편찬,《화엄경》, 제10권, 서울: 민족사, 1994.
- 박세당 저, 김학목 역,《박세당의 노자》, 서울: 예문서원, 1999.
- 박세당 저, 전현미 역주,《박세당의 장자, 남화경주해산보 내편》, 서울: 예문서원, 2012.
- 박완식 편,《장자를 만나다: 남화경해南華經解 선영주宣穎註》, 서울: 박문사, 2014.
- 성백효 역주,《맹자집주》, 서울: 전통문화연구회, 1992.
- 이운허 역,《대방광불화엄경 1》, 서울: 동국역경원, 2011.
- 이통현 저, 효산 역해,《약석신화엄경론》, 서울: 운주사, 1999.
- 최귀묵 역저,《김시습 조동오위요해 역주 연구》, 서울: 소명출판, 2006.
- 퇴옹성철,《백일법문》, 상 · 하, 경남: 장경각, 2001.
- 퇴옹성철,《본지풍광 · 설화: 무엇이 너의 본래 면목이냐》, 1·2, 경남: 장경각, 2007.

- 퇴옹성철, 《선문정로禪門正路》, 경남 : 장경각, 1997.
- 퇴옹성철, 《영원한 자유의 길》, 경남 : 장경각, 1997.
- 퇴옹성철, 《영원한 자유》, 경남 : 장경각, 1988.
- 퇴옹성철, 《한국불교의 법맥》, 경남 : 장경각, 1990.
- 해운정사 편, 《진제대선사 선禪 백문백답》, 서울 : 현대불교신문사, 2006.
- 향곡선사문도회 편, 《향곡선사 법어》, 대구 : 성보문화재연구원, 1998.
- 혜암문도회 편, 《혜암대종사 법어집》, 1·2, 경남 : 해인사 원당암, 2007.

【국내 저서】

- 강건기 · 김호성 편저, 《깨달음, 돈오점수인가 돈오돈수인가》, 서울 : 민족사, 1994.
- 고영섭, 《한국불학사-신라시대 편》, 서울 : 연기사, 2005.
- 고은, 《만인보 10》, 서울 : 창작과 비평사, 1996.
- 권영원, 《정역과 천문역》, 대전 : 상생출판, 2013.
- 권영원, 《정역구해正易句解》, 대전 : 상생출판, 2011.
- 김광식, 《기록으로 본 탄허대종사》, 서울 : 탄허불교문화재단, 2010.
- 김미숙, 《인도불교와 자이나교》, 서울 : 씨아이알, 2013.
- 김정현 저, 노영균 역, 《정역주의正易註義》, 대전 : 아람, 2004.
- 김호성, 《방한암선사》, 서울 : 민족사, 1995.
- 문광 편, 《탄허사상 특강》, 서울 : 교림, 2021.
- 문광, 《탄허선사의 사교 회통 사상》, 서울 : 민족사, 2020.
- 문광, 《탄허학의 골수와 종지》, 서울 : 탄허기념박물관, 2013.
- 문광, 《한국과 중국 선사들의 유교 중화中和 담론》, 서울 : 불광출판사, 2020.
- 박상화, 《정역과 한국》, 서울 : 공화출판사, 1981.
- 박상화, 《정역석의正易釋義》, 서울 : 동아출판사, 1971.
- 법전, 《누구 없는가》, 서울 : 김영사, 2009.
- 법정 스님, 《선지식을 찾아서》, 서울 : 동쪽나라, 2002.
- 서옹, 《임제록 연의》, 서울 : 아침단청, 2012.
- 심재열 편역, 《미륵삼부경 · 원효술 상생경종요》, 서울 : 보련각, 1998.
- 오대산 월정사 편, 《되돌아본 100년, 탄허》, 서울 : 조계종 출판사, 2013.

- 오대산 월정사 편,《미래를 향한 100년, 탄허》, 서울:조계종 출판사, 2013.
- 원행,《탄허대종사 시봉이야기》, 서울:에세이스트, 2018.
- 유남상·임병학,《一夫傳記와 正易哲學》, 대전:연경원, 2013.
- 이정호,《정역 연구》, 서울:국제대학 인문사회과학연구소, 1976.
- 이정호,《정역과 일부》, 서울:아세아문화사, 1987.
- 이정호,《제3의 역학》, 서울:아세아문화사, 1992.
- 이종익 · 무관 역,《미륵경전》, 서울:민족사, 1996.
- 일연 저, 리상호 역,《삼국유사》, 서울:까치, 1977.
- 자현,《월정사의 유래와 한강의 시원》, 서울:운주사, 2011.
- 최완수,《한국 불상의 원류를 찾아서 1-법수동류》, 서울:대원사, 2002.
- 한국불교사연구소 편,《문학 · 사학 · 철학-탄허택성 특집호》, 33, 서울:대발해동양학, 한국학연구원 · 한국불교사연구소, 2013.
- 한국불교학회,《탄허대종사 탄신 100주년 불교학술대회-탄허대종사의 인재양성과 교육 이념의 시대 정신》, 서울:한국불교학회, 2013.
- 한국정신문화연구원,《역주 삼국유사 Ⅲ》, 서울:이회문화사, 2003.
- 해주 스님 강의,《화엄경 여래출현품》, 서울:민족사, 2001.
- 해주 스님,《화엄의 세계》, 서울:민족사, 1998.
- 해주 초역,《지송한글 화엄경》, 서울:불광출판부, 1993.
- 현석 역주,《화엄경 개요》, 서울:우리출판사, 2002.
- 혜거 스님,《탄허대종사 경학관 1-譯經 序文 중심으로》, 서울:금강선원, 2009.

【국외 저서】

- 牟宗三, 김병채 역,《중국 철학 강의》, 서울:예문서원, 2011.
- 李澤厚, 임춘성 역,《중국 근대 사상사론》, 서울:한길사, 2005.
- 鄭家棟, 한국철학사상연구회 역,《현대 신유학》, 서울:예문서원, 1993.

【학위 논문】

- 문광(권기완), 〈한 · 중 선사들의 유가 중화설에 대한 담론 비교 연구-감산 · 지욱선사와 성철 · 탄허 선사를 중심으로-〉, 연세대학교 중어중문학과 석사학위 논문, 2011.

- 문광(권기완), 〈탄허택성의 사교 회통 사상 연구〉, 한국학중앙연구원 한국학대학원 철학과 박사학위 논문, 2018.

【논문】

- 고승학, 〈《신화엄경론》에 나타난 이통현의 《화엄경》 해석의 특징:중국 고유 사상과의 연관성을 중심으로〉, 《불교학연구》, 34, 불교학연구회, 2013.
- 고영섭, 〈탄허택성의 삼현관과 불교관〉, 《미래를 향한 100년, 탄허》, 서울:조계종출판사, 2013.
- 고영섭, 〈한암과 탄허의 불교울:해탈관과 생사관의 동처와 부동처〉, 《종교교육학연구》 26, 서울:한국종교교육학회, 2008.
- 김광식, 〈오대산 수도원과 김탄허〉, 《새불교 운동의 전개》, 서울:도피안사, 2002.
- 김방룡, 〈지눌과 성철의 법맥 및 돈점 논쟁 이후 남겨진 과제〉, 《동아시아불교문화》 16, 부산:동아시아불교문화학회, 2013.
- 김성철, 〈탄허 스님의 예지, 그 배경과 의의〉, 《한국불교학》 63, 한국불교학회, 2012.
- 김호성, 〈돈오돈수적 점수설의 문제점〉, 《깨달음, 돈오점수인가 돈오돈수인가》, 서울:민족사, 1994.
- 김호성, 〈돈점 논쟁의 반성과 과제〉, 《깨달음, 돈오점수인가 돈오돈수인가》, 서울:민족사, 1994.
- 김호성, 〈탄허의 결사운동에 대한 새로운 조명〉, 《한암사상》 3, 평창:월정사, 2009.
- 도대현, 〈퇴옹성철의 견성관과 유식 사상〉, 《한국불교학》 49, 서울:한국불교학회, 2007.
- 목정배, 〈선문정로의 근본 사상〉, 《보조사상》 4, 서울:보조사상연구원, 1990.
- 무관, 〈탄허의 선사상〉, 《탄허선사의 선교관》, 평창:오대산 월정사, 2004.
- 문광, 〈탄허선사 유불회통론의 '탄呑적 가풍' 연구〉, 《문학·사학·철학》 28·29, 한국불교사연구소, 2012.
- 문광, 〈탄허선사의 말세관과 미래학-불교 · 유교 · 기독교의 말세론과 《정역》 해설을 중심으로-〉, 《원불교 사상과 종교 문화》 71, 원광대 원불교사상연구원, 2017.
- 문광, 〈탄허선사의 유교 경전에 대한 불교적 해석:《논어》를 중심으로〉, 《한국불교학》 80, 한국불교학회, 2017.

- 문광, 〈탄허선사의 《장자》에 대한 불교적 해석〉, 《불교학보》 81, 동국대 불교문화연구원, 2017.
- 문광, 〈탄허택성과 동양사상:《주역》의 종지와 《노》《장》의 주해를 중심으로〉, 《한국불교학》 78, 한국불교학회, 2016.
- 문광, 〈탄허택성의 선사상 연구:역경관과 수행관을 중심으로〉, 《불교학보》 76, 동국대 불교문화연구원, 2016.
- 문광, 〈탄허학의 골수와 종지〉, 《문학·사학·철학》, 33, 한국불교사연구소, 2013.
- 문광, 〈현대 한국 선사상의 두 지평:성철의 '철徹'적 가풍과 탄허의 '탄呑'적 가풍〉, 《동아시아불교문화》 27, 동아시아불교문화학회, 2016.
- 문광, 〈華嚴學과 易學을 통해 본 呑虛의 艮山思想-오대산과 계룡산의 의미망을 중심으로-〉, 《정토학 연구》 31, 한국정토학회, 2019.
- 박성배, 〈보조국사는 증오를 부정했던가〉, 《깨달음, 돈오점수인가 돈오돈수인가》, 서울:민족사, 1994.
- 박성배, 〈성철 스님의 돈오점수설 비판에 대하여〉, 《깨달음, 돈오점수인가 돈오돈수인가》, 서울:민족사, 1994.
- 박태원, 〈돈점 논쟁의 독법 구성〉, 《철학논총》 69, 새한철학회, 2012.
- 박태원, 〈돈점 논쟁의 쟁점과 과제-해오 문제를 중심으로-〉, 《불교학연구》 32, 불교학연구회, 2012.
- 법정, 〈책 머리에〉, 《보조사상》 4, 서울:보조사상연구원, 1990.
- 서명원, 〈성철 스님 이해를 위한 고찰〉, 《불교학 연구》 17, 불교학연구회, 2007.
- 송인창, 〈계룡산 문화에 나타난 후천 개벽 사상〉, 《동서철학연구》 46, 한국동서철학회, 2007.
- 송일, 권상로, 〈불교결의佛教決疑:불기佛紀의 적확的確한 것을 뭇습니다. 문問 송일宋一, 답答 퇴경상로退耕相老〉, 《불교佛教》 2, 1927.
- 신규탁, 〈성철선사의 불교관에 나타난 개혁적 요소 고찰〉, 《한국불교학》 49, 한국불교학회, 2007.
- 신동하, 〈한국 고대의 불기 사용에 대하여〉, 《한국사론》 41-42호, 서울대 인문대학 국사학과, 1999.
- 심재룡, 〈"선문정로의 근본 사상"에 대한 논평〉, 《보조사상》 4, 보조사상연구원,

1990.
- 윤세순, 〈간찰서식집의 연구 현황과 제언〉, 《인문학연구》 27, 제주대 인문과학연구소, 2019.
- 윤창화, 〈탄허 스님의 불전역경과 그 의의〉, 《탄허 선사의 선교관》, 평창: 오대산 월정사, 2004.
- 윤창화, 〈탄허의 경전 번역의 의의와 강원 교육에 끼친 영향〉, 《미래를 향한 100년, 탄허》, 서울: 조계종출판사, 2013.
- 윤창화, 〈한암의 자전적 구도기 〈일생패궐一生敗闕〉〉, 《한암선사 연구》, 서울: 민족사, 2015.
- 이덕진, 〈논점 논쟁이 남긴 숙제〉, 《보조사상》 20, 보조사상연구원, 2003.
- 이동국, 〈탄허택성의 서예미학〉, 《문학·사학·철학》 33, 한국불교사연구소, 2013.
- 이병욱, 〈성철의 보조지눌 사상 비판의 정당성 검토〉, 《보조사상》 38, 보조사상연구원, 2012.
- 이원석, 〈출가 이전 탄허의 전통학술 수학과 구도입산의 궤적〉, 《미래를 향한 100년, 탄허》, 서울: 조계종 출판사, 2013.
- 이효걸, 〈돈점 논쟁의 새로운 전개를 위하여〉, 《논쟁으로 보는 한국철학》, 서울: 예문서원, 2009.
- 자현, 〈탄허 스님의 미래인식과 현대사회의 다양성〉, 《미래를 향한 100년, 탄허》, 서울: 조계종 출판사, 2013.
- 정성본, 〈탄허선사의 선사상 고찰〉, 《탄허선사의 선교관》, 평창: 오대산 월정사, 2004.
- 정하중, 〈불기 정정을 제안한다〉, 《문학·사학·철학》 6, 한국불교사연구소, 2006
- 혜거, 〈삼학겸수와 선교융회의 한암 사상〉, 《정토학연구》 8, 한국정토학회, 2005.
- 황선명, 〈간방고〉, 《신종교연구》 17, 한국신종교학회, 2007.

【인터넷 자료】

탄허닷컴, http://www.tanheo.com

http://zhidao.baidu.com/question/495663464.html. 2016년 4월 7일 검색.

한국고전번역원 DB, 고전번역서 각주 정보 http://db.itkc.or.kr//kakju/

呑虛學

지은이 | 문광文光

문광 스님은 해인사 원당암에서 각안 스님을 은사로 출가하여 통도사에서 보성 스님을 계사로 사미계, 직지사에서 성수 스님을 계사로 비구계를 수지했다. 동국대학교 선학과·불교학과 학사학위, 연세대학교 중어중문학과 학사·석사학위, 한국학중앙연구원 한국학대학원 철학과 박사학위를 취득했다. 2013년에 제월당 통광선사로부터 전강 받아 경허-한암-탄허-통광으로 이어지는 전통 강맥을 전수했다. 법호는 법운法雲이다. 제3회 원효학술상(대학원생 부문)과 제1회 탄허학술상을 수상했으며 현재 대한불교조계종 교육아사리이며 동국대학교 불교학술원 HK연구교수이다.
저서로는《탄허선사의 사교 회통 사상》《한국과 중국 선사들의 유교 중화 담론》《선문염송 요칙》《탄허사상 특강》등이 있다. 유튜브 '문광스님 TV'에서 화엄학, 선가귀감, 선문염송, 중론, 금강경 일물서, 미륵사상, 탄허사상 특강, 한문불전의 기초, 불교의 종지 등 불교와 동양학의 핵심 강의들을 시청할 수 있다.